술술 읽히는
**상속 증여**
세(稅)테크
법(法)테크

상속/증여/민사신탁부터
상속·증여세, 상속법까지

# 술술 읽히는 상속 증여 세(稅)테크 법(法)테크

**책 쓰는 변호사 노인수** 지음
**세무사 배수진, 신기탁** 감수

머리말

# 마흔 살, 지금 시작해야 똑똑한 상속·증여 설계

이 책은 어떤 독자를 위해 집필되었을까요?

- 나름 재산이 있다. 앞으로도 20~30년 경제활동을 할 예정이고, 본업과 재테크 등을 통해 재산을 꾸준히 모으고 있다. 현재 재산이 5억 가량이다.
- 스무 살 미만의 자녀가 있다.
- 50대 후반 이후의 부모님이 계시다.
- 부모님께서 소유하신 재산이 있다.
- 형제들이 있다. 유산과 관련, 적지 않은 분쟁이 예상된다.

아마도 이런 조건을 갖추고 계시다면 마흔에서 쉰 사이의 가장일 가능성이 크죠. 성별은 중요치 않습니다. 만일 여러분께서 이 조건을 만족하고 계시다면 이제부터 '재산 물려주기(재산의 무상 이전)'에 눈을 뜰 때가 된 겁니다. 아직 상속을 고려할 나이가 아니라고요? 그렇게 생각하신다면 상속이라는 문제를 너무 예전 시각으로 바라보고 계신 겁니다. 상속이란 생의 마감을 앞두고 고민하는 인생 마지막 숙제가 아닙니다.

과거에는 가장이 죽은 뒤에 '가장'의 이름과 함께 재산이 자녀에게 이전되었습니다. 더욱이 우리나라는 조선 후기를 거치며 가문의 재산이 장남에게 단독으로 이전되는 형태로 상속 문화가 변질되었고, 이런 문화는 1900년대 후반까지도 당연한 것처럼 여겨지고는 했습니다. 이런 특수성 때문에 상속을 둘러싸고 많은 문제들이 발생했지요.

그러나 지금은 세상이 달라졌습니다. '상속'이란 더 이상 죽음과 함께 재산을 이전하는 행위가 아닙니다. 이보다는 자녀들이 자립할 수 있는 기반을 만들어주고, 우리 자신이 남은 생을 안정적으로 꾸려갈 수 있도록 대비하는 계획적 행위에 가깝습니다. 그래서 기대여명을 따져서 예순 이후에 생각해 볼 문제라고 뒤로 미루기보다는 내 정신과 육체가 활기를 갖고 있을 때 원칙을 세우고, 서서히 계획적으로 물려주는 방법을 찾아보는 게 현명한 시대가 되었습니다.

재산 이전을 미리부터 챙겨야 할 이유는 너무도 많습니다. 일단 장기간에 걸쳐 재산을 이전할 때 절세 효과가 매우 높습니다. 사망과 함께 한꺼번에 재산을 물려주면 상속재산 전체에 상속세가 붙게 되는데 재산이 커질수록 세금도 커집니다. 누진세 구조를 갖고 있기 때문이죠. 반면 증여의 경우, 증여한 재산에 대해서만 증여세가 붙기 때문에 상대적으로 세금이 줄어듭니다. 증여세로 1천만 원만 내면 충분했을 것을, 1억이 넘는 상속세를 내는 일도 얼마든지 벌어질 수 있습니다(액수가 크지 않다면 심지어 증여세를 한 푼도 내지 않는 방법도 얼마든지 있습니다.).

아마도 경제활동을 하는 분이라면 앞으로 언제까지 일할 수 있고, 어느 정도 벌이가 될지 대충 계산하고 계시리라 생각합니다. 마찬가지로 자녀에게 어느 정도의 금전적 지원을 할지도 대충 감을 잡고 계시리라 생각합니다. 그런데 부모가 하는 금전적 지원 혹은 금전적 효과가 있는 지원 가운데 병원비, 교육비, 상식적인 수준의 생활비나 혼수 등을 제외하고는 세금으로부터 자유로울 수 없다는 사실에 눈을 뜰 때 비로소 재산 물려주기가 시작되는 것이죠.

이뿐이 아닙니다. 부모님께서 살아 계시다면 여러분은 재산을 물려받는 사람 입장에서 재산 분할 문제를 현명하게 처리해야 합니다. 그런데 이 문제는, 과거의 방식에 따른 유산 상속 문제일 가능성이 매우 크죠. 형제들은 많고, 부모님께서는 상속과 관련해서 자식들과 대화를 잘 나누려고 하지 않을 수 있습니다. 흔히 경험하는 '깜깜이 상속'이 진행될 가능성이 있다는 이야기입니다. 그래서 지금, 40~50대는 전통적 의미의 상속까지 공부해 둘 필요가 있습니다.

젊은 세대에게 재테크란 '내 주머니를 늘리는 일'에 가깝습니다. 내 주머니가 채워질수록 재테크 만족감도 높아집니다. 그러나 중년의 재테크란 가족을 위한 기반 만들기로 달라집니다. 설령 내 개인의 주머니가 줄어들더라도 그렇게 빠져나간 돈이 배우자와 자녀 삶의 터전이 될 수 있다면 얼마든지 행복하다는 생각이죠.

어떤 식으로든 돈은 부모에게서 자녀에게도 넘어가게 됩니다. 그걸 세월에 쫓겨 허둥지둥 처리하지 말고, 의식적으로 능동적으로 전략적으로 진행시킬 수 있어야 합니다.

물론 이 책은 주머니를 채우는 재테크는 말하지 않습니다. 그건 재테크 전문가의 영역이고, 또한 여러분도 하고 계시리라 생각합니다. 우리는 재산의 현명한 이전에 대해서 이야기합니다. 내 주머니를 늘리는 방법에서 그치지 않고 자녀의 터전을 미리 마련하고 그러면서 안정적인 노후 생활까지 가능해지는 방법을 배우면 그때 비로소 재테크는 완벽해진다고 말씀드리고 싶습니다. 나아가 아직은 전통적 의미의 상속도 해결이 필요한 분들을 위해 어려운 법률 용어와 법률적 갈등 상황을 최대한 쉽고 편한 언어로 풀어보도록 하겠습니다. 감사합니다.

2021년 2월<br>
책 쓰는 변호사 노인수

## 목차

머리말 마흔 살, 지금 시작해야 똑똑한 상속·증여 설계  • 4

# 1장 | 상속 설계는 처음입니다
## : 초보자 감 잡기

### 1. 가치 상승을 노리는 증여 방법, 주식
― 자녀가 경제력이 없을 때

| | |
|---|---|
| 어린 자녀들에게 주식을 사주는 사람들 | • 18 |
| 증여의 기본 원칙 : 저평가 재산을 증여한다 | • 28 |
| 증여한 주식을 돈으로 환산하는 방법 | • 30 |
| 등락을 반복하는 주식은 증여 시기가 핵심 | • 36 |
| 잠깐, 증여세는 얼마인가? | • 41 |

### 2. 특수 목적을 가진 증여 방법, 보험
― 자녀가 경제력이 있거나 없거나 상관없이

| | |
|---|---|
| 이럴 때는 보험을 활용한다 | • 47 |
| 보험의 기초 이해하기 | • 49 |
| 어떤 돈이 과세 대상일까? | • 53 |
| 해지가 가능한 연금보험의 경우 | • 57 |
| 절세 효과를 높이는 몇 가지 방법 | • 59 |
| 상속재산으로 간주한다니? | • 61 |

## 3. 액수 줄이기가 핵심인 부동산 증여
### – 자녀가 경제력이 있을 때

| | |
|---|---|
| 부동산 쪼개서 이전하기 | • 63 |
| 첫째 방법, 빚과 함께 증여하기 | • 64 |
| 부담부증여에서 고려해야 할 것 | • 68 |
| * 서식 : 양도소득과세표준 신고 및 납부계산서 | • 71 |
| 둘째 방법, 싸게 팔기 | • 75 |
| 싸게 팔기를 할 때 주의할 점 | • 76 |
| 어느 정도 가격까지 낮추어서 파는 게 좋을까? | • 78 |
| 싸게 팔기에서 필수적으로 준비할 것 | • 80 |
| 셋째 방법, 진짜 쪼개기 | • 81 |
| 그럼 아무 문제 없나? | • 84 |
| 때를 잘 맞추면 이익이다 | • 86 |

## 4. 증여하고 싶은데 증여세가 걱정이라면 민사신탁 활용하기 – 자녀가 경제력이 있을 때

| | |
|---|---|
| 증여가 꺼려질 때 | • 91 |
| 민사신탁의 대표적인 사례 | • 94 |
| 또 다른 상가 주인 B | • 95 |
| 자식이 부도를 내도 걱정 없는 자산 | • 97 |
| 상속 갈등 문제의 발생 | • 101 |
| 유류분 갈등 문제를 해결하려면 | • 102 |
| 기타 신탁 | • 108 |
| * 서식 : 유언대용신탁계약서 | • 110 |

# 2장 | 상속에서 승리하는 방법
## : 핵심 판례로 알아보는 상속법

### 1. 누가 상속 받을까?

| | |
|---|---|
| 상속개시일 | • 120 |
| 상속의 우선순위 | • 120 |
| 태아도 상속인? | • 122 |
| 배우자 | • 123 |
| 대신 상속하기(대습상속) | • 126 |
| 대습상속의 조건 | • 128 |
| 태아 낙태 | • 130 |
| 대습상속이 불가능한 경우 | • 133 |
| 피상속인과 상속인의 사망 시점 | • 136 |
| 이혼한 배우자 | • 136 |
| 이복동생 | • 137 |
| 재혼가정 | • 139 |
| 입양 | • 139 |
| 특별법으로 상속 순위를 정한 경우 | • 141 |
| 상속인도 아닌 것이 상속인이라고 우긴다면 | • 143 |
| 상속회복청구권 | • 144 |
| 법정대리인 | • 150 |
| 상속회복청구사건이 아닌 경우 | • 153 |

### 2. 유언은 반드시 형식을 갖춰야 한다

| | |
|---|---|
| 남긴 모든 말이 유언은 아니다 | • 155 |
| 유언의 종류 | • 160 |
| 첫째, 자필증서는 4가지 기억하기 | • 160 |
| 날짜 빠뜨리면 안 돼 | • 162 |
| 주소 문제 | • 165 |
| 흥미로운 판례 소개 : 주소가 빠져도 유언은 성립한다? | • 166 |
| 판례가 다를 때 대응책 | • 168 |

둘째, 녹음에 의한 유언 • 169
셋째, 공정증서에 의한 유언 • 170
자격 없는 증인을 써도 무효다 • 177
넷째, 비밀증서의 의한 유언 • 180
다섯째, 구수증서에 의한 유언 • 181
* 구수증서 샘플 • 183
긴박한 상황이 아니라면 무효 • 184
유언을 할 때 의사능력(정신)이 있었는가? • 188
치매환자가 남긴 유언이라도 무조건 무효는 아니다 • 192
무엇이 의사능력인가? • 195
유언 철회 • 196
유언 저촉 • 197
조건부 유언 • 202
유언의 효력 • 203
혹시 모를 일을 대비해 검인 받기 • 203

## 3. 상속 받을지 말지 선택하기

3가지 선택지 • 205
3개월 안에 선택 • 208
'상속 개시 있음을 안 날'에 대한 새로운 판례 • 211
승인이나 포기는 원칙적으로 취소 불가능 • 215
추인 • 215
첫째, 단순승인 • 217
둘째, 상속포기 • 220
수증자의 승인, 포기 • 221
포괄유증, 특정유증 • 222
누가 유증의무자가 될까? • 224
셋째, 한정승인 • 225
한정승인 방법 • 227
돈 받을 사람들에게 알리기 • 228
변제 • 229
특별한정승인 • 235
* 서식 : 상속한정승인 심판청구서 • 239

## 4. 유산 전쟁 - 유류분, 특별수익, 기여분

재산분할의 3가지 방식 • 246
지정분할 : 유언대로 • 247
협의분할 : 상속인들이 뜻을 모아 • 248
법원분할 : 최후의 보루 • 248
법정상속분 계산하기 • 249

첫째, 유류분 : 무조건 보장되는 유산 • 251
    유류분은 법정상속분의 1/2 혹은 1/3 • 252
    누가 유류분을 주장할 수 있나? • 252
    유류분 작동 방식 • 253
    유류분 계산을 위한 기초재산 산입 문제 • 254
    상속재산을 아는 데서 출발 • 257
    어디까지가 유류분 계산을 위한 재산이 되는가? • 258
    특별수익은 넣는다 • 260
    특별수익이 아닌 일반 증여는 넣지 않는다 • 261
    기여분은 뺀다 • 262
    생명보험금은 넣는다 • 264
    추가로 뺄 것 몇 가지 • 265
    부족한 유류분 누가 줄까? • 266
    소멸시효 • 267
    소멸시효는 주장해야 인정받을 수 있다 • 269
    유류분권을 행사하는 방법 • 270
    특정 수증자에게 청구할 때는 • 271
    유류분 반환 방법 • 273
    월세도 반환 대상 • 275

둘째, 특별수익 파헤치기 • 277
    채무가 있을 때 구체적인 상속분 계산법 • 280
    어디까지가 특별수익일까? • 283
    상속결격자가 받은 돈은 특별수익 아니다 • 286
    상속인이 아닌데 특별수익? • 287
    특별수익을 가릴 때 판사가 보는 것 • 289
    특별수익가액을 정할 때 세금은 뺄까? • 290

| | |
|---|---|
| 새어머니와 딸 사이의 재산 다툼 | • 293 |
| 특별수익 가치평가 시기 | • 296 |

| | |
|---|---|
| 셋째, 기여분 살펴보기 | • 297 |
| 　기여분을 받을 수 있는 사람 | • 301 |
| 　기여의 내용 | • 302 |
| 　'특별히'의 문제 | • 302 |
| 　'특별히'에 대한 구체적인 사례 | • 303 |
| 　배우자의 부양의무 | • 308 |
| 　기여분 청구를 위한 조건 | • 310 |
| 　기여분 청구가 불가능한 또 다른 경우 | • 311 |
| 　* 서식 : 상속재산분할 명세표 | • 315 |

# 3장 | 세금 풀이기
## : 상속세부터 증여세, 양도소득세까지

## 1. 재산 이전의 3가지 방식

| | |
|---|---|
| 3가지 방법에 대한 기초 이해 | • 323 |
| * 양도소득세율의 실제 모습 | • 344 |

## 2. 상속세는 어떻게 구할까?

| | |
|---|---|
| 상속세 구조 파악하기 | • 348 |
| 사망 당시 고인이 소유한 재산에서 출발 | • 349 |
| 공과금·장례비용·빚은 빼기 | • 350 |
| 10년 내 증여 더하기 | • 353 |
| 추가로 빼는 항목들 | • 355 |
| 추정상속재산은 더하기 | • 357 |
| 간주상속재산은 더하기 | • 363 |
| 공익을 위해 유증한 재산은 빼기 | • 364 |

상속 공제 • 366
인적공제 • 366
배우자 공제 • 368
물적공제 • 371
금융재산 공제 • 371
동거주택 상속공제 • 372
가업상속공제 • 374
영농 상속공제 • 375
공제 한도 • 375
세대생략상속은 할증과세 • 377
감정평가 수수료는 빼기 • 378
단기 재상속 공제 • 379
신고세액공제 • 381
신고불성실가산세, 납부불성실가산세 • 381
세금, 어떻게 납부할까? • 386
5년간 나누어 납부하기(연부연납) • 389
물건으로 납부하기(물납) • 393
누가 낼까? • 394
상속세 신고와 납부, 한 장으로 보기 • 396
상속세 계산 구조 • 397
어떻게 준비할까? • 399
과세관청의 상속세 조사 • 400
  * 서식 : 상속세과세표준신고 및 자진납부계산서 • 402

## 3. 증여세는 어떻게 구할까?

증여세는 어떤 돈에 물리는 세금일까? • 404
추정증여재산 : 가족 간 거래 • 406
추정증여재산 : 정황을 따져서 • 408
갈수록 입증해야 할 금액이 커진다 • 413
의제증여재산 • 414
재산을 증여한 경우, 얼마를 준 것으로 계산할까? • 417
세금을 물리지 않는 또 다른 경우 : 과세가액 불산입 • 422

| | |
|---|---|
| 임대보증금 낀 부동산을 증여한 경우에 채무액은? | • 423 |
| 증여 공제 | • 426 |
| 10년 합산이 얼마나 중요한지 간단히 살펴보기 | • 427 |
| 과세표준 구하기 | • 428 |
| 증여세 세율 = 상속세 세율 | • 429 |
| 세대생략할증과세 | • 430 |
| 창업자금 증여 | • 431 |
| 증여세 납부 관련 | • 433 |
| 납세의무 | • 434 |
| 증여세 계산 구조 | • 436 |
| 상속세와 증여세의 재산평가 방법 | • 439 |
| * 서식 : 증여세과세표준신고 및 자진납부계산서 | • 442 |

| | |
|---|---|
| 참고문헌 | • 444 |
| 후기 | • 453 |
| 저자 약력 | • 462 |

# 1장
# 상속 설계는 처음입니다

— 초보자 감 잡기 —

# 가치 상승을 노리는 증여 방법, 주식
### - 자녀가 경제력이 없을 때

**어린 자녀들에게 주식을 사주는 사람들**

2020년 3월 19일, 코로나19의 영향으로 대한민국 주식 시장은 코스피 -8%, 코스닥 -11%라는 대폭락장을 맞이합니다. 주요 매체들은 급락에 따른 시짓 브레이크 소식을 실시간으로 타전하며 충격에 빠진 증권사 직원들의 모습을 1면에 실었죠. 그리고 얼마 뒤 놀라운 일이 벌어집니다. 시장은 뚜렷한 V 자를 그리며 대상승 국면의 모습을 보여 줍니다. 이 놀라운 반등세에는 물론 여러 이유가 있겠지만 무엇보다 개인 투자자들의 시장 참여가 눈에 띄었죠. 일명 동학개미운동입니다.

왜 개인들이 갑작스레 주식 시장에 참여했을까요? 여러 요인이 있었을 겁니다. 2019년까지만 해도 서울 중심으로 부동산 가격은 하늘 높은 줄 모르고 올랐습니다. 부동산 전문가들 사이에서는 이미 예견된 집값 상승이었습니다. 통계 자료를 보면 2005년에서 2011년까지 서울시의 신규 아파트 공급량은 평균 38,885가구였습니다(연간 서울의 신규 아파트 수요는 4만 가구로 추정됩니다.). 그런데 2012년부터 2017년에는 공급 물량이 평균 8천 가구가 줄어든 30,837가구로 집계됩니다.

왜 신규 아파트 공급량이 줄었을까요? 서울시의 부동산 정책 변화 때문이었죠. 서울시는 재건축, 재개발이 가구 수 증가에 아무런 도움이 안 된다는 사실, 재건축과 재개발이 도리어 집값을 상승시키고, 원주민을 서울 근교나 지방으로 이전시킨다는 사실에 근거하여 관련 제도를 손봅니다. 재건축과 재개발이 힘들어졌습니다. 더욱이 서울은 상암 지구, 마곡 지구를 마지막으로 더 이상 공급할 택지가 없었죠.

전문가들은 이런 데이터를 바탕으로 공급 부족과 함께 서울 집값이 오를 것으로 예측하고 있었습니다. 물론 이명박 정부와 박근혜 정부 시절에는 보금자리 주택이다, 부동산 규제 완화다 하면서 시장에 대한 기대를 심어주었고, 그래서 일시적으로 구매 수요를 눌렀습니다. 그러다 문재인 정부 들어 뚜렷한 공급책이 없는 데다 부동산 규제는 강화되었습니다. 시장은 더 이상 눈치를 보고 있을 틈이 없었습니다. 공중에 떠돌던 유동자금이 빠르게 부동산 시장으로 유입되면서 서울은 급격한 집값 상승의 호재를 맞이합니다. 물론 이런 호재에는 신규 아파트 공급량 부족이라는 문제만 있었던 건 아니고, 2011년 고점을 찍었던 금리가 다시 내리막길로 접어들었다는 사실, 막대한 자금이 갈 곳을 잃었다는 사실 등 여러 요인이 겹쳤습니다. 이때 여유 자금을 가진 사람들이 부동산을 주요 재테크 수단으로 인식하면서 집값 상승을 견인합니다.

그러다 부동산 시장이 혼란에 빠집니다. 거래 없이 호가만 높아지는 기현상이 벌어지자 문재인 정부는 집값을 잡기 위해 강력한 드라이브를 겁니다. 이제 전문가들도 헷갈립니다. 부동산이 어디로 갈지 종잡을 수 없는 지경에 이르렀죠. 풍선효과, 하향천이, 직주근접, 강남불패 등등 정부가 부동산 정책을 꺼내들 때마다 마법처럼 등장하던 단어들이 의심을 받기 시작했죠.

유동자금이 갈 곳을 잃을 무렵, 하늘에서 코로나19가 뚝 떨어집니다. 태평양 건너편의 작은 기침에도 죽을 것처럼 고꾸라지던 코스피와 코스닥은 이때도 엄청난 속도로 바닥으로 떨어졌습니다. 그리고 사람들은 기억을 더듬었습니다. IMF 당시에, 그리고 서브프라임 사태 때 바닥으로 떨어졌던 주식을 주워 담았던 사람들이 아무리 못 해도 2배 이상의 수익을 거두었다는 사실을 떠올립니다. 이 사회적 학습효과는 주식과 동떨어져 살던 사람들을 주식 시장으로 인도했습니다. 개인 매수세는 사상 최대를 기록했으며, 시상은 V 자 반등을 이룹니다(V 자 반등에 대해서는 연기금 등이 지수 방어에 나섰기 때문이라는 애기도 있습니다. 동시에 이 시기, 우리나라 개인들이 출렁이는 미국 증시에도 들어가서 수익을 챙겼다는 점도 잘 알려져 있죠.).

이 이야기를 꺼낸 이유는, 그 개인들 중에 주식을 수단으로 자녀에게 미리 재산을 이전하는 사람들도 있었다는 애기를 하기 위해서입니다.

사실, 재테크 수단을 통한 재산 이전 현상은 이미 2019년에 언론을 통해 잘 알려졌습니다. 1세대 2주택 이상 소유자에 대한 규제가 강화되면서 정부는 다주택자들이 집을 팔기를 기대했습니다. 그러나 양도소득세가 부담되었거나 혹은 부동산 불패를 믿고 있었던 사람들은 집을 파느니 차라리 자녀에게 증여하는 게 낫다는 판단을 내렸습니다. 부동산 등의 재테크 수단을 통한 재산 이전이 시작되고 있었다는 말입니다. 그게 이번 주식 대폭락장에서도 이어집니다. 부모들은 어린 자녀에게 2천만 원 수준, 다 큰 자녀에게 5천만 원 수준의 주식을 사주면서 재산 이전을 가속화하죠.

> **· TIP ·**
>
> 미성년 자녀에게 2천만 원까지, 성년 자녀에게 5천만 원까지는 증여세가 없다. 다른 말로, 증여세가 붙지 않는 이 금액을 '증여재산 공제한도'라고 한다. '공제'라는 단어와 친해지자.

증여는 재산 이전 방법 가운데 가장 흔하게 쓰이는 방법입니다. 미성년 자녀에게는 2천만 원까지 증여해도 세금이 붙지 않습니다(자녀에게 쓰는 비용 가운데 교육비나 병원비처럼 양육에 필요한 돈은 증여세 대상이 아닙니다.). 선진국 대열에 접어든 우리나라는 앞으로도 저금리 시대가 예상되고 있습니다. 예금, 적금 다 의미가 없습니다. 마침 코로나19 사태를 거치며 주식에 대한 인식이 바뀌었고, 불패 신화를 자랑하던 부동산 시장에 이상 기류가 감지됩니다. 삼성이나 현대가 하루아침에 망할 기업이 아닌 이상, 아니 이미 20년 전, 10년 전 경험을 통해 주식 시장이 바닥장일 때 우량주를 사는 건 무조건 이기는 게임임을 알아차린 사람들이 자녀 명의로 주식을 매입합니다. 짧게 봐도 10년, 길게 보면 20년까지 기다리면 되는 매우 유리한 싸움입니다.

한 가지 더 좋은 소식이 있습니다. 세금 없는 증여는 평생 한 번만 가능한 게 아닙니다. 10년 이내 증여한 돈을 합하여 한도(2천~5천)만 넘지 않으면 되기 때문에 10년 뒤에 다시 5천만 원을 증여할 수 있습니다.

예를 들어, 2020년 현재 자녀가 12살이고(미성년자이고), 2천만 원을 증여한 뒤 이 돈으로 주식을 매입합니다. 만일 10년이 경과하기 전에, 즉 2030년 전에 2천만 원을 추가로 증여하는 경우에는 2020년 2천과 합산하여 총 4천만 원을 증여한 것으로 계산하여 증여세를 물리게 됩니다. 반면 2030년 이후에 다시 2천만 원을 증여하면 합산되지 않고 2천만 원만 계산하므로 역시 증여세를 물리지 않습니다.

더욱이 10년 뒤면 12살 아이는 22살 성인이 되기 때문에 이때부터는 증여세를 물지 않는 액수(공제액)가 5천만 원까지 늘어납니다. 만일 부모가 장기적으로 재산 이전 플랜을 갖고 있다면 자녀가 10대 이전에 2천만 원, 10대에 2천만 원, 20대에 5천만 원, 30대에 5천만 원, 40대에 5천만 원 등 매 10년마다 세금 한 푼 없이 재산을 이전시킬 수 있죠.

CHECK! ──── **10년 되기 전에 자녀가 성년이 되면**

만 15세 자녀에게 2천만 원을 증여했다. 그렇다면 이 자녀에게 세금 없이 추가로 증여할 수 있는 건 언제일까? 10년 뒤인 25세? 아니면 성인이 되는 만 19세 때? 답변은 이렇다. 증여한 때를 기준으로 10년을 소급하여(10년 전으로 돌아가) 여태까지 증여한 금액을 합산하는 게 기본이다. 이런 이유로 자녀가 만 19세가 되면 이제 5천만 원을 줄 수 있는데 10년 내 증여한 돈을 계산해 보니 이미 4년 전(만 15세 때)에 2천을 준 게 있으므로 3천만 원 한도에서 세금 없이 증여할 수 있다. 그러므로 실제로 계획을 세울 때는 10대 시절 아무 때나 2천, 만 19세가 되자마자 3천(10년 내 합산 5천), 그리고 이후로 10년마다(만 29세, 만 39세처럼) 5천씩 줄 수 있다.

CHECK! ──── **소명자료를 위해 증여세 신고하기**

증여세를 내지 않아도 증여세 신고를 하는 게 좋을 때가 있다. 소명자료를 만들어야 할 때다. 아버지가 자녀에게 2천만 원을 증여했는데 '10년 내에' 아버지가 만일 사망하면 세무당국은 상속재산을 찾기 위해 자녀가 가진 2천만 원이 어디서 난 것인지 묻는다(또는 자녀가 집을 사게 되면 그 돈이 어디서 났는지 소명을 요구하는 경우가 있다.). 신고하지 않았어도 다 조사한다. 소명이 안 되면 전부 상속재산으로 추정한다('추정한다'는 말은 소명되면 상속재산에서 뺀다는 얘기다. 반면 '간주한다'는 표현도 나오는데 이건 소명이고 뭐고 간에 그냥 상속재산으로 보겠다는 말이다. 예컨대 보험금 타는 사람을 자녀로 설정한 보험을 말할 때 '이건 상속재산이 아니지만 상속재산으로 간주한다'는 표현이 등장한다.).

만일 증여세 신고를 하지 않으면 어떻게 될까? 자녀에게 2천을 증여하고 이 돈으로 2천만 원어치 주식을 매수했다. 그런데 아버지가 사망할 당시, 주식이 3천만 원이 되었다. 2천을 증여했다는 증명서류가 없으므로 부모가 자녀에게 3천 전부를 증여한 것으로 보고 상속재산에 넣는다는 얘기다(반대의 경우, 2천만 원어치 매수한 주식이 1천만 원이 되었다면 1천만 원만 증여한 것으로 본다.). 그러나 증여세를 신고했다면 2천만 원만 증여한 것으로 보고, 나머지 수익은 따지지 않는다. 2천은 이미 자녀의 소유가 되었고, 자신의 소유로 수익을 거둔 것이므로. 이런 문제 때문에 증여세를 신고해 두는 게 바람직하다는 얘기다.

부동산 증여에서도 유사한 문제가 등장한다. 증여세는 증여받은 사람(수증자), 즉 자녀가 내야 한다. 아버지가 집 한 채를 증여했다면 자녀가 증여세를 내야 한다는 말이다. 그런데 자녀에게 현금이 부족하면? 이럴 때는 대비해 부모는 증여세 용도로 현금을 주는데 이 돈에도 증여세가 붙는다. 이중고다. 어떻게 할까? 만일 증여한 집에 세입자가 있다면 잘 합의하여 세입자를 내보내고, 그 뒤에 증여를 한다. 집의 소유자가 자녀로 바뀐 뒤에 자녀가 다시 세입자를 받는다. 세입자에게서 받은 보증금 혹은 전세금은 이제 집의 소유자인 자녀의 것이 되므로 그 돈으로 증여세를 내면 문제가 해결된다.

참고로, 증여세를 신고하고 증여세도 냈다. 그런데 10년 내 아버지가 사망하면 어떻게 될까? 10년 내 증여한 재산은 당연히 상속재산에 포함시킨다. 그러나 증여세를 낸 만큼 상속세를 뺀다. 증여 당시 100만 원의 증여세를 냈다면 상속세에서 100만 원을 빼준다는 얘기다. 뺄 거면 굳이 처음부터 상속재산에 포함시킬 필요는 없지 않나? 아니다. 상속재산 합계를 내야 세율을 정할 수 있다. 말했다시피 상속재산이 커지면 세율도 높아진다(정확히는 '과세표준'이라는 말로 설명해야겠지만 여기서는 그냥 '상속재산이 1억 초과 5억 이하면 20%를 세금으로 내야 하고, 10억 초과 30억 이하면 40%를 세금으로 내야 한다.' 정도로 설명을 그친다. 뒤에 다룬다.).

CHECK! —— **아버지, 어머니가 각각 2천씩 줄 수 없다**

한 가지 기억할 게 있다. 자녀에게 세금 없이 재산을 증여할 수 있는 액수는 미성년 자녀 2천만 원, 성년 자녀 5천만 원까지다(10년 이내). 그런데 이건 받는 사람 입장에서 계산하는 것이지 주는 사람 입장에서 계산하는 게 아니다. 무슨 말인가 하면 미성년 자녀 기준, 아버지가 이미 2천을 주었는데 어머니가 다시 2천씩 줄 수 없다는 얘기. 배우자는 '동일인'이라고 하여 한 사람으로 취급한다. 쉽게 말해 '엄마 아빠는 한 몸'이다. 마찬가지로 할아버지와 할머니도 동일인이 된다. 단, 할아버지와 아버지는 동일인이 아니므로 합산하지 않는다. 그렇다면 할아버지가 주고(세대생략증여), 아버지가 주는 것도 고려해 볼 수 있다. 한편 자녀 수에는 제한이 없다. 둘 이상의 자녀라도 각 2천씩 줄 수 있다(미성년 자녀 기준).

2020년 3월의 대폭락장은 재산 이전을 고민하는 부모들에게 '다시 오기 힘든 기회'였을지 모릅니다. 그러나 이 정도까지는 아니어도 여전히 기회는 있습니다. 조금만 시간을 돌려보면 2018년 10월에도 폭락장이 있었다는 걸 알 수 있습니다. 그때 트럼프는 중국을 향해 무역전

쟁을 선포했고, 주식은 하락세로 접어들었죠. 앞으로도 세계 경제는 어떤 식이든 변화의 때를 맞이하죠. 그런 기회를 잡기 위해서는 주식시장의 기본 원리 정도는 공부해야 합니다.

　예를 들어 수출로 먹고 사는 우리나라는 세계 경제에 매우 민감하게 움직입니다. 주식시장은 불확실성을 가장 미워한다는 사실을 알고 있다면 왜 이번 코로나19 사태 때 증시가 출렁였는지 이해할 수 있습니다. 코로나19는 세계가 처음 직면한 형태의 전염병이었습니다. 2020년 12월이 돼서야 백신이 공급되기 시작했고, 당시에는 치료제도 제대로 만들지 못할 때였습니다. 이 무렵 신문 기사들을 보면 코로나19에 대한 연구조차 제대로 이루어지지 않았죠. 온도와 바이러스의 관계, 재확진자의 발생, 그리고 중국의 불투명한 정보 공개 등이 도마에 오르며 매일 헤드라인을 장식했습니다. 또한 포스트 코로나에 대해서 이야기하며 산업 구조, 정부 역할이 바뀔 수 있다는 얘기도 등장했습니다. 이런 반응은 사스나 메르스 때와 다릅니다. 뭔가 변화가 감지되고 있다는 얘기입니다. 세계가 직면한 문제가 과거의 방식으로 해결이 힘들다, 불가능하다는 인식이 커지면 동시에 불확실성도 커집니다. 차라리 우울한 예측일시라도 세계가 어떻게 돌아갈 것인지 심삭이 될 때 노리어 주식 시장은 빠르게 부정적 예측을 지수에 반영시키고 안정화에 접어듭니다. 그러나 불확실성이 커지면? 코스피, 코스닥 지수가 흔히 말하는 근본 없는 주식 종목, 즉 '잡주처럼 요동을 치는 장이 이어지게 되죠.

　또한 코스피 시장이 수출액과 매우 긴밀하게 맞물려 돌아간다는 점에서 힌트를 얻는다면 수출 전망을 통해서 접근하는 방법도 가능합니다. 2012년부터 우리나라 수출액은 한계 수준에 도달했습니다. 그리고 코스피도 2011년부터 박스권에서 벗어나질 못하고 있죠. 그런데 한 가지 흥미로운 점은 코스피의 움직임이 1년 정도 먼저 움직인다는 사실입니다. 올해 코스피가 하락하면 내년 수출액 합계는 떨어지는 경향을 보입니다(코스피가 수출 전망의 선행지표가 된다는 얘기입니다.).

2011년부터 2017년까지 코스피는 박스권을 형성하며 움직였습니다. 박스의 바닥을 뚫고 내려가지 않았고, 박스 천정을 뚫지도 못했습니다(다만 코로나19 사태 때 바닥을 일시적으로 뚫고 내려갔다가 다시 원래 자리 근처로 돌아왔습니다.). 만일 우리나라 경제에 놀랄 만한 변화가 감지되지 않는다면 코스피는 이 박스에서 쉽게 벗어나지 못할 것 같습니다. 그렇다면 한국 경제에 큰 변화가 없다는 전제 아래, 박스권 하단으로 떨어졌을 때 진입하고 박스권 상단에 도달했을 때 파는 방법을 생각해 볼 수 있습니다. 물론 우리나라 경제가 근본적인 체질 변화를 통해 성장 발판을 마련했다는 세간의 평가가 나온다면 그때는 얘기가 달라지겠죠.

한편 주식시장의 흐름과 긴밀하게 연결된 다양한 경제 지표도 참고 자료가 될 수 있습니다. 유가는 주가와 유사하게 움직이는 경향이 있다고 합니다. 기름값이 올라가면 주가도 올라간다는 얘기죠. 이 말은 감산에 의한 유가 상승을 의미하는 건 아닙니다. 공장 가동률이 올라가면서 기름 수요가 증가하면 유가도 높아지고, 동시에 주가도 올라간다는 얘기입니다(경제의 반영이므로 당연한 결과겠죠.). 이밖에도 안전자산으로 불리는 채권, 금값과의 관계도 생각해 볼 수 있고, 환율이나 금리도 주가를 예측하는 한 가지 지표로 활용됩니다. 다만 지수의 단기적 예측은 전문가마다 말이 다르고, 실제로도 매우 어렵습니다. 그러나 보다 긴 관점(중장기)에서 접근하는 건 상대적으로 예측이 용이하고, 전문가들도 추천하는 방법이죠.

아무튼 이런 다양한 지표를 토대로 시장 진입 시점을 가늠해 볼 수 있습니다. 기다리던 시점이 왔을 때 우량주 중심으로 장기 투자를 한다면 단순히 절세하는 수준에서 재산을 이전하는 게 아니라 돈 되는 재산 이전을 할 수 있습니다. 다만, 재테크에 대해서는 생각이 다르고, 저의 전문 분야가 아니므로 이 정도에서 그쳐야 할 것 같습니다. 그보다 우리에게 중요한 이야기를 해보죠. 주식과 관련된 절세 방법, 효과적인 재산 이전 방법입니다.

앞에서 한 이야기는 '현금' 증여 후에 자녀 명의로 주식을 사주는 부모가 늘었다는 얘기입니다. 주식 자체를 증여한 것은 아니죠. 그런데 주식 자체를 증여할 때 우리가 알아야 할 게 무엇일까요?

### 증여의 기본 원칙 : 저평가 재산을 증여한다

일단, 증여할 때의 기본 원칙이 있습니다. 훗날 가치가 오르리라는 판단 아래, 증여하는 시점에서 저평가된 재산을 물려주는 것이죠. 2020년 현재 1주당 5천 원인 주식이 있다고 가정해 봅시다. 우리는 이 주식이 아무리 늦어도 5년 안에는 두 배까지 오를 것으로 예상하고 있습니다. 그런 상황에서, 이 주식 4천 주를 미성년 자녀에게 증여하면 현재 주가 기준 총 2천만 원 가치의 재산(5,000원 × 4,000주)을 이전한 것이 됩니다. 그런데 5년 뒤에 주가가 예상치를 뛰어넘어 2만 원으로 오르면 실제로는 8천만 원을 증여한 셈이 됩니다. 그런데도 증여세는 한 푼도 내지 않죠(뒤탈을 없애기 위해 주식을 증여한 시점에서 증여세 신고를 하는 게 중요합니다.).

이런 원리는 부동산도 마찬가지입니다. 다만 부동산은 액수가 크기 때문에 증여세를 피하기가 힘듭니다. 그럼에도 부동산을 증여하는 이유는, 가격이 오르기 전에 증여해야 절세 효과를 누릴 수 있기 때문이죠. 그래서 많은 절세 전문가들이 '만일 부동산을 증여할 생각이라면 하루라도 빨리 하라.'고 말합니다. 물론 이런 판단에는 집값은 계속 오른다는 우상향에 대한 믿음이 있기는 합니다만.

아무튼 이 기본적인 원칙에 따르면 현금을 직접 주는 것은 상대적으로 불리하다는 결론에 도달합니다. 현금은, 아무리 금리가 좋은 저축 상품에 넣는다고 해도 가치 하락을 막는 수준에 불과합니다(물론 반대로 보면 가치 변동이 적은 만큼 재산을 안정적으로 이전시킬 수 있는 방법이기도 하죠. 그러나 안정적 이전 방법에는 현금 증여보다 더 좋은 방법들이 많다는 게 함정이지만요.).

## 증여한 주식을 돈으로 환산하는 방법

전일 장이 마감할 때 4,500원이었던 종목이 있습니다. 오늘 오전 9시, 장이 개시할 때 보니까 시작 가격, 즉 시가가 5,000원이었습니다. 그리고 5,500원까지 오른 채 당일 거래가 마감되었습니다.

전일 종가 : 4,500원
금일 시가 : 5,000원
금일 종가 : 5,500원

이날 시장이 한창일 때 A 씨는 자녀에게 이 종목 주식 1만 주를 증여하고 신고를 마쳤습니다. 신고할 때는 '가액'을 표기해야 하는데 그렇다면 A 씨가 자녀에게 준 주식은 돈으로 환산하면 얼마가 될까요? 주식의 가치 평가는 아래 과정을 따릅니다.

코스피, 코스닥 등 상장주식의 경우 : 증여한 날(이 날을 평가기준일이라고 한다.)을 기준으로 앞뒤로 2개월, 총 4개월의 종가를 구한 뒤 평균값을 구해서 가액을 정한다.

거의 모든 주식의 가격은 매일 크고 작은 변동이 있습니다. 그래서 평가 시점의 평균값을 찾아야 합니다. 이를 위해 4개월간의 종가 평균값으로 가액을 정하죠. 매일 장 마감 때의 가격(종가)을 평가기준일 앞뒤로 2개월씩, 총 4개월간 다 더한 뒤 이 기간 거래일(거래일은 한 달에 대략 20일로, 4개월이면 80일 수준)로 나누면 우리가 알고 싶어 하는 증여가액이 나옵니다(증여세 신고는 적어도 3개월 이후까지 시한이 있으므로 증여하는 주가의 가액을 신고 전에 미리 알 수 있습니다.).

거래가 있는 주식의 경우에는 이처럼 쉽게 가액을 구하는 방법이 있지만 비상장주식처럼 거래가 거의 없는 경우에는 다른 방법이 필요합니다[상속, 증여에서 가치를 평가할 때는 평가하는 날의 현재 거래가, 즉 '시가(the current price)'를 원칙으로 삼습니다. 상속 시점 혹은 증여 시점에서 이 자산이 거래되는 가격으로 그 가치를 삼는다는 얘기입니다. 그러나 시가를 알기 어려운 경우에는 이를 보충할 수 있는 방법을 찾는데 그걸 '보충적 평가방법'이라고 부르죠.].

물론 비상장주식도 원칙은 동일합니다. 거래가 있다면 '증여일 전 6개월부터 증여일 후 3개월 이내에 불특정 다수인 간의 자유로운 거래에 의한 매매가액'으로 가치를 평가하도록 규정해 놓았죠(다만 그렇더라도 매매가액과, 보충적 평가방법에 따른 가액에 큰 차이가 있을 때는 차액만큼 '증여'로 보기도 합니다. 뒤에 추가 설명이 있습니다.). 그런데 비상장주식은 거래 자체가 드뭅니다. 그래서 보통은 보충적 평가방법을 쓰죠.

비상장주식의 경우 : (일반법인의 경우) ❶ 3년간 순손익가치와 순자산가치를 각각 3과 2의 비율로 가중평균한 가액과, ❷ 순자산가치의 80% 가운데 큰 금액을 1주의 가치로 평가한다.

(* '순자산가치의 80%'는 2018년 4월 1일 이후에 적용되는 것으로 만일 증여 시점

이 2017년 4월 1일에서 2018년 3월 31일까지라면 70%로 한다.)

말이 어렵습니다. 조금 쉽게 설명하면 이렇죠. 먼저 ❶번 값부터 알아보죠. 기업이 1년간 벌어들인 소득을 전체 발행한 주식 수로 나누면 1주당 손익에 ×10을 하는 게 '순손익가치'의 기본 개념입니다. 예를 들어 올해 소득이 1억 원이고 주식이 총 100,000주 발행되었다면 1주당 손익은 1천 원(= 1억 원 ÷ 100,000주)이고 그 금액에 ÷10%를 하게 되면 순손익가치가 됩니다(계산값 1만 원).

한편 순자산가치란 기업 자산에서 부채를 뺀 자산을 말합니다. 기업

- **TIP · 시가 평가 및 보충적 평가방법의 법률적 근거**

상속세 및 증여세법 제60조(평가의 원칙 등)
① 이 법에 따라 상속세나 증여세가 부과되는 재산의 가액은 상속개시일 또는 증여일(이하 "평가기준일"이라 한다) 현재의 시가에 따른다. 이 경우 제63조제1항제1호가목에 규정된 평가방법으로 평가한 가액(제63조제2항에 해당하는 경우는 제외한다)을 시가로 본다.
② 제1항에 따른 시가는 불특정 다수인 사이에 자유롭게 거래가 이루어지는 경우에 통상적으로 성립된다고 인정되는 가액으로 하고 수용가격·공매가격 및 감정가격 등 대통령령으로 정하는 바에 따라 시가로 인정되는 것을 포함한다.
③ 제1항을 적용할 때 시가를 산정하기 어려운 경우에는 해당 재산의 종류, 규모, 거래 상황 등을 고려하여 제61조부터 제65조까지에 규정된 방법으로 평가한 가액을 시가로 본다.

의 모든 자산에서 부채를 빼고 남은 자산이 순수하게 주주들의 몫이 되는 것이죠. 예를 들어 빚 빼고 뭐 빼고 해서 남은 자산을 보니까 20억이고, 역시 발행한 주식이 총 100,000주라면 1주당 자산가치는 2만 원이 되죠.

이렇게 두 가지 값을 구한 뒤 평균값으로 1주의 가치를 평가합니다. 다만 순손익가치를 더 중시하여 비중을 조금 달리합니다(그게 '가중평균'의 의미). 즉 순손익가치에 3, 순자산가치에 2를 곱한 뒤 전체를 다시 5로 나누어서 '가중평균값'을 구합니다. 계산해 보면 이렇습니다.

[(1만 원 × 3) + (2만 원 × 2)] ÷ 5

= [30,000 + 40,000] ÷ 5

= 14,000원

이렇게 값을 구한 뒤 다시 ❷번 순자산가치의 80% 값을 구합니다. 순자산가치가 2만 원이죠. 80%는 1.6만 원입니다. 이제 비교해 보면 1.4만 원과 1.6만 원 가운데 큰 금액이 문제가 되었던 이 주식의 1주당 가치가 됩니다.

한편 위의 경우는 일반법인의 경우입니다. 이 말은, 다른 종류의 법인이 있다는 얘기죠. 부동산을 많이 가지고 있어서 전체 자산의 50% 이상이 부동산 자산인 법인이 있습니다. 보통 부동산 임대업을 하는 경우가 다수를 차지하는데 이 경우는 소득보다 자산을 더 가중하여 1주당 가치를 평가합니다. 일반법인의 경우 자산보다 소득을 더 중시했죠. 그래서 자산에 2, 소득에 3의 비중을 둔 뒤 5로 나누었습니다. 반면 '부동산과다보유법인'의 경우 자산에 3, 소득에 2의 가중을 부여한 뒤 5로 나누어 값을 구합니다(순자산가치 3, 순손익가치 2). 물론 이렇게 구한 값을 순자산가치의 80%와 비교하여 큰 값을 최종 1주당 가치로 평가하게 되죠.

> · TIP ·
>
> 소득은 따지지 않고 자산가치만으로 1주당 가치를 평가하는 경우도 있다. 3년 미만 신설법인의 경우, 상속세 신고기한 이내 청산절차를 진행하는 경우, 사업자의 사망 등으로 사업이 계속되기 힘들다고 판단되는 경우, 사업을 개시하기 전인 법인의 경우, 휴업 혹은 폐업 중인 법인의 경우, 법인의 자산 가운데 부동산 자산의 비중이 80% 이상인 경우, 법인의 자산 가운데 주식 등의 가액이 전체 80% 이상인 경우, 설립 때 존속기한이 확정된 법인이 있는데 이때 존속기한이 3년도 채 못 남은 경우다.

원리만 이해하시면 됩니다. 자세한 계산은 세무사 등에게 맡기면 되죠. 이보다는 언제 증여할 것인지 그 시기를 따지는 데 신경을 쓰는 게 좋습니다. 증여하는 시기에 따라 세금이 달라지기 때문입니다.

• TIP •

보통 비상장주식의 경우 액면가로 거래하는 경우가 있다. 예를 들어 A 회사 주식이 1주당 액면가가 500원이라고 해보자. 아무개가 1,000만 원을 주고 20,000주를 구입했다. 그런데 세무당국에서 아무개에게 통지서를 보내 증여세를 내라고 한다. 이게 무슨 상황일까? 난 정상적으로 거래를 한 건데 증여세라니? 이런 일이 벌어지는 것은 주가 평가 방법이 다르기 때문이다. 세무당국은 보충적 평가방법으로 이 회사의 1주당 값을 계산한다. 그런데 액면가보다 높은 경우가 있을 수 있다. 최근 3년 사이 회사가 소득이 급성장했을 때 흔히 나타나는 일이다. 보충적 평가방법으로 따져보니 1주당 10만 원이었다. 그렇다면 아무개는 1,000만 원을 주고 20억 원 가치의 주식을 매입한 셈이다. 세무당국 입장에서는 차액인 19억 9천만 원을 증여한 것으로 판단하고, 증여세를 부과한다. 이때 증여세의 대상이 되는 금액은 아무개와 주식을 판 사람 사이의 관계에 따라 달라진다. 아무개와 주식 판매자가 특수 관계(개인의 경우 배우자, 6촌 이내 혈족, 4촌 이내 인척, 법인의 경우라면 이사, 임원 등)라면 20억에서 주식 평가액(보충적 평가방법으로 계산한 주식 가격)의 30%와 3억 원 가운데 작은 금액을 빼고 남은 금액에 대해서 증여세를 부과한다(20억의 30%는 6억이다. 3억이 더 작으므로 3억만 뺀다. 남은 금액은 20억 − 3억 = 17억). 만일 아무개와 주식 판매자가 아무 관계가 없다면 무조건 3억을 빼고 남은 금액에 대해서 증여세를 부과한다. 같은 맥락에서 증자를 할 때도 보충적 평가액보다 높거나 낮은 경우, 증여세가 부과될 수 있다. 한편 3억 혹은 30%를 빼고 증여세를 계산한다면 잘만 이용하면 증여세 한 푼 없이 액면가 거래가 가능할 것 같다. 그러나 법은 이를 방지하기 위해 과거 1년 동안 동일한 매매에 대해서는 모두 합산해서 판단한다. 아무튼 비상장주식을 거래할 때도 이런 일이 발생할 수 있으므로 전문가에게 조언을 받도록 한다. 공연히 액면가에 싸게 구입했다고 좋아하다가 증여세 폭탄을 맞을 수도 있다.

• TIP •

비상장주식의 가치를 낮춰서 증여하는 방법을 고민할 필요가 있다. 비상장주식은 순손익가치와 순자산가치를 따져서 계산한다. 만일 이 둘을 낮출 수 있다면 비상장주식의 가치 또한 따라서 내려가고, 절세 측면에서 이익이 있다. 먼저, 순손익가치다. 1) 합병한다. 순손익가치가 다른 두 법인을 합병하면 그 차이에 따라 순손익가치를 낮출 수 있다. 2) 분할한다. 이익이 많은 사업부를 나누면 순손익가치를 낮출 수 있다. 3) 세무에 문제가 없다는 전제 아래, 수익의 발생 시기를 늦춘다. 순손익가치는 3년간의 손익을 따지게 되는데 이 3년간의 손익에 큰 수익이 속하면 비상장주식의 가치도 덩달아 올라간다. 거래처 등과 협의하여 조율이 가능한 만큼 하면 된다. 4) 퇴직보험에 가입하면 손금이 인정되어 순손익을 낮출 수 있다. 5) 개발비 등을 비용으로 처리하여 순손익을 낮춘다. 다음, 순자산가치다. 원리는 이렇다. 자산은 낮추고 부채는 높이기. 이를 위해 뭘 할까? 1) 할 수 있다면 주주에게 배당한다. 배당을 하면 자산이 감소한다(다만 배당소득세 과세가 발생하므로 사전에 체크한다). 2) 회수가 불가능한 채권이 있는가? 아무리 봐도 돌려받을 길이 없는 채권이 있다면 과감하게 포기하고 법인 장부에서 뺀다. 일명 '대손금'이다. 세법은 대손금 규정이 엄격하다. 자료를 잘 갖춰서 대손금으로 인정받는 게 관건이다. 3) 장기간 방치된 재고가 있는가? 세법에 따르면 파손 등의 사유가 있지 않는 한 자산으로 취급된다. 싸게 처리하거나 혹은 세법에서 정한 사유를 입증하여 자산에서 빼도록 한다.

## 등락을 반복하는 주식은 증여 시기가 핵심

원칙에 따르면 저평가되는 시점을 잘 찾아서 증여하는 게 이익입니다. 상장주식을 증여할 계획을 갖고 있는데 마침 코로나19 사태로 가격이 바닥을 찍었다면 이때가 증여를 할 수 있는 절호의 기회가 된다는 얘기죠.

그런데 기껏 '지금이 바닥이다'라고 생각하고 증여했는데 더 떨어지면 어떻게 합니까?

2019년 12월 9일, CJ그룹 이재현 회장은 두 자녀에게 총 184만 주의 주식을 증여합니다. 그날을 기준으로 보면 1주당 65,400원이었고, 전체 액수는 1,204억이었습니다. 계산을 통해 구한 증여세는 약 700억. 물론 이 값은 '최대 주주 지분 증여에 따른 20% 할증'이라는 단서가 붙어 있습니다. 최대 주주가 지분을 증여할 때는 원래 증여세에 20%를 추가로 더 낸다(중소기업은 10%)는 얘기죠(단 최대 주주 보유 비율이 50%를 초과할 때는 대기업 30%, 중소기업 15%). 아무튼 1,200억을 증여하는데 700억 정도가 증여세로 나갑니다. 그러다 코로나19 사태가 덮쳤습니다. 신고한 증여가액이 있기 때문에 증여세는 그대로인데 주가가 떨어져서 실제로는 1,204억이 아니라 767억 가치의 주식을 증여하는 셈이 됩니다. 증여한 주식과 증여세가 거의 비슷한 수준이 되었습니다. 뭔가 억울합니다. 어떻게 해결해야 할까요?

〈상속세 및 증여세법〉(아래 tip 참조)에 보면 ❶ 증여 후 신고기한이 오기 전에, ❷ 주는 사람과 받는 사람이 합의하면 증여를 취소할 수 있다는 내용이 있습니다.

> **・TIP・상속세 및 증여세법 제4조(증여세 과세대상)**
>
> ④ 수증자가 증여재산(금전은 제외한다)을 당사자 간의 합의에 따라 제68조에 따른 증여세 과세표준 신고기한까지 증여자에게 반환하는 경우(반환하기 전에 제76조에 따라 과세표준과 세액을 결정받은 경우는 제외한다)에는 처음부터 증여가 없었던 것으로 보며, 제68조에 따른 증여세 과세표준 신고기한이 지난 후 3개월 이내에 증여자에게 반환하거나 증여자에게 다시 증여하는 경우에는 그 반환하거나 다시 증여하는 것에 대해서는 증여세를 부과하지 아니한다. 〈개정 2020.6.9〉

증여의 신고기한은 증여한 달의 말일을 기준으로 3개월 이내입니다. 예를 들어 3월 4일 증여했다면 3월 31일 기준으로 3개월, 즉 6월 30일까지 신고를 마치든가 혹은 합의를 통해 증여를 취소해야 합니다.

그렇게 해서 CJ그룹 이재현 회장도 3월 30일 증여를 취소했죠. 이제 남은 건, 그렇다면 주가가 언제 반등할 것인가 하는 문제입니다. 주가가 다시 오른 뒤에 증여하는 것은 별로 의미가 없을 수 있으니까요. 그래서 이 무렵 바닥을 찍고 부지런히 오르던 코스피 시세를 보며 고민이 깊었을지 모릅니다. CJ 측은 이틀 뒤인 4월 1일 다시 증여하게 되죠. 이렇게 증여 → 취소 → 재증여를 통해 그들이 기대하는 건 세금 규모를 700억에서 500~550억 수준으로 떨어뜨리는 것이었죠. 물론 최종적인 평가액을 구하기 위해 4월 1일 이후 2개월간의 종가를 잘 살피기는 해야 합니다.

주식시장은 내일을 예측하기 힘듭니다. 증여하기로 마음먹은 때에 악재가 터져서 고꾸라질 수도 있고, 호재가 터져서 고공행진을 할 수도 있습니다. 그래서 더더욱 증여세 신고기한 내에 취소가 가능하다는 점을 잘 활용해야 합니다. 우선은 저평가 시점, 즉 하락장에 접어들었을 때를 증여 시점으로 고르되, 만일 추가 하락이 진행된다면 신고기한 내 취소 방법 등을 통해서 세금을 최소한으로 줄이는 지혜가 필요합니다.

같은 맥락에서 비상장주식의 경우도 증여시기를 잘 잡는 게 중요합니다. 앞에서 한 가지 말씀드리지 않은 게 있습니다. 일반법인의 비상장주식을 평가할 경우, 순자산가치보다 순손익가치에 더 큰 비중(3/5)을 둔다고 설명했습니다. 그런데 이때 순손익가치는 직전 해의 소득만 따지는 게 아니라 최근 3년간의 소득을 다 살피게 됩니다. 물론 이때도 '가중평균값'을 구하게 되는데 바로 직전 해의 순손익에는 3의 비중을, 2년 전의 순손익에는 2의 비중을, 3년 전 순손익에는 1의 비중을 두고 평균값을 계산합니다. 예를 들어 보죠. 어느 일반법인의 지난 4년간의 순손익입니다.

2019년 : 10억

2018년 : -5억

2017년 : 5억

2016년 : 2억

만일 이런 회사가 있고, 2019년에 주식을 증여하면 2016년부터 2018년까지 3년간의 순손익액을 따지게 됩니다. 각 비중을 달리해서 순손익을 구하면 다음과 같습니다.

(−5억×3 + 5억×2 + 2억×1) ÷ 6 = −0.5억

반면 2020년 주식을 증여하면 2017년부터 2019년까지 3년간의 순손익액을 따집니다.

(10억×3 + −5억×2 + 5억×1) ÷ 6 = 약 4억

물론 이 값은 순자산가치의 80%와 비교하여 큰 액수를 1주당 평가액으로 삼는다는 원칙 때문에 무의미할 수도 있습니다만, 만일 순자산가치의 80%보다 값이 크다면 매우 유용한 과정이 됩니다. 이를 전제하고 생각해 봅시다. 사업연도가 1월 1일부터 12월 31일까지인 회사라면 2019년 12월 30일에 주식을 증여하는 것과 2019년 12월 31일에 증여하는 것이 달라지게 되죠. 12월 30일에 증여하면 2016~2018년 기준으로 순손익을 따지니까 득이고, 12월 31일에 증여하면 2017~2019년 기준으로 순손익을 따지니까 손해입니다. 디테일에 돈이 숨어 있습니다.

## 잠깐, 증여세는 얼마인가?

지금까지는 증여세 없는 주식 증여에 대해서 설명했는데 부득이하게 증여세를 내야 할 때도 있지 않겠습니까? 예컨대 아버지가 성년 자녀에게 7천만 원을 증여했다고 가정하고 얼마의 세금을 내야 하는지 세금 구조를 따라가며 답을 구해 봅시다.

### ❶ 10년 내에 또 증여한 게 있는가?

있다면 다 찾아서 합산합니다. 찾아봤더니 3년 전에 어머니가 2천만 원을 주었네요. 그렇다면 동일인의 원칙(아버지와 어머니는 한 몸)에 따라 총 9천만 원을 증여한 것이 됩니다(할아버지나 할머니가 준 돈은 합산하지 않고, 따로 증여세를 계산합니다.).

### ❷ 공제액을 빼고 남은 돈은 얼마인가?

10년 내 합산 5천만 원까지 공제가 되죠. 공제가 된다는 말은, 이 5천에 대해서는 세금을 물리지 않는다는 얘기죠. 증여받은 돈 9천에서 공제액 5천을 빼고 4천만 원이 남았습니다. 이렇게 세금의 표적이 된 금액 4천만 원을 '과세표준'이라고 부르죠.

### ❸ 적용 세율은 몇 프로인가?

증여세와 상속세는 누진세라고 했습니다. 액수에 따라 세율이 달라집니다.

1억 이하 　　　　　: 10%

1억 초과 5억 이하 　: 20%

5억 초과 10억 이하 　: 30%

10억 초과 30억 이하 : 40%

30억 초과 　　　　　: 50%

(※ '이상'과 '이하'는 자기 수를 포함한다. '1억 이하'란 '1억을 포함하여 1억보다 작은 금액'을 뜻한다. '초과'와 '미만'은 자기 수를 포함하지 않는다. '1억 초과'란 '1억을 포함하지 않고 1억보다 큰 금액'을 뜻한다.)

그럼, 과세표준 4천만 원에 대한 세금은 얼마인가요? 4천만 원은 '1억 이하'에 속하죠. 10%의 적용을 받습니다. 계산하면 4백만 원입니다.

만일 과세표준이 2억 원이라면 어떨까요? '1억 초과 5억 이하'에 속하므로 20%의 세율을 적용받겠죠? 2억의 20%이라면 4천만 원을 내야겠네요? 그런데 아닙니다. 과세표준 2억 가운데 1억이 초과되는 액수만 20%의 적용을 받고, 1억 이하의 액수는 10%를 적용합니다.

2억 = 1억 이하분(1억 × 10%) + 1억 초과분(1억 × 20%)

그렇게 계산하면 4천이 아니라 3천만 원이 됩니다.

> **· TIP ·**
>
> 결과값은 같은데 계산 방식을 조금 달리 할 수 있습니다. 2억을 그대로 20% 적용시키고, 여기에서 1억의 10%에 해당하는 1천만 원을 빼는 방식이죠. 역시 계산하면 값은 3천만 원이 나옵니다.
>
> (2억 × 20%) − (1억의 10%) = 4천 − 1천 = 3천

한 번 더 알아볼까요? 만일 과세표준이 6억 5천만 원이면 세금은 얼마일까요?

6억 5천

= 1억 이하분(1억 × 10%) + 1억 초과 5억 이하분(4억 × 20%) + 5억 초과분(1억 5천 × 30%)

= 1천 + 8천 + 4천 5백

= 1억 3천 5백

[※ 역시 6억 5천에 대해서 30% 그대로 적용하고, 여기서 1억의 20%(2천만 원)와 4억의 10%(4천만 원)를 빼는 방법으로 계산해도 답은 똑같습니다. 1억 9천 5백 − 2천 − 4천 = 1억 3천 5백만 원.]

### ❹ 할증이 있나?

부모가 자녀에게 증여하는 경우에는 계산이 필요 없는 항목입니다. 그러나 할아버지가 손자에게 증여하는 경우에는 30% 할증이 붙습니다(다만 증여받는 자, 즉 수증자가 미성년자이고 증여하는 재산이 20억을 넘으

면 40%까지 올라갑니다.). 할증이 붙는다는 말은 추가로 내야 하는 세금이 있다는 말이죠. 위에서 계산한 것으로 보자면 과세표준 4천만 원에서 세금 4백만 원이 산출되었다면 4백만 원의 30%가 추가로 붙는다는 얘기죠.

**할증까지 포함된 세금**

= 400만 원(원래 세금) + 120만 원(원래 세금의 30%)

= 520만 원

### ❺ 중복 세금이 있나?

아버지가 자녀에게 준 돈 7천만 원이 재증여인 경우가 있을 수 있습니다. 이 돈을 10년 내에 다시 자녀에게 증여하는 경우, 처음 증여받을 때 증여세를 냈을 것이고, 그래서 이번에는 지난 번 납부한 세금만큼 빼준다는 것이죠. 그런 일이 없으면 통과하면 됩니다.

### ❻ 자진 신고하면 조금 더 싸게

신고세액공제라는 게 있습니다. 자신해서 신고하면 조금 더 혜택을 준다는 거죠. 2020년 현재는 3%입니다. 400만 원의 3%면 12만 원이 줄어듭니다. 총 증여세는 388만 원이 됩니다.

증여세는 기본적으로 이런 과정을 밟아서 계산합니다. 다만 주식과 같이 가치평가가 필요한 자산은 사전에 평가과정이 추가된다는 게 다를 뿐이죠.

그런데 주식과 같은 '금융재산'은 증여냐 상속이냐에 따라 공제액에서 차이가 생깁니다. 증여할 때는 위의 방식으로 성년 자녀 기준 5천만 원까지 공제되지만 상속할 때는 금융재산의 크기에 따라 공제액이 달라집니다. 상속에서는 최대 2억 한도로 금융재산의 20%까지 공제됩니다. 다만 2천만 원 이하인 경우에는 전액 공제됩니다. 즉 최소 2천만 원에서 최대 2억까지 공제된다고 보시면 됩니다.

**금융재산 상속 시 공제액**

2천만 원 이하 : 전액 공제

2천 초과 1억 이하 : 2천만 원

1억 초과 : 전체의 20%(단, 2억 한도)

따라서 금융재산 10억까지는 20% 수준으로 공제받을 수 있습니다. 그러나 10억을 초과하는 금융재산부터는 공제를 받지 못합니다. 이 말에는 금융재산이 10억을 초과할 것으로 예상될 때는 10년 합산을 피해 사전에 증여를 하는 게 절세 측면에서 유리하다는 것을 암시합니다. 다만 예금, 적금 등은 예측이 가능한 금융재산이라서 계산이 되지만 주식과 같이 가치가 달라지는 경우에는 상황에 맞게 접근할 필요가 생기죠. 현재 기준 10억 가치의 금융재산이 10년 뒤에 얼마가 될지 예측하는 게 어렵기 때문에 변하는 상황에 맞게 대응해야 한다는 얘기입니다. 예컨대 장기적 관점에서 유망한 종목인데 단기적으로 급락을 했다면 '주식 자체'를 증여하고, 만일 단기적으로 크게 올랐다면 팔아서 돈으로 증여하는 방법을 구사하는 등 그때그때 상황에 맞게 움직이는 게 좋습니다.

한편 부모가 사망 전에 자녀가 부모의 예금 등 금융재산을 현금화하여 보관하는 경우가 있습니다. 상속재산에서 빼서 상속세 부담을 줄이기 위해, 혹은 부모님 병원비와 장례비를 치르기 위해 그렇게 하는 경우가 있습니다만, 과세관청에 적발되면 가산세가 붙고, 금융재산 공제도 못 받습니다. '괜찮을 거야.'라는 단순한 생각으로 행동하는 것이 도리어 세 부담에서 불리해진다는 얘기입니다. 부득이한 경우도 있겠지만 알아두고 대처하는 게 좋겠습니다.

> **· TIP ·**
>
> 상속할 때 공제 대상이 되는 금융재산은 무엇일까? 상장주식과 비상장주식을 포함하여 예금, 적금, 펀드, 부금, 계금, 금전신탁재산, 보험금, 공제금, 채권, 수익증권, 어음, 비상장 회사채, 금융기관 발행 어음, 양도성예금증서(CD) 등이다. 반면 현금, 자기앞수표, 퇴직금, 퇴직수당, 공로금, 퇴직연금, 최대주주 보유주식, 타인 명의 미신고 금융재산 등은 공제되지 않는다.

# 특수 목적을 가진 증여 방법, 보험
### - 자녀가 경제력이 있거나 없거나 상관없이

### 이럴 때는 보험을 활용한다

보험은 상속 재테크에서 차지하는 위치가 명확합니다. 상속세를 아끼기 위한 기본적 목적으로 가입하기도 하지만 대체로 다음처럼 뚜렷한 두 가지 목적이 있을 때 활용됩니다.

첫째, 자녀에게 재산을 한꺼번에 상속했을 때 혹시라도 돈을 흥청망청 쓰지 않을까 걱정되거나 혹은 자녀에게 장기적으로 안정적인 재원을 마련해주고 싶은 분들이 가입하는 연금보험

둘째, 상속세 재원 마련을 위해 가입하는 종신보험

특히 두 번째가 중요합니다. 왜냐하면 우리나라는 전통적으로 부동산 자산의 비중이 높기 때문입니다. 2015년 국세청 통계자료에 따르면 상속세를 낸 사람들의 상속재산 가운데 부동산은 65% 수준으로 압도적인 1위를 차지했습니다. 반면 예금, 적금, 펀드, 주식, 보험 등 금융 자산은 17%에 불과했습니다.

감이 옵니까? 상속이 이루어지는 시점에서 어떤 문제가 발생할지?

부동산을 물려받았는데 상속세를 낼 돈이 없어서 집을 담보로 대출을 받고 상속세를 처리한 뒤 이자를 갚아가거나 혹은 제 값도 못 받고 집을 팔게 되는 최악의 상황을 맞이할 수도 있습니다. 물론 부득이한 경우에는 손해를 감수하면서라도 처리해야 합니다. 그런데 여기에는 추가적인 피해가 한 가지 더 있습니다. 과세당국은 상속세 부과를 위해 부동산의 가치를 평가합니다. 가치 평가의 원칙은 시가입니다. 현재 거래되고 있는 가격이죠. 아파트처럼 동일한 물건이 다수 존재하여 거래가격을 쉽게 확보할 수 있는 경우는 시가 확인이 용이합니다. 그러나 이를 제외한 주택이나 땅의 경우는 유사 거래 내역을 확인하기 어렵기 때문에 '보충적 평가방법'을 활용합니다. 부동산의 경우, 보충적 평가방법으로 가치를 매기면 대개 시가보다 쌉니다. 상속세가 저절로 줄어듭니다. 그런데 부족한 상속세 때문에 고민하다가 1) 담보 대출을 받거나 2) 팔아버리면 이 부동산에 대한 가치 평가 자료가 생기게 되죠. 그 가치 평가액이 생각보다 높게 나온다는 게 함정입니다. 한

마디로 상속세를 더 냅니다. 2차 손실입니다.

이런 불필요한 손실이 발생할 수 있다는 걸 잘 아는 절세 전문가들은 입을 모아 말합니다. 상속세 재원까지 마련해 주는 게 현명한 상속 재테크라고. 그리고 이런 문제를 해결하기 위해 가장 많이 권장되는 것이 보험입니다. 특히 종신보험의 경우, 부모의 사망과 동시에 보험금이 나오기 때문에 부동산 자산을 가치 훼손 없이 그대로 잘 지킬 수 있으며 경우에 따라 향후 예상되는 집값 상승으로 추가적 이익까지 얻을 수 있습니다.

## 보험의 기초 이해하기

보험으로 어떻게 상속 재테크가 이루어지는지 알기 위해서는 보험에 대한 기초 이해가 필수입니다. 여러분이 보험에 가입한다고 해봅시다. 보험회사에서 이렇게 물어봅니다.

"돈은 누가 내실 건가요?"

돈을 내는 사람, 이 사람을 '보험계약자'라고 부릅니다. 청약서에 '계약자'를 '홍길동'이라고 적었다면 일단 공식적으로는 '홍길동이 보험료를 내는구나.' 하고 생각하게 되죠. 계약자에게는 몇 가지 권리와 의무가 있습니다. 계약자는 돈(보험료)을 낼 의무가 있으며, 계약 해지 권리와 해지 시 돈을 돌려받을 권리가 있습니다(해지 시 받는 돈은 보험금이 아니라 환급금입니다. 환급금은 해지가 가능한 보험에서 증여가액을 평가할 때

기준이 되는 금액입니다. 뒤에 다시 설명합니다.). 또 한 가지 기억해야 할 게 계약자가 사망해도 보험은 존속된다는 사실이죠. 돈 내는 사람이 고인이 되어도 보험이 자동 해지되는 게 아니라는 말입니다. 왜죠? 보험에는 또 한 명의 중요한 사람 '피보험자'가 있기 때문입니다.

"누구 이름으로 보험을 드시는 건가요?"

엄마가 제 앞으로 실비보험을 들었다면 돈을 내는 사람, 즉 계약자는 엄마이고, 보험의 대상이 되는 사람, 즉 피보험자는 '나'가 됩니다. '나'가 사고를 당하면 보험금이 나오는 방식이라는 얘기죠.

그런데 돈을 타는 사람은 따로 있습니다. 병원비 내는 사람이 엄마라면 굳이 '나'가 받을 필요는 없죠. 그래서 엄마는 자기 이름으로 보험금을 타겠다고 합니다. 엄마가 수익자가 되는 것이죠.

이렇게 보험은 돈을 내는 사람(계약자), 보험회사가 보호하는 사람(피보험자), 돈을 타는 사람(수익자)으로 나뉩니다. 그리고 과세의 관점에서 제일 중요한 건 돈을 내는 사람과 돈을 타는 사람입니다. 이 둘이 다를 때 과세관청은 두 눈에 불을 켜고 들여다봅니다. '이거 혹시 증여 아냐?'

돈 내는 사람과 돈 받는 사람이 다른 보험은 기본적으로 증여세의 대상이 됩니다. 물론 병원비에 쓰이는 실비보험처럼 양육에 들어가는 돈은 증여세 대상이 되지 않지만 상속과 증여를 위해 가입하는 연금보험, 종신보험 등은 기본적으로 과세 대상이 됩니다(생각해 보면 실비보험은 피보험자만 자녀 이름으로 되어 있을 뿐, 돈 내는 사람, 돈 받는 사람이 부모인 경우가 흔하죠. 이렇게 돈을 내는 사람, 받는 사람이 같을 때는 당연히 증여가 아닙니다.).

보험으로 증여세를 피하는 게 그간 절세 전문가의 일 가운데 하나였으나 이미 우리나라도 보험이 자리를 충분히 잡았죠. 과세당국의 끈질긴 추적 끝에 보험을 통한 재산 이전 효과는 생각보다 미미해졌습니다. 예를 들어 초창기에는 자녀 이름으로 보험을 계약하고, 자녀 계좌로 보험료를 내서 증여 과세를 피하는 일도 있었습니다만, 이제는 설령 보험계약자 이름에 누가 적혀 있더라도 '실제로' 누가 돈을 벌어서 냈는지 추적해서 그게 부모라면 증여세를 과세합니다. 소득 없는 자녀라면 더더욱 자녀가 돈을 냈다고 보기 힘들겠지요.

물론 자녀에게 돈을 미리 증여한 뒤 그 돈으로 보험료를 납부시키는 방법도 동원되었습니다만, 이것도 절세 수단이 못 됩니다. 상식적으로는 증여를 통해 자녀의 돈이 되었으니 보험료를 자녀가 낸 것처럼 생각됩니다. 그러나 법이 그렇게 만만치 않죠. 예를 들어 보험료 용도의 돈을 증여하고 출처 자료를 만들기 위해 신고하면 이때 1차 과세하고, 만기 보험금 탈 때 2차 과세합니다(물론 2차 과세 때는 중복 과세를 피하기 위해 만기 보험금에서 여태껏 납입한 보험료 총합을 빼고 남은 액수, 즉 보험차익에 대해서만 과세합니다. 또한 1차 때 증여세 신고를 하지 않았다면 만기 보험금을 타는 시점에서 증여가 일어난 것으로 보고 보험금 전액에 대해서 증여세를 과세합니다.).

이처럼 보험 과세 방식은 주식이나 부동산 임대 소득과 매우 다릅니다. 주식은 증여하는 시점에서 주식의 소유자가 자녀로 바뀝니다. 따라서 그 뒤에 주가가 올라서 발생한 수익은 자녀 몫이 됩니다. 부동산도 증여하는 시점에서 자녀가 부동산 소유자가 됩니다. 이후 임대 소득이 발생하면 당연히 자녀 몫이 됩니다. 그러나 보험은 다릅니다. 보험료를 지불한 재원이 부모로부터 나왔다면 나중에 타게 되는 보험금은 전부 증여나 상속세의 대상이 되죠. 심지어 부모가 증여한 부동산에서 벌어들인 임대소득으로 보험료를 지불한 경우에도 마찬가지입니다. 보험을 통한 텍스 프리(tax free) 재산 이전을 막겠다는 뜻입니다.

그럼에도 보험을 통해 최대한 절세하는 방법을 알아보죠. 앞에서도 이야기한 것처럼 자녀의 안정적 생활자금 마련과 상속세 재원 마련을 위해 보험을 들어야 할 때가 있으니까요.

· TIP ·

보험금을 타려면 그 전에 보험금을 탈 수 있는 조건이 달성되어야 한다. 예를 들어 종신보험이라면 피보험자가 사망해야 하고 만기가 있는 보험이라면 만기가 도래해야 한다. 이처럼 보험금을 지불하기 위해 선행되는 일을 '보험사고'라고 부른다. 사망, 만기 외에도 질병, 재해사고, 연금 개시 등이 대표적인 보험사고에 속한다. 그런데 돈 내는 사람과 돈 받는 사람이 다른 경우, 보험사고가 사망을 전제로 일어나면 상속세를 부과하고, 사망이 아니라면 증여세를 부과한다. 이 말은 증여세와 상속세가 매우 유사한 방식으로 과세된다는 것을 암시한다. 그래서 관련 법의 이름도 '상속세 및 증여세법'이다.

## 어떤 돈이 과세 대상일까?

본인이 돈을 내고 본인이 돈을 타는 보험은 우리의 관심사가 아닙니다. 우리는 재산 이전을 위한 보험, 즉 아버지가 돈을 내고 자녀가 돈을 받는 형태의 보험에 대해서만 이야기하는 중이죠. 이 경우, 세무당국은 어떤 돈을 과세 대상으로 삼을까요? 아버지가 여태까지 낸 보험료 총액? 아니면 나중에 자녀가 타게 되는 보험금? 보험사고가 발생하여 보험금을 타는 경우와 중간에 계약자를 변경하는 경우에는 또 어떻게 가치 평가를 할까요? 이처럼 보험은 경우에 따라 과세의 대상으로 삼는 금액이 달라집니다. 달리 말해, 여기에 절세하는 방법이 숨어 있다는 얘기입니다. 가장 기본이 되는 상황부터 보죠.

A. 아버지가 보험료를 내고, 자녀가 보험금을 타는 경우(계약자 : 아버지, 수익자 : 자녀)

보험금을 타는 시점에서 증여가 발생한 것으로 보고 보험금 전체에 대해서 증여세를 과세합니다.

B. 아버지가 보험료도 내고, 보험금을 타는 수익자로 되어 있다가 계약자와 수익자를 자녀로 바꾼 경우(계약자 및 수익자 : 아버지 → 자녀)

이때는 계약이 변경된 시점에서 증여가 성립된 것으로 본다는 조세심판사례에 따라 해당 시점을 기준으로 증여세를 물립니다. 이때 과세 대상은 그때까지 납부한 보험료가 됩니다. 나중에 자녀가 보험금을 타게 되면 보험금에서 지금까지 납부한 보험료 총합을 뺀 보험차익(보험금 - 보험료 = 보험차익)에 대해서 2차 과세가 나옵니다. 시간적으로 두 차례에 걸쳐 낼 뿐, 실제로는 보험금 전체에 대해 증여세를 낸다는 것은 변함이 없습니다. 그러나 물가상승 때문에 돈의 가치가 달라진다는 게 숨은 함정입니다. 10년 전 천만 원과 10년 후 천만 원은 같은 가치가 아닙니다. 따라서 같은 돈이라면 나중에 내는 게 유리하죠. 그렇다면 굳이 계약자와 수익자를 자녀 명의로 바꿀 필요가 있을까요? 그러나 아래 C와 같은 경우가 있기 때문에 보험의 명의 변경이 유리할 수 있습니다.

· TIP ·

단순히 계약자를 변경하는 경우에도 보험회사는 세무당국에 신고할 의무가 있다. 보험과 관련, 돈이 어떻게 움직이는지 당국에서 예의주시한다는 말이다.

C. 앞의 B와 동일한 상황에서 이 보험이 연금보험일 경우에, 연금 개시가 시작되어 아버지가 연금을 수령하기 시작한 뒤에 자녀 이름으로 계약자와 수익자를 바꾸는 경우

(참고로, C는 종신보험에서는 있을 수 없는 일입니다. 종신보험은 사망이라는 보험사고가 벌어진 뒤 보험금이 나오는데 그렇다면 계약자를 바꿀 수 없기 때문입니다. 반면 연금보험은 아버지 생존 시에도 얼마든지 연금 개시가 가능하므로 수익자를 바꿀 수 있죠. 그래서 C는 연금보험일 때 벌어지는 일입니다.)

B는 연금 개시 전에 수익자를 자녀로 바꾼 경우고, C는 연금 개시 후에 수익자를 자녀로 바꾼 경우입니다. 이때는 과세 대상이 되는 돈이, 납부한 보험료가 아니라 앞으로 받게 될 연금이 됩니다(이를 '정기금'이라고 하고, 정기금의 가치를 평가하는 것이 핵심이 되죠.). 연금이란 게 매달 받는 돈이 똑같습니다. 2020년 한 해 동안 200만 원씩 12개월을 받는다면 2021년에도 똑같이 12개월 동안 200만 원씩 받죠. 그런데 문제가 있습니다. 물가가 상승하여 2020년의 200만 원과 2021년의 200만 원은 가치가 달라지죠. 이런 문제를 해결하기 위해 3% 할인을 적용합니다. 나중에 받을 돈을 현재 가치로 환산하기 위해 3%만큼씩 액수를 줄인다는 얘기입니다.

과거에는 이 할인율이 높아서 절세 효과가 매우 뛰어났으나 지금은 3%로 줄어들어서 상대적으로 효과가 미미해졌습니다. 그럼에도 아주 없는 건 아니므로 만일 연금보험에 가입한다면 연금이 개시된 후 자녀에게 증여하는 게(수익자 변경을 통해) 조금이나마 세금을 줄이는 방법이 됩니다. 따라서 이때는 자녀에게 보험료 재원이 되는 돈을 증여하고 증여세를 무는 것보다는 연금이 개시된 후에 증여하는 게 나름 이익이죠.

조금 더 자세하게 들어가 보죠. 정기금을 평가할 때 중요하게 다뤄지는 게 있습니다. 최저보장기간입니다. 연금보험에 가입했는데 일찍 사망할 수 있습니다. 연금보험은 사망보험이 아니기 때문에 사망과 동시에 연금 지급이 끝납니다. 너무 억울할 수 있습니다. 이를 방지하기 위해 일정 기간 이상은 수익자의 생존 여부와 상관없이 보험금을 받을

· TIP ·

참고로 연금보험에는 세 종류가 있다. 상속형, 확정형, 종신형이다. 상속형은 이자만 연금으로 수령하고 원금은 상속된다. 중도인출 및 해지가 가능하다. 확정형과 종신형은 기간의 차이다. 확정형은 기간이 정해져 있어서 그때까지만 연금을 수령하고, 종신형은 사망 시까지 연금이 나온다(단 종신형은 해지가 불가능하다.). 이런 차이 때문에 장단이 있다. 확정형은 수령하는 연금액이 가장 많다. 그러나 기간이 정해져 있기 때문에 증여세 과세 대상이 명확하다. 반면 종신형은 수령액수가 확정형보다 적다. 그러나 과세 대상이 되는 금액이 기대수명까지이므로 만일 수익자가 기대수명 이상을 산다면 그 이후에 받는 연금에 대해서는 자동 절세가 된다. 참고로 2020년 기대여명은 남자 81세, 여자 87세다.

수 있도록 한 게 최저보장기간입니다. 기간은 자유롭게 설정이 가능합니다. 그런데 이때 최저보증기간이 기대여명보다 짧으면 기대여명으로 정기금을 평가하게 되고, 반대로 최저보증기간이 기대여명보다 길면 최저보증기간으로 정기금을 평가합니다. 긴 걸 기준으로 평가한다는 얘기입니다. 예를 들어 남자의 기대여명은 81세인데 최저보증기간이 75세까지라면 이때는 기대여명까지 받는 정기금을 따져서 과세한다는 얘기입니다.

> • TIP •
>
> 연금보험의 경우, 종신형과 확정형이 있다고 앞서 설명했다. 보통 종신형보다는 확정형이 절세 효과가 높다. 최대 20년치 연금만 평가하기 때문이다. 그러나 문제가 있다. 수령 금액과 신고 금액의 차이가 크기 때문에 세무당국과 법적 다툼이 벌어질 수 있다는 점이다. 따라서 확정형을 선택하게 되면 문제를 사전에 방비할 수 있도록 조언을 들어보는 게 중요하다. 참고로 일부 보험회사에서는 이런 문제를 방비하는 차원에서 확정형보다 종신형을 추천하는 경우가 있다.

## 해지가 가능한 연금보험의 경우

앞으로 받게 될 돈, 즉 정기금을 과세대상으로 하는 경우를 살펴보았는데 여기에는 조건이 있습니다. 해약이 불가능해야 합니다. 만일 해약이 가능한 연금보험에 가입했다면 그때는 과세대상이 정기금이 아니라 해약 시 받게 될 '환급금'이나 혹은 지금까지 넣은 보험료에 이자를 더한 액수가 됩니다(실제로 해약을 하지 않더라도 해약을 가정하고 환급금을 계산해서 그 금액을 증여 혹은 상속의 과세대상으로 삼는다는 얘기입니다.).

> • TIP •
>
> 해약 가능한 연금에 가입 후 증여 신고를 할 때 '정기금 평가'를 적용해서 하는 경우가 있을 수 있다. 그러나 해약 가능한 보험의 경우에는 추후에 추가적인 세금을 납부하도록 하고 있다.

그럼 어떤 경우에는 환급금이 기준이 되고, 어떤 경우에는 보험료 총합 + 이자가 될까요? 계약자 변경 시점이 청약철회기간 내에 속하면 보험료 총합 + 이자가, 기간 이후라면 해지환급금이 적용됩니다(대법원 2016.9.28 선고 2015두53046 판결).

청약철회기간이란 보험을 해지할 수 있도록 법률로 정해놓은 안전장치입니다. 보험이 마음에 들지 않아, 혹은 충동적으로 가입한 경우 자유롭게 철회할 수 있죠. 단, 기간이 있습니다. 보험 증권을 받은 날로부터 15일 이내, 최장 30일 안에만 가능합니다(65세 이상 가입자가 전화 녹취를 통해 진행한 청약은 최장 기간이 45일까지로 늘어납니다.).

자, 그럼 어떤 문제가 있다는 얘기일까요? 연금 개시 전이라는 상황을 떠올리시면 좋겠습니다. 즉 아직 보험료를 납부하고 있는 중이죠. 이때 계약자를 변경합니다. 지금까지 낸 돈은 불과 두 달치 보험료인

· TIP ·

기본적으로 모든 청약철회는 가능하다. 그러나 청약철회가 안 되는 경우도 있다. 1) 병력이 있는 경우, 보험회사에서 건강 상태를 진단하고 가입 여부를 결정하게 되는데 이를 '진단계약'이라고 한다. 보험회사는 진단 후 승낙이나 거절을 할 수 있는데 만일 진단 후 보험가입을 승낙한 경우라면(혹은 30일 이내 보험회사에서 아무런 통지가 없다면) 자동으로 가입이 된다. 이런 경우에는 청약철회가 안 된다. 2) 보험기간이 1년 미만인 경우에도 청약철회가 안 된다. 3) 30일이 지난 경우에도 청약철회가 안 된다. 기타 전문보험계약자가 체결한 계약도 철회가 안 되는데 일반인은 해당 사항 없다.

데 환급금을 기준으로 증여가 이루어졌다고 본다는 애기입니다. 한 번에 보험료를 다 내는 일시납 보험이라면 상관없겠지만 이제 고작 두 달 냈는데 환급금 기준이라면 억울할 수도 있겠죠. 하지만 법이 그렇습니다. 다만 청약철회 기간 안에 이루어진 계약자 변경이라면 그때는 보험료 + 이자를 증여세 대상으로 삼게 됩니다.

> **· TIP ·**
>
> 연금 개시 전 계약자가 변경된 경우, 이를 증여로 보게 되는데 이때 보험증권의 가치, 즉 시가 평가는 청약철회기간 이내에는 납입한 보험료가 되고, 청약철회기간 이후에는 환급금이 된다. 이것은 한 번에 내는 일시납 보험이든 한 달에 한 번씩 내는 월납 보험이든, 저축성이든 보장성이든 상관이 없다. 해지가 불가능한 연금 보험에는 모두 똑같이 적용된다.

## 절세 효과를 높이는 몇 가지 방법

이밖에 절세 효과를 높이는 몇 가지 방법을 알아보죠.

첫째, 자녀가 보험료 내기입니다.

자녀가 취직을 하거나 사업을 해서 돈을 버는 나이가 되면 자금 출처를 증명할 수 있는 때가 된 것입니다. 무슨 말인가요? 우리가 다루는 보험은 돈(보험료)을 내는 사람과 돈(보험금)을 받는 사람이 다른 경

> **· TIP ·**
>
> 자식에게 부동산 증여 후 임대 수익으로 보험료 납부하는 방법에 대해서 앞서 잠시 언급했다. 만일 과세당국이 '그 보험료는 아버지에게 받은 부동산의 임대 수익으로 낸 것 아니냐?'고 의심할 때 충분히 소명하지 못하면 과세를 피할 길이 없다. 과세당국은 '부동산 증여 이후 임대 수익'과 '보험료 출처'의 관계를 유심히 들여다보려고 할 것이고, 세무사는 이 둘의 관계를 가능하면 떨어뜨리려고 할 것이다. 그게 핵심이고, 그게 절세의 전부다.

우입니다. 이때 가장 중요한 게 '실제로' 누가 돈을 냈는가입니다. 누구 계좌인가는 중요하지 않죠. 그런데 부모가 내던 보험료를 자녀가 내게 되면 자녀가 납부한 금액부터는 증여세가 붙지 않게 되죠. 비율을 따져서 자식이 납부한 금액만큼 빼고 나머지만 증여세 혹은 상속세가 부과됩니다. 여기에는 지면을 통해 말로 전달하기 힘든 부분이 있습니다. 기왕이면 세무사 등을 통해 어떤 방법이 가능한지 문의하는 게 좋을 것 같습니다.

둘째, 배우자끼리 서로 보험에 가입하기입니다.

'교차보험'이라고 부르기도 하는 방법입니다. 아내가 남편의 사망을 전제로 하는 종신보험에 가입하고 돈을 냅니다. 동시에 남편이 아내의 사망을 전제로 하는 종신보험에 가입하고 돈을 냅니다. 수익자는 모두 자녀로 합니다(자녀=상속인).

이 경우 남편이 먼저 사망하면 아내가 들어놓은 보험에서 보험금이 나오게 되죠. 이 보험금은 돈을 낸 사람이 아내이므로 남편의 상속재산이 되지 않습니다. 반대도 마찬가지입니다. 그러나 남편이 계약자인 보험은 상속재산이 됩니다. 반대도 마찬가지입니다. 이렇게 교차보험을 통해 과세 없이 재산을 이전하는 방법이 있죠.

> **· TIP ·**
>
> 다만 아내가 따로 돈벌이가 있는 경우라면 큰 문제없으나 따로 돈벌이가 없는 경우가 문제다. 아내가 납부한 보험료의 출처를 문제 삼을 수 있다는 말인데 '사회통념상 인정되는 생활비 범위'에서 납부한 것이라면 괜찮지만 그게 아니면 곤란할 수 있다.

### 상속재산으로 간주한다니?

아버지가 자신의 사망을 전제로 한 보험에 가입하고 돈도 냈습니다. 수익자, 즉 보험금 받는 자는 상속인(자녀)입니다. 이때 아버지가 사망하면 자식이 보험금을 받는데 이 보험금의 소유자는 누구일까요? 지금까지 읽어오면 마치 아버지의 돈처럼 생각되지만 실은 수익자, 즉 자녀의 돈입니다. 헷갈릴 겁니다. 보험금은 다음처럼 두 가지 얼굴을 하고 있습니다.

세금을 물려야 하는 과세 입장 : 보험금은 상속재산이다(간주한다.).

상속을 포기하는 경우, 민법*의 입장 : 보험금은 상속인의 고유 재산이다.

(* 상속은 민법 제5편에 '상속'이라고 편성되어 있고, 제997조에서 1118조에 이르고 있는데 이 부분을 통상 '상속법'이라고 지칭한다.)

두 번째 이야기는 뒤에서 다시 다루겠지만 여기서 간단히 다루고 넘어가죠. 피상속인, 즉 부모가 사망하면 자식은 상속인이 됩니다. 그런데 상속인은 상속과 관련해서 3가지 선택지가 있습니다. '아버지 재산을 다 받겠다. 동시에 채무도 다 물려받겠다.'는 입장인 단순승인이 첫 번째입니다. '빚을 청산할 수 있는 수준에서만 아버지 재산을 받겠다.'는 입장인 한정승인이 두 번째입니다. 한정승인은 아버지의 빚이 아무리 많아도 물려받은 재산 안에서만 갚겠다는 것이죠. '재산도 빚도 다 포기하겠다.'는 상속포기가 세 번째입니다. 그런데 단순승인은 상관이 없습니다만, 한정승인과 상속포기가 문제입니다. 한정승인의 경우, 그렇다면 모자란 채무상환액을 보험금으로 충당해야 한다는 얘기인가요? 아닙니다. 보험금은 상속인 고유의 재산이므로 이 돈으로 빚을 갚을 의무가 없습니다. 상속포기의 경우도 마찬가지죠. 보험금마저 포기하는 게 아닙니다. 보험금은 상속인 고유의 재산이기 때문입니다.

# 액수 줄이기가 핵심인 부동산 증여
### - 자녀가 경제력이 있을 때

**부동산 쪼개서 이전하기**

부동산은 액수가 큽니다. 증여세를 피하기가 힘듭니다. 그래서 방법을 찾습니다. 어떻게? 쪼개기입니다. 부동산을 둘로 나누어 팔 수는 없죠. 대신 '나누는 효과'를 만드는 것이죠.

먼저 쪼개기 효과가 어느 정도인지 이해하기 위해 부동산을 100% 증여 형태로 자녀에게 이전했을 때 증여세부터 알아보죠. 시세가 7억짜리 주택이 있다고 가정합니다. 7억을 그대로 자녀에게 증여하면 증여세로 얼마를 떼야 할까요?

먼저, 10년 합산 공제액은 5천만 원이죠. 뺍니다. 6억 5천이 과세표준이 됩니다. 6억 5천은 아래처럼 세율 구간에 따라 분리 적용됩니다.

첫 1억 : 10% 세율 적용 → 세금 1천만 원

다음 4억 : 20% 세율 적용 → 세금 8천만 원

마지막 1.5억 : 30% 세율 적용 → 세금 4천 5백만 원

6억 5천에 대한 총 세액 : 1억 3천 5백만 원

(1. 편의상 할증, 중복 과세, 신고세액공제 3% 등은 생략합니다. 2. 6억 5천을 모두 30%로 적용하여 계산한 뒤 첫 1억의 20%와 다음 4억의 10%를 빼도 값이 똑같습니다. 계산하면 1억 9천 5백 − 2천 − 4천 = 1억 3천 5백만 원입니다.)

계산한 세금은 1억 3천 5백만 원입니다. 7억 증여하는데 1억이 넘는 돈을 세금으로 내야 한다면 불만스럽습니다. 방법을 찾아봅시다.

### 첫째 방법, 빚과 함께 증여하기

예를 들어 시세 7억짜리 아파트가 있습니다. 아버지가 해당 부동산을 담보로 대출을 받았습니다. 대출금은 1.5억이라고 해보죠. 아버지가 부동산을 자녀에게 증여하면서 담보대출 채무도 같이 넘깁니다. 그러면 과세당국은 시가인 7억 전체가 아니라 빚 1.5억을 뺀 5.5억만 증여한 것으로 봅니다. 자녀 공제 5천까지 빼면 5억을 증여한 셈이 됩니다. 그러면 30% 고세율 구간을 피할 수 있죠. 계산하면 증여세는 얼

마인가요?

1. 전체 증여액에 세율 20% 적용하면 1억 도출
2. 여기서 10% 구간의 10%인 1천만 원을 빼면
3. 증여세는 9천만 원

(1억 3천 5백이었던 증여세가 4천 5백이 줄어듭니다.)

이게 좋은 방법인지 헷갈릴 수 있습니다. 자녀에게 떠넘긴 빚은 어떻게 됩니까? 대출 이자도 내야 하잖아요? 여기서 상상력을 발휘해야 합니다. 부동산은 주식이나 현금처럼 액수를 잘게 나눌 수가 없죠. 그런데 대출이라는 방식으로 부동산에 묶여 있는 자산을 5.5억과 1.5억으로 나눈 것입니다. 만일 필요하다면 비율을 조정할 수도 있습니다. 5억 대 2억, 혹은 4억 대 3억처럼 말이죠. 설계하기에 따라서 부동산 자금을 부모와 자녀가 고르게 활용할 수 있다는 얘기입니다. 7억 전체를 다 증여하는 게 부담스럽거나 혹은 고세율 구간을 피해서 증여하고 싶을 때 활용하면 좋죠.

같은 맥락에서 담보대출뿐 아니라 임대보증금도 빚에 해당합니다. 세입자에게 받은 전세보증금이 있습니다. 2억이라고 해보죠. 이 보증금까지 자녀에게 함께 이전시키면 증여한 부동산의 가치는 5억이 됩니다. 여기서 공제액 5천 빼면 총 4억 5천을 증여한 셈이 됩니다.

이런 방법을 '부담부증여'라고 부릅니다. 부담부증여에는 해당 부동산을 담보로 받은 대출과, 역시 해당 부동산에 끼어 있는 임대보증금이 속합니다. 그걸 자녀에게 같이 줄 때 증여세 절세 효과가 생기는 게 핵심이죠.

혹은 부모가 담보대출을 받거나 임대보증금을 받은 뒤에 그 돈을 자녀에게 증여하는 방법도 고려해 볼 수 있을까요? 각 가정의 상황에 맞게 상상력을 발휘하는 게 중요합니다.

> **· TIP · 시가를 찾기 힘든 부동산 증여하기**
>
> 위의 방법은 시가가 적용되는 부동산의 경우다. 대단지 아파트의 경우는 유사한 매매사례가 다수 존재하기 때문에 시가로 평가될 확률이 높다. 이럴 때 써먹으면 좋은 방법이다. 그런데 시가가 아니라 기준시가나 공시지가가 적용되는 부동산이 있다. 토지, 단독주택처럼 유사사례를 찾기 어려운 경우들이다. 이런 부동산들은 시가와 기준시가(혹은 공시지가 등) 사이에 차이가 있기 때문에 그 차액만큼 절세 효과를 누리게 된다. 왜냐하면 기준시가는 대체로 시가보다 낮기 때문이다. 예를 들어 시가로 따지면 10억이지만 가치 평가 방법에 따라 기준시가를 적용하면 7억인 부동산이 있다. 이 부동산을 증여하면 시가와 기준시가의 차액인 3억에 대해서는 세금을 내지 않고 이전한 셈이 된다. 보통 기준시가는 시가의 60~70% 수준에서 형성된다. 한편 기준시가나 공시지가가 적용되는 부동산을 증여할 때도 부담부증여 형태로 증여하는 방법을 고민해 본다.

### • TIP • 부동산 증여 우선순위

여러 개의 부동산이 있다. 어떤 것부터 증여하는 게 좋을까? 원칙은 이렇다. 증여 이익이 큰 부동산을 먼저 증여한다. 그럼 어떤 게 증여 이익이 큰 것일까? 1순위는 상업용 부동산이다. 임대소득을 챙길 수 있기 때문이다. 자녀에게 임대소득 권리를 이전해주면 자금출처 조사나 기타 증여세 등을 대비하는데 좋다. 2순위는 땅이다. 땅 역시 시가와 공시지가 사이의 갭이 커서 절세 효과가 있다. 토지의 경우 공시지가는 시가의 50~70% 수준이다. 광주, 부산, 대구, 전남, 제주, 전북 등지가 65% 수준으로 높은 편이고, 서울, 경기, 인천, 경북, 경남, 충북, 충남 등지가 55~58%로 저렴한 편이다. 3순위는 단독주택을 포함하여 다가구, 다세대주택도 시가 평가가 어려운 경우에 속한다. 시가와 차이가 있으므로 증여하기 좋다. 4순위 마지막이 아파트나 오피스텔이다. 이들은 유사한 물건의 매매사례가 있을 가능성이 높다. 기준시가와 시가의 차이에 따른 이익을 누리기 힘들다. 따라서 마지막 순서로 증여한다.

### • TIP • 현금을 주고 집을 사게 하는 건 어떨까?

자녀에게 현금을 증여하고 그 돈으로 집을 사게 하는 게 좋은지, 부모가 집을 사서 집 자체를 증여하는 게 유리한지 헷갈릴 수 있다. 원칙은 이렇다. 자녀가 소득이 있다면 '(자녀에게) 현금 증여 후 (자녀로 하여금) 집 구입'이 유리한 경우가 많다. 다만, 무슨 돈으로 집을 샀는지 자녀가 소명해야 하는데 이를 위해 자료를 잘 구비해 놓는 게 좋다(부모에게 받은 돈인 게 밝혀지면 집을 산 가격 전체에 증여세가 붙는다. 기준시가가 아니라 매매가, 즉 시가로 증여세를 내야 하므로 세 부담이 커진다. 자금 소명은 주택 구입 자금의 80%면 된다.). 반면 자녀가 소득이 없다면 (부모가) 집을 구입해서 집 자체를 증여하는 게 좋다. 다만 오늘 사서 내일 증여하는 식으로 구입과 증여 사이의 간격이 너무 짧으면 곤란하다. 시가 대신 기준시가로 가격을 평가받으려면 안전하게 2년이 지난 뒤에 증여해야 절세 효과가 있다(시가 평가가 원칙이나 2년 내 거래가 없을 경우, 아파트가 아닌 주택의 경우 보충적 평가방법, 즉 기준시가를 시가 대신 적용하기 때문에 절세 효과가 생기는 것인데 부모가 집을 구입하면서 시가 평가의 기준이 만들어진다. 따라서 2년 유예가 필요하다.). 한편 '취득 후 증여'를 선택하기 전에 따져 보아야 할 게 있다. 취득세가 2회 발생한다는 점이다. 아버지 취득 시 1회, 자녀 취득 시(아버지가 증여할 때) 1회 총 2회에 걸쳐 취득세를 내야 한다. 사전에 유불리를 따져본다.

## 부담부증여에서 고려해야 할 것

100% 증여 때는 증여세만 고민하면 끝입니다. 그런데 빚과 함께 증여를 하게 되면 혹부리처럼 처리해야 할 문제들이 생기죠. 이 '문제'들은 상상력의 한계를 그어주는 것으로, 그 안에서 최대한 상상력을 펼쳐야 하죠. 알아봅시다.

### 첫째, 양도소득세 문제

부모가 자녀에게 떠넘긴 빚은, 반대로 아버지 입장에서는 빚이 소멸되는 것이고, 따라서 아버지 입장에서는 돈을 받은 것과 동일합니다. 아들이 빚을 대신 짊어졌으니 아버지로서는 실제로 손에 넣은 돈이 없어도 그런 효과가 만들어진 것이죠(유상양수도). 그래서 과세당국은 아버지에게 양도소득세를 물리게 됩니다.

증여세를 아꼈더니 양도소득세가 나온다? 골치 아프죠. 그런데 생각해 보면 같은 돈을 여러 개로 잘게 나누어 다른 과세 항목으로 만드는 게 누진세가 적용되는 세금에서 돈을 아낄 수 있는 가장 기초적인 방법에 해당합니다. 고세율 구간을 피할 수 있기 때문이죠.

한편 양도소득세와 관련, 갈림길이 있습니다. 만일 해당 부동산이 1가구 1주택 등 양도소득세 비과세 대상이라면? 그러면 양도소득세, 안 내도 됩니다. 절세 효과가 확실하죠. 반면 과세 대상이라면 내야 합니다. 어떤 돈에 대해서 과세할까요? 양도소득세라는 게 판 가격 빼기 산 가격, 즉 양도차익에 대해서 물리는 세금입니다. 아버지가 이 집을 6억에 사서 7억에 팔았다고 가정하면 1억만큼이 양도차익입니다. 물론 실제로 다 판 건 아니고 일부 증여, 일부 양도지만 계산을 위해 이 집을 자식에게 판 것으로 봅니다. 그런 뒤에 실제로 양도한 자산이 전체 집값에서 차지하는 비율을 구합니다. 7억 가운데 5억은 증여이고 2억만 판 것(채무로 넘긴 2억)이라고 하면 양도한 2억이 전체 집값에서 차지하는 비율을 구합니다. 계산하면 약 28.5%입니다(2억 ÷ 7억 × 100 = 약 28.5%). 즉 부동산의 28.5%만 양도한 것이죠. 양도차익도 이 비율에 맞춥니다. 양도차익은 1억이라고 했죠. 그러면 1억의 28.5%, 즉 2,850만 원이 양도소득세의 과세대상이 됩니다. 아래 표에 따라 이 돈의 양도소득세를 계산하면 319만 5천 원입니다(중과 없다고 가정하고 15% 세율 적용 후 공제액 108만 원 뺀 값).

정리하면 양도소득세 비과세 대상의 경우는 부담부증여가 무조건 세금 면에서 유리합니다. 반면 과세 대상이라면 무조건까지는 아니지만 대체로 유리할 때가 많습니다. 그러나 중과세 대상은 조심해야 합니다. 만일 중과 대상이라면 1) 양도소득세 + 증여세를 내야 하는 '부담부증여'와, 2) 증여세만 내고 양도소득세는 없는 '100% 증여'를 비교하고 최종 결정합니다.

· TIP · 다음 2020년 양도소득세 세율 참고하기

| 과세표준 | 누진세율 | 양도소득세 중과 | |
|---|---|---|---|
| | | 2주택자 (비사업용토지 포함) | 3주택 이상 |
| 1,200만 원 이하 | 6% | 16% | 26% |
| 1,200만 원 초과 4,600만 원 이하 | 15% | 25% | 35% |
| 4,600만 원 초과 8,800만 원 이하 | 24% | 34% | 44% |
| 8,800만 원 초과 1억 5천만 원 이하 | 35% | 45% | 55% |
| 1억 5천만 원 초과 3억 원 이하 | 38% | 48% | 58% |
| 3억 원 초과 5억 원 이하 | 40% | 50% | 60% |
| 5억 원 초과 10억 원 이하 | 42% | 52% | 62% |
| 10억 원 초과 | 45% | 55% | 65% |

(1. 중과는 세금을 무겁게 매긴다는 얘기로, 조정지역대상 내에 있는 주택에 적용된다. 2. 1년 미만 양도일 때는 양도소득세가 50%다. 다만 1) 주택이나 혹은 2) 주택으로 인정되는 입주권의 양도인 경우에는 40%다. 2년 미만 양도일 때는 40%를 적용한다. 다만 1) 주택이나 혹은 2) 주택으로 인정되는 입주권의 양도인 경우에는 위 표의 누진세를 적용한다. 3. 양도소득세와 관련, 경우의 수가 매우 복잡하므로 전문가에게 맡기는 게 좋은 방법이다. 다만, 국세청이나 기타 사이트에서 양도소득세를 임시적으로 계산할 수 있는 곳이 있으므로 사전에 감을 잡기 위한 용도로 쓰면 좋다.)

※ 아래 서식은 소득세법 시행규칙 별지 제34호 서식이다. 2021년 1월 1일부로 최고세율이 10억 원 이상에서 45%로 변경되었으나 아직 시행규칙 서식에는 반영되지 않았다. 실제 작성 때는 현행 법령에 따라야 한다.

(3쪽 중 제3쪽)

### 작 성 방 법

**과세대상자산 및 세율**

| | 세 율 구 분 | 코 드 | 세 율 |
|---|---|---|---|
| 국내자산 | 너. 일반세율에 10%p 가산하는 세율을 적용하는 지정지역 내 1세대3주택 이상에 해당하는 주택 또는 주택과 조합원입주권 수의 합이 3이상인 경우(~'18.3.31. 양도분) | 1-71 | 16~52% |
| | 더. 1년 미만 보유 지정지역 내 1세대3주택 이상에 해당하는 주택 또는 주택과 조합원입주권 수의 합이 3이상인 경우(~'18.3.31. 양도분) | 1-73 | 40% |
| | 러. 조정대상지역 내 주택의 입주자로 선정된 지위('18.1.1. 이후 양도분) | 1-21 | 50% |
| | 머. 일반세율에 10%p 가산하는 세율을 적용하는 조정대상지역 내 주택으로서 1세대2주택에 해당하는 주택('18.4.1. 이후 양도분) | 1-51 | 16~52% |
| | 버. 1년 미만 보유 조정대상지역 내 주택으로서 1세대2주택에 해당하는 주택('18.4.1. 이후 양도분) | 1-53 | 40% |
| | 서. 일반세율에 10%p 가산하는 세율을 적용하는 조정대상지역 내 주택으로서 1세대가 주택과 조합원입주권을 각각 1개씩 보유한 경우의 해당 주택('18.4.1. 이후 양도분) | 1-52 | 16~52% |
| | 어. 1년 미만 보유 조정대상지역 내 주택으로서 1세대가 주택과 조합원입주권을 각각 1개씩 보유한 경우의 해당 주택('18.4.1. 이후 양도분) | 1-54 | 40% |
| | 저. 일반세율에 20%p 가산하는 세율을 적용하는 조정대상지역 내 주택으로서 1세대3주택에 해당하는 주택('18.4.1. 이후 양도분) | 1-55 | 26~62% |
| | 처. 1년 미만 보유 조정대상지역 내 주택으로서 1세대3주택에 해당하는 주택('18.4.1. 이후 양도분) | 1-57 | 40% |
| | 커. 일반세율에 20%p 가산하는 세율을 적용하는 조정대상지역 내 주택으로서 1세대가 주택과 조합원입주권을 보유한 경우로서 그 수의 합이 3이상인 경우 해당 주택('18.4.1. 이후 양도분) | 1-56 | 26~62% |
| | 터. 1년 미만 보유 조정대상지역 내 주택으로서 1세대가 주택과 조합원입주권을 보유한 경우로서 그 수의 합이 3이상인 경우 해당 주택('18.4.1. 이후 양도분) | 1-58 | 40% |
| | 2. 「소득세법」 제94조제1항제3호(주식 또는 출자지분) | | |
| | 가. 중소기업 외의 법인의 대주주가 1년 미만 보유한 국내주식 | 1-70 | 30% |
| | 나. 중소기업법인의 소액주주 국내주식, 중소기업법인 국외주식 | 1-62 | 10% |
| | 다. 중소기업 외의 법인의 소액주주 국내주식, 중소기업 외의 법인 국외주식 | 1-61 | 20% |
| | 라. 중소기업 법인의 대주주가 보유한 국내주식, 중소기업 외의 법인의 대주주가 1년 이상 보유한 국내주식 | 1-63 | 20~25% |
| | 3. 「소득세법」 제94조제1항제4호(기타자산) | | |
| | 가. 주식 | 1-10 | 6~42% |
| | 나. 주식 외의 것 | 1-10 | 6~42% |
| | 다. 비사업용토지 과다보유법인 주식 '09.1.1.~'09.3.15. 취득 및 양도분 | 1-27 | 60% |
| | 라. 비사업용토지 과다보유법인 주식('09.3.16.~'15.12.31. 양도분) | 1-10 | 6~35%('12.1.1.이후 6~38%) |
| | 4. 「소득세법」 제94조제1항제5호(파생상품 등) | 1-80 | 5%('18.3.31. 이전) |
| | | 1-81 | 10%('18.4.1. 이후) |
| | 5. 「조세특례제한법」 제98조(미분양주택에 대한 과세특례) | 1-92 | 20% |
| | 6. 「소득세법」 제11절 거주자의 출국시 국내 주식등에 대한 과세특례(국외전출세) | 1-94 | 20~25% |
| 국외자산 | 1. 「소득세법」 제118조의2제1호 및 제2호(토지·건물, 부동산에 관한 권리) | 2-10 | 6~42% |
| | 2. 「소득세법」 제118조의2제5호(기타자산) | | |
| | 가. 주식 | 2-10 | 6~42% |
| | 나. 주식 외의 것 | 2-10 | 6~42% |

210mm×297mm[백상지80g/㎡ 또는 중질지80g/㎡]

## 작 성 방 법

1. 관리번호는 작성자가 적지 않습니다.
2. ① 신고인(양도인)란: 성명란은 외국인이면 영문으로 적되 여권에 기록된 영문성명 전부(full name)를 적습니다. 주민등록번호란은 국내거소신고번호를 부여받은 재외국민 또는 외국국적동포이면 국내거소신고증상의 국내거소신고번호를 적고, 외국인이면 외국인등록표상의 외국인등록번호를 적으며, 상기 번호를 부여받지 않은 경우에는 여권번호를 적습니다. 내·외국인 및 거주구분의 □안에 "√"표시를 하고, 거주지국 및 거주지국코드는 양도인이 비거주자에 해당하는 경우에 국제표준화기구(ISO)가 정한 국가별 ISO코드 중 국명 약어 및 국가코드를 적습니다.
3. ② 양수인란: 양도물건별로 적되, 양수인이 공동으로 양수한 경우에는 양수인별 지분을 적고, 양수인이 다수인 경우에는 별지로 작성합니다. 양수인이 외국인인 경우 주민등록번호란에는 ①을 참고하여 외국인등록번호를 적습니다.
   ※ 양도인과의 관계 예시: 타인, 배우자, 자, 부모, 형제자매, 조부모, 손자·손녀 등
4. ③ 세율구분란: 주식의 경우에는 주식양도소득금액계산명세서(별지 제84호서식 부표 2)의 ④ 주식등 종류코드란의 세율이 같은 자산(기타자산 주식은 제외합니다)을 합산하여 적습니다.
5. ⑥ 소득감면대상 소득금액란: 양도소득세액의 감면을 「소득세법」 제90조제2항(소득금액 차감방식)을 적용하여 계산하는 경우 양도자산의 감면소득금액을 적습니다.
6. ⑦ 양도소득기본공제란: 해당 연도 중 먼저 양도하는 자산의 양도소득금액으로부터 차례대로 공제하며, 미등기양도자산의 경우에는 공제하지 않습니다(부동산 등, 파생상품은 각각 연 250만원을 공제하며, 주식의 경우 '20.1.1. 이후 양도분부터 국내·국외주식 양도소득금액 통산액에서 연 250만원을 공제합니다).
7. ⑩ 산출세액란: 해당 과세기간에 「소득세법」 제94조제1항제1호·제2호 및 제4호에 따른 자산을 둘 이상 양도하는 경우 양도소득 산출세액은 아래 '가'와 '나'의 금액 중 큰 것으로 적습니다.
   가. 해당 과세기간의 양도소득과세표준 합계액에 대하여 「소득세법」 제55조제1항에 따른 세율을 적용하여 계산한 양도소득 산출세액
   나. 「소득세법」 제104조제1항부터 제4항까지 및 제7항에 따라 계산한 자산별 양도소득 산출세액 합계액
8. ⑪ 감면세액란·⑫ 외국납부세액공제란: 해당 신고분까지 누계금액을 적습니다.
   ※ ⑪ 감면세액란은 「소득세법」 제90조제1항(세액감면방식)에 계산한 세액을 적습니다.
9. 원천징수세액공제란: 비거주자의 양도소득에 대하여 양수인이 원천징수한 세액을 적습니다.
10. ⑭ 가산세란: 산출세액에 기한 내 신고·납부 불이행에 따른 무(과소)신고(일반무신고 20%, 부당무신고 40%, 일반과소신고 10%, 부당과소신고 40%)·납부지연[1일 3/10,000(2019. 2. 12. 이후 1일 2.5/10,000)]·기장불성실, 환산취득가액 적용에 따른 가산세(취득가액의 5%), 국외전출자 국내주식등의 보유현황 미신고(주식 등의 액면금액 또는 출자가액의 2%)는 기장불성실 가산세 란에 기재」 금액을 적습니다.
11. ⑮ 기신고, 결정·경정세액, 조정공제란: 기신고세액(누계금액을 포함합니다), 무신고결정·경정 결정된 경우 총결정세액(누계금액을 말합니다)을 적고, 국외전출세의 경우에는 국외전출 후 양도에 따른 조정공제세액을 적습니다.
12. ⑯ 납부할 세액란부터 ⑲ 환급세액란까지: 금회 신고·납부할 세액 등을 적습니다.
13. 환급금 계좌신고(㉙·㉚)란: 송금받을 본인의 예금계좌를 적습니다. 다만, 환급세액이 2천만원 이상인 경우에는 「국세기본법 시행규칙」에 따른 계좌개설(변경)신고서(별지 제22호서식)에 통장 사본을 첨부하여 신고하여야 합니다.

### 과세대상자산 및 세율

| | 세 율 구 분 | 코드 | 세 율 |
|---|---|---|---|
| | 1. 「소득세법」 제94조제1항제1호 및 제2호(토지·건물 및 부동산에 관한 권리) | | |
| 국내자산 | 가. 일반세율 적용 토지·건물 및 부동산에 관한 권리 | 1-10 | 6~42% |
| | 나. 1년 이상 2년 미만 보유 토지·건물 및 부동산에 관한 권리(주택 및 조합원입주권 제외) | 1-15 | 40% |
| | 다. 1년 미만 보유 토지·건물 및 부동산에 관한 권리(주택 및 조합원입주권 제외) | 1-20 | 50% |
| | 라. 1년 미만 보유 주택 및 조합원입주권 | 1-40 | 40% |
| | 마. 미등기 양도 | 1-30 | 70% |
| | 바. 1세대2주택 이상에 해당하는 주택(부수토지 포함), '09.1.1. ~ '09.3.15. 취득 및 양도분 | 1-25 | 45% |
| | 사. 1세대가 소유한 주택과 조합원입주권수의 합이 3이상인 경우의 주택, '09.1.1. ~ '09.3.15. 취득 및 양도분 | 1-28 | 45% |
| | 아. 일반세율에 10%p 가산하는 세율을 적용하는 비사업용토지, 비사업용토지 과다보유법인 주식 | 1-11 | 16~52% |
| | 자. 1년 이상 2년 미만 보유 비사업용토지 | 1-35 | 40% |
| | 차. 1년 미만 보유 비사업용토지 | 1-36 | 50% |
| | 카. 일반세율에 20%p 가산하는 세율을 적용하는 지정지역 내 비사업용토지 ('18.1.1. 이후 양도분) | 1-31 | 26~62% |
| | 타. 1년 이상 2년 미만 보유 지정지역 내 비사업용토지('18.1.1. 이후 양도분) | 1-37 | 40% |
| | 파. 1년 미만 보유 지정지역 내 비사업용토지('18.1.1. 이후 양도분) | 1-38 | 50% |
| | 하. 비사업용토지, '09.1.1. ~ '09.3.15. 취득 및 양도분 | 1-26 | 60% |
| | 거. 비사업용토지, '09.3.16. ~ '12.12.31. 취득하여 양도분 | 1-10 | 6~42% |

### 둘째, 자녀에게 빚 갚을 능력이 있는가?

법률이 정하는 부담부증여의 요건이 있습니다. 빚과 관련된 얘기죠. 우선, 증여 시점에 이미 발생된 채무여야 합니다. 나중에 발생할 채무는 인정하지 않습니다. 다음, 해당 부동산에 담보된 채무여야 합니다. 그래서 담보대출이나 임대보증금 등이 인정됩니다. 다른 빚은 해당 사항이 없습니다. 그 다음, 부모가 실제로 진 빚이어야 합니다. 다른 사람 채무라면 안 된다는 얘기입니다. 너무 당연한 얘기죠. 그런데 마지막 사항이 여기서 말하고 싶은 핵심입니다. 자녀가 채무를 인수해야 합니다. 아버지에게 빚을 인수받아야 한다는 것인데 그게 뭐가 대수인가 하면, 그냥 '인수받았다'가 끝이 아니라 자녀가 채무 변제 능력이 있다는 게 입증되어야 합니다. 특히 은행 대출과 관련되었다면 은행에 자녀가 대출 채무 인수가 가능한지, 채무자 변경이 가능한지 미리 물어 보아야 하지요. 돈 갚을 능력도 없는 사람이 '빚을 인수했다'고 말하기는 곤란합니다. 소득이 있어야 합니다.

그러나 '소득이 있어야 한다'는 말은 조금 폭넓게 해석됩니다. 예를 들어 자녀가 20대 초중반의 대학생이라고 가정해 보죠. 당장은 소득이 없으니까 채무 변제 능력이 없다고 보는 게 맞지만 판례에 따르면 머지않은 미래에 소득이 생길 수 있다고 보고 '빚을 양수받았다'고 판단합니다. 판례는 자녀가 빚을 갚을 능력이 없다는 게 '명확한 경우'에만 '빚을 인수한 게 아니다'라고 못을 박습니다. 예를 들어 자녀가 9살이라면? 이런 경우가 '자녀가 빚을 갚을 능력이 없는 게 명확한 경우'에 해당합니다. 빚을 갚을 수 없는 사람이 빚을 인수했다면 과세당국은 이건 진짜 인수가 아니므로 이 금액 역시 '증여'라고 보고 증여세를 부과합니다(아버지가 대출 이자든 원금이든 갚아간다고 보는 것이죠.).

한편 빚 갚을 능력을 따지는 것과 별개로, 부담부증여가 발생하면 과세당국은 레이더를 가동합니다. 1년에 2차례에 걸쳐 계좌를 추적하죠. 만일 다른 누군가가 자녀 대신 빚을 갚았다는 게 드러나면 빚을 갚은 시점에서 '증여'가 발생한 것으로 보고 증여세를 부과합니다.

## 둘째 방법, 싸게 팔기

첫째 방법은 증여를 통한 부동산 이전 방법이었습니다. 단순증여보다는 시가와 기준시가의 차이를 이용한 증여나 혹은 빚(담보대출, 임대보증금)을 얹은 증여가 절세 면에서 유리하다는 얘기였습니다. 둘째 방법 역시 첫째 방법처럼 부동산 쪼개기 효과를 만듭니다. 자녀에게 싸게 팔기(저가 양도, 저가 매매)입니다.

싸게 팔기의 기본 원리도 증여와 유사합니다. 시가와 기준시가가 다른 점을 이용하여 기준시가에 파는 방법이죠. 예를 들어 시가가 7억이고, 기준시가가 5억인 주택이 있다면 자녀에게 5억에 팔면 그 차액인 2억은 세금 없이 이전시킬 수 있죠.

2억에 대한 세금 절세 효과 외에도 한 가지 세금 면에서 유리한 게 생깁니다. 증여를 하면 증여세가 나오고, 양도를 하면 양도소득세가 나오죠. 그런데 세금 액수로 따지면 증여세보다 양도소득세가 세 부담이 적습니다. 왜냐하면 증여세는 증여한 자산 전체가 과세대상이 되지만 양도소득세는 판 가격에서 산 가격을 빼고 남은 금액, 즉 양도차익에 대해서만 세금이 부과되기 때문입니다. 또한 증여세는 증여받은 사람(수증자), 즉 자녀가 내야 하지만 양도소득세는 판 사람(양도인), 즉 부모가 내야 합니다. 자녀에게 증여세 명목의 돈을 어떻게 이전시킬까 고민할 필요가 없습니다(물론 자녀는 취득세를 내야 합니다.). 한편 양도를 하면 집을 판 가격이 부모 수중에 들어옵니다. 부동산을 쪼개는 효과가 발생합니다.

### 싸게 팔기를 할 때 주의할 점

물론 싸게 팔 때도 주의할 게 있습니다. 양도란 엄연한 거래이므로 상관이 없을 것 같지만 과세당국에서는 부모와 자녀 사이에 이루어진 매매를 '특수관계자 사이의 매매'로 보고, '혹시 증여 아닐까?' 하고 의심합니다. 특히 이런 경우에 말이죠.

"시가와 매매가가 30% 이상 차이 날 때"

자, 이 말의 의미를 빨리 포착하기 바랍니다. 주목할 단어는 '시가'인데 두 가지 뜻을 갖고 있습니다.

**시가로 가치를 평가하는 부동산의 경우** : '시가'와 매매가가 30% 이상 차이 날 때

**기준시가(또는 공시지가)로 가치를 평가하는 부동산의 경우** : 기준시가(공시지가)와 매매가가 30% 이상 차이 날 때

표현상 '시가'라고 되어 있지만 시가 평가가 힘든 부동산의 경우, 예를 들어 토지, 단독주택, 다세대주택의 경우 '시가'의 자리에 '공시지가, 기준시가'를 넣습니다. 공시지가가 6억인 토지가 있다고 해 봅시다. 2년 내 매매 등의 내역이 없어 시가로 평가할 수는 없지만 대략 시장에서 부르는 가격, 즉 호가로 보면 10억 정도입니다. 당장 내다 팔아도 9억은 충분히 받을 수 있습니다. 이 경우, 이 토지는 호가인 10억이 아니라 공시지가인 6억을 기준으로 삼게 되고, 여기에서 30% 이상만 차이가 나지 않으면 자녀에게 판 것으로 보겠다는 얘기죠. 계산하면 4억 2천만 원 이상에 팔면 호가 10억짜리 땅을 이전시킬 수 있게 되죠. 이처럼 보충적 평가방법으로 시가를 정하는 부동산들은 양도를 통한 재산 이전이 매우 용이합니다.

반면 시가로 평가하는 부동산이 문제입니다. 대단지 아파트입니다. 아파트는 유사한 물건이 있고, 거래 내역이 있기 마련이죠. 그런 곳은 시가를 알기 쉽기 때문에 보충적 평가방법이 아니라 원칙에 따라 시가를 적용합니다. 상대적으로 시가는 기준시가나 공시지가와 비교해 가격이 높기 때문에 매매가액도 높아질 수밖에 없습니다. 상대적으로 재산 이전 효과가 떨어진다는 얘기입니다.

자, '시가'에 대한 궁금증은 해소되었고, 다음은 '30%'가 남았습니다.

## 어느 정도 가격까지 낮추어서 파는 게 좋을까?

　법률은 부모와 자녀 사이의 매매를 '특수관계자 사이의 매매'로 보고 1) 매매가격이 시가보다 30% 이상 차이 날 때(시가가 10억인데 7억 미만으로 판 경우), 2) 차이 나는 그 액수에서 시가의 30%를 뺀 금액에 대해 증여세를 과세합니다(여기서 말하는 '시가'는, '시가가 적용되면 '시가', 보충적 평가방법이면 '공시지가'나 '기준시가'가 됩니다.).

　예를 들어 시가 12억짜리 아파트를 7억에 팔았다면 둘 사이의 차액은 5억이고, 이 차액은 시가의 30%를 넘으므로(시가의 30%는 3.6억) 5억에서 3.6억을 뺀 1.4억에 증여세를 물린다는 얘기입니다.

1. 시가 12억
2. 매매가 7억
3. 1번 – 2번 = 차액 5억
4. 시가의 30%는 3.6억
5. 3번과 4번을 비교 : 5억 > 3.6억
6. (차액이 30%보다 크다면) 5억 – 3.6억 = 1.4억에 대해 증여세 과세

　일단 이런 원리인데 비교 대상인 30%에 대해서는 추가 내용이 있습니다. 매매가와 시가 사이의 차액에서 빼는 금액은 시가의 30%만 있는 게 아니고 3억도 있습니다. 즉 시가의 30%와 3억 가운데 작은 금액을 빼도록 되어 있기 때문에 실제로는 3.6억과 3억 가운데 작은 금

액인 3억을 빼게 되죠. 계산하면 1.4억이 아니라 총 2억에 대해 증여세가 과세됩니다(달리 말하면 시가의 30%에 해당하는 금액과 3억 가운데 작은 금액에 대해서는 증여세를 과세하지 않겠다는 얘기입니다.).

자, 이걸 알았다면 증여세 과세를 피할 수 있는 금액도 대충 알게 됩니다. 3억이나 30%를 넘지 않는 선에서 자녀에게 파는 가격을 결정하면 증여세가 사라진다는 얘기입니다. 예를 들어 7억 아파트면 4억 9천 이상으로, 10억 아파트면 7억 이상으로, 12억 아파트면 9억 이상으로 팔 때 증여세를 한 푼도 내지 않게 되죠.

그러나 이게 전부는 아닙니다. 양도소득세라는 관문이 하나 더 남아 있죠(양도소득세 부당행위계산부인). 다행히 비과세 대상이면 위의 방법처럼 팔면 됩니다. 그러나 양도소득세를 내야 한다면 얘기가 조금 달라지죠. 양도소득세에서도 특수관계자 사이의 매매라는 게 걸림돌이 됩니다. 1) 부모와 자녀 사이의 매매인 경우, 2) 만일 매매가가 시가와 5% 또는 3억 이상 차이가 날 경우, 3) 그 매매가격을 무시하고 시가에 따라 양도소득세를 계산하게 됩니다.

시가(혹은 기준시가나 공시지가) 10억짜리 부동산을 7억에 팔면 증여세는 안 내죠. 그런데 양도소득세는 내야 하는데 이때 양도소득세의 과세대상인 액수를 '매매가 빼기 취득가'로 정하는 게 아니고, '시가 빼기 취득가'로 한다는 말입니다. 어떤 경우에요? 매매가가 시가와 5% 이상 차이 나거나 3억 이상 차이가 날 때 말이죠. 따라서 10억짜리 부동산을 7억에 팔았다면 당연히 이 조항에 걸리고, 그러면 시가 10억을 적용해서 '10억 빼기 취득가액'을 한 금액에 양도소득세를 물리게 되죠. 그럼에도 증여세보다는 세 부담은 적은 경우가 많습니다.

> **· TIP · '싸게 팔기'도 합산을 따진다**
>
> 시가의 30%, 혹은 3억이라는 기준을 피하면서 10억 이상의 재산을 이전하려고 한다. 여러 차례에 걸쳐 나누어서 양도하면 될까? 그러나 법률은 1년간 동일 이익을 합산하도록 규정한다. 따라서 2020년 3월에 시가 10억짜리 주택을 자녀에게 7억에 양도하고, 같은 해 8월 시가 10억짜리 토지를 자녀에게 7억에 양도한 경우, 개별 건으로 보면 '시가의 30%, 혹은 3억'이라는 기준을 잘 맞춘 것처럼 보이지만 둘을 합산하여 총 시가와 대가의 차액을 6억으로 보고 증여세를 부과한다. 이를 피하려면 1년 뒤에 추가로 양도한다.

## 싸게 팔기에서 필수적으로 준비할 것

남편과 아내 사이, 부모와 자녀 사이에 사고파는 행위가 있다면 과세당국은 '이건 일단 증여로 보겠습니다.' 하고 증여 추정을 합니다. 추정을 한다는 말은 물건을 산 사람이 '내가 산 게 맞아요.' 하고 소명하면 양도로 인정해 준다는 얘기죠. 아버지로부터 시세보다 싼 7억에 주택을 구입했다면 자녀는 7억이라는 돈이 어디서 났는지, 진짜로 아버지에게 주었는지 입증해야 합니다. 단지 입금이 되었다는 것만으로 과세당국은 수긍하고 돌아서는 게 아니고, 일정 기간 자금 거래 내역을 요청합니다. 이체한 척 했다가 다시 돌려받거나 해서는 딱 걸린다는 얘기입니다.

### · TIP · 증여재산 평가액보다 인수하는 부채가 더 큰 경우

아파트에서는 보기 힘들지만 일반 부동산에서는 종종 은행대출이 시세를 기준으로 실행되기 때문에 이런 일이 발생할 수 있다. 이때 주택가격보다 피담보채권액이 많으면 그 액을 기준으로 한다. 예를 들어 둘째 방법 싸게 팔기에서 대출금이 2억이 아닌 12억이 되는 경우인데, 이렇게 되면 아들이 받는 재산보다 더 많은 부채를 인수하게 되므로 오히려 아버지가 수증자가 된다. 수증자인 아버지는 증여자산을 초과하는 부채 2억 원에 해당하는 증여세를 납부해야 한다. 이때 아버지의 양도소득세 계산 시의 양도가액은 부채액 12억 원이 된다.

### · TIP · 비싸게 사는 것도 똑같다

위에서는 편의상 아버지가 자녀에게 부동산을 '싸게 파는 행위(저가 양도)'에 대해서만 이야기했지만 사실 한 가지가 더 있다. 자녀의 부동산을 아버지가 '비싸게 사는 행위(고가 양수)'에 대해서도 똑같은 규정이 적용된다. 시가와 매매가의 차이가 시가보다 30% 높거나 3억보다 큰 경우, 차액에서 30%와 3억 가운데 작은 액수를 빼고 남은 금액을 증여로 보고, 증여세를 물린다.

## 셋째 방법, 진짜 쪼개기

부동산에는 진짜로 쪼갤 수 있는 게 있습니다. 토지와 건물이죠. 아버지 소유의 토지 위에 아버지 소유의 건물이 있는 경우, 아버지는 토지나 건물 가운데 하나를 뚝 떼어서 자녀에게 증여할 수 있습니다.

앞서 우리는 부동산의 증여 우선순위에 대해서 잠시 살펴본 적이 있습니다. 1순위는 임대소득이 발생하는 상가나 빌딩 등이었습니다. 이 부동산들은 평가방법에 따라 절세가 될 때도 있습니다. 그러나 증여세 절세 효과보다 더 중요한 이유 때문에 이 부동산들이 1순위가 됩니다. 바로 증여세 소득원 때문이죠. 증여를 받으면 증여받은 사람이 증여세를 내야 합니다. 그 세원은 어디서 마련합니까? 이때 만일 임대소득이 있는 상가를 자녀에게 증여하면 여기서 얻게 되는 임대소득으로 증여세를 낼 수 있으므로 문제가 쉽게 해결되죠(건물 증여에 대한 애기만이 아니라 나중에 추가로 증여받는 게 생길 때 이 자금으로 증여세 자금 출처를 소명할 수 있다는 얘기입니다.). 한편 계산만 맞아떨어진다면 증여세를 한 푼도 안 낼 수도 있습니다.

이런 생각을, 토지와 건물을 분리하여 증여하는 방법과 연결시키면 이런 결론에 도달합니다.

1. 토지는 그대로 아버지 소유로 하고, 건물만 자녀에게 증여한다.
2. 이와 동시에 아들이 임대인이 되어야 한다.

아들이 임대인이 된다는 말은, 임대차계약의 당사자가 된다는 얘기입니다. 어쩌면 임차인들이 건물주와의 계약을 꺼리는 경우가 생길 수도 있으므로 잘 처리해야 합니다. 또한 임대인이 된다는 말은, 임대보증금을 포함하여 건물을 증여받는다는 얘기입니다. 즉 건물을 부담부증여로 이전하는 것이죠.

건물만 이전할 때는 건물 평가액이 중요합니다. 건물 감정평가를 받으면 감정평가액을 산출할 수 있습니다. 보통은 감정평가액만으로 충분하나 경우에 따라 보증금으로 건물 평가액을 삼는 경우도 있습니다. 감정평가액이 7억인데 보증금이 9억인 경우, 이때는 감정평가액으로 평가받는 게 더 좋은 셈이죠. 아무튼 아버지가 건물 + 보증금(채무)을 자녀에게 증여하면 증여한 건물의 평가액에서 보증금을 빼고 증여액을 계산하게 됩니다. 이때 보증금이 더 크면 증여세는 한 푼도 안 낼 수 있습니다.

> **· TIP · 자금 출처 조사 액수**
>
> 자금 출처 조사는 아무 때나 나오는 건 아니고, 다음처럼 나이에 따른 액수가 법령[상속세 및 증여세 사무처리규정(국세청훈령 제2382호)제38조(재산취득자금 등의 증여추정 배제기준)]에 정해져 있다.
>
> **증여추정배제기준**
>
> | 구 분 | 취득재산 | | 채무상환 | 총액한도 |
> |---|---|---|---|---|
> | | 주택 | 기타재산 | | |
> | 30세 미만 | 5천만 원 | 5천만 원 | 5천만 원 | 1억 원 |
> | 30세 이상 | 1.5억 원 | 5천만 원 | | 2억 원 |
> | 40세 이상 | 3억 원 | 1억 원 | | 4억 원 |
>
> (※ 이 액수를 넘을 때만 자금출처를 조사한다.)

## 그럼 아무 문제 없나?

물론 없지 않습니다. 몇 가지 따져볼 게 있습니다. 우선 건물 평가액이 어느 정도 나올지 사전에 알아보아야 합니다. 건물 평가액에 권리금을 포함시키는지, 포함시키면 얼마를 추가할지 평가해야 하는데 이것도 따져 보아야 하죠. 대개는 감정평가액이 있으면 그걸로 충분합니다만, 없다면 임대보증금 혹은 월세로 평가액을 정합니다. 다만 감정평가액보다 임대보증금이 증여세 부담이 큽니다.

다음, 부가가치세를 내야 하는지도 알아보아야 합니다. 임대사업을 자녀에게 이전하는 경우, 부가가치세가 따로 나오지 않는다고 법률은 말하고 있습니다만, 해당 여부에는 의견의 차이가 있을 수 있습니다.

그리고 마지막 문제가 제일 중요합니다. 토지 이용료입니다. 만일 아버지가 소유한 토지가 평가액 약 13억을 초과하는 경우에는 반드시 알아두어야 하는 내용입니다.

자식이 아버지 토지를 공짜로 혹은 싸게 사용하는 경우, 법률은 그 이익분만큼 아버지가 자녀에게 증여한 것으로 보고 증여세를 부과합니다. 동시에 아버지에게는 소득세와 부가가치세를 징구합니다. 이중과세라는 불만이 있으나 법과 싸울 수는 없죠. 아무튼 이런 문제를 방비하려면 법률이 문제 삼지 않을 만한 적절한 액수의 토지 이용료를 부모에게 지불해야 합니다(일상적인 세무조사에서는 별로 문제가 되지 않는 상황이나 상속세 조사에서는 거의 대부분 문제가 됩니다. 나중에 과도한 세금을 무는 경우가 많기 때문에 사전에 문제의 소지를 없애는 게 핵심이죠.).

그럼, 법률이 문제 삼지 않을 만한 적절한 액수란 얼마일까요? 여기에는 잣대가 두 가지 있습니다. 두 잣대 모두 통과해야 합니다.

첫째, 증여세법에서 말하는 1년 동안 적정 임대료입니다.

토지가액의 2%

여기에는 단서가 붙습니다. 자녀가 토지의 무상 혹은 저가 이용으로 5년 동안 얻은 이익이 1억이 넘을 때만 문제가 됩니다. 대략 계산해 보면 토지 가액이 13억 이상이라는 얘기죠.

> **· TIP · 아버지 건물에 공짜로 세 들어 사는 경우**
>
> 아버지 건물에 월세 안 내고 세 들어 사는 경우에도 법률은 증여로 본다. 이때 적정 임대료는 부동산 가격의 2%로 계산하는데 5년간 사용을 전제로 한다. 예를 들어 부동산 가액이 1억이라면 2%는 200만 원이고, 이를 5년간 사용한다고 보고 1,000만 원을 적정 임대료로 한다는 말이다(단, 올해 200만 원이 1년 뒤 200만 원과 가치가 다르므로 이를 현재 가치로 환산한 뒤 증여세를 부과하므로 실제 계산은 조금 다르다.). 단, 이 경우에도 5년 무상 사용료가 1억 이상 경우에만 세금을 매긴다. 그렇다면 부모가 보유한 건물(상가)이 대략 20억이 넘는다는 얘기다. 그 밑이라면 증여세 문제는 없다. 그러나 건물 소유자인 아버지에게 소득세는 남는다. 이럴 바에는 차라리 적정 임대료를 정해서 세금계산서로 처리하는 게 나을 수도 있다. 자녀가 사업을 한다면 임대료를 비용 처리하면 문제없이 해결할 수 있다. 한편 건물을 무상으로 사용하다가 증여세를 냈는데 실제로 이용한 기간이 5년 미만인 경우가 있을 수 있다. 이때는 날짜를 따져서 5년에 미달하는 날만큼 증여세를 돌려달라고 청구하면 된다.

둘째, 소득세법에서 말하는 적정 임대료입니다.

(토지가액 × 50% − 전세금, 보증금) × 1.8%(2020년 정기예금이자율)

위의 '토지가액'은 공시지가여서 시장 가격보다 낮죠. 그래서 실제 시장 임대료보다 많이 싸게 계산합니다. 여기에도 조건이 있습니다. 실제로 낸 임대료와 적정 임대료가 5% 이상 차이가 나거나 적정 임대료가 3억 이상인 경우에만 적용됩니다.

아무튼, 토지 가액이 기준 이상인 경우에는 이 두 가지 허들에 걸리지 않도록 적당한 토지 이용료를 책정하여 실제로 지불하는 게 뒤탈을 없애는 방법이죠.

> **· TIP · 제3의 방법**
>
> 건물과 토지를 부모와 자녀가 분할하여 소유하고 그치는 게 아니라 각자 토지 및 건물에 대한 사용권리만을 출자하여 부동산 임대사업을 공동으로 하면 과세 문제를 해결할 수 있다. 한 명이 임대사업을 할 때보다 소득세도 아낄 수 있다.

## 때를 잘 맞추면 이익이다

부동산 이전과 관련해서 마지막으로 언급할 이야기는 '시간'과 관련된 내용입니다. 주식은 저평가될 '때' 증여하는 게 핵심이죠. 마찬가지로 증여에서도 '때'가 중요한 순간이 있습니다. 알아보죠.

### 첫째, 3개월 혹은 2년

부동산을 증여할 때 시가로 평가받지 않는 게 좋죠. 그런데 취득한 지 3개월도 지나지 않은 부동산을 자녀에게 증여하면 취득가가 시가가 되어 증여세가 높아집니다. 그러므로 최소 3개월이 지난 뒤에 증여해야 합니다. 때로는 3개월도 안전하지 않을 때가 있습니다. 3개월은 지났으나 아직 2년이 지나지 않은 경우에 '계약일(취득)로부터 평가기준일까지 가격변동이 없는 경우' 취득가액을 시가로 합니다. 이를 피하려면 가장 좋은 건 2년이 지난 뒤에 증여하는 것이죠.

### 둘째, 3년

남편과 아내 사이, 혹은 부모와 자녀 사이에 사고파는 행위를, 법률은 일단 증여로 본다고 했습니다. 이를 '증여추정'이라고 하죠. 이 증여추정 문제를 해결하기 위해 중간에 제3자를 끼우는 경우가 있습니다. 보통 친척 가운데 한 명을 넣어서 '아버지 → 친척 → 자녀'의 순서로 부동산을 우회 양도하는 경우가 있습니다. 이때도 과세당국은 증여로 추정합니다. 그러나 여기에는 조건이 있습니다. 아버지가 친척에게 판 날로부터 3년 이내에 다시 자녀에게 판다면 '증여'로 추정합니다. 따라서 3년 경과를 기다려서 자녀에게 우회 양도하면 증여 의혹으로부터 벗어날 수 있습니다.

> **· TIP · 증여추정을 적용하지 않는 경우**
>
> 증여추정에 해당하는 조건을 갖추고 있더라도 만일 '증여추정'에 의해 계산된 증여세보다 양도소득세가 더 큰 경우에는 증여추정의 적용을 받지 않는다. 이밖에 '상속세및증여세법시행령 33조'에 보면 증여추정으로 보지 않는 경우 3가지가 적혀 있다. 1. 권리의 이전이나 행사에 등기 또는 등록을 요하는 재산을 서로 교환한 경우, 2. 당해 재산의 취득을 위하여 이미 과세(비과세 또는 감면받은 경우 포함)받았거나 신고한 소득금액 또는 상속 및 수증재산의 가액으로 그 대가를 지급한 사실이 입증되는 경우, 3. 당해 재산의 취득을 위하여 소유 재산을 처분한 금액으로 그 대가를 지급한 사실이 입증되는 경우

### 셋째, 5년

부동산을 팔기 전에 흔히 아내나 자녀에게 집을 증여한 뒤에 파는 경우가 있습니다(보통은 배우자 증여공제 때문에 배우자에게 증여하는 경우가 많죠.). 이렇게 하는 이유는 취득가액을 낮추기 위해서입니다. 부동산을 팔려는 사람은 양도소득세가 신경이 쓰일 수밖에 없습니다. 특히나 산 지 오래되어 취득가액이 낮거나 그 사이 부동산 가격이 많이 올랐다면 양도소득세 부담이 만만치 않기 때문이죠. 그래서 증여를 통해 취득가액을 높인 뒤에 팔려고 하는 것이죠.

예컨대 10억짜리 부동산을 우선 아내에게 증여합니다. 배우자에게는 6억까지 증여 공제가 되므로 실제로 증여한 액수는 4억이 되고, 이에 대해 증여세가 나오죠. 이렇게 증여받은 뒤 아내는 10억 그대로 시장에 내다 팔아도 양도소득세를 한 푼도 내지 않습니다. 아내가 부동

산을 취득한 가액은 공제액 6억을 뺀 4억이 아니라 공제액을 포함한 10억 전체가 되기 때문입니다. 그러나 여기에는 요건이 있습니다. 증여받은 지 5년이 경과하기 전에 팔면 남편이 처음 취득할 때의 가액을 취득가액으로 본다는 것이죠. 따라서 5년 뒤에 팔아야 양도소득세를 절세할 수 있습니다(현실적으로 5년 뒤에 판다면 그 사이 가격이 오를 것이고, 그러면 취득가액 10억에 양도가액 10억 이상이 될 테니 어떤 식이든 양도차익이 발생합니다.).

> **· TIP · 급한 일로 5년 내 팔면**
>
> 부득이한 사정으로 5년 내에 팔 일이 생길 수도 있다. 그러면 남편이 처음 취득한 가액이 취득원가가 되어 양도소득세를 계산하게 된다. 다만 아내가 납부한 증여세는 양도소득세 계산 시에 필요경비로 처리, 공제된다.

### 넷째, 10년

임대사업을 하시던 부모님이 사망하면 상속세 조사가 시작되는데 만일 평소에 임대소득 신고를 누락한 적이 있다면 누락 기간만큼 소득세와 부가가치세, 가산세까지 내야 할 수 있습니다. 상속세 조사는, 증여 합산처럼 10년이 기본 단위입니다. 지난 10년간의 금융거래 내역을 다 살펴보기 때문에 혹시나 임대소득이 누락된 게 발견된다면 곤란하겠지요. 부모님이 임대사업자라면 한 번 더 살펴볼 일입니다.

**다섯째, 고시일**

부동산의 가치 평가는 시가가 원칙입니다. 그러나 대단지 아파트 같은 경우를 제외하고는 실무적으로 대개 보충적 평가방법을 씁니다. 토지는 개별공시지가, 단독주택이나 공동주택 등은 개별주택가격, 주택 이외의 건물은 국세청 건물기준시가로 평가합니다. 그런데 이 기준가격들은 매년 발표되는 날이 있습니다.

| 개별(공동)주택가격 | 단독주택, 공동주택 | 매년 4월 말<br>(표준주택 1월 말) |
|---|---|---|
| 개별공시지가 | 토지 | 매년 5월 말까지 고시<br>(표준지의 경우 매년 2월 말) |
| 건물기준시가 | 주택 이외의 건물(상업용 건물,<br>오피스텔, 일반건물) | 매년 12월 말까지 |

(* 고시가를 사전에 파악할 수 있는 방법이 있다. 1. 땅의 경우, 5월 초에 공람이 있고, 5월 31일 확정 고시된다. 사전 열람을 통해 공시지가를 어느 정도 알 수 있다. 2. 건물기준시가도 고시 전 열람이 있다. 3. 건물기준시가는 시가의 80% 수준에서 결정된다. 만일 올해 부동산 값이 많이 올랐다면 금년도 기준시가가 오를 가능성이 크다.)

고시가는 매년 올라가는 추세입니다. 따라서 증여하기로 마음을 먹었다면 기왕이면 고시일 이전에 하는 게 득입니다.

# 증여하고 싶은데 증여세가 걱정이라면 민사신탁 활용하기
### - 자녀가 경제력이 있을 때

**증여가 꺼려질 때**

〈2018년 국민대차대조표(한국은행, 통계청)〉 통계를 보면 부동산이 전체 자산에서 차지하는 비중이 76% 수준이었습니다. 이 말은 곧, 우리 집 자산이 10억이라면 7.6억이 부동산에 묶여 있다는 말이죠. 또한 이 말은, 재산 이전을 염두에 두고 있는 사람이라면 '부동산 이전 방법'을 고민하지 않을 수 없다는 얘기입니다. 부동산을 쪼개서 증여하는 방식이 탄생한 것도 바로 이런 이유 때문이었습니다. 그런데 부동산 증여에는 몇 가지 약점이 있습니다.

첫째, 증여세 문제입니다.

예를 들어 10억짜리 상가를 한 명의 자녀에게 이전시킨다고 가정해 보고 '상속'과 비교해 봅니다. 증여의 경우, 자녀 공제가 있습니다. 성인 자녀 기준, 10년 합산하여 5천만 원까지 증여세를 물리지 않습니다. 따라서 10억에서 5천만 원을 뺀 9억 5천이 과세표준이 됩니다. 세율 구간별로 세액을 계산해 보면 증여세는 2억 2천 5백만 원이 됩니다(기타 계산 제외). 반면 상속의 경우는 공제액이 많습니다. 배우자가 있다면 배우자 공제 5억, 그리고 자녀 일괄공제 5억 총 10억까지는 상속세를 물리지 않습니다. 똑같은 10억인데 증여하면 세금으로 2억 넘게 내고, 상속을 하면 세금이 한 푼도 없다는 말입니다.

기본적으로 1) 배우자가 있는 경우, 2) 10억 재산 미만인 경우에는 증여보다 차라리 상속을 하는 게 최소한 '세금' 면에서는 유리합니다 (배우자가 없는 경우에는 5억 미만). 이 말을 달리 보면 자산 규모에 따라 증여가 필요한 사람의 조건도 알 수 있습니다. 즉 1) 배우자가 있는 경우, 2) 재산이 10억 이상인 사람은 본인 사망 전에 10억 수준만 남기고 나머지는 재산을 이전시키는 게 거의 대부분의 경우 유리합니다. 왜냐하면 상속 공제는 공제대로 혜택을 받고, 사전 증여를 통해 증여 공제의 혜택도 받을 수 있기 때문이죠. 나아가 사전 증여가 '재테크' 방식으로 이루어진다면, 즉 저평가된 주식이나 부동산을 증여하여 나중에 시세 차익을 노릴 수 있다면 증여의 효과는 더욱 커집니다.

그런데 우리가 지금 고민하는 것은 바로 이 경우입니다. 재산이 10억을 훌쩍 넘기는데 보유한 자산이 부동산이 대부분인 경우죠(배우자 없는 경우 '10억'은 '5억'으로 바뀝니다.). 그러니까 상속이 시작되기 전에는 어떻게든 부동산을 증여하고 싶은데 당장 세금이 무서운 경우라는 말입니다.

둘째, 심리적 박탈감 문제입니다.

사실 증여세는, 앞서 소개한 부동산 쪼개기 방식으로 어느 정도는 해결이 가능합니다. 그런데도 증여가 꺼려진다면 심리적 박탈감 때문일 수 있습니다. 나이가 들수록 경제력에 대한 자신감은 떨어지고, 동시에 내 손에 쥐고 있는 재산에 대한 의존도는 더욱 높아집니다. 그걸 내 손으로 내놓으려고 하니 왠지 거부감이 드는 것이죠.

셋째, 역효과입니다.

어차피 재산이야 언젠가는 자녀에게 물려주는 게 자연스러운 일입니다. 그런데도 꺼려진다면 자칫 증여가 자식을 망치는 일이 되지 않을까, 혹 의도했던 증여의 목적이 실패에 이르지 않을까, 자녀와의 관계가 깨지지 않을까 걱정스러운 것이죠. 예를 들어 주변에서 이런 이야기를 듣습니다. 자녀에게 부동산을 증여했는데 그 자녀가 사업하다가 부도가 나서 부동산이 경매로 넘어갔다……. 노후를 자녀에게 의지하고 살면 되겠다는 생각으로 효도 계약서 쓰고 부동산을 증여했는데 자식인지 웬수인지 부모는 거들떠보지 않고 지들끼리 재미지게 살아간다……. 그리고 더욱 기가 막힌 이야기도 있습니다. 물론 의무 이행(부모 봉양, 몸이 불편한 동생 돌봄 등)을 조건으로 부담부증여를 했으나 자녀가 일방적으로 약속을 저버렸다면 증여를 취소할 수 있습니다. 그런데 자녀가 순순히 동의하지 않으면 소송을 불사해야 합니다. 자녀와 소송을 한다? 이건 대놓고 너 다시는 안 보겠다는 얘기죠. 설령 소송을 진행하더라도 그 전에 자녀가 그 부동산을 담보로 대출 받거나 저당권을 설정하거나 사업을 하다가 폭삭 망해서 경매로 넘어가면 소송은 또 무슨 소용이겠습니까? 자식 잃고, 돈 잃고 그야말로 두 마리 토끼를 다 놓치는 격이죠.

주변에서 이런 이야기를 듣다 보니 증여라는 게 그리 좋은 방법은 아닐 수도 있다는 생각이 듭니다. 이런 문제의 해결책으로 최근에 각광받고 있는 게 민사신탁입니다.

## 민사신탁의 대표적인 사례

예시를 통해 민사신탁이 뭔지 알아봅니다.

매월 400만 원의 임대료를 받고 있는 상가가 있습니다. 상가는 시가로 약 10억 정도 나갑니다. 상가 주인 A에게는 자녀가 한 명 있습니다. 자녀는 결혼하여 살아가는데 사는 게 참 힘들어 보입니다. 부모 입장에서 안쓰러워 하루는 큰마음을 먹고 자식을 불렀습니다.

"이 상가를 너에게 주려고 한다. 한데 우리도 살아야야 하니까 임대료 400만 원 가운데 300만 원은 우리가 죽을 때까지 받고, 나머지 100만 원은 생활비에 보태렴."

그리고 나름 머리도 써서 부동산 쪼개기 방식으로 상가를 증여했죠. 딸은 취득세와 증여세를 납부했습니다. 증여한 지 첫 1년 동안은 별 탈이 없었습니다. 매월 일정한 날이 찾아오면 부모님 통장에는 300

만 원이 입금되었습니다. 그런데 어느 날부터 액수가 줄더니 어느 달에는 아예 돈이 들어오지 않았습니다. 그러다 자식의 발길이 끊어지고 전화마저 불통이었습니다. 무슨 일인지 걱정스럽고, 화도 난 복잡한 심정으로 부모님이 찾아갔습니다. '약속을 지키지 않는다.'는 이유로 증여를 취소하려고 했으나 그게 어디 마음대로 되겠습니까? 수증자, 즉 자식이 동의하지 않으면 소송 밖에 답이 없죠. 그런데 아뿔싸, 그 사이 자식이 사업을 말아먹고 상가마저 경매로 넘어가 버렸습니다. 어디에 하소연합니까?

## 또 다른 상가 주인 B

또 다른 상가 주인 B가 있습니다. 그는 A처럼 상가를 자식에게 넘겨주기로 결정하고 자식을 불렀습니다. 그리고 이렇게 말합니다.

"내가 살아 있는 동안에는 월 임대료 수입을 내가 갖겠다. 내가 죽으면 네 엄마(현재 나의 배우자)가 월 임대료 수입을 갖는다. 엄마가 죽으면 그때 이 신탁은 종료된다. 그러면 이 상가를 네 마음대로 처분해도 된다."

어떻게 보면 A의 사례처럼 증여를 하면서 서로 약속을 한 것과 별반 다르지 않은 것 같습니다. 그러나 증여에는 약속에 강제력이 없었죠. 반면 신탁에서는 강제력이 발동합니다. 증여 때는 상가의 주인에게 임대료가 들어오고, 그 임대료를 다시 아버지가 받는 방식이었습니다다. 그런데 신탁에서는 월 임대료가 자녀를 거치지 않고 아버지의 통장으로 바로 들어옵니다.

물론 명의는 증여 때처럼 자녀 앞으로 옮겨갑니다. 그러나 증여세, 취득세는 지금 당장 낼 필요가 없습니다. 신탁이 종료되는 시점에서, 즉 부모 사망 시에 상속세처럼 나중에 냅니다(사망 후 6개월 이내에 부동산 상속 취득세를 신고 납부합니다. 6개월 경과한 뒤에는 가산세가 나옵니다.).

좋은 점은 또 있습니다. 아버지 입장에서 신탁 내용을 마음대로 바꿀 수 있습니다. 증여는 '증여 취소'가 복잡하고 까다로웠지만 신탁은 '증여 취소'에 해당하는 것을 쉽게 할 수 있습니다(물론 신탁 내용을 변경하지 못하도록 처음부터 설정하는 것도 가능합니다.). 또한 신탁 계약자를 '아버지와 아들'에서 '아버지와 딸'처럼 바꿀 수도 있습니다.

자녀는 등기부를 떼어 봅니다. 떡 하니 자기 이름이 들어가 있습니다. 이 부동산의 주인은 '신탁이 유지되는 동안' 자녀의 것입니다. 그리고 신탁을 설정할 때 조건 지은 범위 안에서 관리, 처분, 운용, 개발 등의 행위를 할 수 있습니다. 아버지가 '이 상가를 어떻게 운영해야 수익이 더 커질지 고민해 보고 실행해 보거라.'라고 하면 그렇게 하면 된다는 얘기입니다. 어떻게 보면 상가를 물려주는 부모 입장에서는 자식이 상가 운영 방법을 배우는 길이 되죠. 물론 주어진 역할을 착실히 수행하지 않는다고 보면 그때 '너는 안 되겠다. 너에게 주려고 했는데 신탁 취소하자.'고 할 수도 있는 거죠.

## 자식이 부도를 내도 걱정 없는 자산

영국의 법이 어떤 역사를 거쳐 오늘에 이르렀는지 연구한 학자가 있습니다. 메이틀랜드(Frederic William Maitland)입니다. 그는 이렇게 말했습니다.

"영국인이 달성한 가장 빛나고 위대한 업적을 고르라면 나는 수세기에 걸쳐 발전한 신탁제도보다 더 좋은 답변을 찾을 수 없다."

"형평법의 업적에 있어 가장 위대하고 중요한 것은 신탁의 발명과 개발이다. 신탁은 고무처럼 매우 탄력적이지만 계약만큼 보편적 성격을 지닌 제도이다. 이것은 아마 영국 변호사들이 만든 가장 위대한 업적이라 할 수 있다."

보통 법의 역사를 논할 때 함무라비나 인권 등을 거론하는 경우가 많은데 메이틀랜드에게는 다 소용이 없었던 것 같습니다. 마치 '지구를 바꾼 단 하나의 제도는 뭘까?'처럼 거창한 질문에 그가 택한 답은 '신탁'입니다.

그가 신탁을 택한 이유 가운데 하나로 보이는 신탁의 훌륭한 특성이 하나 있습니다. 바로 독립성입니다. 위의 증여 사례에서 우리는 자식에게 부동산을 증여했을 때 '혹시나 아이가 사업을 하다가 빚이라도 지면 부동산이 경매로 넘어가는 것 아닌가?' 하고 걱정합니다. 그런데 신탁한 재산은 부도가 나도 경매에 넘어가지 않습니다. 그 이유가 신탁 재산의 '독립성' 때문이죠.

자식이 원래 갖고 있던 재산을 '고유재산'이라고 한다면 아버지가 자식에게 신탁한 재산은 그와 섞이지 않고 다루어지게 됩니다. 동시에 아버지가 소유권을 가진 여타 재산과도 섞이지 않게 됩니다. 무슨 말인가 하면 아버지의 빚쟁이들도 신탁한 재산에는 손을 못 대고, 아들의 빚쟁이들도 신탁받은 재산에는 손을 못 댄다는 얘기입니다. 그야말로 양측의 빚쟁이들로부터 완벽하게 보호를 받는다는 얘기입니다(이를 '도산격리'라고 부릅니다.).

보호를 받는다는 말은 구체적으로 이런 내용을 담고 있습니다.

"강제집행 금지, 경매 금지, 보전처분 금지, 체납처분 금지"

국가가 세금을 못 받아서 하는 게 '체납처분'이고, 개인이 빌려준 돈을 받지 못해서 법원에 신청하는 게 '보전처분, 강제집행, 경매'입니다. 신탁 재산에는 그게 다 불가능하다는 거죠.

물론 예외는 있습니다. 1) 신탁 전에 발생한 빚이 있거나 2) 신탁 재산에 대해 자녀가 빚을 진 경우죠.

1번의 경우, 원래부터 이 부동산에 저당권이 잡혀 있거나 대항력 있는 임차인이 있는 경우가 있습니다. 그 신탁 재산에 설정된 채무이므로 신탁을 한다고 사라지지 않습니다. 너무 당연한 얘기입니다. 그렇다면 이 부동산에 설정된 빚은 아니지만 신탁 전에 아버지가 따로 빚을 진 경우에는 어떨까요? 만일 신탁 전에 빚쟁이(채권자)가 이 부동산에 '보전처분, 강제집행' 등을 신청한 게 아니라면 신탁을 자유롭게 할 수 있습니다. 이건 채권자의 실수이지 아버지는 아무 잘못이 없죠(대법원 1996.10.15. 선고 96다17424 판결).

2번의 경우, 조금 이상합니다. 신탁이란 자녀가 해당 부동산에 대해서 처분할 수 있는 권리를 대개 막아둔 상태인데 어떻게 신탁 재산에 대해 자녀가 빚을 질 수 있을까요? 아버지는 신탁을 설정하기 전에 자식에게 이렇게 말합니다. "너, 이 상가 좀 살려봐라. 잘하면 월세 더 받을 수 있을 것 같은데." 혹은 "조금 낡아서 수리가 필요한데 그건 네가 판단해서 진행해 봐."

이런 걸 '신탁 사무'라고 부릅니다. 관리를 맡기는 거죠. 관리를 하다 보면 상가 앞으로 나오는 세금도 처리해야 하고, 부동산 수리하느라 돈도 들어가죠. 자식이 해당 부동산의 관리인으로 활동하면서 빚도 생길 수 있습니다(당연히 이때의 빚은 부동산 관리와 연관되어 있어야 합니다.). 이런 경우에는 신탁 재산이 대상이 되기 때문에 독립성이 깨집니다. 그때는 보전처분, 강제집행, 체납처분 등이 가능합니다. 심지어 자식의 고유재산에 대해서도 강제집행이 가능해집니다(만일 고유재산을 보호받으려면 유한 책임신탁등기를 해야 합니다. 이 등기를 통해 수탁자, 즉 자녀의 책임 범위를 '신탁 재산 한도로' 한정 짓는 것입니다.).

> **· TIP · 기타 독립성**
>
> 이밖에도 신탁 재산의 독립성은 구체적으로 다음과 같은 의미를 갖는다. 1. 자식(수탁자)이 사망해도 신탁 재산은 수탁자의 상속재산이 되지 않는다. 등기부에는 자식 이름이 올라가 있다. 그런데 상속재산은 아니다. 2. 자식이 이혼해도 신탁 재산은 분할 대상이 되지 않는다.

### • TIP • 신탁의 기초 이해하기

일반적으로 신탁을 하려면 1) 어떤 재산을 신탁 대상으로 할지 결정해야 하고(신탁 재산), 2) 누구와 신탁 계약을 맺을 건지 결정해야 하며(위탁자와 수탁자), 3) 누가 재산 이익을 가져갈지 결정해야 하며(수익자), 4) 조건을 어떻게 설정할 것인지 결정해야 한다. 1번의 경우 가장 대표적인 게 부동산이고, 이밖에도 주식, 채권 등 여러 가지가 가능하다. 그러나 앞서도 얘기했듯이 우리나라는 자산의 76%가 부동산이어서 부동산이 가장 흔하다. 2번의 경우를 보면, 일단 신탁의 구조를 이해할 필요가 있다. 신탁의 대상이 되는 자산을 현재 소유한 사람이 있을 것이다. 이 사람이 자신의 자산을 누군가에게 맡기는 것이 신탁의 형식이다. 이때 자산 소유자는 위탁자가 되고, 자산을 앞으로 맡길 사람은 수탁자가 된다. 앞선 예에서 아버지가 위탁자, 자식이 수탁자가 된다. 그러나 수탁자는 자식뿐 아니라 은행도 가능하다. 물론 은행이 수탁자가 되더라도 위탁자가 얻는 효과는 별로 다를 게 없다. 자식에게 재산을 이전하는 것은 똑같으나 관리자를 따로 두는 것에 불과하기 때문이다. 특히, 뒤에서 살펴보겠지만 수탁자가 자식이 아니라 은행이 될 때 중대한 장점이 한 가지 있다. 3번의 경우, 임대료의 수입 등을 언제 누가 가져갈 것인지 등을 결정하는 것이고, 4번의 경우 신탁을 언제 끝낼 것인지, 임수탁자에게 어떤 권리를 맡길 것인지 등을 설정하는 것이다. 예를 들어 보면 이렇다.

- 아버지가 위탁자가 되고, 자식이 수탁자가 된다. 신탁 자산은 10억 상당의 상가 부동산이다. 아버지 생존 시 월세 수입은 아버지가, 아버지 사망 시 월세 수입은 아내가 가져간다. 10년마다 상기 지분의 일정 부분(결정 니름)을 자식에게 준다(이때 취득세, 증여세 발생). 혹은 사망 시에 지분 전체가 넘어가는 것으로 설정해도 된다. 수탁자인 자녀가 상가 담보 대출금을 인수하고 관리한다. 다만 월세 수입으로 대출 이자를 갚는다.

대개 민사신탁의 사례를 보면 이런 내용에서 크게 벗어나지 않는다. 마지막으로 자녀를 수탁자로 하는 민사신탁은 변호사나 법무사를 찾아가면 할 수 있다.

## 상속 갈등 문제의 발생

앞선 예시를 읽다 보면 신탁이 몇 가지 문제를 해결해 준다는 것을 알 수 있습니다. 증여세를 뒤로 미룰 수 있고, 자산을 보호할 수 있죠. 자식이 하는 짓이 마음에 들지 않으면 신탁 자체를 취소할 수도 있습니다. 위탁자, 즉 부모 입장에서는 자신의 뜻을 최대한 관철시킬 수 있다는 게 가장 크죠. 그런 이유로, 배우자가 치매 판정을 받은 경우, 돌보아야 할 가족이 있는 경우 등 가장으로서 책임져야 할 여러 문제가 있을 때 신탁은 매우 유용합니다.

심지어 재혼을 할 때도 신탁은 좋은 해결책이 될 수 있습니다. 보통 부모가 재혼을 할 때 자식이 반대하는 경우가 있는데 그 원인이 재산 때문일 때가 있습니다. 새 배우자로서는 재산상속 때문에 혼인신고를 요청할 것이고, 자식들은 그게 불만일 때가 있습니다. 그래서 혼인신고 없이 같이 사는 것은 반대하지 않겠다는 자식도 있습니다만, 설령 혼인신고를 하지 않더라도 재산이 새 배우자에게 넘어가는 걸 완전히 막을 수는 없습니다. 증여하는 방법이 있으니까요. 경우에 따라 상속권리포기서를 쓰는 것도 같습니다만, 사망 전에 쓰는 건 법률적 효력이 없습니다. 그럼, 자녀에게 사전 증여를 해서 부모 사후의 법적 문제를 해결하면 될까요? 그런데 또 증여세는 어쩌죠? 상속은 공제가 크지만 증여는 공제가 별로 없다고 했습니다. 재혼으로 인한 상속 갈등을 피하려고 굳이 안 내도 되는 돈을 국가에 헌납할 필요는 없겠죠?

이때도 재혼으로 인한 상속 갈등 문제를 벗어나려면 신탁이 대안이 됩니다. 자산의 소유권은 자식에게 가고, 다만 새 배우자 생존 시까지만 월세 등으로 생활비를 할 수 있도록 설정하는 방법이 가능하니까요.

그런데 말이죠, 자녀가 수탁자로 되어 있는 신탁 계약은 한 가지 중대한 약점이 있습니다. 유류분 등의 분쟁이 예상됩니다. 유류분이란 고인의 유언과 무관하게 법적으로 보장해주는 상속분입니다. 예를 들어 자식이 3명인데 고인이 유언을 통해 둘째는 미우니까 재산을 한 푼도 주지 말고 첫째와 셋째가 6대 4의 비율로 나누라고 했다고 칩시다. 그러나 우리 법률은 둘째에게도 '법정상속분의 1/2'에 해당하는 유산을 인정합니다. 그건 아버지의 유언과 무관하게 주라고 하는 것이죠. 이걸 유류분이라고 합니다.

## 유류분 갈등 문제를 해결하려면

신탁은 위탁자와 수탁자의 계약으로 이루어집니다. 이때 위탁자는 자산 소유자인 아버지가 되고, 수탁자는 자식이 되는 게 앞에서 계속 살펴본 사례들입니다. 그런데 수탁자를 자식이 아니라 은행으로 하는 경우가 있습니다. 현재 은행에서 판매중인 금융상품들이 이런 계약 방식으로 이루어져 있습니다. 일명 '유언대용신탁'입니다.

잠깐, 신탁을 하면 소유권이 이전된다고 했습니다. 자식이 수탁자면 부동산 등기부에 자식 이름이 떡 하니 올라가죠. 마찬가지입니다. 은행이 수탁자가 되면 해당 부동산의 소유자는 은행이 됩니다. 그러나 문제는 없습니다. 관리 등의 신탁 사무만 의뢰한 것이므로 은행은 비용만 받고 신탁자의 뜻대로 운영하게 되죠.

왜 굳이 돈을 들여 이 금융상품을 쓰게 하는지 그 이유가 되는 판례가 얼마 전에 있었습니다. 앞에서 본 대로 부모-자식 간의 신탁에는 한 가지 문제가 있었는데 그게 유류분이었죠. 그런데 은행과 맺은 신탁 계약은 이 문제를 해결할 가능성을 보여주고 있습니다. 실제 사건부터 보시죠.

이른 나이에 남편을 여의고 세 명의 자녀를 홀로 키운 엄마가 있습니다. 이 분은 지난 2017년에 사망합니다. 자녀는 아들이 한 명, 딸이 두 명이었죠. 그런데 아들은 어머니가 사망하기 전에 죽었는데 배우자와 자식을 남겼습니다. 보통 부모가 죽으면 자녀가 상속인이 됩니다. 그런데 자녀가 배우자와 자식을 남겨두고 먼저 사망한 경우, 대습상속이라고 해서 배우자와 자녀가 대신 상속을 받게 되죠.

그렇다면 어머니가 사망한 뒤 남은 상속인은 누구일까요? 딸 두 명과, 죽은 아들이 남긴 배우자와 자식입니다. 이들이 상속을 받을 권리를 갖게 됩니다.

그런데 이 어머니는 사망하기 3년 전에 은행과 '유언대용신탁' 계약을 맺었습니다. 신탁 재산은 본인 소유의 부동산과 예금 3억 원이었습니다. 신탁 내용은, 우리가 잘 알듯이 어머니 생전에는 이 자산으로부터 나오는 수익을 본인이 갖고, 사망 후에는 둘째 딸이 갖도록 설계했습니다.

어머니가 사망하자 신탁 조건 한 가지가 달성됩니다. 위탁자 사망과 동시에 신탁 자산의 소유자가 둘째 딸이 되는 것이죠. 둘째 딸은 부동산 이전 등기를 마치고, 예금 3억도 찾았습니다. 신탁 계약에 따른 자연스런 행위였죠.

그런데 아들이 남긴 배우자와 자식이 있다고 했습니다. 이들이 '유류분반환청구' 소송을 제기합니다. 유류분은 유언과 무관하게 보호받는 상속분입니다. 법정상속분의 1/2에 해당하는 자산은 보호받게 됩니다.

이 사건의 핵심이 이제 드러납니다. 과연 둘째 딸이 갖게 된 부동산과 예금 3억은 유류분반환대상이 되는가?

부모가 사망하면(피상속인) 부모의 자산이 자식(상속인)에게 상속됩니다. 이때 가장 먼저 이루어질 것이 어디까지 상속재산이 될 것인가 결정하는 문제입니다. 유류분은 상속재산에 대해서 청구하는 것으로 만일 상속재산이 아니라면 유류분을 청구할 수 없습니다. 예를 들어 앞서 보험을 다룰 때 살펴본 사례처럼 아버지를 피보험자로 하고, 자식이 수익자인 경우가 있습니다. 이때 아버지가 사망하면서 자식이 사망보험금을 탑니다. 이 돈의 소유자는 누구일까요? 민법으로 보면 자식 소유이므로 상속재산이 아니고, 세법으로 보면 어쨌든 재산이 이전된 것이므로 상속재산처럼 다룹니다. 그래야 상속세를 물릴 수 있기 때문이죠. 하지만 그럼에도 불구하고 상속재산이 아닌 것은 명확한 사실입니다. 무엇으로 알 수 있는가 하면 이 자녀가 상속포기를 하더라도 사망보험금은 받을 수 있다는 점에서 알 수 있죠. 이 돈은 세법상 상속재산으로 다루어질 뿐, 실제로는 상속재산이 아닙니다. 따라서 유류분 청구의 대상이 되지 않습니다. 마찬가지로 은행을 수탁자로 한 신탁 계약상의 재산이 만약 사망보험금처럼 다루어진다면 그때는 유류분을 청구할 수 없게 되겠죠.

상속재산을 산출할 때는 몇 가지 기준이 있습니다. 사망 시에 고인이 보유하고 있는 재산을 상속재산으로 하는 게 원칙인데 여기에는 많은 예외들이 있습니다. 예를 들어 생전에 증여한 재산 중에도 요건에 맞으면 상속재산에 포함시키는 것들이 있죠. 사망 전 10년 안에 자녀든 누구든 증여한 게 있다면 이 역시 상속재산에 포함시킵니다. 또한 사망 1년 이내에 2억 원 이상 고인이 돈을 어딘가에 쓴 경우, 혹은 사망 2년 이내에 5억 원 이상을 어딘가에 쓴 경우가 있을 수 있습니다. 그런데 어디에 썼는지 확인이 안 되면 이 역시 상속재산에 넣게 되죠. 이런 식으로 상속재산을 결정하게 됩니다.

만일 사망 3년 전 신탁을 맺은 재산에 대해서 '이건 상속재산이다.'고 법원이 판단하면 예금 3억과 부동산을 상속재산에 포함시켜서 법정상속분을 결정하고, 그에 따라 법정상속분의 1/2에 해당하는 유류분만큼 못 받은 사람이 있다면 그에 맞는 재산을 주어야 합니다.

그런데 이 사건의 1심 재판부는 원고 패소 판결을 내립니다. 이 재산은 유류분으로 인정할 수 없다는 얘기입니다. 이유가 무엇일까요? 재판부가 설명한 이유는 몇 가지가 있으나 한마디로 요약하면 이 재산은 고인이 가진 재산으로 볼 수 없다는 점입니다. 신탁 계약상 이 재산의 소유자는 현재 누구입니까? 은행입니다. 자녀가 아닙니다. 자녀라면 증여문제가 생기지만 '유언대용신탁'은 소유자가 은행으로 바뀝니다.

・TIP・해당 판결문(수원지방법원 2020.1.10.선고
2017가합408489 유류분반환청구소송) 인용

이 판결문에 보면 상속재산의 범위에 대한 내용이 나온다. 잠시 인용한다.
"유류분 산정의 기초가 되는 재산의 범위에 관한 민법 제1113조 제1항에서의 '증여재산'이란 상속개시 전에 이미 증여계약이 이행되어 소유권이 수증자에게 이전된 재산을 가리키는 것이고, 아직 증여계약이 이행되지 아니하여 소유권이 피상속인에게 남아 있는 상태로 상속이 개시된 재산은 당연히 '피상속인의 상속 개시시에 있어서 가진 재산'에 포함되는 것이므로 수증자가 공동상속인이든 제3자이든 가리지 않고 모두 유류분 산정의 기초가 되는 재산을 구성한다."

이 내용을 보면 상속재산은 원칙적으로 피상속인(고인)이 소유한 재산을 대상으로 한다는 점을 알 수 있다. 증여재산은 기본적으로 소유자가 바뀌었기 때문에 상속재산이 아니다. 다만 상속세를 피하기 위해 증여하는 경우를 염두에 두고 몇 가지 요건에 맞는 '증여'를 상속재산에 포함시키는 것이다.

・TIP・해당 판결문 인용

"신탁재산은 박 씨(어머니)의 사후에 비로소 피고(둘째 딸)의 소유로 귀속되었으므로, 박 씨(어머니)가 피고(둘째 딸)에게 이 신탁재산을 생전증여하였다고 보기는 어렵고, 박 씨의 사망 당시 이 신탁재산은 수탁자인 A은행에 이전되어 대내외적인 소유권이 수탁자인 A은행에게 있었으므로, 이 신탁재산이 박 씨의 적극적 상속재산에 포함된다고 보기도 어렵다."

요약하면 사망 당시 이 재산은 은행 소유였다. 둘째 딸의 소유가 된 시점은 어머니 사후다. 따라서 생전 증여로 볼 수 없다(증여가 아니다.). 한편 '적극적 상속재산'이라는 표현이 등장하는데 반대말은 '소극적 상속재산'이다. 소극적 상속재산이란 채납, 채무 등 빠져나가야 할 돈이고, '적극적'은 그 반대다.

• TIP • 해당 판결문 인용

"신탁재산의 수탁자로의 이전은 수탁자가 위탁자에게 신탁재산에 대한 대가를 지급한 바 없다는 점에서 성질상 무상이전에 해당하고, 민법 1114, 1113조에 의해 유류분 산정의 기초로 산입되는 증여는 본래적 의미의 증여계약에 한정되는 것이 아니라 무상처분을 포함하는 의미로 폭넓게 해석되므로, 민법 1114조에 해당하는 경우나 상속인을 수탁자로 하는 경우에는 민법 1118조, 1008조에 따라 유류분 산정의 기초가 되는 증여재산에 포함될 수 있다."

이는 유류분을 계산할 때 기초가 되는 상속재산에는 증여재산이 포함된다는 얘기다. 그러나 이 사건의 재산은 둘째 딸이 수탁자가 아니다. 그래서 재판부는 이 신탁재산을 '증여재산'으로 볼 것인지 따져본다.

"이 사건 신탁계약의 수탁자는 상속인이 아니므로, 이 신탁재산이 민법 1114조에 의하여 증여재산에 산입될 수 있는지 보건대, 신탁계약 및 그에 따른 소유권의 이전은 상속이 개시된 2017. 11. 11.보다 1년 전에 이루어졌으며, 수탁자인 A은행이 이 신탁계약으로 인하여 유류분 부족액이 발생하리라는 점을 알았다고 볼 증거가 없으므로, 이 사건 신탁재산은 민법 1114조에 따라 산입될 증여에 해당하지 않아 유류분 산정의 기초가 될 수 없다."

참고로 민법 제1113조 제1항은 이렇다. "유류분은 피상속인의 상속개시시에 있어서 가진 재산의 가액에 증여재산의 가액을 가산하고 채무의 전액을 공제하여 이를 산정한다." 유류분 산정 기준이 나오는 대목이다. 1) 사망 시에 소유하고 있던 재산에 2) 증여재산을 더하고 3) 여기에서 빚을 빼고 남은 재산이 유류분 산정의 대상이 된다. 2번의 증여재산은 민법 1114조에서 규정한다. "증여는 상속개시 전의 1년간에 행한 것에 한하여 1113조의 규정에 의하여 그 가액을 산정한다." 1년이라는 조건이 붙어 있다. 상속 개시(사망 시) 1년 전의 증여는 더하지 않는다는 말이다. 한 가지 예외는 있다. "당사자 쌍방이 유류분권리자에 손해를 가할 것을 알고 증여를 한 때에는 1년 전에 한 것도 같다." 설령 1년 전이라도 손해를 끼칠 줄 알면서 한 증여라면 유류분 산정의 대상이 되는 상속재산에 편입시킨다는 얘기다.

물론 은행이 소유자라고 해도 문제가 다 해결되는 건 아니죠. 법률 용어 가운데 사해행위라는 게 있습니다. 빚을 진 사람이 빚쟁이에게 채무를 갚지 않을 요량으로 자신이 가진 재산을 빼돌리는 행위를 말합니다. 이 행위는 채권을 가진 자, 즉 빚쟁이에게 손해를 입히기 때문에 '사해행위'라고 부릅니다. 같은 개념에서 은행 역시 유류분의 권리를 가진 사람에게 해를 끼칠 것을 알고 이 계약을 맺었을 수도 있습니다. 신탁을 의뢰한 위탁자가 아무리 봐도 오늘 내일 목숨이 위태로워 보인다면 '이 분이 지금 재산상속을 피하려고 이 계약을 맺으려나 보다'고 어느 정도 유추할 수 있다고 보기 때문입니다. 그러나 사망하기 3년 전에 맺은 계약이라면 '은행이 유류분권자에게 해를 끼칠 가능성을 알고 있었다'고 보기 힘들다고 재판부는 설명합니다.

아무튼 이 1심 판결로 상속의 새 역사가 펼쳐졌습니다(2020년 10월 현재 항소심에서도 동일한 판결이 나왔다.). 만일 유언대용신탁이 유류분 산정의 대상에서 제외된다면 그만큼 피상속인(아버지)은 자신의 의사에 따라 상속을 결정할 수 있는 여지가 커지게 됩니다.

## 기타 신탁

수탁자는 자녀가 될 수도 있고, 위 사례처럼 은행이 될 수도 있으며, 심지어 자기 자신이 될 수도 있습니다. 위탁자와 수탁자가 같은 이런 경우를 '자기신탁선언방식'이라고 부르는데 목적이 조금 다릅니다. 사업을 하는 사람이 혹시 모를 도산의 위험으로부터 자산을 지키기 위해 하는 경우가 있죠. 이때 장래의 수익자를 상속인으로 설정하면 자연스럽게 상속의 효과, 재산 이전의 효과가 발생합니다. 이 신탁을 설정하려면 공정증서로 해야 하며 따라서 일정 비용을 내야 합니다.

한 번 꼬아서 하는 신탁도 있습니다. 일명 '증여신탁'입니다. 아들에게 부동산을 증여하되 혹시 모를 아들의 도산으로부터 재산을 보호하기 위한 방법입니다. 즉 부동산 소유자는 아들이 되지만 이와 동시에 아들이 위탁자가 되고, 아버지가 수탁자가 되는 신탁 계약을 맺는 방법입니다. 증여와 신탁이 결합된 형태여서 이름도 증여신탁이죠. 신탁 종료 시기는 '위탁자의 사망'이 아니라 '수탁자의 사망'으로 하면 아버지가 사망할 때 부동산 소유권이 자식에게 자연스럽게 넘어가게 되죠. 그러나 이름이 그렇듯이 '증여'가 있기 때문에 신탁 계약 시점에서 증여세와 취득세를 내야 합니다.

이름이 같은 '증여신탁' 가운데 은행과 체결하는 금융상품도 있습니다. 마치 연금보험이나 분할 증여와 같은 효과를 만드는 방법인데 절세 효과가 높죠. 예를 들어 은행과 증여신탁 계약을 맺고 10억 원을 넣은 뒤 10년간 반년 혹은 1년마다 수익자(자식 등)에게 원금과 이자를 나눠 지불합니다(은행은 이 돈을 국고채와 같은 곳에 투자하기 때문에 안정적이지만 수익률은 높지 않습니다.). 세금은 미래에 수익자에게 지불할 돈을 현재 가치로 환산하여 계산하기 때문에 직접 증여할 때보다 절세 효과가 큽니다. 단, 증여신탁은 중도해지가 안 되고, 최소 가입액이 5억, 최소 가입기간이 10년으로 조건 허들이 높습니다.

# | 유언대용신탁계약서 |

(* 이남우, 「유언대용신탁과 등기실무」, 법률지식, 2018, pp83-90 인용 후 보완)

위탁자 노인수(이하 "갑"이라 한다.)와 수탁자 부강신탁주식회사(이하 "을"이라 한다)는 다음과 같이 유언대용신탁계약을 체결한다.

— 다 음 —

제1조(신탁의 목적) 이 신탁계약은 수탁자가 신탁부동산의 소유권 보존, 임대차, 유지 보수 기타 신탁부동산에 대하여 일체의 관리를 담당하고, 위탁자가 살아 있는 동안은 이 신탁재산에서 수익금을 지급받아 노후 설계자금으로 하고, 위탁자가 사망한 뒤에는 위탁자의 의사를 보다 적극적으로 반영하여 이 신탁재산을 상속받을 자를 위하여 그 사무처리함을 목적으로 한다.

제2조(용어의 정의) 본 계약에서 사용한 용어의 뜻은 아래와 같다.
1. "위탁자"란 신탁을 설정하는 자를 말한다.
2. "수탁자"란 신탁재산을 인수하는 자를 말한다.
3. "원수익자"란 갑이 사망하기 전까지 신탁 재산의 수익권을 갖는 수익자를 말한다. 다만 별도의 약정이 있는 경우를 제외하고는 본 계약에서 갑을 원수익자로 본다.
4. "수익자"란 "원수익자" 사망 후 신탁재산의 수익권을 취득하는 자를 말한다. 다만 수익자는 별도의 약정이 있는 경우를 제외하고는 원수익자가 사망할 때까지 본 계약의 수익권을 취득하지 못한다.

제3조(소유권이전 및 신탁등기)
① 위탁자는 신탁의 목적을 달성하기 위하여 별지목록기재의부동산(이하 '신

탁재산이라 한다.)을 신탁하고 수탁자는 이를 인수한다.
② 위탁자와 수탁자는 이 계약 체결과 동시에 신탁부동산에 대하여 소유권 이전 및 신탁등기를 이행하기로 한다.
③ 소유권이전 및 신탁등기비용은 위탁자가 부담하기로 한다.

제4조(신탁기간) 이 신탁재산의 신탁기간은 신탁등기일로부터 위탁자가 사망 후 3개월이 되는 날까지로 한다.

제5조(수익자의 지정 및 변경)
① 이 신탁재산의 수익자는 아래와 같다.

| 수익자 | 수익자 내용 | | 위탁자와의 관계 |
|---|---|---|---|
| 원수익자<br>(생전수익자) | 성명 | 노인수 | 위탁자 본인 |
| | 주민등록번호 | | |
| | 주소 | | |
| | 연락처 | | |
| 수익자1<br>(사후수익자) | 성명 | 김현아 | 위탁자 처 |
| | 주민등록번호 | | |
| | 주소 | | |
| | 연락처 | | |
| 수익자2<br>(사후수익자) | 성명 | 노선우 | 위탁자의 아들 |
| | 주민등록번호 | | |
| | 주소 | | |
| | 연락처 | | |
| 수익자3<br>(사후수익자) | 성명 | | 위탁자의 딸 |
| | 주민등록번호 | | |
| | 주소 | | |
| | 연락처 | | |

② 위탁자는 수익자를 새로 지정하거나 변경할 수 있다. 이 항에 따른 수익자 신규지정 및 변경에 관한 위탁자의 권리는 일신전속적이고 상속되지 아니한다.

③ 위탁자는 수익자를 새로 지정하거나 변경할 수 있다. 다만 위탁자 사망 후에는 제1차 수익자인 위탁자의 아내 김현아가 수익자 지정 및 변경권을 갖는다.

제6조(신탁의 원본) 이 신탁의 원본은 신탁부동산과 신탁부동산의 물상대위로 취득한 재산, 수탁자가 임대인으로서 취득·보관하는 임대차보증금, 신탁부동산에 대한 보험계약에 의한 보험금등 신탁부동산의 관리, 처분, 멸실, 훼손 기타의 사유로 수탁자가 취득한 재산을 말한다.

제7조(신탁의 수익)

① 이 신탁의 수익은 신탁부동산 기타 신탁재산의 운용으로 수입하는 임대료 등의 법정과실 기타 재산적 이익를 말한다.

② 수탁자는 매월 수익내용을 위탁자에게 통보하기로 한다.

제8조(신탁부동산의 임대차) 위탁자와 수탁자는 신탁부동산의 임대차 관리를 아래와 같이 하기로 한다.

1. 위탁자는 기존 임대차계약서상의 임대인 명의를 수탁자명의로 변경하는 데 협조하기로 한다.
2. 제1항에 의하여 임대인 명의를 수탁자로 변경하는 경우에도 위탁자가 수탁자에게 임차인으로부터 수령한 임대차보증금을 교부하지 않은 때에는 기존의 임대차계약에 따른 임대보증금 및 임대료는 위탁자가 계속 보관, 관리하고 그 반환 책임도 부담한다.
3. 신탁계약 체결 이후의 신임대차계약(기존임대차계약의 임대차 보증금 증액 기타 조건 변경 계약 포함)은 수탁자 명의로 체결한다.
4. 신탁계약 체결 이후의 임대차계약(제2호에 의하여 임대인명의를 수탁자로 변경

하고 위탁자가 수탁자에게 임대차보증금을 교부하지 않은 경우는 제외)에 따른 임대차보증금 및 임대료 등 제반 수입은 수탁자가 보관, 관리, 운용하는 것으로 한다.
5. 기타 사항은 위탁자와 수탁자가 합의하여 처리하기로 한다.

제9조(신탁이익의 계산 및 지급) 신탁원본의 수익금은 원수익자의 사망시까지 매월 말일 원수익자에게 지급하기로 한다. 다만 원수익자가 사망하면 위 수익권을 소멸한다.

제10조(신탁재산의 처분) 신탁재산 처분시는 위탁자의 처분동의서를 첨부하기로 한다. 다만 위탁자가 치매(정신이상 등)로 전문치료 및 요양을 위한 비용으로 사용하고자 신탁부동산을 처분하는 경우에는 위탁자의 자녀인 노선우, 노근우의 동의서를 첨부하여야 한다.

제11조(계약변경)
① 이 신탁계약은 위탁자와 수탁자의 합의에 의하여 운용방법을 변경할 수 있다.
② 제1항에 의한 신탁계약 변경에 소요되는 비용 일체는 위탁자가 부담한다.

제12조(신탁재산의 귀속) 수탁자는 신탁종료기일에 수익자(상속인)들에 대한 수익권에 의해서 이 신탁재산을 법정상속분에 따라 분배하여 각 수익자에게 귀속시키기로 한다.

제13조(수익권의 양도 및 담보제공) 이 계약의 수익권은 양도하거나 담보로 제공할 수 없다. 수익권증서는 발행하지 않기로 한다.

제14조(신탁보수)
① 이 신탁의 보수는 별첨3 신탁보수에 관한 약정에 의한다.

② 수탁자는 경제사정의 급변 또는 신탁사무의 현저한 변경, 기타 상당한 사유가 발생한 때에는 위탁자 및 수익자와 합의하여 신탁보수를 조정할 수 있다.
③ 신탁보수의 지급기일은 별첨3 신탁보수에 관한 약정에 의하되 아래와 같이 지급한다.
1. 최초 기본 보수 : 위탁자가 지급한다.
2. 차회기 본 보수, 성과 보수, 계약해지 보수 : 신탁수익이 발생한 경우 신탁수익에서 수탁자가 수취하고, 신탁수익이 없는 경우에는 위탁자가 지급한다.

제15조(조세 및 비용) 수탁자의 귀책사유 없이 발생하는 신탁재산에 대한 조세 및 공과금과 본 계약과 관련한 신탁사무처리를 수반되어 발생하는 비용은 신탁재산에서 차감하거나 위탁자에 따로 청구할 수 있다.

제16조(중도해지 및 책임부담)
① 이 신탁계약은 신탁기간 중에는 중도해지 할 수 없다. 다만 아래 각호에 해당하는 경우 수탁자는 신탁계약을 해지할 수 있다. 이 경우 수탁자는 자신의 귀책사유가 아닌 한 신탁해지로 인한 책임을 부담하지 아니한다.
1. 위탁자 또는 수탁자의 귀책사유 여부를 불문하고 수탁자가 신탁이익을 전부를 향수하게 되거나 기타 부득이한 사유로 인하여 수탁자가 수탁업무를 수행할 수 없는 경우
2. 신탁부동산에 대한 소유권 분쟁, 제3자의 저당권 실행, 임대차에 기인한 경매실행 등 부득이한 사유로 인하여 위탁자가 이 신탁의 해지청구를 한 경우
3. 위탁자와 수탁자의 합의에 의한 경우. 다만 이 경우 위탁자는 해지로 인한 수탁자의 손해를 배상하여야 한다.
② 제1항 각호에 의한 신탁해지의 경우 수탁자는 별첨3 신탁보수 관한 약정에 의한 신탁보수기타 신탁계약에 따라 수탁자가 지급받을 제비용 및 신

탁해지로 인하여 수탁자가 입은 손해(이하 "신탁보수등"이라 한다.)를 신탁재산에서 수취한다. 다만 위탁자로부터 신탁보수등의 전액을 지급받은 경우에는 그러하지 아니하다.
③ 수탁자가 제2항의 금액을 받지 못하는 경우 수탁자는 수탁자가 상당하다고 인정하는 방법으로 신탁재산을 처분하여 충당할 수 있다.

제17조(신탁의 종료) 이 계약은 제4조의 사유로 종료한다.

제18조(신탁의 최종계산)
① 이 신탁이 종료된 경우 수탁자는 최종계산서를 작성하여 수익자의 승인을 받아 신탁재산을 귀속처리한다. 다만 신탁재산 중 환가 및 회수가 곤란한 부득이한 사정이 발생한 경우 신탁재산을 운용현상 그대로 교부할 수 있다.
② 수익자는 최종계산에 대하여 이의가 있는 경우 계산 승인을 요구받은 때로부터 1개월 이내에 이의를 제기할 수 있으며, 그 기간 내에 이의를 제기하지 않으면 수익자가 최종계산을 승인한 것으로 본다.
③ 신탁종료 절차에 소요되는 비용은 신탁재산에서 공제하고 교부한다.

제19조(협의) 본 계약에 정하지 아니한 사항이나 또는 해석상 이의가 있는 사항이 발생하는 경우에는 신탁관계법규 및 민법에서 정한 바에 따르기로 한다.

제20조(선관주의의무) 수탁자는 신탁재산을 운용함에 있어 선량한 관리자로서의 주의의무를 다하여야 한다.

제21조(관할법원) 이 계약으로 인한 소송의 관할 법원은 갑의 소재지에 따른다.

제22조(계약서 작성) 본 계약서는 2부를 작성하여 갑과 을이 각 1부씩 보관한다. 다만 신탁재산 공시 등을 위해 유관기관에 본 계약서 원본을 제출하여야 하는 경우에는 1부 이상을 추가로 작성할 수 있다.

2020년 10월 2일

위탁자(갑) 성 명   노 인 수
       주 소 _____
       연락처 _____


원수익자 성 명   노 인 수
       주 소 _____
       연락처 _____


수탁자(을) 상 호 부 강 신 탁 주 식 회 사
       대표이사 신 성 준
       소재지 _____
       연락처 _____

별지 ------------------------------------------------------------

## 부동산의 표시

1. 서울특별시 서초구 서초중앙로 8길  20 대 2345.2㎡
2. 같은길           21 대 213.6㎡

   이    상

# 2장

# 상속에서 승리하는 방법

— 핵심 판례로 알아보는 상속법 —

# 누가 상속 받을까?

### 상속개시일

- 증여든 상속이든 '재산 이전'을 해야 하는 이유는 부모의 사망 때문이죠. 부모님이 돌아가시면 상속이 시작됩니다. 부모님의 사망일은 상속법과 상속세법에서 중요한 날입니다. 이 날을 '상속개시일'이라고 부릅니다.

### 상속의 우선순위

- 상속에는 우선순위가 있습니다. 1순위는 자식들이죠.

(상속을 받는 사람을 '상속인'이라고 하면, 상속을 해주는 사람을 부르는 말도 있어야겠죠? 이를 '피상속인'이라고 합니다. 고인이 피상속인이 됩니다.)

- 같은 1순위에 속하지만 자식들보다 순위가 밀리는 경우가 있습니다. 자식들의 자식들, 즉 손자 손녀입니다. 자식이 없을 때 손자와 손녀가 상속인이 됩니다. 나아가 손자와 손녀가 없다면 손자 손녀의 자식, 즉 고인 기준으로 보면 증손자, 증손녀가 상속인이 됩니다(이처럼 고인으로부터 자식, 손자, 증손자로 이어지는 혈족을 직계비속이라고 부릅니다.).

- 만일 직계비속이 없으면 2순위자가 상속인이 됩니다. 고인(피상속인)의 부모가 2순위 상속인이 됩니다.

- 마찬가지로 고인의 부모가 없다면 고인의 할아버지, 할머니가 2순위 상속인이 됩니다. 이처럼 고인-아버지/어머니-(외)할아버지/(외)할머니로 이어지는 관계를 직계존속이라고 부릅니다.

- 2순위 부모님 등 직계존속이 안 계시면 그때 3순위인 피상속인(고인)의 형제자매로 넘어가고, 형제자매도 없다면 4순위인 4촌 이내의 방계혈족으로 넘어갑니다. '방계'는 곁 방 자입니다. 옆으로 퍼진 혈족을 뜻하죠. 피상속인(고인)의 형제자매, 삼촌, 고모, 혹은 삼촌, 고모의 자식까지도 방계혈족에 속합니다. 그러나 같은 방계

혈족이더라도 형제자매가 우선이고, 삼촌이나 고모, 또 그들의 자식(사촌)은 4순위입니다.

- 4순위가 없으면 다음 단계가 있습니다. 피상속인과 생계를 같이 하고 있던 사람, 피상속인의 요양간호를 한 사람, 기타 피상속인과 특별한 연고가 있던 사람들입니다(민법제1057조의2). 만일 이들마저 없다면 상속재산은 최종적으로 국가에 귀속됩니다. 결과적으로 친족 중 5촌부터는 재산을 상속받을 권리가 없습니다.

### 태아도 상속인?

- 이 경우는 어떨까요? A가 사망하기 전 A의 아들이 먼저 사망했고, 이 아들에게는 아내가 있었는데 아내는 마침 임신 중이었습니다. 뱃속의 아기는 상속인일까요, 아닐까요? 우리 법은 태아는 이미 출산한 것으로 보고 상속인으로 인정하고 있습니다.

### 사례

- 수년 전 남편을 먼저 여의고, 이후 아내(피상속인)가 사망했는데 이 둘 사이에는 자식이 없습니다. 남편 쪽 시부모님은 살아 계시고,

아내 쪽 부모님은 고인이 되셨습니다. 아내에게는 형제가 있습니다. 이 경우, 아내가 남긴 재산은 어디로 갈까요? 시부모님은 직계존속이 아니므로 아내의 재산은 시부모님과 무관합니다. 1순위자인 자식이 없고, 2순위자인 부모님 역시 안 계시므로 3순위자인 형제들에게 갑니다.

- 위 사례에서 궁금한 점이 있을지 모릅니다. 남편 사망 시 남편의 재산은 어떻게 되었을까요? 이 부부에게는 1순위자인 자녀가 없죠. 따라서 우선순위에 따라 2순위자인 남편 부모님에게 상속됩니다.

### 배우자

- 그럼, 아내가 받는 건 하나도 없다는 얘기일까요? 아닙니다. 배우자는 상속에서 매우 특별한 위치에 있습니다. 1순위자와 2순위자가 있을 때는 그들과 함께 공동상속인이 되고, 이들이 없을 때는 단독 상속인이 됩니다. 그렇다면 1, 2순위가 없고 동시에 고인에게 배우자가 없을 때만 3순위자 이후로 상속이 된다는 것을 알 수 있습니다. 이런 이유로 3순위자까지 가는 경우란 현실적으로 장시간 독신으로 살던 사람이 부모님 사후 사망할 때라고 할 수 있습니다.

▶ [민법*제1003조(배우자의 상속순위) ① 피상속인의 배우자는 제1000조제1항제1호와 제2호의 규정에 의한 상속인이 있는 경우에는 그 상속인과 동순

위로 공동상속인이 되고 그 상속인이 없는 때에는 단독상속인이 된다. 〈개정 1990.1.13〉]

(* 이하 2장에서는 조문만 있고 법 표시가 달리 없으면 현재 시행되고 있는 민법을 말합니다.)

- 따라서 앞의 예시를 보다 정확히 설명하면 이렇습니다. 남편 사망 후 남편의 재산은 2순위자인 남편의 부모와 아내에게 상속되는데 이때 부모님이 두 분 다 살아 계시다면 아버지 1, 어머니 1, 그리고 배우자 1.5의 비율로 재산을 나누게 됩니다(법정상속분). 배우자에게는 0.5가 추가되죠. 즉 전체를 더한 값은 3.5(1+1+1.5)가 되고, 이 전체 값에서 각자의 몫을 계산하면 아버지와 어머니는 각각 1/3.5만큼, 배우자는 1.5/3.5만큼 재산을 상속받습니다. 만일 1억이 상속재산이라면 아내가 상속하는 재산은 아래 식을 따라 계산됩니다(재산 분할에 대해서는 뒤에 다시 설명합니다. 일단 법정상속분만 이해하고 넘어갑니다.).

배우자 상속분 = 1억 × 1.5 ÷ 3.5 = 1억 × 3 ÷ 7 = 약 4,280만 원(남은 5,720만 원 정도를 부모님 두 분이 반씩 나눈다.)

▶ [제1009조(법정상속분)] ① 동순위의 상속인이 수인인 때에는 그 상속분은 균분(*똑같이 나눈다.)으로 한다. 〈개정 1977.12.31, 1990.1.13〉 ② 피상속인의 배우자의 상속분은 직계비속과 공동으로 상속하는 때에는 직계비속의 상속

분의 5할(*50%)을 가산하고, 직계존속과 공동으로 상속하는 때에는 직계존속의 상속분의 5할을 가산한다. 〈개정 1990.1.13〉]

- 참고로, 상속분 적용이 달라지는 경우가 있습니다. 1990년 1월 3일 이전에 일어난 상속분에 해당하는 이야기입니다. 현재의 상속분은 1990년 1월 3일 개정된 법에 따른 것인데 만일 그 이전의 상속분과 관련된 사건이라면 당시의 관습법을 찾거나 혹은 동일 또는 유사 판례를 찾아서 주장해야 합니다. 예컨대 민법 시행 전의 재산상속에 관한 관습법에 의하면, 호주가 사망하여 그 장남이 호주상속을 하고 차남 이하 중자가 여러 명 있는 경우에 그 장남은 호주상속과 동시에 일단 전 호주의 유산 전부를 승계한 다음 분재하게 되어 있습니다(대법원 2007. 1. 25. 선고 2005다26284 판결). 현행 민법이 시행되기 전에 호주 아닌 남자가 처와 딸만을 남겨두고 사망했을 때는 그 재산은 동일호적 내에 있는 직계비속인 자녀들에게 균등하게 상속된다는 것이 우리나라의 관습이었습니다(대법원 1992. 12. 8. 선고 92다29870 판결).

### 법정 상속분의 변천

(* 권양희, "상속재산분할 관련" 〈제287기 「가사법·상속」 특별연수〉, 대한변호사협회 변호사 연수원, p.17)

| 기간 | 내용 |
|---|---|
| 1960.1.1.–1978.12.31.<br>(법률제471호) | • 동순위 상속인 → 균분(1)<br>• 재산상속과 함께 호주상속 하는 경우 → 고유상속분의 5할 가산(1.5)<br>• 여자 상속분 → 남자의 1/2(0.5)<br>• 동일가적 내에 없는 여자 → 남자의 1/4(0.25)<br>• 처<br>직계비속과 공동상속 → 남자의 1/2(0.5)<br>직계존속과 공동상속 → 남자와 같음(1) |
| 1979.1.1.–1990.12.31.<br>(법률제3051호) | • 동순위 상속인 → 균분(1)<br>• 재산상속과 함께 호주상속 하는 경우 → 고유상속분의 5할 가산(1.5)<br>• 동일가적 내에 없는 여자 → 남자의 1/4(0.25)<br>• 처<br>직계비속과 공동상속 → 직계비속상속분의 5할 가산(1.5)<br>직계존속과 공동상속 → 직계존속상속분의 5할 가산(1.5.)<br>처가 호주상속 한 경우 → 기본상속분1+가산0.5+호주상속가산0.5(2) |
| 1991.1.1.–현재<br>(법률제4199호) | • 동순위상속인 → 균분(1) (*남녀, 동일가적 여부 불문)<br>• 배우자(1.5) |
| 대습상속분 | • 1960.1.1.–1990.12.31.<br>처는 대습상속권 있으나, 부(夫)는 대습상속권 없음.<br>• 1991.1.1.–현재<br>배우자 모두 대습상속권 있음. |

## 대신 상속하기(대습상속)

- 한편 1순위자와 3순위자에게는 독특한 규정이 한 가지 더 있습니다. 1순위자는 자식, 손자, 증손자 등 직계비속이고, 3순위자는 피상속인의 형제자매입니다. 이때 1순위자나 3순위자에 속하는 사람 중에 피상속인(고인)보다 먼저 사망한 사람이 있을 수 있습니다. 예를 들어 A에게 아들 2명, 딸 1명이 있습니다. 그런데 A의 생전에 딸이 사망합니다. 그리고 얼마 뒤 A가 사망합니다. A가 사망하는

날(상속개시일)을 기점으로 상속이 개시되는데 이때 아들 2명은 살아 있으니까 그대로 상속을 받으면 되죠. 그런데 딸은 이 세상 사람이 아닙니다. 이 경우 딸에게 자식이나 배우자가 있다면 이 둘이 딸을 대신하여 상속인 자격이 부여됩니다. 일명 대습상속입니다. 이때 대습상속을 받는 사람을 대습상속인이라고 부릅니다. 대습상속은 2순위가 된다는 게 아닙니다. 1순위자를 대신하는 것으로, 물려받는 상속분도 1순위자와 같습니다.

▶ [제1010조(대습상속분) ① 제1001조의 규정에 의하여 사망 또는 결격된 자에 갈음하여(*대신하여) 상속인이 된 자의 상속분은 사망 또는 결격된 자의 상속분에 의한다. 〈개정 2014.12.30〉 ② 전항의 경우에 사망 또는 결격된 자의 직계비속이 수인(*여러 명)인 때에는 그 상속분은 사망 또는 결격된 자의 상속분의 한도에서 제1009조의 규정(*법정상속분)에 의하여 이를 정한다. 제1003조제2항의 경우에도 또한 같다.]

- 대습상속에서 만일 배우자도 없다면 자식만 대습상속인이 되고, 자식 없이 배우자만 있다면 배우자만 대습상속인이 됩니다. 둘 다 있다면 둘 다 대습상속인이 됩니다(이 경우 법정상속분에 따라 배우자에게 0.5 추가).

▶ [제1003조(배우자의 상속순위) ② 제1001조의 경우(*대습상속)에 상속개시 전에 사망 또는 결격된 자의 배우자는 동조의 규정에 의한 상속인과 동순위로 공동상속인이 되고 그 상속인이 없는 때에는 단독상속인이 된다. 〈개정 1990.1.13〉]

- 대습상속은 1순위자(직계비속)와 3순위자(형제자매)에게만 적용됩니다. 2순위자는 직계존속이므로 대습상속 개념을 적용할 수 없고, 4순위자는 아예 고려하지 않는다는 얘기입니다.

- 법률에는 '피' 자가 붙은 용어가 많습니다. '상속인'에 대해 '피상속인'이 있고, 보전처분에 대해 '피보전권리'가 있습니다. 마찬가지로 대습상속인이라는 말에도 상대어가 있습니다. '피대습자'입니다. 원래는 우선순위에 따라 상속을 받아야 할 사람인데 어떤 이유로 상속을 받지 못하게 된 사람을 '대습상속'의 관점에서 부르는 이름입니다. 그럼, 이들이 상속을 받지 못하게 된 이유는 무엇일까요?

## 대습상속의 조건

- 민법 제1001조(대습상속)을 보면 아래처럼 대습상속의 조건이 적혀 있습니다.

"전조제1항제1호와 제3호의 규정에 의하여 1) 상속인이 될 직계비속 또는 형제자매가 2) 상속개시 전에 사망하거나 3) 결격자가 된 경우에 4) 그 직계비속이 있는 때에는 그 직계비속이 사망하거나 결격된 자의 순위에 갈음하여 상속인이 된다."

- 이 내용에 보면 대습상속의 요건으로 총 4가지가 나옵니다. 1번은 어렵지 않죠? 1순위자인 직계비속과 3순위자인 형제자매의 경우만 자격을 얻을 수 있다는 얘기입니다. 2번은 상속개시 전에 사망해야 한다는 내용입니다. 즉 고인이 살아 있을 때 사망한 경우여야 한다는 것이죠.

- 그럼, 3번 결격자가 된 경우는 뭘까요? 아래 민법 제1004조(상속인의 결격사유)를 보면 어떤 사람을 결격자라고 하는지 알 수 있습니다.

  1. 고의로 직계존속, 피상속인, 그 배우자 또는 상속의 선순위나 동순위에 있는 자를 살해하거나 살해하려 한 자
  2. 고의로 직계존속, 피상속인과 그 배우자에게 상해를 가하여 사망에 이르게 한 자
  3. 사기 또는 강박으로 피상속인의 상속에 관한 유언 또는 유언의 철회를 방해한 자
  4. 사기 또는 강박으로 피상속인의 상속에 관한 유언을 하게 한 자
  5. 피상속인의 상속에 관한 유언서를 위조·변조·파기 또는 은닉한 자

- 읽어보면 죄질이 좋지 않은 경우임을 알 수 있습니다. 그러나 설령 특정 상속인이 이런 짓을 저지르더라도 그의 자녀와 배우자는 대습상속을 할 수 있다는 게 민법의 규정입니다.

- 마지막 4번은, 위와 같이 사망 혹은 결격의 사유가 있는 사람에게 직계비속(자녀, 혹은 손자)이 있을 때 그 직계비속이 대습상속인이 된다는 얘기입니다.

- 이 조문에는 배우자 이야기가 없습니다. 그러나 제1003조(배우자의 상속순위)에 보면 이렇게 나와 있습니다. "② 제1001조의 경우에 상속개시 전에 사망 또는 결격된 자의 배우자는 동조의 규정에 의한 상속인과 동순위로 공동상속인이 되고 그 상속인이 없는 때에는 단독상속인이 된다." 한마디로 직계비속이 있으면 배우자가 공동상속인이 되고, 배우자만 있을 때는 배우자가 단독상속인이 된다는 얘기죠.

### 태아 낙태

- 태아도 상속인이 될 수 있습니다. 민법에서는 태아를 이미 태어난 사람으로 간주하기 때문이죠. 그런데 이런 일이 있을 수 있습니다. 남편이 사망하자 임신 중이던 아내가 낙태를 한 경우입니다. 우리의 관심사는 형법이 아닙니다. 민법의 관점만 적용하자면 아내는 제1004조 제1항 '고의로 상속의 선순위나 동순위에 있는 자를 살해하거나 살해하려고 한 자'에 속하게 되어 상속자격이 박탈됩니다. 이는 아내와 태아가 대습상속인이 될 수 있는 조건(남편 사망 →

남편의 부모님 사망 → 낙태)에서도 똑같이 적용됩니다.

## 그런데 '고의로'라는 말은 무슨 뜻?

- 앞에 민법 제1004조 제1항과 제2항을 보면 '고의로'라는 단어로 시작합니다. 이 단어를 두고 해석의 여지가 있을 수 있습니다. 위 사건처럼 상속 자격이 있던 배우자가 낙태를 한 경우, 과연 상속결격 사유에 해당하는지를 두고 다툼이 벌어질 수 있는 것이죠. 실제로 1992년 대법원 판례에서는 이런 사건을 다루고 있습니다. 당시 낙태한 사람의 소송대리인은 '고의로'라는 말은 '상속에서 유리하다는 인식을 갖고'로 해석해야 한다고 주장하며, 자신의 의뢰인이 낙태를 한 것은 맞지만 상속에서 유리하기 위해 한 것은 아니므로 의뢰인에게서 상속 자격을 박탈해서는 안 된다고 주장합니다. 항소심에서는 이를 받아들였으나 대법원에서 이를 파기합니다. '고의로'를 해석할 때 굳이 '상속에 유리하다는 인식'이 필요치 않다고 판결을 내린 것이죠. 그 근거를 상속인의 결격사유를 다룬 제1004조의 제1항에서 찾고 있습니다(1. 고의로 직계존속, 피상속인, 그 배우자 또는 상속의 선순위나 동순위에 있는 자를 살해하거나 살해하려한 자). 제1항에 나열된 사람들을 보면 순위 다툼이 있을 수 있는 선순위자, 동순위자도 있지만 직계존속이라는 표현이 들어가 있습니다. 직계존속은 2순위자이므로 굳이 순위를 다툴 필요가 없는 사

람입니다. 그들의 생존 여부와 상관없이 내가 먼저 상속을 받을 수 있죠. 그런데도 선순위, 동순위와 함께 피해자 범위에 직계존속을 넣은 것은 '고의'가 꼭 '상속에서 내가 유리할 것이라는 인식'을 필요로 하지 않는다는 얘기입니다. '고의로'는 그저 '살해, 상해의 고의'로만 해석될 뿐이라는 게 아래 판례의 결론입니다.

▶ **(대법원 1992. 5. 22. 선고 92다2127 판결 [손해배상(자)]** …태아가 호주상속의 선순위 또는 재산상속의 선순위나 동순위에 있는 경우에 그를 낙태하면 이 사건 당시 시행되던 민법(1990. 1. 13. 법률 제4199호로 개정되기 전의 것. 이하 같다) 제992조 제1호 및 제1004조 제1호 소정의 상속결격사유에 해당한다는 부분은 옳다고 하겠다. 그러나 과연 위 민법 규정들 소정의 상속결격사유로서 '살해의 고의' 이외에 원심이 판시(*판결하여 보여줌)한 바와 같이 '상속에 유리하다는 인식'을 필요로 하는지 여부에 관하여 살피건대, (1) 우선 민법 제992조 제1호 및 제1004조 제1호는 그 규정에 정한 자를 고의로 살해하면 상속결격자에 해당한다고만 규정하고 있을 뿐, 더 나아가 '상속에 유리하다는 인식'이 있어야 한다고까지는 규정하고 있지 아니하고 있으므로, 원심의 판시는 위 규정들의 명문에 반하고, (2) 또한 민법은 '피상속인 또는 호주상속의 선순위자'(제992조 제1호)와 '피상속인 또는 재산상속의 선순위나 동순위에 있는 자'(제1004조 제1호) 이외에 '직계존속'도 피해자에 포함하고 있고, 위 '직계존속'은 가해자보다도 상속순위가 후순위일 경우가 있는바, 민법이 굳이 동인을 살해한 경우에도 그 가해자를 상속결격자에 해당한다고 규정한 이유는, 상속결격요건으로서 '살해의 고의' 이외에 '상속에 유리하다는 인식'을 요구하지 아니하다는 데에 있다고 해석할 수밖에 없으

며, (3) 그리고 민법 제992조 제2호 및 이를 준용하는 제1004조 제2호는 '고의로 직계존속, 피상속인과 그 배우자에게 상해를 가하여 사망에 이르게 한 자'도 상속결격자로 규정하고 있는데, 이 경우에는 '상해의 고의'만 있으면 되므로, 이 '고의'에 '상속에 유리하다는 인식'이 필요 없음은 당연하므로, 이 규정들의 취지에 비추어 보아도 그 각 제1호의 요건으로서 '살해의 고의' 이외에 '상속에 유리하다는 인식'은 필요로 하지 아니한다고 하지 않을 수 없다).

## 대습상속이 불가능한 경우

- 민법 제1001조는 누가 대습상속을 할 수 있는지 규정한 법률입니다. 이 말은 여기서 규정하는 경우를 제외하고는 대습상속이 안 된다는 얘기죠. 예를 들어 상속포기가 대표적입니다. 상속이 예정된 자가 사망이나 결격 이외의 사유로, 즉 여기서는 상속포기로 상속을 받지 않게 되면 이 상속자의 배우자와 자식은 대습상속을 받을 수 없게 됩니다.

- 상속포기가 뭘까요? 상속이 시작되면 상속인들은 3가지 가운데 하나를 택할 수 있습니다. 1) 단순승인, 2) 상속포기, 3) 한정승인입니다. 1) 단순승인은 그냥 고인의 재산을 그대로 다 상속하겠다는 얘기입니다. 가정법원에 아무런 의사표시를 하지 않거나 혹은 고인의 재산을 인출하는 등의 행위로 단순승인이 이루어집니

다. 단순승인을 하면 적극적 재산, 즉 나에게 플러스가 되는 재산뿐 아니라 소극적 재산, 즉 빚까지도 떠안아야 합니다. 2) 상속포기는 '상속하지 않겠다'입니다. '적극적 재산은커녕 소극적 재산도 싫다'입니다. 대개 고인에게 갚아야 할 빚이 더 많을 때 상속포기를 선택합니다. 상속포기를 선택하면 기한 내에 가정법원에 신고해야 합니다. 우선순위 상속인이 상속을 포기하면 차순위자에게 상속인 신분이 넘어가고, 역시 아무 신고가 없으면 단순승인이 되고, 포기하겠다고 신고하면 다시 차순위자에게 넘어가죠. 3) 한정승인은, 상속재산 안에서 빚을 갚겠다는 얘기입니다. 아직 모르는 빚이 있을 수 있습니다. 숨어 있는 채무가 있을지 모르죠. 그럴 때를 대비해 한정승인을 합니다. 설령 적극적 재산을 초과하는 채무가 나타나더라도 상속재산 범위 안에서만 갚으면 되니까 상속인의 고유재산을 보호할 수 있게 되죠.

- 우리의 주제로 다시 돌아오면, 아무튼 원래 상속인이 '상속포기'를 하면 그 상속인의 배우자나 자식은 대습상속을 할 수 없게 됩니다 ('상속포기'와 관련해서 앞에서 한 가지 다루었던 게 있죠. 부모님이 가입한 보험의 경우는 상속포기를 하더라도 내가 수령하게 됩니다.).

- 한 가지 더 알아둘 게 있습니다. 피대습자란 원래 상속을 받을 위치에 있으나 고인 사망 전에 사망하거나 혹은 결격 등의 사유로 상속을 못 받게 된 사람을 말합니다. 지금까지 계속 이야기한 그 사

람이죠. 이 사람을 대신해서 배우자와 자식이 대습상속인이 되는 것인데, 이때 피대습자의 배우자가 같은 이유로 피대습자가 될 수 있을까요? 즉 피대습자의 배우자가 고인 생전에 사망하거나 혹은 결격자라면 피대습자의 배우자 역시 피대습자의 지위를 얻을 수 있을까요? 그런데 앞에서 살폈듯이 대습상속에는 4가지 조건이 있었죠. 그 중의 첫 번째 조건을 기억하시나요? 상속인이 될 직계 비속 또는 형제자매만이 피대습자가 될 수 있습니다. 이 조건에 어긋났기 때문에 피대습자의 배우자는 설령 사망, 결격 등의 사유가 있더라도 피대습자가 될 수 없습니다.

▶ **(대법원 1999. 7. 9. 선고 98다64318,64325 판결 [소유권이전등기]** …민법 제1000조 제1항, 제1001조, 제1003조의 각 규정에 의하면, 대습상속은 상속인이 될 피상속인의 직계비속 또는 형제자매가 상속개시 전에 사망하거나 결격자가 된 경우에 사망자 또는 결격자의 직계비속이나 배우자가 있는 때에는 그들이 사망자 또는 결격자의 순위에 갈음하여 상속인이 되는 것을 말하는 것으로, 대습상속이 인정되는 경우는 상속인이 될 자(사망자 또는 결격자)가 피상속인의 직계비속 또는 형제자매인 경우에 한한다 할 것이므로, 상속인이 될 자(사망자 또는 결격자)의 배우자는 민법 제1003조에 의하여 대습상속인이 될 수는 있으나, 피대습자(사망자 또는 결격자)의 배우자가 대습상속의 상속개시 전에 사망하거나 결격자가 된 경우, 그 배우자에게 다시 피대습자로서의 지위가 인정될 수는 없다.)

## 피상속인과 상속인의 사망 시점

- 사망 시점은 상속에서 중요하게 다루어집니다. 예를 들어 부모님 두 분을 모시고 자동차를 운전하던 기혼 남성이 사고를 당해 사망에 이르렀다고 봅시다. 이때 부모님과 자식 사이의 사망 시점에 따라 적용되는 상속법이 조금씩 달라집니다. 순차적으로 부모가 먼저 사망하고 자식이 사망한 경우에는 대습상속 없이 부모 → 기혼 남성으로 1차 상속이 이루어지고, 이어서 기혼 남성 → 배우자 및 자녀에게 2차 상속이 이루어집니다. 부모와 기혼 남성이 동시에 사망한 것으로 추정될 때도 이처럼 두 번에 걸쳐 상속이 이루어집니다. 그러나 기혼 남성이 먼저 사망한 경우에는 대습상속이 적용되어 상속은 1회에 걸쳐 이루어집니다(단, 부모님 간의 사망 순서는 다시 따져야 하는 사안입니다.).

## 이혼한 배우자

- 배우자 이야기를 하다 보면 필연적으로 이혼 문제를 피할 수 없게 되죠. 이혼한 배우자에게는 상속권이 있을까요? 결론부터 이야기하면 어떤 경우라도 상속권은 없게 됩니다. 설령 '빚쟁이로부터 재산을 보호하기 위해 위장이혼을 한 경우다, 이민 때문에 임시적으로 이혼한 경우다'라고 항변해 보아야 소용이 없습니다. 어떤 식이

든 이혼 서류에 도장을 찍었다면 상속권을 주장할 수 없게 됩니다. 그러나 이혼 소송 중에 배우자가 사망한 경우에는 아직 이혼한 게 아니므로 상속인 자격이 있습니다.

▶ **(대법원 1993. 6. 11. 선고 93므171 판결 [이혼무효등]** …협의이혼에 있어서 이혼의사는 법률상 부부관계를 해소하려는 의사를 말하므로 일시적으로나마 법률상 부부관계를 해소하려는 당사자 간의 합의하에 협의이혼신고가 된 이상 협의이혼에 다른 목적이 있더라도 양자 간에 이혼의사가 없다고는 말할 수 없고 따라서 이와 같은 협의이혼은 무효로 되지 아니한다.)

- 그럼, 사실혼 관계에 있는 사람은 어떨까요? 역시 상속권이 없습니다. 상속인이 되려면 반드시 혼인신고를 해야 하죠.

## 이복동생

- 조금 더 복잡한 사례로 접근해 봅시다. A의 부모님이 이혼했습니다. 이혼한 어머니는 재혼을 했고, 재혼 가정에서 자식 B를 낳았습니다. A는 미혼이었고, 아버지와 어머니는 사망했습니다. A가 사망하면 1순위 상속인, 2순위 상속인 모두 없는 셈이죠. 그렇다면 3순위인 형제자매가 상속인이 되는데 이때 재혼한 어머니가 낳은 자식 B는 상속인이 될 수 있을까요? 아래 판결은 된다고 말합니다. 판례를 읽어보면 3순위의 '피상속인의 형제자매'를 폭넓게 해

석하고 있죠. 내용을 요약하면 어머니만 같은 형제자매(이성동복), 아버지만 같은 형제자매(동성이복)도 모두 피상속인의 형제자매가 된다는 얘기입니다.

▶ **(대법원 1997. 11. 28. 선고 96다5421 판결 [보험금])** …소외(*이 사건은 민사소송이죠. 당사자는 소송을 건 원고, 상대방이 피고가 됩니다. 또 증인들도 있죠. 그런데 사건과는 관련이 있지만 소송과는 관련이 없는 사람들이 있습니다. 이들을 '소외'라고 부릅니다. '소송 외의 사람'이라는 뜻이죠.) 김건섭이 1991. 6. 19. 피고와 사이에 이 사건 연금보험계약을 체결하면서 본인 사망시의 보험수익자를 그 상속인으로 정하였는데, 그 후 1994. 12. 24. 상속할 배우자나 직계비속, 직계존속 없이 사망하였다. 그런데 현행 민법(1990. 1. 13. 법률 제4199호로 개정되어 1991. 1. 1.부터 시행된 것) 제1000조 제1항 제3호는 제3순위 상속인으로서 '피상속인의 형제자매'를 들고 있는바, 여기서 <u>'피상속인의 형제자매'라 함은, 민법 개정시 친족의 범위에서 부계와 모계의 차별을 없애고, 상속의 순위나 상속분에 관하여도 남녀 간 또는 부계와 모계 간의 차별을 없앤 점 등에 비추어 볼 때, 부계 및 모계의 형제자매를 모두 포함하는 것으로 해석하는 것이 상당하다.</u> 따라서 망인과 모친만을 같이하는 이성동복의 관계에 있는 원고들은 위에서 본 민법 규정에 따라 망인을 상속할 자격이 있는 '피상속인의 형제자매'에 해당하므로, 원고들이 이 사건 보험수익자라는 것이다.)

## 재혼가정

- 돌싱 A는 전처 사이에서 낳은 자녀 a와 함께 살고 있었고, 돌싱 B는 전 남편 사이에서 낳은 자녀 b와 함께 살고 있었습니다. A와 B가 결혼하면서 a와 b가 한 지붕 아래 살게 되었습니다. 사태는 조금 더 복잡해져 A와 B 사이에 c가 태어났습니다. 자, 이제 A의 사망을 가정하고 누가 상속인이 되는지 따져 봅시다.

– A와 이혼한 전처 : 당연히 상속인이 아니다.

– A와 재혼한 B : 배우자로서 상속인이다.

– A가 전처 사이에서 낳은 a : A의 직계비속이므로 1순위 상속인이다.

– B가 전 남편 사이에서 낳은 b : A의 직계비속이 아니므로 상속인이 아니다.

– A와 B 사이에서 태어난 c : A의 직계비속이므로 1순위 상속인이다.

– 만일! A와 전처 사이에 태어난 a2가 있고, a2는 현재 전처와 함께 살고 있다. a2는 어떻게 될까? : A의 직계비속이므로 상속인이다.

(이건 배우자 B의 사망을 전제로 따져도 똑같이 적용된다. B가 사망하면 상속인에서 제외되는 사람은 A가 전처와의 사이에서 낳은 a와 a2다.)

## 입양

- 재혼 가정에 대한 이야기가 나왔으니 입양 문제도 살펴볼까요? 민

법에서 말하는 입양에는 두 가지가 있습니다. 일반입양과 친양자 입양이죠. 일반입양은 입양 자녀가 미성년이거나 성인이거나 상관없이 가능합니다. 반면 친양자 입양은 미성년자일 때만 가능합니다. 일반입양을 하면 친부모의 성을 그대로 유지합니다. 대신 가족관계증명서에는 양부모 이름이 적히게 되죠. 반면 친양자 입양을 하면 양부모의 성을 따르게 됩니다(한편 친양자 입양을 하려면 양부모가 3년 이상 혼인을 이어가야 한다.).

- 그리고 상속 문제에서 중대한 차이가 발생합니다. 일반입양을 하면 친부모의 상속인도 되고, 양부모의 상속인도 됩니다. 반면 친양자 입양을 하면 더 이상 친부모의 상속인이 될 수 없죠. 왜냐하면 민법은 친양자를 부부가 혼인 중일 때 출생한 사람으로 보기 때문입니다. 법률적으로 둘 사이에 태어난 아이와 똑같이 여긴다는 얘기입니다. 따라서 친양자가 된 자녀는 양부모의 상속인만 가능합니다.

▶ [**민법제908조의3(친양자 입양의 효력)**  ① 친양자는 부부의 혼인중 출생자로 본다. ② 친양자의 입양 전의 친족관계는 제908조의2제1항의 청구에 의한 친양자 입양이 확정된 때에 종료한다. 다만, 부부의 일방이 그 배우자의 친생자를 단독으로 입양한 경우에 있어서의 배우자 및 그 친족과 친생자간의 친족관계는 그러하지 아니하다.]

## 특별법으로 상속 순위를 정한 경우

- 우리는 지금 상속의 우선순위에 대해서 이야기하고 있습니다. 그런데 몇몇 법률은 민법과 무관하게 상속 순위를 강제하는 경우가 있습니다. 우선 주택임대차보호법이죠. 예를 들어 세 들어 살던 사람이 사망합니다. 이때 1) 상속인이 없고, 사실혼 관계에 있는 사람이 함께 살고 있다면 그때는 사실혼 관계의 그 사람이 임차인의 권리와 의무를 승계합니다(그 집의 새로운 임차인이 된다는 말이죠.). 만일 2) 상속인이 있으나 같은 집에서 살지 않고 있다면 그때는 사실혼 관계에 있는 사람과 2촌 이내의 친족이 공동 상속합니다(이때 2촌 이내 친족, 사실혼 관계자는 이 집에서 같이 살고 있어야 합니다.). 같은 내용이 아래 조항에 잘 나와 있습니다.

▶ [**주택임대차보호법 제9조(주택 임차권의 승계)**] ① 임차인이 상속인 없이 사망한 경우에는 그 주택에서 가정공동생활을 하던 사실상의 혼인 관계에 있는 자가 임차인의 권리와 의무를 승계한다. ② 임차인이 사망한 때에 사망 당시 상속인이 그 주택에서 가정공동생활을 하고 있지 아니한 경우에는 그 주택에서 가정공동생활을 하던 사실상의 혼인 관계에 있는 자와 2촌 이내의 친족이 공동으로 임차인의 권리와 의무를 승계한다. ③ 제1항과 제2항의 경우에 임차인이 사망한 후 1개월 이내에 임대인에게 제1항과 제2항에 따른 승계 대상자가 반대의사를 표시한 경우에는 그러하지 아니하다. ④ 제1항과 제2항의 경우에 임대차 관계에서 생긴 채권·채무는 임차인의 권리의무를 승계한 자에게 귀속된다.

- 하나 더 있습니다. 산업재해보상보험법입니다. 사실혼 관계에 있는 사람도 유족이 되어 유족 급여를 받을 수 있다는 내용입니다.

▶ [**산업재해보상보험법 제5조(정의)** 이 법에서 사용하는 용어의 뜻은 다음과 같다. 3. "유족"이란 사망한 자의 배우자(사실상 혼인 관계에 있는 자를 포함한다. 이하 같다.)·자녀·부모·손자녀·조부모 또는 형제자매를 말한다. **제62조(유족급여)** ① 유족급여는 근로자가 업무상의 사유로 사망한 경우에 유족에게 지급한다.]

- 아래 대법원 판례는 산업재해보상보험법의 유족급여 조건을 민법에 우선하여 해석하고 있습니다. 이건 순서를 바꿀 수 없다는 얘기죠. 요점은 이렇습니다. 1) 유족급여 받는 사람은 이 법에서 정한 사람으로 한정된다. 2) 근로자가 유언으로 유족급여 받을 사람 지정해도 법에서 정한 범위와 순서를 어길 수 없다. 매우 강력한 규정이죠. 유언도 민법도 소용이 없습니다. 산업재해보상보험법이 정한 대로 해야 하는 경우죠.

▶ **(대법원 1992. 5. 12. 선고 92누923 판결 [유족급여부지급처분취소]** …산업재해보상보험법 소정의 유족급여를 받을 수급권자는 같은 법 제5조 제3항 소정의 유족에 한정되고, 같은법시행령 제25조 제5항은 당해 근로자가 위 법조항에 수급권자로 규정된 유족들의 순위에 관하여 같은법시행령에 규정된 순위와 달리 수급권자를 유언으로써 지정할 수 있음을 규정한 것에 불과하며, 유족급여의 수급권자의 범위에 관하여는 민법 제1001조의 대습상속에 관한 규정이 준용될 여지도 없으므로, 근로자가 사망할 당시 같은 법 제5조

제3항 소정의 유족이 없었고 위 망인이 유언으로 가장 가까운 친족인 조카를 유족급여의 수급권자로 지정하였다고 하더라도, 사망한 근로자의 조카가 유족급여의 수급권자로 될 수는 없는 것이다.)

(최근 대법원 2020.9.24.선고2020두31699판결은 "폐광된 광산에서 업무상 재해 입은 근로자가 폐광 및 퇴직 후 업무상 재해로 사망한 경우 지급받는 '유족보상일시금상당의 재해 위로금 수습권'은 민법의 상속에 관한 규정에 따라 상속인이 상속한다"고 판시한 바 있다.)

## 상속인도 아닌 것이 상속인이라고 우긴다면

- 본인이 선순위도 아닌데 자신이 상속인이라고 우기는 경우가 있을 수 있습니다. 또한 상속인은 맞지만 자신에게 주어진 상속지분을 넘어서 공동상속인의 권리를 침해하는 경우도 있습니다(이들을 '참칭상속권자'라고 부릅니다.). 그냥 우기기만 하면 무시하면 되지만 부동산 등기를 마음대로 해 버리면 곤란하죠. 뭔가 대응책이 있어야겠습니다. 그때 필요한 게 상속회복청구권입니다.

▶ [제999조(상속회복청구권)] ① 상속권이 참칭상속권자로 인하여 침해된 때에는 상속권자 또는 그 법정대리인은 상속회복의 소를 제기할 수 있다. ② 제1항의 상속회복청구권은 그 침해를 안 날부터 3년, 상속권의 침해행위가 있은 날부터 10년을 경과하면 소멸된다. 〈개정 2002.1.14〉]

## 상속회복청구권

- 제999조 제1항을 봅시다. 참칭상속권자라는 표현이 등장하는데 구체적으로 어떤 경우를 말할까요?
    - 공동상속인이 버젓이 있는 데도 상속재산인 부동산을 단독 명의로 소유권이전등기를 한 경우
    - 원래 공동상속인이었던 사람이 상속포기를 했는데 그 사실을 숨기고 상속지분만큼 소유권이전등기를 한 경우

- 보시다시피 그냥 우긴다고 다 참칭상속권자가 되는 건 아니죠. 뭔가 구체적인 행위가 필요한데 그게 이전등기에 손을 대는 경우죠. 한편 상속포기를 한 사람이 공동상속인 등의 실수로 의도치 않게 상속등기가 된 경우가 있을 수 있습니다. 그러나 이때는 참칭상속인이 아닙니다. 분명한 '의도'를 갖고 있어야 하죠. 자세한 건 아래 판례를 참고합니다.

▶ (대법원 2012. 5. 24. 선고 2010다33392 판결 [소유권말소등기]) …상속회복청구의 상대방이 되는 참칭상속인이라 함은 정당한 상속권이 없음에도 재산상속인인 것을 신뢰케 하는 외관을 갖추고 있는 자나 상속인이라고 참칭하여 상속재산의 전부 또는 일부를 점유하는 자를 가리키는 것으로서, 공동상속인의 한 사람이 다른 상속인의 상속권을 부정하고 자기만이 상속권이 있다고 참칭하여 상속재산인 부동산에 관하여 단독 명의로 소유권이전등기를 한 경우는 물론이고, 상속을 유효하게 포기한 공동상속인 중 한 사람이 그

사실을 숨기고 여전히 공동상속인의 지위에 남아 있는 것처럼 참칭하여 그 상속지분에 따른 소유권이전등기를 한 경우에도 참칭상속인에 해당할 수 있으나, 이러한 상속을 원인으로 하는 등기가 그 명의인의 의사에 기하지 않고 제3자에 의하여 상속 참칭의 의도와 무관하게 이루어진 것일 때에는 위 등기 명의인을 상속회복청구의 소에서 말하는 참칭상속인이라고 할 수 없다(대법원 1994. 3. 11. 선고 93다24490 판결, 대법원 1997. 1. 21. 선고 96다4688 판결 등 참조). 그리고 수인의 상속인이 부동산을 공동으로 상속하는 경우 그와 같이 공동상속을 받은 사람 중 한 사람이 공유물의 보존행위로서 공동상속인 모두를 위하여 상속등기를 신청하는 것도 가능하므로, 부동산에 관한 상속등기의 명의인에 상속을 포기한 공동상속인이 포함되어 있다고 하더라도 그 상속을 포기한 공동상속인 명의의 지분등기가 그의 신청에 기한 것으로서 상속 참칭의 의도를 가지고 한 것이라고 쉽게 단정하여서는 아니 된다.)

### 침해란?

- '침해'라는 단어의 구체적인 뜻도 알고 넘어가죠. 앞의 내용을 결합하면 '침해'라는 말의 뜻도 자연스럽게 도출됩니다. 즉 '침해'란 '참칭상속인이 상속재산의 전부 또는 일부를 점유하거나 상속재산인 부동산에 관하여 소유권이전등기를 마치는 등'의 행위를 말합니다.

## 제척기간

- 다음, 제999조 제2항을 살펴보죠. 먼저 '제척기간'입니다. 제척기간이란 채권에서 일정한 기간이 지나면 권리가 사라지는 기간을 의미합니다. 기준은 2가지입니다. 참칭상속권자가 나의 권리(상속권)를 침해했다는 사실을 안 날로부터 3년, 설령 몰랐더라도 상속권 침해행위가 있은 날로부터 10년이죠. 상속권 침해가 있은 날로부터 최대 10년간 권리를 보호받을 수 있다는 얘기입니다.

▶ **(대법원 1982. 9. 28. 선고 80므20 판결 [상속재산분할]** ……청구인들은 위 상속지분권에 기하여 청구인들의 각 상속지분금 내지는 위 부당이득금의 반환을 구하고 있는바, 위 주장에 의하면 청구인들이 망 청구외 1의 상속재산인 위 부동산을 피청구인들과 공동상속하였음을 원인으로 하여 그 상속분에 따른 지분권을 취득하였음을 전제로 그 지분권에 기하여 위 상속재산을 처분한 대금의 반환청구를 하고 있음이 명백하므로 이는 상속회복청구의 소라 아니할 수 없고 또 상속회복청구의 소라고 인정되는 이상 그것이 개개의 재산에 대한 구체적인 권리를 행사하는 경우와 일반적인 상속인의 지위회복이니 상속재산 전체에 관한 상속인 간이 분할을 의미하는 일반상속회복청구의 경우를 나누어 제척기간의 기산점(*계산을 시작하는 때)을 달리 볼 수는 없다 할 것인바, 이 건의 경우 위 제척기간의 기산점인 청구인들이 그 침해를 안 날이라 함은 위에서 본 인지심판이 확정된 날인 1973.1.5이라고 보이고)

- 상속회복청구의 소를 제기할 때 일부 부동산에 대해서만 소송을

거는 경우가 있습니다. 소송을 걸려면 무엇에 대해서 침해받았는지 구체적으로 적어야 하죠. 그런데 실제로 집 두 채의 재산권을 침해당한 사람이 집 한 채에 대해서만 소송을 걸었다면 나머지는 어떻게 될까요? 만일 제척기간이 경과하면 나머지 한 채는 보호를 받을 수 없게 됩니다.

▶ (**대법원 1980. 4. 22. 선고 79다2141 판결 [소유권이전등기말소]** ······이 사건 소가 상속회복청구의 소에 해당한다 함은 대법원의 이 사건 환송판결(\*대법원은 3심이고, 이전 판결은 2심이다. 이때 2심을 원심이라고 하는데 원심으로 돌려보내는 판결을 환송판결이라고 한다.)에서 위 설시(\*풀어서 보여줌)와 같이 이미 판시된 바이니 원심이 이 사건 소가 상속회복청구의 소에 해당하므로 민법 제999조, 제982조 소정의 제척기간 규정이 적용된다고 판시한 부분은 위 대법원의 환송판결의 판단에 따른 것으로서 정당할 뿐 아니라 상속을 원인으로 하는 것인 이상 그 상속재산의 전부를 그 대상으로 삼거나 또는 그 재산 중의 일부만을 특정하여 대상으로 삼아 청구하거나 간에 이는 상속회복청구의 소라 해석할 것이어서 그 상속침해 사실을 안 날로부터 3년, 상속개시가 있는 날로부터 10년의 제척기간의 적용을 받는다 할 것으로 상속회복청구를 하려면 위 제척기간 내에 청구하여야 한다 할 것이고, 따라서 진정한 상속인이라 하더라도 그 상속침해를 당하였다면 상속회복의 소로서 청구의 목적물이 상속개시 당시 피상속인의 점유에 속하였다는 사실과 그에 대하여 자기가 상속권을 가진 사실을 입증해야 한다 할 것이니 <u>상속재산의 일부에 대해서만 제소하여 제척기간을 준수하였다 하여 청구의 목적물(\*소송을 할 때 그 대상이 되는 물건)로 하지 아니한 상속재산에 대해서도 제</u>

척기간을 준수한 것으로는 볼 수 없다 할뿐더러 이 사건과 소송목적물을 달리한 소론 판결(갑 제4호증)의 기판력(*이미 확정된 판결 내용이 있어서 다른 판결이 이와 위배되는 판결을 내리지 못하도록 하는 소송법상의 효력)이 이 사건에 미친다고 할 수는 없는 바이므로 이와 같은 취지의 원심판단은 긍인되고(*정당하다고 생각하고) 이와 배치되는 견해에서 상속의 효력 및 소론 판결의 기판력에 관한 법리오해 등 위법이 있다는 논지 제2점은 이유 없고……)

- 물론 예외의 경우는 있습니다. 상속받을 재산이 얼마인지 정확히 알 수 없는 경우죠. 예를 들어 부동산 가액을 산정해서 소장에 적어야 하는데 아직 감정이 되지 않아서 정확히 모르는 경우가 있습니다. 이때는 이런 사실을 미리 밝히고, 추후 정확히 적겠다고 덧붙이면(청구취지 확장) 제척기간 문제가 사라집니다.

▶ (대법원 2007. 7. 26. 선고 2006므2757,2764 판결 [상속재산분할·기여분] ……
원고가 '정확한 권리의 가액을 알 수 없으므로 추후 감정결과에 따라 청구취지를 확장하겠다.'는 뜻을 미리 밝히면서 우선 일부의 금액만을 청구하였다가 그 후 감정결과에 따라 청구취지를 확장한 경우에는, 그 권리행사의 제척기간 준수 여부는 앞서 1.의 가항에서 본 바와 같이 청구취지의 확장으로 추가된 부분에 관해서도 우선 일부의 금액을 청구하였던 시점을 기준으로 판단한다 하더라도, 피고의 지체책임의 발생시점을 판단함에 있어서는, 피고로서는 원고가 일부의 금액만을 청구한 채 감정결과를 기다린다는 이유로 청구취지를 확장하지 않고 있는 동안에는 지급하여야 할 구체적 액수가 확정되지 않은 이상 그 액수 미확정 부분에 관한 지급의무의 미이행에 어떤 귀책사유가 있다고 할 수 없으므로, 청구취지의 확장으로 추가되는 금액 부분에 관한 지체책임은 그 청구취지 확장의 뜻이 담긴 청구취지변경신청서 등의 송달일 다음날부터 비로소 발생하는 것으로 보아야 할 것이다.)

(*청구취지 : 내가 소송에서 얻고 싶은 결론을 적는 부분으로 소장의 핵심적인 부분입니다. '피고는 원고에게 금 00원을 지급하라'는 식의 내용을 적게 됩니다. 대략 이런 형태입니다. '피고 ○○○는 원고에게 금11,000,000원 및 원금 중 금6,000,000원에 대하여 소장 부본 송달 익일부터 완제일까지 연2할5푼의 비율에 의한 금원을 지급하라.')

- 참칭상속인이 상속재산인 부동산을 제3자에게 팔았습니다. 이 부동산을 되찾고 싶은데 어떻게 해야 할까요? 이때도 '만일 상속을 원인으로 하는 것'일 때는 제3자를 상대로 똑같이 상속회복청구의 소송을 걸면 됩니다. 사고파는 행위뿐 아니라 해당 부동산을 놓고 담보대출 등 새로운 이해관계를 맺었어도 마찬가지입니다.

▶ **[대법원 2009. 10. 15. 선고 2009다42321 판결 [소유권이전등기]** …… 자신이 진정한 상속인임을 전제로 그 상속으로 인한 소유권 또는 지분권 등 재산권의 귀속을 주장하면서 참칭상속인 또는 참칭상속인으로부터 상속재산에 관한 권리를 취득하거나 새로운 이해관계를 맺은 제3자를 상대로 상속재산인 부동산에 관한 등기의 말소 등을 청구하는 경우 그 재산권 귀속 주장이 상속을 원인으로 하는 것인 이상 청구원인이 무엇인지 여부에 관계없이 이는 민법 제999조가 정하는 상속회복청구의 소에 해당한다[대법원 1991. 12.

24. 선고 90다5740 전원합의체 판결, 대법원 2007. 4. 26. 선고 2004다5570 판결 등 참조].)

## 법정대리인

- 상속회복청구권을 정의한 제999조의 제1항에 '법정대리인'이라는 표현이 등장합니다. 이 사람은 '상속인'과 함께 상속회복청구의 소를 제기할 수 있는 사람입니다. 이름에서 유추되듯이 누군가를 대리하는 것인데 그게 누굴까요? 미성년자인 상속인입니다. 미성년자는 혼자서 소송을 제기할 수 없습니다. 그래서 대리인이 필요합니다.

- 예를 들어 아버지가 사망하고, 어머니와 어린 자녀가 남았습니다. 아버지의 재산은 어머니와 어린 자녀에게 상속이 되죠. 뒤에서 다시 이야기하겠지만, 아버지의 유언보다 더욱 강력한 게 있는데 그게 상속인들의 합의입니다. 돌아가신 분이 뭐라고 유언을 남기든 상속인들이 '이 땅은 둘째가 갖고, 집은 막내가 갖자.'고 합의를 보면 그대로 처리가 가능합니다(생각해 보면 당연한 일이죠.). 아무튼, 그럼 예상이 되시나요? 상속인이 어머니와 어린 자녀 둘 밖에 없는 경우, 어머니가 자녀의 친권자로 법정대리인이 된다면 실상 어머니 혼자 재산을 처리할 수 있다는 얘기입니다. 만일 어머니가 딴 마음을 품고 있다면 어린 자녀는 상속인으로서 권리를 보호받지

못하게 되죠(드라마에나 등장할 만한 극단적인 예일 수 있습니다만 그런 일을 예방하는 게 중요하죠.). 이런 이유로 민법은 상속인이 미성년자일 때 친권자가 법정대리인이 될 수 없다고 정해두었습니다(참고로, 상속 관련 미성년 자녀를 대신하는 법정대리인을 '특별대리인'이라고 부릅니다.). 법률적인 이유를 대자면 '이해상충'이 발생했기 때문입니다. 이런 이유로 만일 친권자가 미성년 자녀를 대리해서 법률적 행위를 하면 무효가 됩니다.

- 그럼, 어떻게 법정대리인을 뽑을까요?

  - 친권자가 추천인을 고른다. 보통은 이렇게 한다. 아버지가 사망하고 어머니가 남은 경우, 어린 자녀의 외삼촌이나 이모 등 어머니 쪽 혈족을, 반대로 어머니가 사망하고 아버지가 남은 경우, 삼촌이나 고모 등 아버지 쪽 혈족을 법정대리인으로 많이 세운다.
  - 골랐으면 가정법원에 법정대리인을 추천 및 신청한다.
  - 신청할 때는 이런 서류가 필요하다. 1) 고인의 기본증명서와 가족관계증명서(제적등본), 2) 청구인(친권자)의 가족관계증명서와 주민등록등본, 3) 미성년 자녀의 가족관계증명서, 기본증명서, 주민등록등본, 4) 법정대리인(특별대리인)의 가족관계증명서, 주민등록등본, 5) 법정대리인과 미성년 상속인의 관계를 소명할 수 있는 자료, 6) 미성년 상속인의 동의서(만 13세 미만은 필요 없음), 7) 상속재산목록
  - 대개는 신청한 대로 가정법원에서 선임해준다.

- 법정대리인은 미성년 상속인을 대신하여 상속재산을 어떻게 분할할 것인지 협의하거나 상속승인/포기 등을 결정하는 일을 합니다.

- 그런데 법정대리인이 필요 없는 경우가 있습니다. 상속인이 미성년 자녀 외에도 여러 명이 있고, 이들이 법정지분대로 상속하게 되는 경우, 따로 상속 관련 합의가 필요치 않으므로 이때는 법정대리인이 필요 없습니다.

- 피인지자라는 게 있습니다. '피' 자가 들어가면 상대어가 있다는 말이죠? 인지절차에는 '인지하는 사람'과 '인지 당하는 사람'이 있다는 얘기입니다. 인지자란 생부가 됩니다. 인지 당하는 자는 혼인외출생자가 되겠죠. 이 사람을 '피인지자'라고 부릅니다. 인지절차를 거쳐서 친자 확인이 되었다는 사실이 중요한 대목에서 법률은 혼인외출생자를 '피인지자'라고 부릅니다. 그런데 피인지자가 되고 보니, 즉 자식으로 인정받고 나서 보니 이미 상속인들이 상속재산을 나누어 가졌습니다. 어떻게 할까요? 민법은 피인지자의 권리를 보호하기 위해 '상속분상당가액지급청구권'이라는 걸 부여합니다. 상속재산을 고의로 침해당한 건 아니지만 어쨌든 자기 몫을 찾아야 하기 때문에 법조항의 성격이 상속회복청구권과 매우 흡사합니다. 제척기간도 마찬가지로 똑같이 적용되죠.

▶ **(대법원 2007. 7. 26. 선고 2006므2757,2764 판결 [상속재산분할·기여분]** ……민법 제1014조에 의한 피인지자 등의 상속분상당가액지급청구권은 그 성질상

상속회복청구권의 일종이므로 같은 법 제999조 제2항에 정한 제척기간이 적용되고, 같은 항에서 3년의 제척기간의 기산일로 규정한 '그 침해를 안 날'이라 함은 피인지자가 자신이 진정상속인인 사실과 자신이 상속에서 제외된 사실을 안 때를 법원의 인지판결 확정으로 공동상속인이 된 때에는 그 인지판결이 확정된 날에 상속권이 침해되었음을 알았다고 할 것이다.)

## 상속회복청구사건이 아닌 경우

- 상속회복청구의 소를 제기할 때는 요건이 있습니다. 반드시 상속이 원인이 되어야 하지요. 상속이라는 말에는 무슨 뜻이 담겨 있을까요? 피상속인의 사망이 있어야 한다는 말입니다. 만일 아버지가 살아 있을 때 벌어진 일이라면, 그래서 내가 지금 받을 상속재산에 침해를 입었다면 그때도 상속회복청구의 소를 제기할 수 있을까요? 아래 판례는 그게 안 된다고 말합니다.

▶ (대법원 1987. 6. 23. 선고 86다카1407 판결 [소유권이전등기말소] ······소론은 원고가 공동상속인의 한 사람으로서 이사건 부동산에 대하여 참칭상속인에 의하여 상속재산이 침해되었음을 이유로 그 회복을 구하는 소송이며, 민법 제999조, 제982조 소정의 제척기간을 도과(*지남)하여 제기된 부적법한 소라는 취지인 바, 이 사건 원고의 청구원인은 피고 1이 망 소외 1의 참칭상속인임을 이유로 위 피고의 소유권이전등기와 그에 기한 피고 2의 가등기의 말소를 구하는 것이 아니라 앞에서 본 바와 같이 피고 1이 소외 1의 생전에 그

로부터 이 사건 부동산을 매수한 사실이 없는데도 그러한 사유가 있는 것처럼 등기서류를 위조하여 그 앞으로 소유권이전등기를 경료하였다(*마쳤다)는 것을 이유로 원인무효를 내세워 그 등기의 말소를 구하고 있으니 이는 상속회복의 소에 해당하지 아니하므로(당원 1982.1.26 선고 81다851,852 판결 : 1982.5.25 선고 80다1527,1553 판결 ; 1986.2.11 선고 85다카1214 판결 참조) 같은 취지의 원심판단은 옳다).

- 상속회복청구의 소를 제기하기 위해 또 필요한 게 '참칭상속인'입니다. '내가 상속인이다'라거나 '이건 내 상속분이다'라는 게 있어야 합니다. 그런데 참칭상속인의 지위에 있는 건 맞는데 그가 참칭을 한 것이 아니라 불법행위를 저질러서 재산을 침해했다면 어떻게 될까요? 예를 들어 서류를 위조하여 불법등기를 했다면? 아래 판례는 이런 사건은 상속회복청구의 소를 제기할 수 없다고 합니다. 일단 이 경우는 형사사건이자 민사사건이므로 고소나 민사소송을 통해서 해결해야 합니다.

▶ (**대법원 1991. 10. 22. 선고 91다21671 판결 [토지소유권이전등기말소등]** ······ 청구원인으로 주장하는 바는, 소외 2가 참칭상속인임을 내세워 그로부터 경료받은 피고 명의의 판시 소유권이전등기의 말소를 구하는 것이 아니라, 망 소외 1이 사망하자 장남인 소외 2가 함부로 위 망인의 인감증명서와 위 망인 명의의 등기소요서류를 위조하여 아무런 원인도 없이 피고 앞으로 불법등기를 경료하였으니, 그 등기의 말소를 구하고 있음이 명백하므로 이 사건 소는 상속회복청구의 소에 해당하지 아니한다.)

# 유언은 반드시 형식을 갖춰야 한다

**남긴 모든 말이 유언은 아니다**

- '내가 죽으면 이 집을 아무개에게 준다.' 세상 모든 유언은 이처럼 조건부 형태로 이루어집니다. '내가 죽으면'이 전제가 되죠. 이 조건이 달성되면 그때 이 집을 아무개에게 주어야 합니다.

- 그런데 이 유언에는 독특한 성질이 있습니다. '단독행위'라는 말로 표현되는데 상대방 없이 혼자서도 할 수 있다는 뜻입니다. 문제는 이 때문에 골치 아픈 일들이 벌어진다는 것입니다.

- 우리가 알고 있는 보통의 법률적 행위들은 대개 상대방이 있습니다. 물건을 사고팔거나 돈을 빌리거나 혹은 대가 없이 줄 때를 생각해 보면 쉽습니다. 둘 사이의 계약에 의해서 거래가 이루어집니다. 만나든 전화 통화를 하든 얘기가 오고간 뒤에 거래가 성사되죠. 그런데 유언은 이런 형태의 계약이 아닙니다. 그저 혼잣말 하듯이 유언을 적어가면 그것만으로도 효력이 발생합니다. 자녀들 모르게 얼마든지 유언장을 작성할 수 있다는 말입니다.

- '사인증여'라는 것과 대비해 보면 유언의 특성이 더 도드라집니다. 사인증여(死因贈與)란 한자를 풀이하면 '사망을 원인으로 하는 증여'가 됩니다. '나 죽거든 이 재산은 아무개에게 준다.'는 점에서 유언과 똑같습니다. 그런데 한 가지 중대한 차이가 있습니다. 똑같이 사망을 전제하지만 사인증여는 계약행위처럼 당사자에게 직접 언급하는 형식을 취합니다. 아무개 불러놓고 '내가 죽거든 이 집은 너에게 주마.' 하고 약속을 하는 것이죠(이때 아무개는 자녀든 제3자든 상관없습니다.). 이때는 단독행위가 아니라 상대방이 있는 계약행위로 봅니다. 이래 판례는 유증(유언을 통한 증여, 여기서는 '유언'과 동일한 의미)과 사인증여를 다르게 보아야 한다는 내용을 담고 있습니다.

▶ **(대법원 2001. 9. 14. 선고 2000다66430,66447 판결 [약정금·유언무효확인등]** ……민법 제562조는 사인증여에 관하여는 유증에 관한 규정을 준용하도록 규정하고 있지만, 유증의 방식에 관한 민법 제1065조 내지 1072조는 그것이 단독행위임을 전제로 하는 것이어서 계약인 사인증여에는 적용

되지 아니한다고 보아야 할 것이므로(대법원 1996. 4. 12. 선고 94다37714, 37721 판결 참조), 유증증서의 방식에 의하지 아니한 사인증여가 유효하다고 한 원심의 판단을 위법하다고 할 수 없다.)

- 둘이 다르다면 무슨 일이 벌어질까요? 설령 고인이 남긴 유언장이 유언장으로서 인정을 받지 못하더라도(이 말은 유언장이 갖추어야 할 형식이 있다는 얘기죠.) 만일 사전에 불러서 '너에게 주마.' 하고 약속을 했다면 사인증여가 되어 효력을 인정받을 수 있다는 말입니다. 아래 판례는 '유언'이 형식을 갖추지 못하여 무효가 되었지만 '사인증여'는 인정을 받아 유효가 되는 사례를 다루고 있습니다.

▶ (대법원 2005. 11. 25. 선고 2004두930 판결 [상속세부과처분취소] ……소외 1은 1992. 10. 5. 자신이 입원 중이던 병실에서 소외 2, 소외 3을 증인으로 참여시키고 소외 4, 소외 5를 유언집행자로 지정하여 자신의 재산 중 2,405,643,900원을 장학기금으로 출연하고, 소외 4에게 5,000만 원, 소외 5에게 1,000만 원, 소외 6에게 1억 원을 각 증여하는 것 등을 내용으로 하는 구수증서(*말로 유언을 남기고 이를 받아 적은 서류. 뒤에 설명)에 의한 유언을 한 후, 1992. 10. 29. 사망한 사실, 망 소외 1(이하 '망인'이라 한다)의 상속인 원고들은 위 구수증서에 의한 유언의 효력을 다투면서 소외 4, 소외 5에 대하여 유언무효확인의 소를 제기하여 1997. 5. 9. 서울지방법원으로부터 망인의 위 유언은 구수증서에 의한 유언으로서의 요건을 갖추지 못하여 무효임을 확인한다는 판결을 받았고, 위 판결에 대한 항소 및 상고가 모두 기각되어 1999. 9. 3. 위 판결이 확정된 사실, 이에 소외 4, 소외 5는 위 유

언이 사인증여에 해당된다는 이유로 원고들을 상대로 서울지방법원 2000가합33282호로 상속채무금 청구의 소를 제기하였는데, 위 법원이 2001. 7. 16. 원고들은 연대하여 소외 4에게 2,500만 원, 소외 5에게 500만 원을 지급하라는 내용의 조정에 갈음하는 결정을 하였고, 이에 원고들과 소외 4, 소외 5가 모두 이의를 제기하지 아니하여 위 결정이 확정되었으며, 소외 6 역시 같은 이유로 원고들을 상대로 서울지방법원 2001가합64610호로 상속채무금 청구의 소를 제기하여, 2002. 12. 6. 위 법원으로부터 망인의 위 구수증서에 의한 유언이 그 방식의 위배로 무효이기는 하나 사인증여로서의 효력을 가진다는 이유로 원고들은 소외 6에게 1억 원을 지급하라는 내용의 판결을 선고받은 사실 및 이 사건 구수증서에 의한 유언 당시 소외 4, 소외 5는 망인이 위 유언내용을 구수하고 소외 2가 이를 유언서로 작성하여 낭독하는 과정에 직접 입회하여, 소외 6은 위 병실 옆에서 이를 듣게 되어 모두 망인의 위 유언내용을 알게 되었고, 위 유언서 작성 등이 끝난 후 소외 6은 망인에게 가서 위와 같은 유증을 하여 주어 고맙다고 말을 하며 감사의 뜻을 표시한 사실을 인정할 수 있는바, 위 인정 사실에 의하면, 망인의 위 유언이 구수증서에 의한 유언으로서의 요건을 갖추지 못하여 무효라고 하더라도 망인과 소외 4, 소외 5, 소외 6과 사이에는 망인의 사망으로 인하여 위 소외 4 등에게 위 유언내용에 해당하는 금원을 증여하기로 하는 의사의 합치가 있었다고 볼 수 있으므로, 망인의 위 유언내용 중 소외 4, 소외 5에 대한 위 강제조정 결정에 의한 2,500만 원, 500만 원, 소외 6에 대한 1억 원의 각 증여부분은 사인증여로서의 효력을 갖는다고 할 것이다.)

- 참고로, 사인증여의 경우에도 유언이 망인의 진정한 의사에 의하여 작성된 것이 아닌 경우에는 사인증여로서의 효력이 없습니다(사인증여를 포함하여 유언 성립 여부를 따질 때에는 진정한 의사, 혹은 줄여서 '진의'라고 하는 것을 중시합니다. 그러나 이건 따로 증명할 길이 없으므로 판사는 유언 내용과 유언을 하게 된 경위나 당시 사정을 살피게 됩니다. 전과 말이 달라졌다거나 특정 상속인에게 불리한 유언은 아닌지, 혹은 유언을 할 수 있는 의식 상태였는지 등을 따집니다. 이 내용은 따로 다루지 않으나 뒤에서 계속 인용하는 판례에서 발견하실 수 있습니다.).

- 아무튼, 요약하면 유언을 남기되, 상속인 혹은 수증자(재산을 받을 사람) 모르게 하면 단독행위로서의 유언이 되고, 상속인 혹은 수증자에게 약속하듯이 '너에게 이거 줄게.' 하면 사인증여가 됩니다. 사인증여라면 들은 사람이 있으므로 그 사실(고인이 말하고, 내가 듣고)만 입증되면 고인이 남긴 말이 효력을 갖지만 들은 사람이 없을 때가 문제입니다. 이때는 반드시 특정 형식을 갖춰야만 유언으로 인정을 받게 되죠. 이를 '유언의 요식성'이라고 합니다.

▶ [**민법제1060조(유언의 요식성)** 유언은 본법의 정한 방식에 의하지 아니하면 효력이 생하지 아니한다.]

## 유언의 종류

- 이제부터 이야기하는 '유언'은 앞서 말한 단독행위로서의 유언을 의미합니다. 자식들을 앞에 불러다 놓고 얘기하고, 다시 그 내용을 유언장에 작성하는 경우는 사인증여로도 유언이 효력을 발휘할 수 있으므로 큰 걱정이 없습니다. 요식성을 갖추지 못해도 된다는 말입니다(그러나 확실히 하기 위해 요식성을 갖추기를 권합니다.). 그러나 여기서는 단독행위로서의 유언만을 이야기합니다. 자식들에게 입도 뻥긋하지 않고 혼자서 남기는 말들이죠. 그러므로 요식성을 갖춰야 합니다.

- 그럼 어떤 조건을 갖춰야 할까요? 이걸 알아보기 전에, 일단 유언의 종류부터 알아야 합니다. 종류에 따라 갖춰야 할 조건이 다르기 때문이죠. 유언에는 다음처럼 5가지 방식이 있습니다.

▶ [제1065조(유언의 보통방식) 유언의 방식은 자필증서, 녹음, 공정증서, 비밀증서와 구수증서의 5종으로 한다.]

## 첫째, 자필증서는 4가지 기억하기

- 첫째, 자필증서에 의한 유언입니다. 자필증서란 말 그대로 '자기 손으로 직접 써서 증명하는 문서'입니다. 종이에 유언의 내용을 손

글씨로 쓰면 됩니다. 그런데 이때 자기 손으로 써야 하는 게 '무엇'인지가 중요합니다. 법조항에 '무엇'에 해당하는 내용이 적혀 있습니다.

▶ [**제1066조(자필증서에 의한 유언)** ① 자필증서에 의한 유언은 유언자가 그 전문과 연월일, 주소, 성명을 자서하고 날인하여야 한다. ② 전항의 증서에 문자의 삽입, 삭제 또는 변경을 함에는 유언자가 이를 자서하고 날인하여야 한다.]

- 법조문에 보면 4가지가 등장합니다. 전문(유언 내용), 연월일, 주소, 성명입니다. 이 4가지를 직접 쓰고, 여기에 날인(도장 찍기)까지 완료해야 자필증서로서 유언이 유효합니다. 제2항은 뭘까요? 유언을 고칠 때도 자서와 날인을 해야 한다는 내용입니다. 이걸 어기면 무효라는 말입니다.

- 혹시 원본은 놔두고 복사본에 도장을 찍으면 어떻게 될까요? 아래 판례에서는 원본과 복사본을 언급하며 만일 '복사본에 도장을 찍었다면' 무효라고 말하고 있습니다. 그리고 '요식성'이라는 단어 앞에 '엄격한'이라는 말을 붙인 걸 확인할 수 있습니다. 요식성이 그만큼 중요하다는 얘기입니다.

▶ (**제주지방법원 2008. 4. 23. 선고 2007가단22957,27419 판결** : 확정 [소유권이전등기] ……살피건대, 유언은 민법이 정한 5종의 방식 중 어느 하나에 합치하여야 유효한데(민법 제1065조 이하, 유증도 유언에 따른 하나의 법률효과

에 불과한 이상 당연히 법률이 정한 유언의 방식을 충족하여야만 그 효력이 있다), 그 중 자필증서에 의한 유언은 유언자가 그 전문과 연월일, 주소, 성명을 자서하고 날인하여야 하며(민법 제1066조 제1항), 유언의 엄격한 요식성에 근거할 때, 유언자가 날인하여야 할 문서는 문서의 원본을 의미하는 것이지 복사본에 날인하는 것은 해당되지 아니한다고 할 것인데, 갑 제2, 4호증의 각 기재 및 형상에 의하면 이 사건 증서에는 작성날짜가 "2005년 8월"로만 기재되어 있을 뿐 작성연월일이 특정되어 있지 아니하고, 더욱이 이 사건 증서는 자필증서 원본이 아닌 복사본에 망 소외인이 인감도장을 날인하여 작성된 것이므로, 자필증서에 의한 유언의 요식성을 갖추지 못하여 유언으로서의 효력이 없다.)

### 날짜 빠뜨리면 안 돼

- 위 판례를 읽다 보면 한 가지 더 지적하는 게 있습니다. 4가지 조건 가운데 '연월일'에 해당하는 내용입니다. 연도와 월까지만 쓰고 날짜를 빼뜨렸다? 그러면 예외 없이 엄격한 기준이 적용되어 유언 자격 상실입니다. 한편 아래 판례는 왜 날짜까지 써야 되는지 이유가 나와 있습니다. 예를 들어 의사가 소견서에 '4월 17일부터 치매 증상 보임'이라고 적었는데 '4월'이라고만 유언장에 적혀 있으면 그 4월이 17일 이전인지 이후인지 모릅니다(유언능력의 유무 판단). 또 유언장이 두 개인데 서로 다른 얘기가 적혀 있을 때는 나중 유언

장을 최종으로 보는데 날짜 없이 달만 적혀서 선후 판단이 안 되면 그것도 곤란하죠(유언성립의 선후 결정). 그래서 날짜가 있어야 한다는 게 아래 판례입니다.

▶ (대법원 2009. 5. 14. 선고 2009다9768 판결 [소유권이전등기말소] ······민법 제1065조 내지 제1070조가 유언의 방식을 엄격하게 규정한 것은 유언자의 진의를 명확히 하고 그로 인한 법적 분쟁과 혼란을 예방하기 위한 것이므로, 법정된 요건과 방식에 어긋난 유언은 그것이 유언자의 진정한 의사에 합치하더라도 무효라고 하지 않을 수 없다(대법원 1999. 9. 3. 선고 98다17800 판결, 대법원 2004. 11. 11. 선고 2004다35533 판결 등 참조). 민법 제1066조 제1항은 "자필증서에 의한 유언은 유언자가 그 전문과 연월일, 주소, 성명을 자서하고 날인하여야 한다."고 규정하고 있으므로, 연월일의 기재가 없는 자필유언증서는 효력이 없다. 그리고 자필유언증서의 연월일은 이를 작성한 날로서 유언능력의 유무를 판단하거나 다른 유언증서와 사이에 유언성립의 선후를 결정하는 기준일이 되므로 그 작성일을 특정할 수 있게 기재하여야 한다. 따라서 연·월만 기재하고 일의 기재가 없는 자필유언증서는 그 작성일을 특정할 수 없으므로 효력이 없다.)

### 허용되는 예외

- 반면 약간의 예외를 허용하는 것도 있습니다.

- 도장 찍기 대신 무인(엄지에 인주 묻혀 지문 찍기)을 해도 된다.
- 주소를 전문(유언 내용)과 함께 적지 않아도 된다. 즉 유언장 봉투나 전문 뒷면에 적어도 된다. 누가 보더라도 하나의 유언증서라고 인식되면 충분하다.
- 유언 내용을 수정할 때 누가 봐도 명백한 잘못을 고치는 경우(예를 들어 '11월'을 '11얼'로 잘못 적었고, 이를 다시 '11월'로 고칠 때)에는 굳이 도장 안 찍어도 된다.

▶ (**대법원 1998. 5. 29. 선고 97다38503 판결 [소유권이전등기]** ……자필증서에 의한 유언은 유언자가 그 전문과 연월일, 주소, 성명을 자서하고 날인하여야 하는바(민법 제1066조 제1항), 유언자의 주소는 반드시 유언 전문과 동일한 지편에 기재하여야 하는 것은 아니고, 유언증서로서 일체성이 인정되는 이상 그 전문을 담은 봉투에 기재하더라도 무방하며, 그 날인은 무인에 의한 경우에도 유효하다. 그리고 유언증서에 문자의 삽입, 삭제 또는 변경을 함에는 유언자가 이를 자서하고 날인하여야 하나(민법 제1066조 제2항), 증서의 기재 자체로 보아 명백한 오기를 정정함에 지나지 아니하는 경우에는 그 정정 부분에 날인을 하지 않았다고 하더라도 그 효력에는 영향이 없다.)

## 주소 문제

- 사실 주소는 알쏭달쏭한 게 있죠. 지번 주소와 도로명 주소가 다르고, 표기하는 곳마다 형식이 미세하게 다를 때가 있죠. 다행히 이런 점을 고려해 주었는지 주소는 엄격성이 다소 완화됩니다. 판례는 이렇게 말하고 있습니다. '다른 장소와 구별될 정도로 기재되면 된다.' 예를 들어 ○○시 ○○읍 ○○리 1134라고 자서했다고 보죠. 찾아보니 이런 주소는 없습니다. 그런데 실제로는 1134-4입니다. 이때 우리는 '1134'라는 숫자를 공유하고 있는 다른 집이 있을 것으로 생각할 수 있으나 이 집들에 유언장을 쓴 아무개는 1134-4밖에 없을 겁니다. 이런 정도의 오차는 괜찮다는 게 법원의 판단입니다.

▶ (대구고등법원 2016. 6. 1. 선고 2015나22565 판결 : 상고(취하) [유언효력확인의소] ······민법 제1065조 내지 제1070조가 유언의 방식을 엄격하게 규정한 것은 유언자의 진의를 명확히 하고 그로 인한 법적 분쟁과 혼란을 예방하기 위한 것이므로, 법정된 요건과 방식에 어긋난 유언은 그것이 유언자의 진정한 의사에 합치하더라도 무효이다. 따라서 자필증서에 의한 유언은 민법 제1066조 제1항의 규정에 따라 유언자가 전문과 연월일, 주소, 성명을 모두 자서하고 날인하여야만 효력이 있고, <u>유언자가 주소를 자서하지 않았다면 이는 법정된 요건과 방식에 어긋난 유언으로서 효력을 부정하지 않을 수 없으며, 유언자의 특정에 지장이 없다고 하여 달리 볼 수 없다. 여기서 자서가 필요한 주소는 반드시 주민등록법에 의하여 등록된 곳일 필요는 없으나, 적어</u>

도 민법 제18조에서 정한 생활의 근거되는 곳으로서 다른 장소와 구별되는 정도의 표시를 갖추어야 한다(대법원 2014. 9. 26. 선고 2012다71688 판결 등 참조).)

- 참, 위 판례에서 밑줄 그은 부분이 있죠. 주소도 반드시 자서(제 손으로 직접 씀)해야 한다고 말하고 있습니다. 이건 필수요건이라는 얘기입니다.

### 흥미로운 판례 소개 : 주소가 빠져도 유언은 성립한다?

- 판례 하나 더 소개합니다. 이 판례는 하급심(1심)에서 나온 것이죠(참고로, 지방법원, 가정법원, 행정법원은 하급 법원이고, 그 위에 고등법원이 있고 그 위로 대법원이 있습니다. 하급 법원이 1심을 맡고, 여기서 불복하면 그 위인 고등법원에서 2심을 다루고, 여기서도 불복하면 3심 대법원으로 향합니다. 물론 상급 법원에서 기각하면 하급 법원의 판결이 확정됩니다. 아래 판례도 하급심에서 확정판결이 된 경우입니다. 확정이 되면 더는 다투지 못하게 됩니다.). 이 판례에서는 주소를 빠뜨렸으나 자필증서로서의 유언이 유효하다고 판결하고 있습니다. 왜일까요?

▶ (인천지방법원 1992. 10. 9. 선고 91가합17999 제5민사부판결 : 확정 ……원고는 수증자로서 유언집행자인 피고에게 위 유증에 따른 금원의 지급을 구함에 대하여 피고는 이 사건 유언은 그 방식에 흠결이 있어 무효라고 다투므로

살피건대, 민법 제1060조에서 "유언은 본법의 정한 방식에 의하지 아니하면 효력이 생하지 아니한다."고 규정하고 있고, 민법 제1065조에서 "유언의 방식은 자필증서, 녹음, 공정증서, 비밀증서와 구수증서의 5종으로 한다."고 규정하고 있으며, 민법 제1066조 제1항에서는 "자필증서에 의한 유언은 유언자가 그 전문과 연월일, 주소, 성명을 자서하고 날인하여야 한다."고 규정하고 있고, 한편 위 망인이 작성한 사후유서(*유언장과 똑같은 말)는 그 방식과 취지에 비추어 민법에서 말하는 자필증서에 의한 유언에 해당한다고 할 것인데, 거기에는 주소의 기재가 누락되어 있음은 앞서 본 바와 같으므로, 위에서 본 유언의 엄격한 요식성에 비추어 이 사건 유언은 일응(*어쨌든, 일단) 자필증서에 의한 유언으로서 그 방식에 흠결이 있는 경우에 해당한다고 할 것이다.

그러나 원래 민법이 유언에 있어서 엄격한 요식성을 규정한 취지가 유언자의 동일성과 그의 진의를 확보함으로써 유언에 관한 법률관계를 명확하게 하려는 데 있는 것이고, 한편 일반적으로 사적인 법률관계에서 중요한 처분증서를 작성 완료함에 있어서는 그 작성자가 증서에 서명, 날인하는 것은 통례라 할 수 있겠으나, 나아가 그 주소까지 병기하는 것은 드문 실정이라 할 것이므로 이와 같은 일반인 거래관행이나 문서작성의 실정 및 규범의식에 비추어 아무리 유언증서가 요식의 가장 중요한 처분증서의 하나라 하더라도 자필증서에 의한 유언의 경우 전문과 연월일, 성명의 자서와 날인 중 어느 한 가지를 누락하는 경우와는 달리 주소까지 기재해야만 유언의 효력이 발생한다고 보는 것은 너무나도 비현실적일 뿐만 아니라 실제적으로도 필요 이상의 엄격한 제한을 가하여 유언자의 진정한 유지를 실현시키지 못하는 부당한 결과를 초래할 가능성도 있는 것이므로, 적어도 이 사건과 같이 위 망인이 직접 그의 의사에 따라 전문과 연월일, 성명의 자서와 날인(무인도 같게 보아야 할 것이다) 등의 요건은 모두 갖추었으나, 단지 주소의 기재만을 빠뜨린 경우에는 유언방식의 엄격성을 요구하는 법의 취지는 달성되었다고 봄이 합리적이라 할 것이다.)

## 판례가 다를 때 대응책

- 판결문을 보면 여기서는 유언장의 진위 여부를 판단하기 위해 유언장이 속해 있는 상위 그룹, 즉 '일반적으로 사적인 법률관계에서 중요한 처분증서(어음, 유언장, 판결 원본)'를 갖고 옵니다. 이 처분증서가 진짜인지 아닌지 판단할 때 '서명, 날인'이 핵심이지 주소까지 쓰는 것은 드문 일이라는 게 이 판례의 근거가 되고 있습니다. 이 판례의 의미는 매우 중요합니다. 판사가 자필증서로서의 유언을 판단할 때 이 판례를 근거로 삼을 수도 있기 때문이죠. 다시 말해서, 판사마다 조금씩 다르게 판단을 내릴 수 있는데 자필 주소가 꼭 필요하다고 보는 사람도 있을 수 있고, 반대로 이 판례처럼 빠져도 가능하다고 보는 경우도 존재할 수 있다는 얘기입니다. 그럼 어떻게 해야 할까요? 나머지는 모두 완벽하나 주소가 빠져서 유언장으로서 인정을 받지 못할 것 같은 상황에서, 이 판례의 존재를 판사 등에게 알려서 판단에 도움을 주는 방식을 취해야 합니다. 판사

들이라고 모든 판례를 다 아는 것은 아니고, 또한 판사마다 판단의 근거가 조금씩 다르므로 이를 다투어야 합니다(최소한 주소와 관련해서 우리 법원은 아직 통일된 관점을 갖고 있지 못하다는 얘기입니다. 판례는 언제든 바뀔 수 있고, 그렇게 기준은 달라집니다.).

## 둘째, 녹음에 의한 유언

- 녹음기를 통해서 유언을 남길 때 갖춰야 할 조건은 무엇일까요? 유언 내용인 전문이 필요할 테고, 유언자의 이름도 녹음해야 하죠. 또 몇 년 몇 월 며칠의 날짜가 필요합니다. 그리고 다시 주소 문제입니다. 녹음에 의한 유언은 주소 대신 증인이 필요합니다. 이 증인이 '이 유언은 사실과 다르지 않다, 정확하다'는 것과 자신의 이름을 말해야 합니다. 유언자와 증인 모두 녹음기에 자신의 육성으로 말을 하고, 이를 녹음하면 요건이 갖춰집니다. 당연히 이 녹음파일의 원본이 유언장이 되죠.

▶ [제1067조(녹음에 의한 유언) 녹음에 의한 유언은 유언자가 유언의 취지, 그 성명과 연월일을 구술하고 이에 참여한 증인이 유언의 정확함과 그 성명을 구술하여야 한다.]

## 셋째, 공정증서에 의한 유언

- 자필증서에 이어서 또 하나의 증서가 나옵니다. '공정증서'입니다. 이름에서 유추되듯 공증인이 참여하는 유언장입니다. 형식은 이렇습니다. 1) 유언을 남기는 사람이 증인 2명을 대동하고, 2) 공증인을 앞에 둔 채 3) 유언의 취지, 성명, 연월일을 말을 통해 남기면, 4) 공증인이 이를 손으로 받아 적고, 5) 자신이 받아 적은 내용을 유언자 + 증인 2명 앞에서 낭독하고, 6) 유언자 + 증인 2명이 정확하다고 승인한 뒤, 7) 참여한 4명 모두 각자 서명하거나 이름 쓰고 도장 찍거나 하면 완료됩니다.

▶ [제1068조(공정증서에 의한 유언) 공정증서에 의한 유언은 유언자가 증인 2인이 참여한 공증인의 면전에서 유언의 취지를 구수하고 공증인이 이를 필기 낭독하여 유언자와 증인이 그 정확함을 승인한 후 각자 서명 또는 기명날인 하여야 한다.]

- 여기서 말하는 공증인은 '공증인법'에 따라 공증 직무를 수행하는 사람들을 말하죠. 예컨대 법무부장관으로부터 임명을 받은 '임명공증인'이 있고, 공증인가를 받은 '법무법인', '법무법인(유한)', '법무조합'을 의미합니다.

- 그런데 공정증서 요건 가운데 흔히 문제가 되는 지점이 있습니다. 3번 '유언의 취지, 성명, 연월일'을 유언자가 말하는 부분이죠. 제

1068조를 문구 그대로 엄격히 해석하면 유언자가 한 말을 토씨 하나 다르지 않게 받아쓰기만 해야 된다고 해석할 수 있으나 현실적으로 그게 어렵죠. 말 그대로 똑같이 쓰기도 힘들고, 또한 노령으로 말조차 자연스럽게 할 수 없을 때가 있습니다. 이럴 때 공증인이나 혹은 유언자와 가까운 누군가가 유언자의 몇 마디 말이나 뜻을 전달받고 조금 더 형태에 맞게 문서를 작성할 수 있습니다. 그런 뒤에 이를 유언을 남기는 사람에게 읽어주고 맞는지 묻는 식으로 절차를 약간 바꿉니다. 이때는 어떻게 될까요? 아래 판례를 보면 몇 가지 요건만 갖추고 있다면 유언으로 인정할 수 있다고 나옵니다. 어떤 요건일까요? 아래 판례에 1번, 2번, 3번으로 표시해 둔 부분이 요건에 해당합니다. 1번은 유언자가 직접 말한 것을 받아쓰기 하지 않았을 뿐, 나머지 과정은 형식에 따랐음을 보여주고, 2번은 유언자가 정신이 오락가락하지 않는다는 점을 들고 있고, 3번은 유언 내용과 과정에서 유언자의 뜻에 어긋날 만한 내용이 보이지 않는다는 점을 들고 있습니다. 그러면 이상 없다는 것이지요.

▶ **(대법원 2007. 10. 25. 선고 2007다51550,51567 판결 [소유권이전등기]** ……
민법 제1065조 내지 제1070조가 유언의 방식을 엄격하게 규정한 것은 유언자의 진의를 명확히 하고 그로 인한 법적 분쟁과 혼란을 예방하기 위한 것이므로, 법정된 요건과 방식에 어긋난 유언은 그것이 유언자의 진정한 의사에 합치하더라도 무효라고 하지 않을 수 없고(대법원 2006. 3. 9. 선고 2005다57899 판결 등 참조), 민법 제1068조 소정의 '공정증서에 의한 유언'은 유언자가 증인 2인이 참여한 공증인의 면전에서 유언의 취지를 구수하고 공증인이 이를 필기낭독하여 유언자와 증인이 그 정확함을 승인한 후 각자 서명 또는 기명날인하여야 하는 것인바, 여기서 '유언취지의 구수'라고 함은 말로써 유언의 내용을 상대방에게 전달하는 것을 뜻하는 것이므로 이를 엄격하게 제한하여 해석하여야 하는 것이지만, 1) 공증인이 유언자의 의사에 따라 유언의 취지를 작성하고 그 서면에 따라 유언자에게 질문을 하여 유언자의 진의를 확인한 다음 유언자에게 필기된 서면을 낭독하여 주었고, 2) 유언자가 유언의 취지를 정확히 이해할 의사식별능력이 있고 3) 유언의 내용이나 유언경위로 보아 유언 자체가 유언자의 진정한 의사에 기한 것으로 인정할 수 있는 경우에는, 위와 같은 '유언취지의 구수' 요건을 갖추었다고 보아야 할 것이다.)

- 아래 인용한 판례는 위의 판례에 이어지는 내용으로 구체적인 상황을 보여주고 있습니다. 위의 1번에 대한 구체적인 내용은 아래 1번에, 위 2번은 아래 2번으로 표시했습니다. 다만 3번은 전체를 따져서 판사가 판단하는 부분이기 때문에 따로 표시하지 않았습니다.

▶ (대법원 2007. 10. 25. 선고 2007다51550,51567 판결 [소유권이전등기] ······1) 원심은 그 판시 증거를 종합하여, 이 사건 유언공정증서의 작성은 망 소외 1(이하 '망인'이라고만 한다)의 구수에 의한 것이 아니라 원고 외 피고 김일원 고가 증인 2명과 함께 공증인 사무실을 찾아가서 공증에 필요한 서면 등을 미리 작성한 후 공증 변호사가 망인의 자택을 방문하여 위 서면에 따라 망인에게 질문을 하여 확인절차를 거치고 망인이 공정증서에 서명날인한 사실, 2) 망인은 1934. 9. 21.생으로 이 사건 유언 당시 만 69세여서 거동이 불편하긴 하나 의식이 명료하고 언어소통에 지장이 없었던 사실, 1~2) 공증

변호사가 망인에게 유증할 대상자와 유증할 재산에 대하여 묻자 망인은 원고에게 '논, 밭, 집터, 집'이라고 대답하였고 공증 변호사는 미리 작성하여 온 공정증서의 내용에 따라 망인에게 등기부에 기재된 지번과 평수 및 그 지역에서 부르는 고유명칭을 하나하나 불러주고 유증의사가 맞는지를 확인한 사실, 1~2) 그 후 공증 변호사는 망인에게 유언공정증서의 내용을 읽어주고 이의가 없는지를 확인한 후 공정증서 등에 망인과 증인 소외 2, 3의 자필서명을 받은 사실을 인정한 다음, 위와 같이 망인이 의식이 명확한 상태에서 본인의 의사에 따라 유증할 의사를 밝혔고, 사전에 작성하여 온 공정증서에 따라 공증인이 개별 부동산에 대하여 불러준 후 유증의사가 맞는지 확인함과 더불어 유언공정증서의 내용을 낭독하고 이의 여부를 확인한 후 망인의 자필서명을 받은 점에 비추어 이 사건 공정증서에 의한 유언은 유언자의 구수가 있었다고 보아야 할 것이고, 비록 공증인이 미리 유언내용을 필기하여 왔고 이를 낭독하였더라도 유언자의 구수내용을 필기하여 낭독한 것과 다를 바 없으므로 이 사건 공정증서에 의한 유언은 민법 제1068조의 요건을 모두 갖추어 유효하다고 판단하였다. 앞서 본 법리에 비추어 보면, 원심의 위와 같은 판단은 정당하고······.)

- 그러나 위의 판례를 너무 넓게 해석하면 곤란합니다. 아래 판례는 '정신은 멀쩡하나 수술 등으로 말하기 곤란한 상태'에 있는 유언자의 사례를 다루고 있는데 1) 유언 내용 중 모순이 보이고, 2) 공정증서 유언이 요구하는 절차를 어기고, 3) 서명하는 과정에서 손을 쓸 수 없어 타인이 손을 잡고 대신 썼다면 이 유언은 무효라는 내

용을 담고 있습니다. 공증인이 문서 작성하는 것만 허용 폭이 있는 것이지 다른 것을 대신하는 것은 안 된다는 얘기입니다.

▶ (**대법원 2002. 10. 25. 선고 2000다21802 판결 [손해배상(자)]** ……민법 제1060조는, "유언은 본법의 정한 방식에 의하지 아니하면 효력이 발생하지 아니한다."고 규정하여 유언에 관하여 엄격한 요식성을 요구하고 있는바, 민법이 유언의 한 방식으로 규정하고 있는 제1068조 소정의 '공정증서에 의한 유언'이 유효하기 위해서는 ① 증인 2인의 참여가 있을 것, ② 유언자가 공증인의 면전에서 유언의 취지를 구수할 것, ③ 공증인이 유언자의 구수를 필기해서 이를 유언자와 증인에게 낭독할 것, ④ 유언자와 증인이 공증인의 필기가 정확함을 승인한 후 각자 서명 또는 기명날인할 것 등을 필요로 한다 할 것이다.

그런데 위 인정 사실과 같이, 유언 당시 병원 중환자실에 입원중이던 원고가 의사전달능력은 있었으나 수술에 의하여 기관지가 절개된 상태였기 때문에 말을 하기 위해서는 절개 부분에 삽입된 의료기구를 제거하고 절개된 부분을 막아야만 쉰 목소리로 발음을 할 수 있었을 따름이고, 1) 또 유언과 동시에 유언의 취지와 다소 모순되게 액면금 2억 원의 약속어음을 소송수계신청인에게 반체·교부하였다면, 과연 공정증서에 기재된 내용과 같이 제대로 된 유언의 구수가 있었는지에 관해서 강력한 의심이 들뿐만 아니라, 가사 유언의 구수가 있었다고 하더라도, 위에서 본 바와 같이, 2) 공증담당 변호사 소외 4가 직무집행구역을 벗어나 구수를 받은 유언을 필기낭독하고 유언자와 증인으로부터 그 정확성의 승인을 받은 후 공정증서에 서명 또는 기명날인을 받는 절차를 생략한 채, 단지 유언공정증서를 이루는 말미용지에 서명·

날인을 받았을 뿐이며, 3) 그 서명 또한 원고가 사지마비로 직접 서명할 수 없는 상태여서 다른 사람이 원고의 손에 필기구를 쥐어주고 그 손을 잡고 같이 서명을 하였고, 이후 소외 4가 서울에 있는 공증사무실에 돌아와 마치 자신의 사무실에서 유언이 있었고 그에 따른 필기낭독과 정확성의 승인 및 서명날인 있었던 것처럼 공정증서를 작성한 것이라면, 앞서 본 요건 중, '공증인이 유언자의 구술을 필기해서 이를 유언자와 증인에게 낭독할 것'과 '유언자와 증인이 공증인의 필기가 정확함을 승인할 것'이라는 요건을 갖추지 못하였음은 분명하고, 나아가 다른 사람이 사지가 마비된 원고의 손을 잡고 공정증서 말미용지에 서명과 날인을 하게 한 행위만으로는 원고의 서명날인이 있다고 할 수도 없으므로, 위 요건 중 '유언자가 서명 또는 기명날인할 것'이라는 요건도 갖추지 못하였다 할 것이다. 그렇다면 이 사건 유언은 민법 제1068조가 정하는 공정증서에 의한 유언의 방식에 위배되어 무효라고 할 것이고……)

- 가만히 보면 구술하는 방식이 가장 크게 문제가 되는 것 같습니다. 아래 판례는 뇌혈전증으로 입원하고 가망이 없는 상태에서 공정증서 유언을 남기는 경우를 다루고 있습니다. 언어장애가 나타나고, 좌반신마비가 오는 등 환자의 상태는 정상이 아닙니다. 의식도 오락가락합니다. 그러다 의식이 꽤 호전되었으나 여전히 묻는 말에 답은 못하고 고개를 끄덕이는 정도입니다. 이 상태에서 '이 재산은 이렇게 하실 건가요?' 하고 묻고 유언자는 고개만 끄덕이는 식으로 유언장이 작성되었을 때, 판사는 전후 사정을 따져서 이

유언자가 정상적으로 유언을 남길 상황이었는지 아닌지 판단하게 되죠. 아래 내용 대부분은 판사가 환자의 의식 수준을 판단하기 위해 살핀 전후 사정입니다. 여기서는 이런 상태라면 공정증서 유언은 무효라고 말하고 있습니다.

▶ **(대법원 1980. 12. 23. 선고 80므18 판결 [유언무효]** ……유언자인 망 청구외 1은 1977.8.15 뇌혈전증으로 김○철 내과에 입원하여 같은 달 19까지 치료를 받았으나 치료기간 중 언어장애, 좌반신마비 등으로 의식불명 상태가 계속되어 소생의 가망이 없자 전남대학교 의과대학 부속병원으로 옮겨졌으나 여전히 좌측 상하지는 마비되어 있고, 혼수상태가 지속되어 환자와의 대화는 하지 못하고 묻는 말에 알아듣는 표정만 짓고 있었으며 치료중 같은 해 9.8에는 정신상태가 다소 호전되고 이건 유언을 한 날인 같은 달 9에는 정신상태는 상당히 호전되고 의식상태도 한층 좋아졌으며 언어는 약간 가능한 정도였는데 당시 상태는 의사가 환자에게 내가 의사냐고 다그쳐 물으면 말은 못하고 고개만 끄덕끄덕 하고 반응이 있을 정도로서, 의학상 가면성 정신상태에 놓여 있었던 사실, 망 청구외 1은 입원중 의사나 간호원, 다른 가족들과 대화를 나눈 일이 없는 사실, 이건 유언서를 작성할 당시에도 망 청구외 1은 위와 같은 상태로 산소마스크를 착용하고 침대에 누워 있었는데 공증인 이○재가 망 청구외 1에게 청구 외 박○주와 박○남을 증인으로 한다고 말하자 망 청구외 1은 말은 하지 않고 고개만 끄덕끄덕 한 사실, 이건 유언서는 옆에 있던 친족 중의 한 사람이 공증인에게 말하여 주면 공증인이 유언자에게 그 취지를 말하여 주고 "그렇소?" 하고 물으면, 유언자는 말은 하지 않고 고개만 "끄덕 끄덕" 하여 이 내용을 위 공증인의 사무원인 소외 송○섭이 필기하고 공증인이 낭독

하는 방식으로 작성된 사실을 각 적법히 인정하고 나서 공정증서에 의한 유언은 유언자가 공증인의 면전에서 유언의 취지를 구수하여야 함을 요하는데, 위 인정사실에 의하면 이건 유언은 유언자가 공증인에게 "구수"하여 작성된 것으로 볼 수 없어 무효라 할 것이다라고 판단하고 있는 바, 기록에 비추어 보니 원심의 위와 같은 사실인정과 판단은 정당하고……)

### 자격 없는 증인을 써도 무효다

- 공정증서 유언에는 증인 2명이 필요합니다. 그런데 다음과 같은 경우는 증인이 되지 못합니다.
  ▶ [제1072조(증인의 결격사유) ① 다음 각 호의 어느 하나에 해당하는 사람은 유언에 참여하는 증인이 되지 못한다. 1. 미성년자 2. 피성년후견인과 피한정후견인 3. 유언으로 이익을 받을 사람, 그의 배우자와 직계혈족 ② 공정증서에 의한 유언에는 「공증인법」에 따른 결격자는 증인이 되지 못한다.]

- 민법 제1072조제 2항에 나오는 공증인법에 따른 결격자는 누구일까요? 아래 인용한 공증인법 제33조에는 따로 결격자라는 표현은 없습니다만, 제3항에 참여인이 될 수 없는 경우를 나열하고 있습니다. 이들은 증인이 될 수 없습니다.
  ▶ [공증인법제33조(통역인·참여인의 선정과 자격) ① 통역인과 참여인은 촉탁인이나 그 대리인이 선정하여야 한다. ② 참여인은 통역인을 겸할 수 있다. ③

다음 각 호의 어느 하나에 해당하는 사람은 참여인이 될 수 없다. 다만, 제29조제2항에 따라 촉탁인이 참여인의 참여를 청구한 경우에는 그러하지 아니하다. 1. 미성년자, 1의 2. 피성년후견인 또는 피한정후견인, 2. 시각장애인이거나 문자를 해득하지 못하는 사람, 3. 서명할 수 없는 사람, 4. 촉탁 사항에 관하여 이해관계가 있는 사람, 5. 촉탁 사항에 관하여 대리인 또는 보조인이거나 대리인 또는 보조인이었던 사람, 6. 공증인의 친족, 피고용인 또는 동거인, 7. 공증인의 보조자]

* 통역인 : 촉탁인이 못 듣거나 말 못하거나 혹은 우리말을 못하는 외국인인 경우 의사소통이 불가능할 때 통역을 위해 사용하는 사람 / * 참여인 : 시각장애인이나 글을 못 읽는 사람을 위해 사용하는 사람. 통역인이 '말'을 위해 필요하다면 참여인은 '글'을 위해 필요한 사람 / * 촉탁인 : 공증을 요청한 사람으로 유언자를 가리킨다.

- 하나씩 보죠. 1번 미성년자는 안 됩니다. 1의 2번은 치매 등으로 성년후견인 등을 둔 사람도 안 된다는 얘기입니다. 2~3번은 증인의 역할을 해야 하므로 최소한의 요건입니다. 4번은 유언과 이해관계가 있는 사람은 안 된다는 얘기입니다. 5번은 4번과 같은 맥락에서 촉탁인의 대리인, 보조인은 안 된다는 얘기죠. 6~7번이 새밌습니다. 공증인의 가족, 공증인이 고용하고 있는 사람, 보조하는 사람 등도 안 된다는 얘기입니다. 촉탁인이 혼자서 공증인 찾아가서 '증인이 없는데 직원들 쓰시면 안 되나요?' 하고 물을 수 있습니다. 그러면 공증인은 이렇게 말하는 게 정상이죠. '안 됩니다. 법으로 금지되어 있어요.'

- 그런데 중대한 예외 조항이 하나 있습니다. 공증을 요청하는 촉탁인이 청구하는 경우에는 위에 나열된 증인 결격자도 참여인으로 쓸 수 있다는 내용입니다. 앞서는 '이런 사람들은 증인으로 못 쓴다'고 해 놓고, 단서 조항에는 '다만 촉탁인이 청구하면 가능하다'라고 바꾸고 있습니다. 사실 이 지점은 법조계에서도 논란이 되고 있습니다. 촉탁인의 청구 여부와 상관없이 결격자라고 규정된 사람은 다 안 된다고 하는 쪽이 있고, 촉탁인이 청구했다면 가능하다고 해야 한다고 말하는 쪽이 있죠(공증인 중에는, 촉탁자의 청구 여부와 관계없이 나열된 결격자들은 다 안 된다고 말하는 경우도 있습니다. 문제를 만들지 않으려는 것이죠.). 아래 판례는 촉탁인의 청구 절차를 문제 삼은 것으로 청구 절차를 입증하지 못하여 유언이 무효가 된 사례입니다.

▶ **(대법원 2014. 7. 25. 자 2011스226 결정 [유류분반환등]** ……민법 제1068조는 공정증서에 의한 유언은 유언자가 증인 2인이 참여한 공증인의 면전에서 유언의 취지를 구수하고 공증인이 이를 필기낭독하여 유언자와 증인이 그 정확함을 승인한 후 각자 서명 또는 기명날인하여야 하는 것으로 규정하고, 민법 제1072조 제2항은 공정증서에 의한 유언에는 공증인법에 의한 결격자는 증인이 되지 못하는 것으로 규정하고, 구 공증인법은 제33조 제3항 제6호, 제7호에서 촉탁인(*공증을 요청한 사람)이 참여시킬 것을 청구한 경우를 제외하고는 공증인이나 촉탁인의 피용자(*촉탁인이 운영하는 사업체의 직원) 또는 공증인의 보조자 등은 참여인이 될 수 없도록 규정하고 있다. 이에 비추어 보면 공증인이나 촉탁인의 피용자 또는 공증인의 보조자는 촉

탁인이 증인으로 참여시킬 것을 청구한 경우를 제외하고는 공정증서에 의한 유언에서 증인도 될 수 없다고 봄이 상당하다(대법원 1992. 3. 10. 선고 91다45509 판결 참조). (2) 그런데 원심이 인정한 사실에 의하면 이 사건 공정증서에 의한 유언에 증인으로 참여한 소외 2는 이 사건 합동법률사무소의 직원이라는 것인바, 그렇다면 소외 2는 구 공증인법 제33조 제3항에 정해진 공증인이나 촉탁인의 피용자 또는 공증인의 보조자일 가능성이 크고, 그럴 경우 촉탁인인 피상속인이 증인으로 참여시킬 것을 청구하지 아니한 이상 이 사건 공정증서에 의한 유언에서 증인이 될 수 없다고 할 것이다.)

## 넷째, 비밀증서의 의한 유언

- 비밀증서 유언은 이런 형식입니다. 유언자가 이름과 유언 내용(전문)을 적은 뒤에 이를 봉투든 종이든 단단히 감싸고(아무도 모르게 하는 게 이 유언의 특징이므로) 그 감싼 것에 도장 찍은 뒤, 2명 이상의 증인에게 제출하여 '내 유언서다'라고 밝힌 뒤 제출한 날의 연월일을 봉투에 적고, 유언자와 증인 모두 각자 서명하거나 혹은 이름 쓰고 도장 찍습니다. 그리고 마지막이 중요한데 봉투에 적은 날짜로부터 5일 이내에 공증인 또는 법원서기에게 제출하여 봉인 위에 확정일자 도장을 받습니다.

▶ [**제1069조(비밀증서에 의한 유언)** ① 비밀증서에 의한 유언은 유언자가 필자의 성명을 기입한 증서를 엄봉날인하고 이를 2인 이상의 증인의 면전에 제출

하여 자기의 유언서임을 표시한 후 그 봉서표면에 제출연월일을 기재하고 유언자와 증인이 각자 서명 또는 기명날인하여야 한다. ② 전항의 방식에 의한 유언봉서는 그 표면에 기재된 날로부터 5일내에 공증인 또는 법원서기에게 제출하여 그 봉인상에 확정일자인을 받아야 한다.]

- 비밀증서와 관련, 한 가지 알아둘 게 있습니다. 요건을 충족하지 못해서 비밀증서 유언장이 무효가 되는 경우, 만일 자필증서의 요건을 갖추고 있다면 유효가 될 수 있습니다.
▶ [제1071조(비밀증서에 의한 유언의 전환) 비밀증서에 의한 유언이 그 방식에 흠결이 있는 경우에 그 증서가 자필증서의 방식에 적합한 때에는 자필증서에 의한 유언으로 본다.]

## 다섯째, 구수증서에 의한 유언

- 마지막은 구수증서입니다. 노령 혹은 질환으로 갑자기 상태가 악화되는 경우가 있습니다. 아직 유언장도 작성하지 않았습니다. 상황이 여의치 않아서 지금까지 살펴본 4가지 방법으로는 유언을 남기기 힘듭니다. 그럴 때 마지막으로 취할 수 있는 방법이 구수증서에 의한 유언입니다. '구수'란 말로 전달한다는 뜻입니다. 이 말을 들어줄 증인 2명이 필요하고, 이 중 한 명이 받아 적게 됩니다. 받아 적은 내용을 낭독해서 유언자가 확인한 뒤 각자 서명하거나 이

름 쓰고 도장 찍어야 합니다.

▶ [**제1070조(구수증서에 의한 유언)** ① 구수증서에 의한 유언은 질병 기타 급박한 사유로 인하여 전4조의 방식에 의할 수 없는 경우에 유언자가 2인 이상의 증인의 참여로 그 1인에게 유언의 취지를 구수하고 그 구수를 받은 자가 이를 필기낭독하여 유언자의 증인이 그 정확함을 승인한 후 각자 서명 또는 기명날인하여야 한다. ② 전항의 방식에 의한 유언은 그 증인 또는 이해관계인이 급박한 사유의 종료한 날로부터 7일내에 법원에 그 검인을 신청하여야 한다. ③ 제1063조제2항의 규정은 구수증서에 의한 유언에 적용하지 아니한다.]

:: 구수증서 샘플 ::

# 유 언 장

**유언자**
성 명 : 김 일 성
주 소 : 서울 강남구 강남대로 22 은마 11차 아파트 203동 2055호
생년월일 : 1967년 10월 2일

**증인 1:**
성 명 : 성 훈 열    관계 : 친구
주 소 : 경기도 시흥시 두천동 254

**증인 2:**
성 명 : 노 인 수    관계 : 변호사
주 소 : 서울 서초구 서초중앙로 8길 17, 제302호(서초동, 광염빌딩)

 유언자 김일성은 2020년 10월 1일 유언자가 입원하고 있는 서울 강남구 일원로 81에 있는 삼성의료원 본동 1792호에서 증인 2명의 참여하에 다음과 같이 유언을 구수하고 이를 확인한다.

- 다 음 -

유언자 김일성은 아래와 같이 소유하고 있는 재산에 대하여 상속시키고자 한다.

**1. 장남 김정일에게**
 가. 유언자 소유 서울 강남구 강남대로 22 은마 11차 아파트 203동 2055호
 나. 유언자 명의 신한은행계좌(계좌번호 110 264888883)에 입금된 금원 전부
   (다만 유언집행비용 선정산 후 상속한다.)

**2. 차남 김현일에게**
 유언자가 대주주로 갖고 있는 주식회사 주현 주식 전부와 경영권

**3. 장녀 김후희에게**
 유언자 소유 경기도 하남시 대평동 235 대지 전부

유언집행자로 변호사 노인수를 지정하고 그 보수는 업무 착수 시부터 집행종료 시까지 매월 500만 원(부가가치세 별도)씩 지급하기로 한다.
위 유언자 및 증인들은 위 내용이 모두 구수한 대로 기재되었음을 확인하고 각자 아래와 같이 서명날인 한다.

             2020년  10월  1일
         유언자  김  일  성    (인)
         증인 1  성  훈  열    (인)
         증인 2  노  인  수    (인)

## 긴박한 상황이 아니라면 무효

- 구수증서 유언이 유효가 되기 위한 첫째 조건은 '질병 기타 급박한 사유'입니다. 만일 그런 비상사태가 아닌데도 구수증서로 유언을 했다면? 무효죠. 아래 판례는 건강이 악화된 상태도 아니고, 다른 방법으로 유언을 남길 수 있었던 사건을 다루고 있습니다. 당연히 무효입니다.

▶ **(대법원 1999. 9. 3. 선고 98다17800 판결 [유언무효확인])** ······1. 원심판결 이유에 의하면, 원심은 그 판결에서 채용하고 있는 증거들을 종합하여, 소외 망인이 1992. 10. 5. 위암과 암종증으로 입원 중이던 연세대학교 의과대학 신촌세브란스병원 병실에서 법무사인 소외 강○구와 변호사인 소외 양○찬이 증인으로 참여한 가운데 유언의 취지를 구수하고, 강○구가 이를 필기한 후 피고 2로 하여금 인쇄업소에 가서 그 내용에 따른 유언서를 워드프로세서로 작성하여 오도록 하여 그와 같이 작성된 유언서를 망인과 양○찬에게 낭독한 다음, 소외 망인과 강○구, 양○찬이 그 정확함을 승인하고 각자 기명날인하였으며(이하 위 유언서에 의한 유언을 '이 사건 유언'이라고 한다), 그 후 소외 망인이 같은 해 10. 29. 치료중이던 병이 악화되어 사망한 사실, 한편 양○찬은 같은 해 10. 10. 서울가정법원에 이 사건 유언에 대한 검인 신청을 하여 같은 법원 1993. 1. 5.자 92느6996호로 그에 대한 검인을 받았고, 원고 2가 그에 대하여 항고하였으나 1995. 3. 25.자로 항고가 기각되고, 그 후 같은 해 9. 5. 그에 대한 재항고 역시 기각된 사실, 그런데 소외 망인은 이 사건 유언을 하던 당일 오전에도 산책을 하고, 문병을 온 사람들과 이야기를 나누었

으며, 이 사건 유언도 앉아서 하는 등 비정상적이 아니었고, 또 이 사건 유언을 하면서 현금 1억 원 정도와 유체동산, 패물 등에 대하여는 자신이 퇴원 후 이를 사용하여야 하니 사용하고 남은 것에 대하여는 다시 유언을 하겠다고 하였고 진료의사와도 일상적인 대화가 가능하였을 뿐만 아니라 이 사건 유언을 한 병실에는 녹음기와 녹음테이프가 있었던 사실을 인정한 다음, 그에 의하면 이 사건 유언 당시 소외 망인 스스로도 사망의 급박한 위험을 자각하고 있지 않았을 뿐만 아니라 구수증서에 의한 유언 이외에 녹음 또는 공정증서에 의한 유언 등을 할 수 있었던 것으로 보여지므로, 구수증서에 의한 유언의 방식으로 이루어진 이 사건 유언을 '질병 기타 급박한 사유로 인하여 다른 방식에 의한 유언을 할 수 없을 것'이라는 요건을 갖추지 못한 것이어서 그 효력이 인정되지 않는다고 하여, 소외 망인의 상속인들인 원고들이 이 사건 유언에서 유언집행자로 지정된 피고들을 상대로 이 사건 유언의 무효확인을 구한 이 사건 청구를 인용하고 있다. 2. 민법 제1065조 내지 제1070조가 유언의 방식을 엄격하게 규정한 것은 유언자의 진의를 명확히 하고 그로 인한 법적 분쟁과 혼란을 예방하기 위한 것이므로, 법정된 요건과 방식에 어긋난 유언은 그것이 유언자의 진정한 의사에 합치하더라도 무효라고 하지 않을 수 없다. 그러므로 민법 제1070조 제1항이 구수증서에 의한 유언은 질병 기타 급박한 사유로 인하여 민법 제1066조 내지 제1069조 소정의 자필증서, 녹음, 공정증서 및 비밀증서의 방식에 의하여 할 수 없는 경우에 허용되는 것으로 규정하고 있는 이상, 유언자가 질병 기타 급박한 사유에 있는지 여부를 판단함에 있어서는 유언자의 진의를 존중하기 위하여 유언자의 주관적 입장을 고려할 필요가 있을지 모르지만 자필증서, 녹음, 공정증서 및 비밀증서의 방식에 의한 유언이 객관적으로 가능한 경우까지 구수증서에 의한 유언을 허용하여야 하는 것은 아니다.)

- 구수증서 방식은 공정증서 방식과 유사한 점이 있습니다. 단지 공증인이 없을 뿐이죠. 그래서 유사한 일이 발생합니다. 공정증서 작성 때도 유언자가 유언 취지 정도만 말하고 공증인이나 제3자가 문서를 작성해서 이를 낭독하는 방식으로 하거나 혹은 공증인이 묻고 유언자가 간단히 대답하거나 고개만 끄덕여도 유효한 경우가 있습니다. 마찬가지로 구수증서 역시 유언자가 유언 전체를 구술할 필요는 없고, 사전에 자식들에게 유언 취지를 들려주고, 이를 바탕으로 자식들이 증인 2명에게 유언서를 필기하도록 해도 되고, 미리 자식들이 작성한 유언서를 증인으로 하여금 묻게 하고 유언자가 대답하는 형식을 취해도 되죠. 다만, 유언 취지를 전달할 때, 증인이 낭독하는 내용을 확인할 때 정신이 있는지가 관건입니다. 아래 판례의 밑줄 부분이 이런 내용을 담고 있습니다.

▶ (대전고등법원 2005. 9. 7. 선고 2004나3602 판결 [유언무효확인의소] ······가. 민법 제1070조에 의하면 구수증서에 의한 유언은 질병 기타 급박한 사유로 인하여 자필증서, 녹음, 공정증서, 비밀증서의 방식에 의할 수 없는 경우에 유언자가 2인 이상의 증인의 참여로 그 1인에게 유언의 취지를 구수하고 그 구수를 받은 자가 이를 필기낭독하여 유언자의 증인이 그 정확함을 승인한 후 각자 서명 또는 기명날인하여야 한다고 규정하고 있는바, 이러한 요건과 방식에 어긋나는 유언은 그것이 유언자의 진정한 의사에 합치되더라도 무효이다.

나. 그러므로 이 사건 유언서에 민법 제1070조에서 정한 요건과 방식에 위반한 원고들 주장의 하자가 있는지에 관하여 살피건대, 위 을 제1호증의 9, 26, 29, 43, 44, 을 제2호증의 1, 2의 각 기재와 위 소외 3, 소외 4 및 당심증인 소외 11의 각 증언 및 이 법원의 소외 5, 소외 6, 소외 7에 대한 각 사실조회결과를 종합하면, 망인은 만성 골수성 백혈병 및 위암으로 입원치료 중이던 1998. 1. 3.경 가족들에게 유언을 하겠다는 의사를 밝혀서, 그날이 토요일인데다가 신정 연휴기간 중이어서 업무 중인 공증인 사무실이나 공증인가 법률사무소를 찾기가 매우 어려웠던 사정 때문에 법무법인 우방 소속 변호사 소외 5, 소외 6, 소외 7을 사실상 입회시킨 가운데 구수증서에 의한 유언을 하게 된 사실, 당시 망인의 정신상태는 비교적 양호하였으나 병세의 악화로 기력이 쇠진하여 자필증서나 비밀증서를 작성하기 어려웠던 것은 물론이고, 간단한 외마디 말이나 손동작으로 자신의 의사를 표시하는 외에 유언의 전체 취지를 스스로 구술하여 녹음한다는 것은 기대하기 어려웠던 사실, 이에 망인은 구수증서에 의한 유언을 하기로 하고 위 입회 변호사들 가운데 한 사람이 병실에 있던 가족 등으로부터 전해들은 망인의 유언취지를 확인하여 물어보면 '음', '어' 하는 소리와 함께 고개를 끄덕여 동의를 표시하거나 아주 간단한 말로 맞다는 대답을 한 사실, 증인인 소외 3은 위와 같이 망인의 대답으로 확인된 유언의 취지를 필기하여 이 사건 유언서로 작성한 후 이를 낭독하였고, 망인과 증인 소외 3, 소외 4는 그 내용을 확인한 후 각자 서명, 무인(*엄지 지장)하였는데, 망인도 소외 3 등의 도움을 받아 침대에서 반쯤 일어나 앉은 상태에서 유언장에 직접 서명, 무인한 사실, 망인은 이 사건 유언서를 작성한 이틀 후에 사망한 사실을 각 인정할 수 있고, 이에 반하는 듯한 갑 제4호증의 기재

는 믿지 아니하며, 제1심 감정인 소외 12의 감정결과만으로 위 인정을 뒤집기에 부족하다. 다. 위 인정사실에 의하면, 망인이 비록 이 사건 유언서 작성 당시 기력이 매우 쇠약하여 유언 전체의 내용을 스스로 구술할 수 있는 상태는 아니었다고 하더라도 원고들의 주장대로 유언을 할 수 없을 만큼 사리분별을 하지 못하거나 의식이 뚜렷하지 않은 상태에 있었다고 볼 수 없고, 망인이 유언의 취지를 확인하는 입회 변호사의 질문에 간단하게나마 소리를 내어 답변한 이상 유언의 취지를 구수한 것으로 볼 수 있으며 질문자가 그 유언의 내용을 망인이 아닌 다른 사람으로부터 들어 이를 확인하는 형식을 취하였다고 하여 달리 볼 것은 아니고, 이 사건 유언서의 망인 이름 다음에 찍힌 무인도 망인 본인의 것으로서 기력이 쇠약하여 그 이름을 적는 데 타인의 도움을 받았다고 하여 망인의 서명이 아니라고 할 수 없으므로(구수증서에 의한 유언은 유언자의 서명과 기명날인 중 어느 하나만 갖추면 된다), 이 사건 유언서에 원고들이 주장하는 바와 같은 하자가 있다고 볼 수 없고, 그밖에 민법 제1070조에서 정한 구수증서에 의한 유언에 관한 요건과 방식도 모두 충족되었다고 봄이 상당하다.)

### 유언을 할 때 의사능력(정신)이 있었는가?

- 위와 같은 맥락에서, 유언자는 병석에 누워 있고, 그래서 사전에 제3자로 하여금 유언서를 작성하게 할 수 있죠. 그런데 이 유언장이 유언자의 진심을 담고 있는지 입증하는 일도 중요합니다. 아

래 판례는 유언 당시 유언자의 의식 상태를 판단하기 위해 판사는 '유언 당시 유언자의 의사능력이나 유언에 이르게 된 경위(밑줄)'를 살핍니다. 판례는 밑줄 친 내용을 근거로 들면서 이 사건의 유언장은 무효라고 판결을 내립니다. 유언을 할 만한 의식이 아니었다고 판단하는 것이죠.

▶ (**대법원 2006. 3. 9. 선고 2005다57899 판결 [유언무효확인의소]** ······민법 제1065조 내지 제1070조가 유언의 방식을 엄격하게 규정한 것은 유언자의 진의를 명확히 하고 그로 인한 법적 분쟁과 혼란을 예방하기 위한 것이므로, 법정된 요건과 방식에 어긋난 유언은 그것이 유언자의 진정한 의사에 합치하더라도 무효라고 하지 않을 수 없고(대법원 1999. 9. 3. 선고 98다17800 판결, 2004. 11. 11. 선고 2004다35533 판결 등 참조), 민법 제1070조 소정의 '구수증서에 의한 유언'은 유언자가 2인 이상의 증인의 참여로 그 1인에게 유언의 취지를 구수하고 그 구수를 받은 자가 이를 필기낭독하여 유언자와 증인이 그 정확함을 승인한 후 각자 서명 또는 기명날인하여야 하는 것인바, 여기서 '유언취지의 구수'라 함은 말로써 유언의 내용을 상대방에게 전달하는 것을 뜻하는 것이므로, 증인이 제3자에 의하여 미리 작성된, 유언의 취지가 적혀 있는 서면에 따라 유언자에게 질문을 하고 유언자가 동작이나 간략한 답변으로 긍정하는 방식은, <u>유언 당시 유언자의 의사능력이나 유언에 이르게 된 경위</u> 등에 비추어 그 서면이 유언자의 진의에 따라 작성되었음이 분명하다고 인정되는 등의 특별한 사정이 없는 한 민법 제1070조 소정의 유언취지의 구수에 해당한다고 볼 수 없다 할 것이다. <u>그런데 기록에 의하면, 망인은 이 사건 유언을 할 무렵 만성 골수성 백혈병 및 위암 등의 병</u>

과 고령으로 건강이 극도로 악화되어 식사를 하지 못함은 물론 다른 사람이 부축하여 주지 않고서는 일어나 앉지도 못하였고, 큰며느리인 소외 4를 몰라보거나 천장에 걸린 전기줄을 뱀이라고 하는 등 헛소리를 하기도 하였으며, 이 사건 유언 당시에도 고개를 끄덕이거나 "음", "어" 정도의 말을 할 수 있었을 뿐 자신의 의사를 제대로 말로 표현할 수 없었던 사실, 소외 5는 이 사건 유언 당일 변호사 3인을 망인의 병실로 오게 하여 자신이 미리 재산내역을 기재하여 작성한 쪽지를 건네주었고, 변호사들 중 한 사람이 그 쪽지의 내용에 따라 유언서에 들어갈 내용을 불러주면 망인은 고개를 끄덕이거나 "음", "어" 하는 정도의 말을 한 사실, 망인은 이혼한 전처와 사이에 아들 소외 6(원고들의 부)을, 후처인 소외 5와 사이에 2남 2녀를 각 두었으나, 이 사건 유언의 내용은 망인의 모든 재산을 소외 5에게 상속하게 한다는 것으로서 전처 소생인 소외 6을 상속에서 완전히 배제하는 내용인 사실, 소외 6의 처 소외 4는 당시 병원에서 망인을 간호하고 있었는데 이 사건 유언은 소외 4가 없는 자리에서 이루어진 사실 등이 인정되는바, 위 인정 사실을 앞서 본 법리에 비추어 보면, 망인이 유언취지의 확인을 구하는 변호사의 질문에 대하여 고개를 끄덕이거나 "음", "어"라고 말한 것만으로는 민법 제1070조 소정의 유언의 취지를 구수한 것으로 볼 수는 없다고 할 것이다.)

- 앞서 비밀증서에 의한 유언에서, 비밀증서 요건이 안 되면 자필증서 요건이 되는지 따져서 맞으면 유효하다고 한 적이 있습니다. 구수증서의 경우에도 구수증서 자체가 요건에 못 미치더라도 사인증여의 형식을 갖추면 사인증여로 인정받을 수 있습니다(앞에 '사

인증여' 항목에 관련 판례 있음. 대법원 2005. 11. 25. 선고 2004두930 판결 [상속세부과처분취소]).

- 구수증서에는 또 하나의 규정이 있습니다. 구수증서 유언은 급박한 사정이 종료한 날로부터 7일 내에 법원에 검인을 신청하지 않으면 무효라는 내용이죠.

▶ (**대법원 1992. 7. 14. 선고 91다39719 판결 [소유권지분이전등기]** ……원심판결 이유에 의하면 원심은, 거시증거에 의하여 위 박○성은 1980.1. 27. 간암으로 입원하여 있던 병원에서 위 박○성이 대표이사로 재직하던 소외 ○○투자금융주식회사의 부사장인 한○출과 비서인 소외 이○하를 참석하게 한 뒤 위 이○하로 하여금 이 사건 토지를 원고의 단독 소유로 한다는 등의 유언을 받아쓰게 하여 유언서를 작성한 사실, 그 후 위 박○성이 1980.5. 2.경 사망하자 위 이○하는 그 사망 직후 같은 회사 직원인 고○길로 하여금 위 유언서를 정서하게 하였고 정서된 유언서는 1981. 4. 2. 대구합동법률사무소에서 박○성의 처인 권○조의 촉탁에 의하여 그 사본이 원본과 상위없다(*서로 어긋남이 없다)는 내용의 인증을 받은 사실을 각 인정한 다음, 위 박○성의 유언은 민법제1070조 제1항에 정한 구수증서에 의한 유언이라고 할 것이고 구수증서에 의한 유언이 그 효력을 발생하기 위하여서는 <u>같은조 제2항에 따라 유언의 증인 또는 이해관계인이 급박한 사정이 종료한 날로부터 7일 이내에 법원에 신청하여 검인을 받지 아니하면 그 효력이 없다 할 것인데 위 기간 내에 법원의 검인을 받았다고 인정할 증거가 없어 위 박○성의 유언은 그 효력을 인정할 수 없다고 판단하였는바,</u> 기록에 대조하여 살펴보면 위 사실인정

과 판단은 정당한 것으로 수긍이 되고…….)

- 한 가지 더 있습니다. 치매 등으로 성년후견인을 둔 사람을 '피성년후견인'이라고 부르는데 이들이 유언을 남길 때는 정상 상태라는 의사의 기록이 있어야 합니다. 즉 의사는 이 유언자가 현재 심신 회복의 상태라고 유언서에 기록하고, 이름 쓰고 도장 찍어야 합니다. 그런데 구수증서 유언의 경우는 그럴 필요가 없다는 게 제1070조(구수증서에 의한 유언)의 제3항 내용이죠.

## 치매환자가 남긴 유언이라도 무조건 무효는 아니다

- 치매 등에 걸려서 정신이 온전치 못한 경우에는 유언을 할 수 없습니다. 물론 절대 금지는 아니고, 정신이 돌아왔을 때는 유언이 가능합니다. 법조항에서는 이를 이렇게 표현하죠. '피성년후견인은 의사능력이 회복된 때에만 유언을 할 수 있다(민법 제1063조 제1항).' 그래서 진단을 해줄 의시기 필요합니다. 유언을 남길 때는 최소한 정신이 온전하다는 것을 보증해주어야 한다는 얘기죠. 이처럼 '유언을 남길 수 있는 정신적 상태'를 '의사능력이 있다'고 표현하고, 이 경우에만 치매환자(피성년후견인)의 '유언능력'을 인정합니다(그밖에도 만17세에 달하지 못한 자는 유언을 하지 못합니다.).
- 만일 고령의 부모가 치매를 앓고 있다면 가정법원에 '성년후견제

도'를 신청해 두는 게 여러 모로 안전합니다. 성년후견제도는 치매 뿐 아니라 각종 질병, 장애, 노령 등으로 사고 능력이 없거나 부족한 성인에게 후견인을 붙여주는 제도입니다. 후견제도에서 가장 핵심이 되는 게 피성년후견인의 법률행위 중 일부를 취소할 수 있다(민법 제10조)는 점이죠. 치매에 걸린 부모님이 어디 가서 법률행위를 했다면 나중에 이를 취소할 수 있다는 말입니다. 그런데 가정법원에서는 피성년후견인이라도 취소할 수 없는 법률행위를 정할 수 있습니다. 이 말은 피성년후견인을 '의사무능력자'로 보는 게 아니라 '제한능력자'로 본다는 말입니다. 아예 일상적인 판단조차 불가능한 사람이 아니라 일부는 할 수 있다고 본다는 말입니다. 그래서 피성년후견인이 되어도 시장에서 반찬 살 수 있습니다. 너무 큰 금액만 아니면 얼마든지 식당 가고, 가게 갈 수 있습니다. 그러나 집을 판다거나 하는 건 나중에 취소할 수 있습니다.

• 성년후견인을 신청하는 방법을 간략히 알아볼까요?

- 누가 신청 : 본인, 배우자, 4촌 이내의 친족, 미성년후견인, 미성년후견감독인, 한정후견인, 한정후견감독인, 특정후견인, 특정후견감독인, 검사 또는 지방자치단체의 장(민법 제9조 제1항)
- 어디에 신청(청구) : 피후견인 주소지의 가정법원에
- 누구를 선정 : 예비 피후견인의 의사를 존중하되, 여러 사정 따져서 선정하도록 되어 있음. 대개 가족, 친척, 친구도 가능하고, 변호사, 법무사, 사회

복지사 등의 전문가도 가능함. 여러 명도 됨.
- 무슨 이름으로 신청 : 성년후견개시심판
- 어떤 과정 : 청구를 받은 법원은 1) 의사의 감정을 받아 예비 피성년후견인의 상태를 확인한 후, 2) 예비 피성년후견인에게 진술을 받은 뒤 후견인을 선임
- 후견인의 권리 : 후견인은 피성년후견인의 재산관리, 법률행위에 대한 대리권, 동의권 등을 행사

- 만일 부모님이 치매 증상이 있는 상태에서 증여, 유언을 했습니다. 큰 돈 주고 물건을 샀습니다. 누구에게 큰 돈을 증여했습니다. 그런데 아직 성년후견인을 신청하지 않았습니다. 그렇다면 어떻게 될까요? 취소가 안 될까요? 다행히 여지가 있습니다. 일단 우리 법은 모든 법률행위를 하는 자는 '의사능력이 있다'고 추정합니다. 추정은 간주와 다르죠. 누군가 입증하면 됩니다. 누가 입증해야 할까요? '의사능력이 없다'고 주장하는 사람이 입증해야 합니다. 이 경우라면 법률행위를 취소해야 하는 자식이겠죠. 만일 자식이 당시 부모님이 치매여서 이 행위는 무효라고 주장하려면 의사 진단서, 당시 보였던 행동, 주위 사람들의 증언 등을 종합하여 판단을 받아야 합니다.

## 무엇이 의사능력인가?

- 아래 판례에 '의사능력'에 대한 의미가 등장합니다. 두 가지로 나뉘는데 '의미'와 '결과'입니다. 이 행위가 법률적으로 어떤 의미인지(저 물건을 사려면 돈을 내야 한다) 아는 것이 '의미를 아는 것'이고, 그 행위가 어떤 결과를 만드는지(돈을 내고 사면 물건은 내 소유가 된다) 아는 것이 '결과를 아는 것'이죠. 특히 이 판례에서는 단순히 일상적 의미뿐 아니라 법률적인 의미나 효과(혹은 결과)에 대해서 이해할 수 있는 상태를 '의사능력이 있다'고 보고 있습니다.

▶ (대법원 2006. 9. 22. 선고 2006다29358 판결 [구상금등] ……의사능력이란 자신의 행위의 의미나 결과를 정상적인 인식력과 예기력을 바탕으로 합리적으로 판단할 수 있는 정신적 능력 내지는 지능을 말하는바, 특히 어떤 법률행위가 그 일상적인 의미만을 이해하여서는 알기 어려운 특별한 법률적인 의미나 효과가 부여되어 있는 경우 의사능력이 인정되기 위하여는 그 행위의 일상적인 의미뿐만 아니라 법률적인 의미나 효과에 대하여도 이해할 수 있을 것을 요한다고 보아야 하고, 의사능력의 유무는 구체적인 법률행위와 관련하여 개별적으로 판단되어야 할 것이다(대법원 2002. 10. 11. 선고 2001다10113 판결 등 참조).

## 유언에서 요구하는 의사능력 수준은 조금 낮아도 된다

- 물론 유언도 의사표시의 한 가지이므로 의사능력이 없는 사람이 하면 무효가 됩니다. 그런데 유언을 할 때는 부동산을 사고파는 정도의 능력까지 갖출 필요는 없고, 그저 사무에 관한 판단력만 있으면 된다고 봅니다. 보통 7~10세 정도의 어린이가 가진 정신능력만 있으면 충분하다고 보는 것이지요.

## 유언 철회

- 유언은 언제든지 철회할 수 있습니다.
▶ [제1108조(유언의 철회) ① 유언자는 언제든지 유언 또는 생전행위로써 유언의 전부나 일부를 철회할 수 있다. ② 유언자는 그 유언을 철회할 권리를 포기하지 못한다.]

- 유언장을 찢어도 철회로 봅니다. 주려고 했던 그 목적물을 망가뜨린 경우에도 철회로 봅니다.
▶ [제1110조(파훼로 인한 유언의 철회) 유언자가 고의로 유언증서 또는 유증의 목적물을 파훼한 때에는 그 파훼한 부분에 관한 유언은 이를 철회한 것으로 본다.]

## 유언 저촉

- 두 번의 유언이 있었는데 서로 저촉되는 내용이 있거나 혹은 유언을 한 뒤 유언과 저촉되는 행동을 한 경우가 있으면 앞의 유언은 철회한 것으로 봅니다.

▶ [제1109조(유언의 저촉) 전후의 유언이 저촉되거나 유언후의 생전행위가 유언과 저촉되는 경우에는 그 저촉된 부분의 전유언은 이를 철회한 것으로 본다.]

- 아래 판례가 두 차례 남긴 유언이 저촉되는 경우를 다루고 있습니다. 그러나 저촉되는 부분만 철회한 것으로 보는 게 아니라 따로 앞의 유언 가운데 '이건 그대로 한다'고 언급한 게 아니라면 다른 것도 철회했다고 봐야 한다고 판시하고 있습니다.

▶ (대전지방법원 2015. 10. 14. 선고 2014가합106384 판결 항소 [부당이득금]

……1) 민법 제1067조에서 정하는 녹음에 의한 유언은 유언자가 유언의 취지, 그 성명과 연월일을 구술하고 이에 참여한 증인이 유언의 정확함과 그 성명을 구술하여야 한다고 할 것인바, 이 사건에서 보건대, 이 사건 녹음에 의한 유언은 앞서 본 것과 같이 민법 제1067조에서 정하는 방식에 따라 작성된 것으로 유효하다. 한편 유언자는 언제든지 유언 또는 생전행위로서 유언의 전부나 일부를 철회할 수 있고(민법 제1108조 제1항), 전후의 유언이 저촉되거나 유언 후의 생전행위가 유언과 저촉되는 경우에는 그 저촉된 부분의 전유언은 이를 철회한 것으로 보는바(민법 제1109조), 망인이 이 사건 공정증서를 작성한 이후에 위 공정증서의 내용과는 달리 망인의 재산을 법정

상속분대로 나누라는 내용의 이 사건 녹음에 의한 유언을 한 사실 역시 앞서 본 것과 같으므로, 이 사건 공정증서에 의한 유언은 이 사건 녹음에 의한 유언의 내용과 저촉되어 철회된 것으로 봄이 타당하고, 망인이 이 사건 녹음에 의한 유언을 통해 별도로 유언집행자를 지정하지 않았으므로 위 공정증서에 의한 유언에서 유언집행자를 원고로 지정한 부분도 함께 철회되었다고 봄이 타당하다. 2) 이에 대하여 원고는 망인은 이 사건 녹음에 의한 유언 당시 유언일자조차도 제대로 진술하지 못하여 여러 차례 같은 내용을 녹음한 사실이 있고, 당시 폐암 말기의 병증으로 상태가 매우 좋지 않았던 것에 비추어 보면, 망인의 의사능력 및 인지능력이 매우 떨어져 있는 상태에서 진실한 의사에 반하여 이 사건 녹음에 의한 유언을 한 것으로 위 유언은 무효라고 주장하므로 보건대, 갑 제11, 13호증의 각 기재, 증인 소외 8의 증언에 의하면, 망인은 이 사건 녹음에 의한 유언을 한 당일 오전에 사설응급차를 통해 대전 둔산2동 주민센터를 방문하여 본인의 인감증명서와 주민등록표등본을 발급받기도 한 점, 망인에 대한 진료기록부에 의하면, 망인은 2014. 7. 24.부터 구토 등 심한 통증을 호소하고 2014. 7. 30. 섬망(의식장애와 내적인 흥분의 표현으로 볼 수 있는 운동성 흥분을 나타내는 병적 정신상태)의 증상을 보였다고 기재되어 있는 반면, 이 사건 녹음에 의한 유언을 할 당시에 망인의 의식이 명료하지 않다거나 특별한 이상행동들이 있다는 기재는 찾아볼 수 없는 점 등을 알 수 있고, 이러한 사정 및 이 사건 변론에 나타난 여러 사정들을 고려하면, 원고가 주장하는 위와 같은 사정들 및 갑 제34, 35, 39, 48, 49호증의 각 기재만으로는 망인이 의사능력을 상실한 상태에서 이 사건 녹음에 의한 유언 당시 그 유언의 법률적 의미나 효과를 정상적으로 이해하지 못한 채 진실한 의사에 반하여 유언을 하였다고 인정하기에 부족하고, 달리 이를 인정할 증거가 없다.)

- 저촉에 해당하는 내용이 두 가지였죠. 위에서 다룬 판례는 두 개의 유언장이었고, 이번에는 생전행위로 인한 저촉을 살펴봅시다. 생전행위란 예컨대 유언장에서는 '너에게 이 집 주겠다'고 했다가 덜컥 집을 다른 사람에게 팔거나 증여하는 등의 경우를 말합니다. 이 유언장에는 이밖에도 '동생에게는 저 집을 주겠다', 막내에게는 'A 회사 주식을 주겠다'고 적혀 있습니다. 이때 생전행위로 인해 나머지 유언들도 다 철회가 된 것으로 보아야 할까요? 설령 유언장에 위배되는 생전행위가 있었더라도 성질이 다른 내용에 대해서는 철회한 것으로 볼 수 없다는 게 아래 판례의 입장입니다. 또한 생전행위는 입증이 되어야 한다고 판시하고 있습니다.

▶ **(대법원 1998. 6. 12. 선고 97다38510 판결 [주주명의개서절차이행]** ……유언 후의 생전행위가 유언과 저촉되는 경우에는 민법 제1109조에 의하여 그 저촉된 부분의 전유언은 이를 철회한 것으로 봄은 소론과 같으나, 이러한 생전행위를 철회권을 가진 유언자 자신이 할 때 비로소 철회 의제 여부가 문제될 뿐이고 타인이 유언자의 명의를 이용하여 임의로 유언의 목적인 특정 재산에 관하여 처분행위를 하더라도 유언철회로서의 효력은 발생하지 아니하며, 또한 여기서 말하는 '저촉'이라 함은 전의 유언을 실효시키지 않고서는 유언 후의 생전행위가 유효로 될 수 없음을 가리키되 법률상 또는 물리적인 집행불능만을 뜻하는 것이 아니라 후의 행위가 전의 유언과 양립될 수 없는 취지로

행하여졌음이 명백하면 족하다고 할 것이고, 이러한 저촉 여부 및 그 범위를 결정함에 있어서는 전후 사정을 합리적으로 살펴 유언자의 의사가 유언의 일부라도 철회하려는 의사인지 아니면 그 전부를 불가분적으로 철회하려는 의사인지 여부를 실질적으로 그 집행이 불가능하게 된 유언 부분과 관련시켜 신중하게 판단하여야 한다.

원심판결의 이유에 의하면, 원심은 거시 증거에 의하여 위 망인은 이 사건 유서를 작성한 후 재혼한 사실, 또한 그 유서에서 피고에게 분배하기로 한 소외 한일여객 주식회사 발행의 주식 4,410주를 그 생전에 처분한 사실을 인정하면서도 그러한 생전행위로 인하여 원고에게 소외 대한영화 주식회사 발행의 이 사건 주식 전부를 분배하기로 한 유언 부분이 철회되었거나 어떠한 영향을 받았다고 볼 수 없다고 판단함과 아울러, 위 망인이 제주의료원에서 입원치료중이던 1994. 7. 3. 피고에게 위 대한영화 주식회사 발행의 이 사건 주식 50%를 증여함으로써 그와 저촉하는 범위 내에서 위 유언은 철회된 것으로 보아야 한다는 피고의 주장에 대하여는 증여사실을 인정할 만한 증거가 없다는 이유로 배척하였는바, 기록에 의하면 원심의 이러한 판단은 수긍이 가고……)

- 저촉이나 생전행위, 파훼 등을 통해 유언을 철회할 수 있다는 말은 유언자가 사망하기 전까지는 유언과 관련된 유언자의 자유를 인정하고 있다는 얘기입니다. 한마디로 '유언은 유언자 마음대로'죠. 유언자가 아직 사망도 하지 않았는데 재산을 받기로 한 사람들(수유자)이 나서서 뭐라고 할 수는 없습니다. 수유자는 유언자 사망 전까지 유산에 대해서 아무런 권리가 없습니다. 당연히 이 자유를

제한하는 어떠한 약속이나 계약서도 다 무효가 됩니다. 아래 판례는 '유언철회의 자유'는 법조항으로 보장되고 있다는 내용을 담고 있습니다(내용 전체가 유언철회의 자유에 대한 이야기이므로 따로 밑줄 없습니다).

▶ **(대법원 2015. 8. 19. 선고 2012다94940 판결 [소유권이전등기]** ……가. 민법 제1108조 제1항에 의하면 유언자는 언제든지 유언 또는 생전행위로써 유언의 전부나 일부를 철회할 수 있고, 유언 후의 생전행위가 유언과 저촉되는 경우에는 민법 제1109조에 의하여 그 저촉된 부분의 전유언은 이를 철회한 것으로 본다(대법원 2002. 6. 25. 선고 2000다64427 판결 등 참조). 또한 민법 제1073조 제1항에 의하면 유언은 유언자가 사망한 때로부터 그 효력이 생기고, 유언자는 위와 같이 생전에 언제든지 유언을 철회할 수 있으므로, 일단 유증을 하였더라도 유언자가 사망하기까지 수유자는 아무런 권리를 취득하지 않는다고 보아야 한다. 나. 그런데 기록에 의하면, 이 사건 약정 제4조 전단은 유언자인 소외인이 이 사건 공정증서에 기한 유언을 수정하고자 할 경우 원고 및 피고들의 동의를 얻도록 함으로써 민법 제1108조 등에 의하여 인정되는 소외인의 유언철회의 자유를 제한하고 있으므로 무효라고 보아야 하고, 나아가 이 사건 약정 제4조 후단 및 제5조 또한 비록 소외인을 제외한 원고와 피고들 사이의 약정이라고 하더라도 유언자인 소외인이 원고 및 피고들의 동의 없이 유언의 전부 또는 일부를 철회하거나 이에 저촉되는 생전행위를 하는 경우에도 그 수유자인 원고와 피고들 사이에서는 전유언대로 협의하거나 그에 따른 분배로 보아 상호 간의 지분을 인정해 주기로 하는 등 소외인의

위와 같은 행위의 효력을 부정함으로써 사실상 소외인의 유언 철회행위를 무력화하는 셈이 되어 민법 제1108조 등에 의하여 역시 무효라고 볼 수밖에 없다. 또한 기록에 의하면, 이 사건 약정 제4조 후단 및 제5조는 수유자인 원고 및 피고들이 유언자인 소외인이 사망하여 유언의 효력이 발생하기도 전에 그 유언에 의하여 취득할 권리의 처리에 관한 사항을 미리 정하고 있는 것이므로, 앞서 본 유언의 성질에 비추어 보더라도 그 효력을 인정하기는 어렵다.)

## 조건부 유언

- 보다 정확히는 '부담 있는 유언'이라고 부르는 게 있습니다. '네가 이걸 지키면 재산을 물려주고, 아니면 안 줄 거야.' 하고 조건을 내거는 것이죠. 만일 그가 조건을 이행하지 못하면 어떻게 될까요? 그때는 법원에 유언의 취소를 청구할 수 있습니다. 그런데 이미 유언자는 고인이 되셨습니다. 누가 하죠? 이 경우, 취소의 주체는 또 다른 상속인이나 유언집행자가 됩니다. 유언집행자란, 유언자 대신 유언을 실현하는 사람을 말합니다. 유인자가 직접 지휘 수도 있고, 혹은 다른 사람에게 부탁해서 지정해도 되죠(민법 제1093조). 유언집행자가 따로 없을 때는 상속인이나 혹은 가정법원에서 선임하게 됩니다(민법 제1095조, 제1096조). 참고로 미성년자, 피후견인 등은 유언집행자가 되지 못합니다.

▶ [**제1111조(부담 있는 유언의 취소)** 부담 있는 유증을 받은 자가 그 부담의무

를 이행하지 아니한 때에는 상속인 또는 유언집행자는 상당한 기간을 정하여 이행할 것을 최고하고 그 기간내에 이행하지 아니한 때에는 법원에 유언의 취소를 청구할 수 있다. 그러나 제삼자의 이익을 해하지 못한다.]

### 유언의 효력

- 유언은 언제부터 힘을 발휘할까요? 유언자가 사망하면 그와 동시에 유언이 효력을 갖습니다. 다만 조건부 유언의 경우, 조건이 달성되기 전까지 유언 효력을 정지시킬 수 있습니다. 이런 조건을 '정지조건'이라고 부르죠. 이 경우에는 조건을 달성할 때가 유언이 효력을 갖게 되는 때입니다(민법 제1073조).

### 혹시 모를 일을 대비해 검인 받기

- 총 5가지 유언 방법 가운데 공정증서, 구수증서는 법률적으로 확인을 받는 절차가 따로 있습니다. 그러나 자필증서, 녹음, 비밀증서(확정일자 도장을 받기는 하나 검인은 아님)는 따로 없죠. 이 세 종류의 유언은 유언자가 사망하면 바로 법원에 제출하여 검인을 청구하면 좋습니다. 보관 중이었다면 보관하던 사람이, 혹은 집에서 발견한 사람이 있다면 발견한 사람이 하면 됩니다. 이건 차후에 생길 다

툼을 사전에 없애기 위한 것이지 검인을 받지 않으면 유언이 무효라는 말이 아닙니다(민법 제1091조). 참고로 법원에서 유언증서를 열어볼 때는 상속인 등이 참여해야 합니다(민법 제1092조).

▶ **(대법원 1998. 5. 29. 선고 97다38503 판결** …… 민법 제1091조 제1항에 규정된 유언증서에 대한 법원의 검인은, 유언의 방식에 관한 사실을 조사함으로써 위조·변조를 방지하고, 그 보존을 확실히 하기 위한 절차에 불과할 뿐, 유언증서의 효력 여부를 심판하는 절차가 아니고, 민법 제1092조는 봉인된 유언증서를 검인하는 경우 그 개봉 절차를 규정한 데 불과하므로, 적법한 유언증서는 유언자의 사망에 의하여 곧바로 그 효력이 발생하고, 검인이나 개봉 절차의 유무에 의하여 그 효력에 영향을 받는 것은 아니다.)

# 상속 받을지 말지 선택하기

### 3가지 선택지

- 유산은 적극 재산 빼기 소극 재산으로 계산하죠. 이때 '소극 재산'이 갚아야 할 돈입니다. 아직 안 낸 세금이나 빌린 돈 등이 다 소극 재산에 속합니다. 만약 계산한 값이 마이너스(-)라면 어떻게 합니까? 상속을 받지 않으면 됩니다. 상속포기입니다. 반면 계산한 값이 플러스(+)라면 상속을 받으면 되죠. 상속승인입니다. 그런데 숨겨진 빚이 있을 수도 있습니다. 그런 의구심이 들 때는 한정승인이라는 안전장치가 있죠. 아무리 갚아야 할 빚이 많더라도 물려받은 재산 안에서만 갚겠다는 겁니다.

- 이처럼 상속승인, 상속포기, 한정승인 세 가지가 상속인이 택할 수 있는 선택지가 됩니다. 이를 조금 어렵게 표현하면 다음과 같이 됩니다.

    **상속승인** : 피상속인의 권리·의무를 포괄적으로 승계하는 것을 인정하는 것
    **상속포기** : 상속의 효과를 부인하여 상속재산의 승계를 거부하는 것(상속인이 상속을 포기하면 다른 상속인이 승계)
    **한정승인** : 피상속인의 채무를 상속재산의 한도 내에서 변제하겠다고 하는 의사표시

- '피상속인'이란 고인이 되신 분, 즉 재산을 남기고 돌아가신 분입니다. '피' 자가 들어가면 상대어가 있다고 했습니다. '피상속인'의 짝은 '상속인'입니다. '피상속인의 권리·의무'란 어렵게 생각할 것 없이 재산과 관련된 것으로 보면 됩니다. 권리는 부동산 등의 소유권이겠지요? 의무란 갚아야 하는 것을 말합니다('채무'의 '무'가 '의무'를 뜻하는 말이고, '채권'의 '권'이 '권리'를 뜻하는 말입니다.). 따라서 '피상속인이 권리·의무'란 '고인이 남긴 적극 재산에 대한 소유권과 소극 재산을 지불해야 할 의무'라고 이해하면 충분합니다.

- '포괄적으로'라는 말은 뭘까요? '포괄'의 상대어는 '특정'입니다. 특정은 '콕 집어 정한다'는 것이죠. 예를 들어 '내가 가진 재산 가운데 자동차를 첫째 아들에게 주겠다'고 하면 자동차를 특정한 것이

됩니다. 반면 내가 가진 재산의 전부나 혹은 일정 비율(예를 들어 30%)을 둘째 딸에게 주겠다고 하면 그때는 '포괄'이라는 단어를 써서 '포괄적 유증'이라고 합니다. 대충 그런 뜻입니다. 따라서 '포괄적 승계'란 고인이 가졌던 권리와 의무 가운데 '이건 좀 거북한데.' 하고 뺄 수 없다는 얘기죠. 받으려면 다 받고 싫으면 다 포기해야 합니다. 그게 상속승인에서 말하는 '포괄적 승계'의 의미입니다.

- 이 세 가지 방법 가운데 첫째 상속승인을 빼고 나머지 둘(상속포기, 한정승인)은 민법 제1030조와 제1041조의 절차에 따라 가정법원에서 심판을 받아야 합니다. '심판'이라니 말이 좀 무섭습니다만, 아무것도 아닙니다. 가정법원에 서류 준비해서 제출하면 대개 완료됩니다.

- 상속포기와 관련해서 한 가지 기억할 게 있습니다. 상속순위입니다. 1순위자 가운데 한 명이 포기하면 상속분(상속의 지분)이 동순위자들에게 넘어가고, 동순위자가 다 포기하면 다음 순위자에게 상속권이 넘어갑니다. 선순위자가 포기할 때마다 후순위자에게 순번이 돌아갑니다. 이게 은근히 골치 아픈 문제가 됩니다. 특히 소극 재산이 더 많다는 사실을 알고 있는 경우에는 누구라도 상속을 승인하고 싶지 않겠죠. 그런데 선순위자가 상속을 포기하면 후순위자들도 줄줄이 법원에 가서 '상속포기'를 해야 합니다. 특별한 사정 때문에 그러는 게 아니라면 상속포기보다는 선순위자가 한정승

인을 하는 게 현실적으로 바람직한 해결책입니다.

- 만일 상속인이 제한능력자(미성년자, 피성년후견인, 피한정후견인, 피특정후견인, 피임의후견인 등)일 때는 상속승인 혹은 포기는 어떻게 할까요? 친권자나 후견인이 있다면 그들이 대리하거나 혹은 동의해야 합니다. 후견 감독인(후견인을 감독하는 기관)이 있는 경우에는 이 기관의 동의를 얻어야 합니다(민법 제950조 제1항 제6호).

- 한편 제한능력자의 친권자나 후견인이 공동상속인인 경우가 있습니다. 이 경우, 친권자와 후견인이 법률상 제한능력자와 이해관계가 상충할 수 있습니다. 즉 상속인인 친권자가 미성년자인 자녀의 상속을 포기하기로 결정하면 이건 좀 이상할 수 있습니다. 그래서 미성년자와 친권자 등이 상속의 한정승인이나 포기를 하는 경우에는 민법 제921조에 따라 반드시 특별대리인 선임을 검토해야 하고, 필요하면 가정법원에 선임신청을 해야 합니다. 이외의 경우는 친권자가 그대로 대리해도 됩니다.

### 3개월 안에 선택

- 승인 혹은 포기를 결정하는 시간은 정해져 있습니다. 3개월을 넘기면 안 됩니다. 언제부터 3개월일까요? 고인이 사망한 시점? 아닙

니다. 이때는 상속인이 상속이 개시되었다는 사실을 '알게 된 날'로부터 3개월 이내가 됩니다. 예를 들어 고인이 3월 20일에 사망하였고, 마침 연락이 닿지 않던 상속인이 4월 25일에 고인의 사망 소식(=상속이 개시되었다는 사실)을 알았다면 3월 20일이 아닌, 4월 25일부터 3개월이 선택의 시간이 됩니다.

▶ [제1019조(승인, 포기의 기간) ① 상속인은 상속 개시 있음을 안 날로부터 3월 내에 단순승인이나 한정승인 또는 포기를 할 수 있다. 그러나 그 기간은 이해관계인 또는 검사의 청구에 의하여 가정법원이 이를 연장할 수 있다. ② 상속인은 제1항의 승인 또는 포기를 하기 전에 상속재산을 조사할 수 있다. ③ 제1항의 규정에 불구하고 상속인은 상속채무가 상속재산을 초과하는 사실을 중대한 과실 없이 제1항의 기간 내에 알지 못하고 단순승인(제1026조 제1호 및 제2호의 규정에 의하여 단순승인한 것으로 보는 경우를 포함한다)을 한 경우에는 그 사실을 안 날부터 3월내에 한정승인을 할 수 있다.]

▶ (대법원 1988. 8. 25. 자 88스10,11,12,13 결정 [재산상속포기] ……민법 제1019조 제1항 본문에 의하면 재산상속인은 상속개시 있음을 안 날로부터 3월 내에 상속을 포기할 수 있게 규정되어 있는 바 여기에서 상속개시 있음을 안 날이라 함은 상속인이 상속개시의 원인 되는 사실의 발생(즉 피상속인의 사망)을 앎으로써 자기가 상속인이 되었음을 안 날을 말하는 것이지 상속재산의 유무를 안 날을 뜻하거나 상속포기제도를 안 날을 의미하는 것은 아니다.)

• 제1019조를 보면 기간 연장이 가능하다는 내용과, 승인이나 포기를 결정하기 전에 상속재산이 얼마나 되는지 조사할 수 있다는 등

의 내용이 있죠. 그리고 한정승인과 관련하여 중요한 내용이 있습니다. 1) 중대한 과실 없이 채무가 더 많다는 사실을 모르고 2) 단순승인을 한 경우, 3) 채무가 더 많다는 사실을 알게 된 날로부터 3개월 안에 한정승인을 할 수 있다는 내용입니다. 이때 단순승인이란 따로 가정법원에 의사표시 없는 경우(혹은 고인의 통장에서 돈을 찾거나 하는 경우도 포함)에 상속을 승인한 것으로 인정하는 것입니다. 포기와 한정승인이 아니라면 굳이 가정법원에 찾아갈 필요가 없어지는 것이죠. 아무튼, 단순승인을 했는데 숨어 있던 채무가 나타날 수 있습니다. 그런 상황을 말하는 것이죠. 이때, 중대한 과실이 없다는 전제 아래 3개월 안에 한정승인으로 바꿀 수 있다는 얘기입니다. 이를 '특별한정승인'이라고 하죠. 뒤에 살펴봅니다.

- 제한능력자의 경우에는 승인, 포기 등의 의사결정을 위해 친권자나 후견인이 필요합니다. 이때도 3개월이라는 시간이 동일하게 적용되는데 '누가' 상속이 개시되었는지 아는 게 중요합니다. 제한능력자가 아니라 친권자나 후견인이 알게 된 때로부터 3개월입니다.

▶ [제1020조(제한능력자의 승인·포기의 기간) 상속인이 제한능력자인 경우에는 제1019조 제1항의 기간은 그의 친권자 또는 후견인이 상속이 개시된 것을 안 날부터 기산한다.]

- 아버지가 사망한 지 아직 3개월이 지나지 않았을 때입니다. 그의 자녀는 아직 승인도 포기도 결정하지 못하고 있었습니다. 그러다

불의의 사고로 목숨을 잃었죠. 이 경우, 사망한 자녀에게 의사를 물을 수 없으므로 대안이 필요합니다. 어떻게 할까요? 사망한 자녀에게도 상속인이 있을 겁니다. 그 상속인이 '자녀의 사망'을 알게 된 날을 시작일로 하여 3개월 내에 승인, 포기를 결정해야 합니다. 참고로, '자녀의 사망'으로 상속인이 되는 경우는 후순위자이거나 자녀의 배우자나 자식인 경우를 생각해 볼 수 있습니다. 다만 이런 경우는 대습상속이 아니어서 상속이 두 차례에 걸쳐 일어나게 됩니다. 사망한 아버지 → 사망한 자녀 → 사망한 자녀의 배우자나 자식으로 재산이 차례대로 이동하게 됩니다.

▶ [제1021조(승인, 포기기간의 계산에 관한 특칙) 상속인이 승인이나 포기를 하지 아니하고 제1019조 제1항의 기간 내에 사망한 때에는 그의 상속인이 그 자기의 상속 개시 있음을 안 날로부터 제1019조 제1항의 기간을 기산한다.]

## '상속 개시 있음을 안 날'에 대한 새로운 판례

- '상속 개시 있음을 안 날'이란 보통 고인이 사망한 사실을 안 날로 해석됩니다. '아버지가 돌아가셨대.' 하고 형제들에게 전화를 돌리면 그날이 '상속 개시 있음을 안 날'이 되는 것이죠. 그런데 선순위자인 상속인이 상속을 포기했다는 사실을 모르거나 혹은 알더라도 내가 다음 상속인이 된다는 사실을 모르는 경우가 있을 수 있습니다. 이럴 때는 '상속 개시 있음을 안 날'을 '고인의 사망을 안

날'이 아니라 '내가 상속인이 되었음을 안 날'로 봐야 한다는 게 아래 판례의 핵심입니다. 물론 단순히 '내가 상속인인 줄 몰랐다'고 주장만 해서는 안 되며, 판사는 후순위 상속인이 이런 사실을 몰랐을 것으로 추정되는 정황을 살피게 됩니다. 그 정황은 판례의 (3)번에서 다루고 있습니다.

▶ **(대법원 2005. 7. 22. 선고 판결 [구상금]** ……(1) 상속인은 상속개시 있음을 안 날로부터 3월 내에 상속의 포기를 할 수 있는바(민법 제1019조 제1항), 여기서 상속개시 있음을 안 날이라 함은 상속개시의 원인이 되는 사실의 발생을 알고 이로써 자기가 상속인이 되었음을 안 날을 말한다고 할 것인바(대법원 1969. 4. 22. 선고 69다232 판결), 피상속인의 사망으로 인하여 상속이 개시되고 상속의 순위나 자격을 인식함에 별다른 어려움이 없는 통상적인 상속의 경우에는 상속인이 상속개시의 원인사실을 앎으로써 그가 상속인이 된 사실까지도 알았다고 보는 것이 합리적이다(대법원 1984. 8. 23.자 84스17-24 결정, 1986. 4. 22.자 86스10 결정, 1988. 8. 25.자 88스10, 11, 12, 13 결정 등 참조). 그러나 종국적으로 상속인이 누구인지를 가리는 과정에 사실상 또는 법률상의 어려운 문제가 있어 상속개시의 원인사실을 아는 것만으로는 바로 자신이 상속인이 된 사실까지 알기 어려운 특별한 사정이 존재하는 경우도 있으므로, 이러한 때에는 법원으로서는 '상속개시 있음을 안 날'을 확정함에 있어 상속개시의 원인사실뿐 아니라 더 나아가 그로써 자신의 상속인이 된 사실을 안 날이 언제인지까지도 심리, 규명하여야 마땅할 것이다. (2) 선순위 상속인으로서 피상속인의 처와 자녀들이 모두 적법하게 상속을 포기한 경우에는 피상속인의 손(孫) 등 그 다음의 상속순위에 있는 사람

이 상속인이 되는 것이나(대법원 1995. 4. 7. 선고 94다11835 판결, 1995. 9. 26. 선고 95다27769 판결 등 참조), 이러한 법리는 상속의 순위에 관한 민법 제1000조 제1항 제1호(1순위 상속인으로 규정된 '피상속인의 직계비속에는 피상속인의 자녀뿐 아니라 피상속인의 손자녀까지 포함된다.)와 상속포기의 효과에 관한 민법 제1042조 내지 제1044조의 규정들을 모두 종합적으로 해석함으로써 비로소 도출되는 것이지 이에 관한 명시적 규정이 존재하는 것은 아니어서 일반인의 입장에서 피상속인의 처와 자녀가 상속을 포기한 경우 피상속인의 손자녀가 이로써 자신들이 상속인이 되었다는 사실까지 안다는 것은 오히려 이례에 속한다고 할 것이다. 따라서 이와 같은 과정에 의해 피고들이 상속인이 된 이 사건에 있어서는 상속인이 상속개시의 원인사실을 아는 것만으로 자신이 상속인이 된 사실을 알기 어려운 특별한 사정이 있다고 보는 것이 상당하다 하겠다. (3) 한편, 기록에 의하면, 소외 2 외 4인이 상속포기를 한 것은 망인에게 채무가 과다함을 알고 그 채무가 상속되는 일을 막고자 함에 이유가 있었는데, 앞서 본 바와 같이 그들의 상속포기로 인하여 다음 순위 상속인인 그들의 자녀들이 그 채무를 상속하게 될 것이므로 종국적으로 채무상속방지의 목적을 달하기 위해서는 당연히 그들의 자녀인 피고들 이름으로도 상속포기신고를 하여야 하는데도 그 조치까지 나아가지 않은 사실, 그 후 원고가 망인의 처 및 소외 2 외 4인을 상대로 제기한 이 사건 구상금청구 소송에서 소외 2 외 4인의 상속포기 사실이 드러나자 원고는 2002. 10. 4. 피고를 소외 2 외 4인으로부터 그 다음 순위의 상속권자인 현재의 피고 및 제1심상피고 1, 제1심상피고 2로 정정하는 당사자표시정정신청을 하였고, 이에 피고들(그 중 미성년자인 사람은 그 법정대리인들이 대리)은 부랴부

랴 자신의 이름으로 상속포기신고를 한 사실이 인정되는바, 상속의 과정에는 앞서 본 바와 같이 종국적인 상속인이 누구인지 즉각 알기 어려운 특별한 사정이 인정되는 이 사건에 있어, 경험칙에 비추어 상속포기로써 채무 상속을 면하고자 하는 사람이 그 자녀 이름으로 상속포기신고를 다시 하지 않으면 그 채무가 고스란히 그들의 자녀에게 상속될 것임을 알면서도 이를 방치하지는 않았으리라는 점, 피고들 또는 그 법정대리인이 이 사건 소송과정에서 원고의 피고표시정정신청이 있은 후 바로 상속포기를 하였다는 점 등을 염두에 두고 위 인정의 사실관계를 조명하여 보면, 피고들 또는 그 법정대리인은 당초 망인의 처와 소외 2 외 4인이 상속포기를 함으로써 그 다음 상속순위에 있는 피고들이 상속인이 된다는 사실을 알지 못하고 있다가 원고의 당사자표시정정신청에 의하여 비로소 이를 알게 되어 그제야 피고들 이름으로 상속포기신고를 한 것이라고 볼 여지가 충분히 있다 하겠다. 그렇다면 원심으로서는 이 점에 관하여 더 심리하여 피고들이 상속인이 된 사실을 알게 된 날을 확정하고 난 후에 그들이 2002. 11. 7. 상속포기신고를 한 것이 적법한지 여부를 판단하였어야 함에도 단지 위 신고가 선순위 상속인들이 한 상속포기의 효력이 발생한 후 3개월이 지나 이루어졌다는 점만을 들어 상속포기의 효력을 부정하였으니, 이러한 원심의 판단에는 상속개시 있음을 안 날의 해석에 관한 법리를 오해하였거나 심리를 다하지 못하여 판결에 영향을 미친 위법이 있다고 할 것이다.)

## 승인이나 포기는 원칙적으로 취소 불가능

- 3개월이 아직 지나지 않았더라도 상속승인, 상속포기는 원칙적으로 취소할 수 없습니다. 그러나 예외는 있죠. 상속인이 승인 혹은 포기를 했는데 그게 착오 때문일 수 있습니다. 속아서 그럴 수도 있습니다. 누군가 위협해서 그럴 수도 있습니다. 이처럼 착오, 사기, 강박 등의 이유가 있을 때는 취소가 가능합니다. 이를 '취소권'이라고 하지요.

▶ [제1024조(승인, 포기의 취소금지) ① 상속의 승인이나 포기는 제1019조 제1항의 기간 내에도 이를 취소하지 못한다. ② 전항의 규정은 총칙편의 규정에 의한 취소에 영향을 미치지 아니한다. 그러나 그 취소권은 추인할 수 있는 날로부터 3월, 승인 또는 포기한 날로부터 1년 내에 행사하지 아니하면 시효로 인하여 소멸된다.]

## 추인

- 제1024조에 보면 취소권에 제한 시간이 있다고 나오죠? '시간'이 등장하면 시작시점부터 알아야 합니다. 법조문에는 1) 추인할 수 있는 날로부터 3개월, 2) 승인 또는 포기한 날로부터 1년 내라고 되어 있네요. 2번은 어렵지 않습니다. 자신이 언제 승인했는지 포기했는지 그 날짜만 알면 되니까요(단순승인처럼 아무 의사를 표현하

지 않고 있는 상태에서 아직 3개월이 지나지 않았다면 아직 아무런 결정도 하지 않았으니 취소할 필요도 없겠죠? 그러나 3개월이 지나면 그때는 형식을 갖춰서 취소권을 행사해야 합니다.). 그런데 추인할 수 있는 날은 또 뭔가요? 상속포기나 승인 등은 법률행위라고 합니다. 가정법원에 신고했다면 그 자체로 완성이 되는 행위들이죠. 그런데 착오 등이 있었음을 아는 순간, 이 법률행위는 불완전해집니다. 그렇다면 어떤 식이든 자신의 법률행위를 완전하게 만들어야 합니다. 취소든 원래의 결정을 인정하든. 이때 취소하지 않고 처음 그대로 하겠다고 결정하는 것을 '추인'이라고 합니다(원래대로 하겠다는 것이므로 아무것도 하지 않으면 됩니다.). '추인할 수 있는 날'은 따라서 '착오 등이 있었다는 사실을 알게 된 날'을 의미합니다. 그 날을 기준으로 3개월 내에 취소든 추인이든 하면 됩니다(취소는 가정법원에 신고서를 작성해서 제출하면 됩니다.).

- 3개월과 1년의 관계는 앞에서도 한 번 다룬 적이 있습니다. 첫 승인 혹은 포기가 있었던 날로부터 1년이지만 만일 1년이 지난 뒤에 착오에 의한 상속포기였음을 알게 되면 '알게 된 그 날'로부터 3개월 내에 취소가 된다는 얘기입니다. 그러므로 1년이라는 최소 기간이 주어지며, 상황에 따라(착오, 사기 등 사유가 있음을 알게 되는 경우) 더 길어질 수도 있으나 그 시간은 알게 된 후 3개월까지죠.

## 첫째, 단순승인

- 상속할 건지 말 건지 아무런 의사표시가 없을 때도 3개월이 지나면 상속을 승인한 것으로 봅니다. 이를 '단순승인'이라고 하죠. 상속을 받기로 결정한 사람은 가정법원에 갈 필요 없이 3개월이 지나기만 기다리면 확정되는 셈입니다. 단순승인을 하면 적극 재산(권리)과 소극 재산(의무) 모두 상속인이 물려받게(승계) 됩니다.
- ▶ [제1025조(단순승인의 효과) 상속인이 단순승인을 한 때에는 제한 없이 피상속인의 권리의무를 승계한다.]

- 이밖에도 단순승인으로 보는 몇 가지 사례가 있습니다.
- ▶ [제1026조(법정단순승인) 다음 각 호의 사유가 있는 경우에는 상속인이 단순승인을 한 것으로 본다. 1. 상속인이 상속재산에 대한 처분행위를 한 때 2. 상속인이 제1019조제1항의 기간내에 한정승인 또는 포기를 하지 아니한 때 3. 상속인이 한정승인 또는 포기를 한 후에 상속재산을 은닉하거나 부정소비하거나 고의로 재산목록에 기입하지 아니한 때]

- 제1항의 키워드는 '처분행위'입니다. 처분행위란, 예컨대 고인의 통장에서 돈을 빼서 쓴 경우를 말합니다. 통장에서 뺀 것까지는 처분행위가 아니지만 이 돈을 써버리면 처분이 되죠. 부동산 등기를 이전하거나 팔거나 부동산으로 돈을 빌리거나 다 마찬가지로 처분행위에 속합니다. 부동산 소유권을 가진 사람만이 할 수 있는 일

이 처분행위라고 보면 됩니다. 제1항은 처분행위를 금지한다는 게 아니라 그런 행위를 하면 상속승인의 의지가 있다고 보고 '단순승인'으로 판단한다는 얘기죠. 상속을 할지 말지 아직 고민 중인데 통장에 있는 돈을 꺼내서 쓴다면 법원은 단순승인을 한 것으로 보게 되므로 주의해야 합니다.

- 아버지가 돌아가시자 남은 재산을 알아보던 상속인들은 아버지에게 종이증권(증권 실물, 이제는 사라졌다.)이 있었다는 사실을 기억하고 찾았으나 행방불명. 알고 보니 누군가 이를 갖고 있었고(점유), 이들을 상대로 '주권반환청구소송'을 제기합니다. 그런데 사실 이들은 아버지에게 받을 돈이 있었던 채권자들이었고, 그 빚이 유산으로 도저히 감당하기 어려운 수준이라서 상속을 포기하고 동시에 주권반환청구소송도 취하하고 맙니다. 여기서 관점을 채권자들로 옮겨봅시다. 채권자들은 돈을 받아야 하는데 상속인들이 상속포기를 했다는 사실을 알게 되면서 고심에 빠지죠. 머리를 씁니다. 상속을 포기하기 전에 주권반환청구소송을 제기했었다는 사실에 주목하죠. 이 소송을 청구했다는 것은 그 자체로 증권의 소유자만 할 수 있는 '처분행위'가 아닐까? 만일 이게 처분행위에 속한다면 단순승인을 한 것이 되므로 상속인들에게 빚을 갚으라고 할 수 있겠죠. 그러나 판례에서는 소송 제기 자체는 '처분행위'가 아니라 '보존행위(현상 유지를 위한 행위)'라고 판단을 내려줍니다. 보존행위나 관리행위(예를 들어 부동산을 임대하거나 고치거나)는 단순승인으로

보지 않으므로 상속포기가 된다는 애기입니다.

▶ **(대법원 1996. 10. 15. 선고 96다23283 판결 [대여금]** ……원심은 피고들이 상속포기신고를 하기에 앞서 1993. 10. 7. 소외 주식회사 제○은행을 상대로 피고들의 피상속인인 소외인의 소유이었던 주권에 관하여 주권반환청구소송을 제기한 것이 민법 제1026조 제1호가 정하는 처분행위에 해당하지 아니한다고 판단하였는바, 권원 없이 공유물을 점유하는 자에 대한 공유물의 반환청구는 공유물의 보존행위라 할 것이므로(당원 1966. 4. 19. 선고 65다2033 판결, 1968. 9. 17. 선고 68다1142, 1143 판결 등 참조), 원심의 위와 같은 판단은 정당하고, 여기에 논하는 바와 같이 상속인의 법정 단순승인사유에 관한 법리를 오해한 위법이 있다고 할 수 없다.)

- 제3항은 의도적으로 재산을 빼돌렸다는 말이죠. 이러다 발각되면 상속승인으로 보게 되고, 의도치 않은 결과에 이를 수 있습니다. 제3항에는 예외가 있습니다. 제3항의 조건이 모두 만족된 상태에서 차순위 상속인이 상속을 승인하게 되면 그때는 단순승인으로 보지 않는 것이죠. 이미 상속권이 다른 사람에게 넘어갔으며, 은닉재산이나 부정소비 재산 문제는 새롭게 상속권을 가진 상속인과 상속포기자 사이에 풀어야 할 숙제가 됩니다.

▶ **[제1027조(법정단순승인의 예외)** 상속인이 상속을 포기함으로 인하여 차순위 상속인이 상속을 승인한 때에는 전조 제3호의 사유는 상속의 승인으로 보지 아니한다.]

## 둘째, 상속포기

- 포기는 어떤 절차를 따라야 할까요? 1) 앞서 이야기한 그 3개월 내에, 2) 가정법원에 신고하면 됩니다. 상속포기신고서만 제출하면 되고, 따로 재산 목록을 첨부할 필요는 없습니다.

▶ [**제1041조(포기의 방식)** 상속인이 상속을 포기할 때에는 제1019조 제1항의 기간 내에 가정법원에 포기의 신고를 하여야 한다.]

- 상속인이 여러 명 있는 경우, 한 명이 상속을 포기하면 그의 상속분은 다른 상속인에게 각 비율만큼 넘어갑니다. 예를 들어 상속인이 배우자와 자녀 3명이고, 이 가운데 자녀 1명이 상속을 포기하면 포기자 앞으로 배정되었던 유산이 배우자 1.5, 자녀 1씩 나눠지게 되죠. 만일 포기한 유산이 100이라면 고인의 배우자에게 1.5/3.5×100=약42 정도 돌아가고, 두 자녀는 각각 1/3.5×100=약28 정도 가게 되죠(42+28+28=약100).

▶ [**제1043조(포기한 상속재산의 귀속)** 상속인이 수인인 경우에 어느 상속인이 상속을 포기한 때에는 그 상속분은 다른 상속인의 상속분의 비율로 그 상속인에게 귀속된다.]

- 상속을 포기하면 포기한 그날부터 효력이 생기는 게 아니고, 상속개시일로 돌아가서 효력이 생깁니다. 따라서 포기를 하면 그 상속인은 처음부터 상속인이 아니었던 것이 되죠. 만일 이 상속인을 제

외하고 나머지 상속인들이 협의를 통해 재산분할을 결정했고, 그 사이 이 상속인이 상속포기를 하면 재산분할협의는 그대로 인정을 받게 된다는 말입니다.

▶ [**제1042조(포기의 소급효)** 상속의 포기는 상속개시된 때에 소급하여 그 효력이 있다.]

## 수증자의 승인, 포기

- 고인이 유언을 통해 유산을 주기로 했을 때 이 재산을 받기로 한 사람을 '수증자'라고 합니다('수증자'는 '증여자'의 짝이 되는 말이고, '수유자'는 '유언자'의 짝이 되는 말. 민법제1079조는 유증을 받는 자를 '수증자'로 표시하고 있으나 상속세 및 증여세법제2조에서는 유증 또는 사인증여 관련자는 '수유자'로, 증여재산 관련자는 '수증자'로 구분하고 있다. 단, 여기서는 수증자와 수유자를 구분 없이 썼다.). 지금까지는 수증자와 상속인을 구분하지 않았는데 대개는 법정상속인에게 재산이 돌아가기 때문이죠(유언 없이 사망하면 자연히 법정상속인에게 재산이 상속되고, 또는 법정상속인에게 유증을 하는 경우에는 구분이 별로 의미가 없기 때문). 그런데 법조문에는 수증자의 승인과 포기가 따로 규정되어 있습니다. 제3자에게 재산을 남길 수 있기 때문이죠. 수증자 역시 유증(유언에 의한 증여)을 승인하거나 포기할 수 있는데 승인 혹은 포기는 유언자의 사망 때로 거슬러 올라가 효력을 발휘합니다. 다

만, 유언자 사망 전에는 승인, 포기가 불가능합니다.

▶ [제1074조(유증의 승인, 포기) ① 유증을 받을 자는 유언자의 사망 후에 언제든지 유증을 승인 또는 포기할 수 있다. ② 전항의 승인이나 포기는 유언자의 사망한 때에 소급하여 그 효력이 있다.]

## 포괄유증, 특정유증

- 유증, 수증 관점에서 말한 적이 없으므로 잠시 다루도록 하겠습니다. 유증, 즉 유언을 통한 증여에는 두 가지가 있습니다. 포괄유증과 특정유증이죠. 포괄유증은 앞서 본 대로 '내 재산의 전부 혹은 일정 비율을 주겠다'고 유언을 남기는 것이고, 특정유증은 '막내는 고향 땅을 갖거라.' 하고 물려줄 유산을 지정해서 유언을 남기는 것이죠. 이 둘 사이에 중대한 차이가 있습니다. 포괄유증의 경우, 수증자(포괄적 수유자)는 상속인과 동일한 권리의무를 갖게 됩니다(민법제1078조). 자동으로 유산을 물려받게 되므로 별로 문제 될 게 없죠. 반면 특정유증의 수증자(특정적 수유자)는 돈 등을 받을 권리만 갖게 됩니다. 고인이 사망하면 상속인 가운데 한 명이 유언을 실현시켜야 하는 '유증의무자'가 됩니다. 이 유증의무자는 빚쟁이들에게 돈을 갚아야 하고, 또 특정유증의 수증자(특정적 수유자)에게도 유언에 따라 돈을 주어야 합니다. 즉 특정유증의 수증자(특정적 수유자)는 자동으로 유산을 물려받는 게 아니고, 유증의무자

에게 '나도 유산 주세요.' 하고 청구할 수 있는 권리만을 갖게 되는 것이죠.

- 특정유증의 수증자와 관련하여 한 가지 흥미로운 법조문이 있습니다. 예를 들어 보죠. A라는 사람이 땅을 갖고 있었고, 마침 뜻이 맞는 지인 B가 복지사업을 한다고 하니 선뜻 땅을 빌려주며 '이 땅에 복지센터 지으라'고 하며 무상사용을 허락합니다. B는 임대료 한 푼 내지 않고 복지센터를 세워서 쓰고 있었죠. 그러다 A가 사망하게 되었는데 어느 날 A의 동생이라는 자가 B를 찾아와서 'A가 나에게 이 땅을 유산으로 물려주었다. 나는 A와 달리 무상임대를 허락할 수 없으니 이제부터는 임대료를 내라. 그리고 다른 용도가 있으니 언제까지 건물을 철거해라.' 하고 요구합니다. B는 A의 자녀(유증의무자)에게 전화를 걸어 사정을 설명했으나 A의 자녀 역시 어떻게 해야 할지 모르겠답니다. 이건 어떻게 처리해야 될까요?

- 상황부터 정리해 보죠. A는 유언자이고, A는 유언을 통해 동생에게 '이 땅'을 지정해서 증여를 한 것이므로 A의 동생은 특정유증의 수증자가 되죠. 특정유증의 수증자는 누구에게 유산을 달라고 할 수 있나요? 유증의무자인 A의 자녀입니다. 아직 이 땅의 소유권이 동생에게 넘어가지 않은 상태에서는 이 땅과 관련된 문제를 A의 자녀에게 요구해야 하겠죠. 만일 땅의 소유권이 동생에게 넘어간 뒤라면 복지센터를 운영 중인 B에게 요구할 겁니다. 그런데 유증의

무자인 A의 자녀든 복지센터를 운영하는 B든 A의 동생은 그 누구에게도 '임대료를 내라, 건물을 철거해라.' 하고 요구할 수 없습니다. 민법은 고인의 뜻을 중시하여 따로 유언으로 남긴 게 없이 그대로 동생에게 땅을 유증했다면 제3자가 가진 원래의 권리(B의 무상사용)를 소멸시키지 못한다고 법조문으로 못을 박아 두었습니다.

▶ [제1085조(제삼자의 권리의 목적인 물건 또는 권리의 유증) 유증의 목적인 물건이나 권리가 유언자의 사망당시에 제삼자의 권리의 목적인 경우에는 수증자는 유증의무자에 대하여 그 제삼자의 권리를 소멸시킬 것을 청구하지 못한다.]

## 누가 유증의무자가 될까?

- 참고로 유언을 통해 유언집행자를 정해두었다면 그가 '유증의무자'가 되고, 따로 유언으로 정한 사람이 없다면 법정상속인(상속 순서에 따라 직계비속, 직계존속 등)이 유증의무자가 됩니다. 앞서 포괄유증을 받는 수증자(포괄적 수유자)는 상속인과 동일한 권리의무가 있다고 했습니다. 이들도 유증의무자가 될 수 있습니다. 포괄유증을 받는 수증자도 없고, 상속인도 없는 경우(법정상속인이 한 명도 없고, 재산을 특정유증 형태로 물려주는 경우)에는 상속재산관리인이 유증의무자가 됩니다.

## 셋째, 한정승인

- 가장 까다롭고 복잡한 게 '한정승인'입니다. 한정승인을 한다는 말은, 빚쟁이들과 다투어야 한다는 말이 될 수 있으니까요. 아래 법조문을 보면 '채무', '변제' 등의 단어가 나오죠. 이걸 처리해야 하기 때문에 복잡해질 수밖에 없습니다.
- [제1028조(한정승인의 효과) 상속인은 상속으로 인하여 취득할 재산의 한도에서 피상속인의 채무와 유증을 변제할 것을 조건으로 상속을 승인할 수 있다.]

- '변제'란 흔히 '빚을 갚는다'는 뜻으로 풀이됩니다. 그러나 '빚을 갚는 행위'라고 이해하면 '유증의 변제'라는 단어의 조합이 낯설게 보이죠. 유증은 빚이 아니잖습니까? 따라서 '받을 돈 있는 사람에게 그 돈을 준다.' 정도로 이해하면 될 것 같습니다. 그럼, 왜 채무와 유증의 변제가 함께 적혀 있는가 하면 이 유증이 특정유증이라는 말이죠. 고인이 사망하면 특정유증을 받는 수증자(특정적 수유자)는 유증의무자에게 '내 유산 주세요.' 하고 요청할 수 있는 권리만 갖는다고 했습니다. 유증의무자는 유산 잘 정리해서 빚 갚고, 특정유증의 수증자에게 재산을 넘겨주는 등의 일을 해야 되죠. 그래서 '채무와 유증을 변제'라는 표현이 등장합니다.

- 그런데 순서가 중요합니다. '채무와 유증을 변제'라고 하면 먼저 있

는 게 채무고, 뒤에 있는 게 유증이죠. 채무를 다 갚기 전에는 유증을 줄 수 없다는 뜻입니다. 이 내용은 따로 법조문에 적혀 있습니다.
▶ [**제1036조(수증자에의 변제)** 한정승인자는 전2조의 규정에 의하여 상속채권자에 대한 변제를 완료한 후가 아니면 유증받은 자에게 변제하지 못한다.]

- 상속인이 여러 명인데 이 가운데 한 명만 한정승인을 하는 경우가 있을 수 있습니다. 그때는 '전체 재산'이 아니라 상속인이 취득할 재산의 한도 안에서만 채무와 유증을 변제합니다.
▶ [**제1029조(공동상속인의 한정승인)** 상속인이 수인인 때에는 각 상속인은 그 상속분에 응하여 취득할 재산의 한도에서 그 상속분에 의한 피상속인의 채무와 유증을 변제할 것을 조건으로 상속을 승인할 수 있다.]

- 한정승인을 하더라도 상속인의 권리와 의무는 없어지지 않습니다.
▶ [**제1031조(한정승인과 재산상 권리의무의 불소멸)** 상속인이 한정승인을 한 때에는 피상속인에 대한 상속인의 재산상 권리의무는 소멸하지 아니한다.]

- 이게 무슨 말인가 하면 채무 자체가 없어지는 게 아니라는 얘기입니다. 한정승인은 상속재산 안에서 빚을 갚는다는 뜻이지, 빚이 줄어든다, 빚이 없어진다는 게 아닙니다. 아래 판례가 이를 잘 보여줍니다.
▶ (**대법원 2003. 11. 14. 선고 2003다30968 판결 [구상금]** ······상속의 한정승인

은 채무의 존재를 한정하는 것이 아니라 단순히 그 책임의 범위를 한정하는 것에 불과하기 때문에, 상속의 한정승인이 인정되는 경우에도 상속채무가 존재하는 것으로 인정되는 이상, 법원으로서는 상속재산이 없거나 그 상속재산이 상속채무의 변제에 부족하다고 하더라도 상속채무 전부에 대한 이행판결을 선고하여야 하고, 다만, 그 채무가 상속인의 고유재산에 대해서는 강제집행을 할 수 없는 성질을 가지고 있으므로, 집행력을 제한하기 위하여 이행판결의 주문에 상속재산의 한도에서만 집행할 수 있다는 취지를 명시하여야 한다.)

## 한정승인 방법

- 먼저 법조문을 보죠.
▶ [제1030조(한정승인의 방식) ① 상속인이 한정승인을 함에는 제1019조 제1항 또는 제3항의 기간 내에 상속재산의 목록을 첨부하여 법원에 한정승인의 신고를 하여야 한다. ② 제1019조제3항의 규정에 의하여 한정승인을 한 경우 상속재산 중 이미 처분한 재산이 있는 때에는 그 목록과 가액을 함께 제출하여야 한다.]

- 기간은 '상속 개시 있음을 안 날로부터 3개월 안에 해야 한다.'입니다(제1항). 제3항은 특별한정승인과 관련된 것으로 뒤에 묶어서 설명하겠습니다. 상속포기를 할 때는 재산목록을 첨부할 필요가 없

었죠. 그러나 한정승인은 첨부해야 합니다. 뒤쪽에 신고서를 함께 실었습니다. 신고서 작성 후 가정법원에 제출합니다. 제1030조 제2항은 처분한 재산이 있을 때는 무슨 재산이었는지(목록), 얼마였는지(가액) 적어서 제출하도록 한 규정입니다.

### 돈 받을 사람들에게 알리기

- 가정법원에서 한정승인 오케이 사인이 떨어지면 5일 안에 해야 할 일이 있습니다. 고인의 채권자, 즉 고인으로부터 받을 돈이 있는 사람(일반상속채권자)과 유증을 받는 자(수증자)에게 '한정승인을 하게 되었다. 받을 돈이 얼마인지 언제까지 신고해' 하고 알려야 합니다. 이를 제대로 하지 않으면 손해배상을 당할 수도 있으니 주의해야 합니다.

- 알고 있는 채권자라면 따로 통지하면 되는데 모르는 사람이 있을 수 있죠. 그래서 신문 등 매체에 공고하게 됩니다. 공고하는 기간은 최소 2개월 이상이어야 합니다.

▶ **제1032조(채권자에 대한 공고, 최고)** ① 한정승인자는 한정승인을 한 날로부터 5일 내에 일반상속채권자와 유증받은 자에 대하여 한정승인의 사실과 일정한 기간 내에 그 채권 또는 수증을 신고할 것을 공고하여야 한다. 그 기간은 2월 이상이어야 한다. ② 제88조 제2항, 제3항과 제89조의 규정은 전항

의 경우에 준용한다.]

## 변제

- 공고 기간이 지나면 1) 그 기간 안에 '나 받을 돈 얼마요.' 하고 신고한 사람과, 2) 한정승인한 사람이 알고 있는 채권자들의 채무 액수를 정리한 뒤 비율을 계산합니다. 왜 비율을 계산하는가 하면 줄 돈이 한정되어 있기 때문입니다. 유산이 전부 60만 원인데 A가 100만 원, B가 50만 원을 받아야 한다면 비율대로 주는 게 합리적이죠. 그러면 비율대로 A는 40만 원, B는 20만 원을 줍니다. 단, 우선권이 있는 사람이 있다면 그 사람 먼저 주어야 하죠.
  - ▶ [**제1034조(배당변제)**① 한정승인자는 제1032조제1항의 기간만료 후에 상속재산으로서 그 기간 내에 신고한 채권자와 한정승인자가 알고 있는 채권자에 대하여 각 채권액의 비율로 변제하여야 한다. 그러나 우선권 있는 채권자의 권리를 해하지 못한다. (제2항이 있으나 뒤에 특별한정승인에서 묶어서 설명)]

- 한정승인이 되면 현금이 아닌 이상 경매에 붙여서 해당 대금으로 빚잔치를 하게 됩니다. 경매에 넘긴다는 말은 10억에 팔 집을 5~7억에 판다는 얘기가 됩니다. 그만큼 불리할 수 있습니다.
  - ▶ [**제1037조(상속재산의 경매)** 전3조의 규정에 의한 변제를 하기 위하여 상

속재산의 전부나 일부를 매각할 필요가 있는 때에는 민사집행법에 의하여 경매하여야 한다.]

- 경매와 관련하여 꼭 알아야 할 내용이 있습니다. 한정승인 때문에 경매로 부동산을 팔게 되더라고 결국은 판 것이므로 양도차익이 발생할 수 있습니다. 양도차익이 있다는 말은 양도소득세가 있다는 말이죠. 이 양도소득세는 어떻게 될까요? 이건 고인이 내야 하는 것일까요? 즉 고인의 채무가 되므로 상속인은 낼 필요가 없을까요? 그런데 아래 판례는 경매로 상속재산을 판 경우라도 양도소득세가 발생하면 상속인이 내야 한다고 말하고 있습니다.

▶ (대법원 2012. 9. 13. 선고 2010두13630 판결 [양도소득세부과처분취소]
……저당권의 실행을 위한 부동산의 임의경매는 담보권의 내용을 실현하여 현금화하기 위한 행위로서 소득세법 제4조 제1항 제3호, 제88조 제1항의 양도소득세 과세대상인 '자산의 양도'에 해당하고, 이 경우 양도소득인 매각대금은 부동산의 소유자에게 귀속되며, 그 소유자가 한정승인을 한 상속인이라도 그 역시 상속이 개시된 때로부터 피상속인의 재산에 관한 권리의무를 포괄적으로 승계하여 해당 부동산의 소유자가 된다는 점에서는 단순승인을 한 상속인과 다르지 않으므로 위 양도소득의 귀속자로 보아야 함은 마찬가지이다. 원심은 제1심판결 이유를 인용하여 그 판시와 같은 사실을 인정한 다음, 피상속인의 처와 자녀들로서 한정승인을 한 원고들을 비롯한 상속인들(이하 '원고 등'이라 한다)이 그 피상속인으로부터 상

속받은 이 사건 각 부동산에 관하여 상속개시 전에 설정된 근저당권의 실행을 위한 임의경매절차가 진행되어 그 매각대금이 모두 상속채권자들에게 배당되는 바람에 전혀 배당을 받지 못하였다고 하더라도, 위 임의경매절차에서 매각된 이 사건 각 부동산의 양도인은 원고 등이고, 그 매각대금이 상속채권자들에게 교부되어 상속채무가 변제됨으로써 원고 등은 상속으로 인하여 부담하게 된 상속채무의 소멸이라는 경제적 효과를 얻었으므로, 위 임의경매에 의한 이 사건 각 부동산의 매각에 대하여 원고들에게 양도소득세를 부과한 이 사건 처분이 실질과세의 원칙에 위배되어 위법하다고 볼 수 없다고 판단하였다. 앞서 본 법리와 기록에 비추어 살펴보면 원심의 위와 같은 판단은 정당한 것으로 수긍할 수 있고, 거기에 상고이유의 주장과 같은 실질과세의 원칙이나 한정승인의 효과에 관한 법리오해의 위법이 없다.

그리고 원고들이 부담하는 이 사건 양도소득세 채무는 상속채무가 아닌 원고들 고유의 채무로서 한정승인제도는 채무의 존재를 제한하는 것이 아니라 단순히 그 책임의 범위를 제한하는 것에 불과하므로, 원고들이 한정승인을 하였다고 하여 이 사건 양도소득세 채무가 당연히 원고들이 상속으로 인하여 취득할 재산의 한도로 제한되는 것은 아니다. 따라서 이 사건 양도소득세 채무가 상속채무의 변제를 위한 상속재산의 처분과정에서 부담하게 된 채무로서 민법 제998조의2에서 규정한 상속에 관한 비용에 해당하고, 상속인의 보호를 위한 한정승인 제도의 취지상 이러한 상속비용에 해당하는 조세채무에 대하여는 상속재산의 한도 내에서 책임질 뿐이라고 볼 여지가 있음은 별론으로 하고, 원고들의 한정승인에 의하여 이 사건 양도소득세 채무 자체가 원고들이 상속으로 인하여 취득할 재산의 한도로 제한된다거나 위 재산의 한도를 초과하여 한 양도소득세 부과처분이 위법하게 된다고 볼 수 없다. 이와 다른 취지의 상고이유 주장은 받아들이지 않는다.)

- 다시, 본론으로 돌아가서 우선권에 대해서 잠깐 살펴봅시다. 예를 들어 고인이 된 분에게 돈을 빌려주었던 사람 A와, 상속인에게 돈을 빌려준 사람 B 사이에 우선권이 문제가 될 수 있습니다. 둘 다 상속인에게 돈을 달라고 할 수 있는데 한정승인에서는 일반적으로 A가 B보다 우선권을 갖게 됩니다. 특별한 사정이 없는 한 말이죠. 그런데 B가 경매로 넘긴 해당 부동산에 저당권을 잡고 있다면 어떻게 될까요? 그러면 우선권이 역전됩니다. B의 빚부터 청산해주어야 합니다. 우선권에서는 저당권, 질권이 핵심이 됩니다.

- 채무에는 변제기라는 게 있습니다. '언제까지 쓰고 줄게.' 하고 약속할 때 이 언제에 해당하는 날, 즉 '돈 갚는 날'입니다. 그러나 한정승인의 경우에는 변제기가 되지 않았더라도 갚아야 합니다. 한편 갚아야 할 돈이 얼마인지 불분명할 때가 있습니다. 그럴 때는 감정인의 평가를 받아서 변제합니다.

▶ [제1035조(변제기전의 채무 등의 변제) ① 한정승인자는 변제기에 이르지 아니한 채권에 대하여도 전조의 규정에 의하여 변제하여야 한다. ② 조건 있는 채권이나 존속기간의 불확정한 채권은 법원의 선임한 감정인의 평가에 의하

여 변제하여야 한다.]

- 공지 기간 안에 신고하지 않은 사람도 있을 법하죠. 이때는 남은 돈이 있으면 그 돈 안에서 변제합니다. 단, 위에 우선권에서 살펴본 것처럼 상속재산에 대해 담보권 있는 채권자가 있으면 남은 재산 주고 끝낼 수 없습니다. 다른 조치가 필요하죠. 다음에 내용이 있습니다.

▶ [제1039조(신고하지 않은 채권자 등) 제1032조제1항의 기간 내에 신고하지 아니한 상속채권자 및 유증받은 자로서 한정승인자가 알지 못한 자는 상속재산의 잔여가 있는 경우에 한하여 그 변제를 받을 수 있다. 그러나 상속재산에 대하여 특별담보권 있는 때에는 그러하지 아니하다.]

- 한정승인자가 실수 혹은 잘못을 저지르는 경우가 있습니다. 신문 공고나 채권자 통지 따위를 제대로 하지 않거나(제1032조) 공고 기간 안에 마음대로 변제를 해버리거나(제1033조) 채무자보다 수증자에게 먼저 돈을 주는 등(제1036조) 한정승인자의 실수나 잘못으로 돈을 못 받은 자가 생기면 한정상속인이 손해를 배상해야 합니다. 한편 이때 돈을 못 받은 사람은 돈을 받은 자들에게 '내 돈 내놔.' 하고 구상권을 행사할 수 있습니다. 참고로 채무가 더 많다는 점을 몰랐던 자가 단순승인했다가 나중에 한정승인을 한 경우가 있을 수 있는데(특별한정승인), 만일 그 몰랐다는 게 과실이 있음이 입증되면 책임을 피하지 못합니다.

▶ [**제1038조(부당변제 등으로 인한 책임)** ① 한정승인자가 제1032조의 규정에 의한 공고나 최고를 해태하거나 제1033조 내지 제1036조의 규정에 위반하여 어느 상속채권자나 유증받은 자에게 변제함으로 인하여 다른 상속채권자나 유증받은 자에 대하여 변제할 수 없게 된 때에는 한정승인자는 그 손해를 배상하여야 한다. 제1019조제3항의 규정에 의하여 한정승인을 한 경우 그 이전에 상속채무가 상속재산을 초과함을 알지 못한 데 과실이 있는 상속인이 상속채권자나 유증받은 자에게 변제한 때에도 또한 같다. ② 제1항 전단의 경우에 변제를 받지 못한 상속채권자나 유증받은 자는 그 사정을 알고 변제를 받은 상속채권자나 유증받은 자에 대하여 구상권을 행사할 수 있다. 제1019조 제3항의 규정에 의하여 한정승인을 한 경우 그 이전에 상속채무가 상속재산을 초과함을 알고 변제받은 상속채권자나 유증받은 자가 있는 때에도 또한 같다. ③ 제766조의 규정은 제1항 및 제2항의 경우에 준용한다.]

- 연관 있는 법조문 하나 소개하죠. 조건부 유증이라고 앞에서 말한 적이 있습니다. '네가 이걸 하면 유산 줄게.'라고 유언을 남긴 경우, 이를 '부담 있는 유증'이라고 합니다. 조건부라는 얘기입니다. 이 경우 수증자는 '부담'을 책임져야 하죠. 예를 들어, '네가 대학 가면 이걸 줄게.' 하면 대학을 가야 합니다. '네가 엄마 잘 봉양하면 이걸 줄게.' 하면 엄마를 봉양해야 합니다. 예를 들면 그런 식입니다. 그런데 이때 '~하면'에 해당하는 의무를 행할 때 돈이 필요할 수 있을 텐데 그 돈은 'A 하면 B 줄게'의 B를 초과하지 않는 한에서 부담한다는 내용입니다. 그런데 1) 이때 B가 현금이 아니라 부

동산이나 혹은 자동차처럼 가격에 변동이 있는 재산인 경우나, 2) 이 B를 다른 사람과 공동으로 물려받은 경우가 있을 수 있습니다. 이런 이유로 B를 재산분리하거나 혹은 한정승인 등의 이유로 부동산 가치가 줄어드는 경우가 있을 수 있죠. 경매에 넘기거나 혹은 팔아치우다가 10억 가치가 7억이 되거나 하는 식으로요. 이렇게 가치가 작아지면 작아진 한도 안에서만 부담을 짊어질 의무가 생긴다는 게 아래 조문 내용입니다.

▶ [제1088조(부담 있는 유증과 수증자의 책임) ① 부담 있는 유증을 받은 자는 유증의 목적의 가액을 초과하지 아니한 한도에서 부담한 의무를 이행할 책임이 있다. ② 유증의 목적의 가액이 한정승인 또는 재산분리로 인하여 감소된 때에는 수증자는 그 감소된 한도에서 부담할 의무를 면한다.]

## 특별한정승인

- 상속 선택 기간, 즉 3개월이 지나서 단순승인이 확정되었는데 나중에 숨은 빚이 있는 걸 알았다면, 특히 중대한 과실 없이 모르고 넘어간 것이라면 이 경우 숨은 빚이 있다는 사실을 안 날로부터 3개월 내에 한정승인으로 바꿀 수 있다는 게 '특별한정승인'입니다.

▶ [제1019조(승인, 포기의 기간) ③ 제1항의 규정에 불구하고 상속인은 상속채무가 상속재산을 초과하는 사실을 중대한 과실 없이 제1항의 기간 내에 알지 못하고 단순승인(제1026조제1호 및 제2호의 규정에 의하여 단순승인한

것으로 보는 경우를 포함한다)을 한 경우에는 그 사실을 안 날부터 3월내에 한정승인을 할 수 있다.]

- 이 항목 때문에 일반한정승인 없이 그냥 상속승인 하는 게 유리하다고 말하는 경우도 있습니다. 왜냐하면 한정승인을 하면 부동산 등의 재산을 경매로 넘겨야 하는데 그러면 유산이 감소하는 효과가 나타나기 때문이죠. 실거래가 10억짜리 집이 몇 억 뚝 떨어지기 때문입니다. 더구나 한정승인은 신문 공고도 해야 합니다. 이래저래 복잡하고 불합리하게 느껴집니다. 빚이 유산보다 더 많다는 사실을 뻔히 알고 있는 경우가 아니라면 특별한정승인으로 계획을 잡는 게 좋아 보입니다.

▶ (**대법원 2012. 3. 15. 선고 2012다440 판결 [상속채무금]** ······민법 제1019조 제1항은 "상속인은 상속개시 있음을 안 날로부터 3월 내에 한정승인을 할 수 있다."고 규정하고 있고, 같은 조 제3항은 "제1항의 규정에 불구하고 상속인은 상속채무가 상속재산을 초과하는 사실을 중대한 과실 없이 제1항의 기간 내에 알지 못하고 단순승인을 한 경우에는 그 사실을 안 날부터 3월 내에 한정승인을 할 수 있다."고 규정하고 있으며, 한편 민법 제1020조는 "상속인이 무능력자인 때에는 제1019조 제1항의 기간은 그 법정대리인이 상속개시 있음을 안 날로부터 기산한다."고 규정하고 있다. 이러한 규정들과 함께 민법 제1019조 제3항의 기간은 한정승인신고의 가능성을 언제까지나 남겨둠으로써 당사자 사이에 일어나는 법적 불안상태를 막기 위하여 마련한 제척기간인 점(대법원 2003. 8. 11.자 2003스32 결정 참조), 법정대리인 제도의 취지

등을 종합하여 보면, 민법 제1019조 제3항에서 정한 '상속채무가 상속재산을 초과하는 사실을 중대한 과실 없이 제1항의 기간 내에 알지 못하였는지 여부'를 판단함에 있어서 상속인이 무능력자인 경우에는 그 법정대리인을 기준으로 삼아야 할 것이다. 같은 취지에서 원심이 피고의 법정대리인이던 한○화가 2000. 8. 10. 자신의 상속포기신고를 할 무렵에 상속채무가 상속재산을 초과하는 사실을 안 이상 그때부터 3월의 기간이 경과한 후인 2004. 6. 8. 이루어진 피고의 한정승인신고는 효력이 없다고 판단한 조치는 정당하고, 거기에 상고이유에서 주장하는 바와 같이 민법 제1020조의 적용범위나 민법 제1019조 제3항의 입법경위와 취지에 관한 법리를 오해하는 등의 위법이 없다.)

- 특별한정승인을 한 경우, 즉 단순승인이었다가 한정승인으로 갈아탔는데 그 사이 상속재산을 처분했을 수 있습니다. 그런데 이제는 한정승인을 해야 하므로 남은 재산으로 채무와 유증을 변제하는 게 아니라 처분했던 재산까지 합해서 변제를 해야 하죠. 물론 미리 변제한 게 있다면 그건 뺍니다. 예를 들어 유산이 100만 원 현금과 100만 원 가치의 부동산이 있었고, 이를 단순승인해서 승계했습니다. 그리고 100만 원 가치의 부동산을 팔아치우고 이 돈을 따로 썼습니다(투자를 하건 자기 집을 사는 데 보태건). 그러다 빚이 있다는 사실을 알고 한정승인으로 갈아탔는데 갚아야 할 돈이 300만 원이었죠. 그러면 남은 돈 100만 원 안에서 갚는 게 아니라 팔아치운 부동산 매매대금까지 합해서 총 200만 원 안에서 갚아야 한다는 얘기입니다. 다만 한정승인 전에 50만 원을 갚았다면 부동산

매매대금 100만 원 가운데 50만 원만 가져와서 총 150만 원 안에서만 갚으면 된다는 얘기죠.

▶ [**제1034조(배당변제)**] ② 제1019조 제3항의 규정에 의하여 한정승인을 한 경우에는 그 상속인은 상속재산 중에서 남아 있는 상속재산과 함께 이미 처분한 재산의 가액을 합하여 제1항의 변제를 하여야 한다. 다만, 한정승인을 하기 전에 상속채권자나 유증받은 자에 대하여 변제한 가액은 이미 처분한 재산의 가액에서 제외한다.]

# 상속한정승인 심판청구서

**청 구 인(상속인)**
  1. 성    명 :              주민등록번호 :         -
     주    소 :
     송달장소 :                           (전화번호:          )
  2. 성    명 :              주민등록번호 :         -
     주    소 :
     송달장소 :                           (전화번호:          )
  3. 성    명 :              주민등록번호 :         -
     주    소 :
     송달장소 :                           (전화번호:          )
  청구인     은(는) 미성년자이므로 법정대리인 부     , 모
                                       (전화번호:          )

**사건본인(피상속인)**
성    명 :              주민등록번호 :
사 망 일 자 :
최 후 주 소 :

**청 구 취 지**
청구인(들)이 피상속인 망     의 재산상속을 함에 있어 별지 재산목록을 첨부하여 한
한정승인신고는 이를 수리한다.
라는 심판을 구합니다.

**청 구 원 인**
**[일반한정승인 – 3개월 이내]**
청구인들은 피상속인의 재산상속인으로서 20   .   .   . 피상속인의 사망으로 개시된 재산
상속에 있어서 청구인들이 상속으로 얻은 별지목록 표시 상속재산의 한도에서 피상속인
의 채무를 변제할 조건으로 상속을 승인하고자 이 심판청구에 이른 것입니다.

**[특별한정승인 – 3개월 이후]**
청구인들은 20   .   .   . 사망한 피상속인의 재산상속인으로서 처음에는 청구인들의 과실
없이 상속채무가 상속재산을 초과하는 사실을 알지 못하였으나, 20   .   .   .에 채권자의 변

제청구(채무승계 안내문 등)를 받고서야 이를 알게 되어, 청구인들이 상속으로 인하여 얻은 별지목록 표시 상속재산의 한도에서 피상속인의 채무를 변제할 것을 조건으로 상속을 승인하고자 이 심판청구에 이른 것입니다.

**첨 부 서 류**

1. 청구인들의 가족관계증명서, 주민등록등본               각 1통
2. 청구인들의 인감증명서(또는 본인서명사실확인서)        각 1통
　※ 청구인이 미성년자인 경우 법정대리인(부모)의 인감증명서를 첨부함
3. 피상속인의 폐쇄가족관계등록부에 따른 기본증명서, 가족관계증명서    각 1통
4. 피상속인의 말소된 주민등록등본                         1통
5. 가계도(직계비속이 아닌 경우)                           1부
6. 상속재산 목록                                           1부

202 .  .  .

위 청구인  1.　　　　　㊞ (인감 날인)
　　　　　　2.　　　　　㊞ (인감 날인)
　　　　　　3.　　　　　㊞ (인감 날인)
청구인　　　　은(는) 미성년자이므로

　　　　법정대리인 부　　　㊞ (인감 날인)
　　　　　　　　　모　　　㊞ (인감 날인)

○○법원 귀중

〈유의사항〉

□ **신청서 작성 관련**
1. 관할법원은 피상속인(사망한 사람)의 마지막 주소지(사망당시 주민등록지)를 관할하는 가정(지방. 지원)법원입니다.
2. 인지 : 5,000원 × 청구인 수의 인지를 붙입니다(1만원 이상은 현금으로 납부).
3. 송달료 : 청구인 수 × 우편료 × 6회분의 송달료를 지정된 은행에 납부한 다음 납부서를 첨부해야 합니다.
4. 청구인 표시 중 송달장소는 주소와 다른 경우에만 기재합니다.
5. 원활한 재판 진행을 위하여 연락 가능한 (휴대)전화번호를 기재하시기 바랍니다.
6. 인감을 날인할 때에는 반드시 인감도장을 찍으시기 바랍니다.
※ 청구인이 미성년자인 경우에는 법정대리인 전원의 인감을 날인함
※ 인감증명서 대신 본인서명사실확인서를 제출할 경우에는 서명으로 하되, 같은 필체로 서명

□ **첨부서면 관련**
1. 선순위 상속인들이 상속을 포기함에 따라 다음 순위 상속인이 청구하는 경우에는 위 첨부할 서면 중 직접 발급받기 어려운 서면도 있습니다.
    이 경우 발급받을 자격이 있는 선순위 상속인의 협조를 받아 제출할 수도 있고, 법원에 그 서류 발급에 관한 보정명령을 구하여 그 명령에 따라 발급받을 수도 있습니다.
2. 피상속인 사망일로부터 3개월이 지난 후에 청구할 때에는 상속개시사실을 언제 어떻게 알았는지를 밝히고, 특별한정승인을 청구하는 것이라면 청구인이 채무초과상태를 안 때를 소명할 수 있는 자료(예 : 소장 사본, 채권자의 독촉장 등과 이를 수령한 날짜를 확인할 수 있는 송달증명서 등)를 첨부하시기 바랍니다.
3. 피상속인이 2007. 12. 31. 이전에 사망한 경우에는 가족관계등록부가 작성되어 있지 아니하므로 제적등본을 제출하시기 바랍니다.
4. 외국 시민권자 등으로부터 상속한정승인 심판청구에 대하여 위임을 받은 경우, 외국 시민권자로부터 받은 처분위임장(상속한정승인 심판청구 관련 처분권한 일체를 수여), 서명 공증서(처분위임장에 한 서명을 본인이 직접 하였다는 취지의 본국 관공서의 증명이나 공증), 주소를 증명하는 서면(본국 관공서의 주소증명서 또는 주소를 공증한 서면)를 제출하시기 바랍니다.
5. 상속의 한정승인 심판을 청구할 때에는 상속재산 목록을 작성하여 제출하여야 합니다(스캔용 부본 1부도 제출). 상속재산 목록 작성방법에 대해서는 뒤에서 따로 설명합니다.

# 상속재산목록

1. 적극재산(망인의 재산)
    가. 부동산



    나. 유체동산



    다. 금전채권



2. 소극재산(망인의 채무)
    가. 채권자
        채무액
        채무의 종류
        발생일
    나. 채권자
        채무액
        채무의 종류
        발생일
    다. 채권자
        채무액
        채무의 종류
        발생일

> ※ 위 기재한 사항에 대한 입증자료를 첨부하시기 바랍니다.
> 적극재산 : 예) 부동산 등기사항증명서, 자동차등록원부, 통장잔액증명서, 상속인 금융거래 조회 결과 등 ※ 특별한정승인의 경우 부동산, 자동차 등 시가에 관한 소명자료
> 소극재산 : 예) 부채증명서, 소장 사본, 상속인 금융거래조회 결과 등

[간편한 작성례]

※ 해당란에 체크☑한 후 내역을 기재하시기 바랍니다.

# 상 속 재 산 목 록

**1. 적극재산(피상속인 소유 재산)**

☐ 부동산 :   ☐ 아래와 같이 있음    ☐ 없음(찾지 못함)

|  |
|---|
|  |

☐ 금전채권(예금 등) :   ☐ 아래와 같이 있음    ☐ 없음(찾지 못함)

| 금융기관 등<br>(은행, 임대인 등) | 채권의 종류<br>(예금, 대여금 등) | 채권액 | 비고 |
|---|---|---|---|
|  |  |  |  |
|  |  |  |  |
|  |  |  |  |

☐ 자동차·중기 등 :   ☐ 아래와 같이 있음    ☐ 없음(찾지 못함)

| 등록번호 | 차종(종류) | ( 년식) 시가 : | 만 원 |
|---|---|---|---|

☐ 유체동산 등 :   ☐ 아래와 같이 있음    ☐ 없음(찾지 못함)

|  |
|---|
|  |

**2. 소극재산(피상속인의 채무)**

☐ 아래와 같이 있음    ☐ 모름(현재까지 파악되지 않음)

| 채권자<br>(은행, 카드사, 세무서) | 채무의 종류<br>(대출금, 카드대금 등) | 채무액 | 비고 |
|---|---|---|---|
|  |  | 원 |  |
|  |  | 원 |  |
|  |  | 원 |  |
|  |  | 원 |  |

**3. 기타**

|  |
|---|
|  |

□ 상속재산목록 작성 관련 안내

1. 상속의 한정승인 심판을 청구할 때에는 반드시 상속재산목록을 작성하여 제출하여야 합니다. 현재 상속인이 간편하게 상속재산을 확인할 수 있는 다양한 제도가 시행되고 있습니다(정부 3.0 안심상속 원스톱 서비스, 금융감독원 상속인금융거래조회서비스 등).

2. 상속재산 목록 작성방법

> ○ 적극재산(상속재산)과 소극재산(상속채무)를 구분하여 기재함
> ○ 적극재산
>   - 부동산 및 유체동산의 경우 그 가액(통상 거래되는 가격)을 기재함.
>    단, **특별한정승인**의 경우에는 채무초과를 소명하기 위하여 그 가액에 관한 객관적인 소명자료를 제출하여야 하고, 이미 처분한 재산이 있는 경우에는 그 목록과 가액을 별도로 기재하여 제출하여야 함
>   - 금전채권은 채무자, 채권종류, 금액 등을 기재하되, 같은 채무자에게 여러 채권이 있는 경우 등 채권 구분상 필요한 때에는 발생일 등 구분 가능한 사항을 비고란에 기재함
>   - '유체동산 등'란에는 교환가치가 있는 물건(회원권, 특허권, 유가증권, 보석, 악기 등)을 빠짐없이 기재함
> ○ 소극재산(채무)
>   - 채무는 채권자, 채무의 종류, 금액을 기재함
>   - 같은 채권자에게 여러 채무가 있는 경우 원칙적으로 구분하여 기재하되, 유사한 채무가 여러 차례 발생한 경우와 같이 구분할 실익이 거의 없는 경우에는 이를 합산하여 기재할 수 있음(조세, 카드대금 등)
> ※ 고의로 재산목록에 기입하지 아니한 때에는 단순승인을 한 것으로 볼 수 있습니다(민법 제1026조 제3호)

□ 소명자료 제출

상속재산목록에 기재한 사항에 대해서는 소명자료를 제출하여야 합니다.

| | |
|---|---|
| 적극재산 | 부동산 등기사항증명서, 자동차등록원부, 통장잔액증명서, 상속인 금융거래조회 결과 등<br>※ **특별한정승인**의 경우 부동산, 자동차 등 시가에 관한 소명자료 |
| 소극재산 | 부채증명서, 소장 사본, 상속인 금융거래조회 결과 등 |

※ 해당란에 체크☑한 후 내역을 기재하시기 바랍니다.　　　　　[작성례]

# 상 속 재 산 목 록

1. **적극재산**(피상속인 소유 재산)
   ❑ 부동산 : ☑ 아래와 같이 있음　　❑ 없음(찾지 못함)

   > 1. 서울 서초구 강남대로 100 대지 500㎡ (지분일 경우 예: 1/3지분)
   > 2. 위 지상 2층 건물
   >    이상 시가 : 10억원
   > 3. 서울 서초구 강남대로 200 ○○아파트 12동 1002호 (전용면적 84㎡) 시가 3억원

   ❑ 금전채권(예금 등) : ☑ 아래와 같이 있음　　❑ 없음(찾지 못함)

   | 금융기관 등<br>(은행, 임대인 등) | 채권의 종류<br>(예금, 대여금 등) | 채권액 | 비고 |
   |---|---|---|---|
   | 나라은행 | 보통예금 | 12,345원 | |
   | 김영숙 | 대여금 | 1,000,000원 | |
   | | | 원 | |

   ❑ 자동차·중기 등 : ☑ 아래와 같이 있음　　❑ 없음(찾지 못함)

   > 등록번호 : 서울 12너0000　　차종(종류) : 그레이스 (2010 년식)　시가　500만원

   ❑ 유체동산 등 : ❑ 아래와 같이 있음　　☑ 없음(찾지 못함)

   > 

2. **소극재산**(피상속인의 채무)
   ☑ 아래와 같이 있음　　❑ 모름(현재까지 파악되지 않음)

   | 채권자<br>(은행, 카드사, 세무서 등) | 채무의 종류<br>(대출금, 카드대금 등) | 채무액 | 비고 |
   |---|---|---|---|
   | 나라카드 | 신용카드이용대금 | 3,000,000원 | |
   | 나라은행 | 대출금 | 10,000,230원 | |
   | 서초세무서 | 부가가치세 | 6,123,450원 | |
   | 서초구청 | 재산세 및 주민세 | 1,230,000원 | |

3. **기타**

   >

# 4

# 유산 전쟁

- 유류분, 특별수익, 기여분

### 재산분할의 3가지 방식

- 상속은 두 가지로 나뉩니다.

1) 유언이 있다(지정분할).

2) 유언이 없다.

- 유언이 있으면 유언대로 하면 됩니다. 유언이 없으면 다시 두 가지 방법이 있습니다.

1) 공동상속인이 서로 협의해서 나눈다(협의분할).

2) 법에서 정한 대로 나눈다(법원분할).

- 위 내용 가운데 괄호 친 부분을 나열해 보죠. 지정분할, 협의분할, 법원분할입니다. 재산을 나누는 3가지 방법이죠. 대개는 순서대로 진행됩니다. 지정분할이 있으면 그리 하고, 없으면 협의분할을 하고, 협의도 안 되면 법원분할로 넘어가죠.

## 지정분할 : 유언대로

- 지정분할의 법조문을 보면 3가지 내용으로 이루어져 있습니다. 1) 유언으로 분할 방법을 정한다, 2) 이를 제3자에게 맡길 수 있다, 3) 상속이 개시된 날로부터 5년 동안 분할을 금지할 수 있다. 3번이 기억해 둘 만합니다.

▶ [제1012조(유언에 의한 분할방법의 지정, 분할금지) 피상속인은 유언으로 상속재산의 분할방법을 정하거나 이를 정할 것을 제삼자에게 위탁할 수 있고 상속개시의 날로부터 5년을 초과하지 아니하는 기간 내의 그 분할을 금지할 수 있다.]

## 협의분할 : 상속인들이 뜻을 모아

- 순서상으로는 유언이 없을 때 하는 게 협의분할인데 현실적으로 보면 유언도 무효로 만들 만큼 가장 강력한 분할 수단이 협의분할입니다. 유언이 있어도 재산을 물려받는 사람들끼리 모여서 같은 결론에 도달할 수 있다면 심지어 유언과 정반대되는 방식으로 재산을 나눌 수도 있습니다. 물론 법조문에는 '전조의 경우 외에는'이라고 적어 놓아서 유언이 없을 때 협의분할을 한다고 조건을 두고 있습니다만 실제로는 재산을 물려받는 사람들 마음이겠죠? 다만 딱 하나가 걸리는데 그게 제1012조의 세 번째 내용입니다. 5년간 분할을 금지한다는 내용이 유언에 있으면 그 기간 동안은 재산을 나눌 수 없게 되죠. 그러나 현실적으로 이건 별로 문제가 안 되죠. 대신 협의를 통해 모두 동의할 만한 결론을 끌어내기 힘들다는 게 진짜 문제입니다.

▶ [**제1013조(협의에 의한 분할)** ① 전조의 경우 외에는 공동상속인은 언제든지 그 협의에 의하여 상속재산을 분할할 수 있다. ② 제269조의 규정은 전항의 상속재산의 분할에 준용한다.]

## 법원분할 : 최후의 보루

- 법원분할은 느낌이 옵니까? 고인이 유언도 남기지 않았고, 상속인

끼리 협의도 안 되니까 최후의 방법으로 법원에 도움을 청하는 겁니다. 설령 상속인 10명 중 단 1명이 '이렇게는 협의를 못 한다.'고 하더라도 협의는 물거품이 되고, 법원에 상속을 요청해야 합니다. 아래 법조문 2항을 보면 '경매' 얘기가 나오는데 그건 현실적으로 나눌 수 없는 경우, 예를 들어 아파트 어떻게 나눕니까? 자동차 어떻게 나눕니까? 그런 경우에 법원이 경매를 명령할 수 있다는 내용입니다. 경매에 붙이면 별로 좋은 결과를 얻기는 힘들겠죠.

▶ [제269조(분할의 방법) ① 분할의 방법에 관하여 협의가 성립되지 아니한 때에는 공유자는 법원에 그 분할을 청구할 수 있다. ② 현물로 분할할 수 없거나 분할로 인하여 현저히 그 가액이 감손될 염려가 있는 때에는 법원은 물건의 경매를 명할 수 있다.]

## 법정상속분 계산하기

- 법원은 어떻게 재산을 분할할까요? 여기에서 만나는 게 '법정상속분'입니다. 민법은 유언도 없고, 협의도 안 될 때를 대비하여 상속분을 법으로 정해 두었죠. 원칙은 이렇습니다. 같은 순위 상속인들은 1/n로 재산을 갖되 배우자에게만 0.5를 더 얹어 줍니다. 쉽죠? 고인 사망 후 자식이 1을 가지면 고인의 배우자는 1.5를 갖습니다. 자식이 둘이어도 마찬가지입니다. 첫째 자식 1, 둘째 자식 1, 배우자 1.5입니다. 다만 상속인이 늘수록 나누어야 하는 사람이 많아

지므로 자기 몫이 줄어드는 것이죠.

자녀(1), 배우자(1.5)의 경우

자녀 = 1/1+1.5 = 1/2.5 = 2/5

배우자 = 1.5/1+1.5 = 1.5/2.5 = 3/5

첫째 자녀(1), 둘째 자녀(1), 배우자(1.5)의 경우

첫째 자녀 = 1/1+1+1.5 = 1/3.5 = 2/7

둘째 자녀 = 1/1+1+1.5 = 1/3.5 = 2/7

배우자 = 1.5/1+1+1.5 = 1.5/3.5 = 3/7

- 한편 고인에게 자녀가 없고 배우자와 부모님이 있는 경우, '자녀' 자리에 '부모님'을 넣으면 됩니다. 계산은 똑같습니다.

아버지(1), 어머니(1), 배우자(1.5)의 경우

아버지 = 1/1+1+1.5 = 1/3.5 = 2/7

어머니 = 1/1+1+1.5 = 1/3.5 = 2/7

배우자 = 1.5/1+1+1.5 = 1.5/3.5 = 3/7

## 첫째, 유류분 : 무조건 보장되는 유산

- 어떤가요? 어렵지 않죠? 유언이 있으면 유언을 따르면 되고, 유언이 없으면 협의하거나 아니면 법정상속분대로 나누면 됩니다. 그런데 이렇게 쉬울 것 같았으면 그 많은 유산 다툼은 애초부터 없었겠죠. 여기에는 무수히 많은 변수가 존재합니다. 가장 먼저 살펴볼 게 말 많고 탈 많은 '유류분'입니다. 유류분이 처음 만들어진 것은 1977년입니다. 당시는 아들, 특히 장남에게 재산 대부분을 물려주는 관습이 있었습니다. 이에 법률은 유산 상속에서 소외받는 차남 이하 아들, 그리고 특히나 상속과 무관한 위치에 있던 딸들을 보호하기 위해 유류분을 만들었죠. 즉 유류분은 고인이 재산을 특정인에게 몰아주더라도 상속인 지위에 있는 사람들에게 최소한의 유산을 보장해 주는 제도입니다.

- 유류분이 흔히 입방아에 오르내리는 이유가 있습니다. 유언자의 뜻과 무관하게 불효자에게도 재산을 떼어주어야 하기 때문이죠. 앞에서 다룬 민사신탁 내용 기억하나요? 민사신탁에 맡긴 자산은 유류분의 대상이 되지 않는다는 얘기를 기억할 겁니다. 최근에 나온 판례였는데 중요한 의미를 지닙니다. 고인의 뜻을 더 존중하겠다는 얘기이기 때문입니다. 앞으로도 유류분은 애당초의 입법취지가 더 이상 통용되기 힘든 시절로 가는 만큼 어떤 식으로든 수술대에 오를 것으로 보입니다. 그러나 당분간은 유류분을 알고 있어야 합니다.

## 유류분은 법정상속분의 1/2 혹은 1/3

- 유류분은 법정상속분을 기초로 해서 정해집니다. 즉 법정상속분의 1/2 혹은 1/3만큼은 무조건 보장하죠. 제1112조(유류분의 권리자와 유류분)에 각 상속인별로 유류분을 정해두고 있습니다.

    1. 피상속인의 직계비속은 그 법정상속분의 2분의 1
    2. 피상속인의 배우자는 그 법정상속분의 2분의 1
    3. 피상속인의 직계존속은 그 법정상속분의 3분의 1
    4. 피상속인의 형제자매는 그 법정상속분의 3분의 1

- 고인의 자녀와 배우자는 법정상속분의 절반이고, 고인의 부모와 형제자매는 1/3입니다. 다만 이때의 유류분은 이들이 상속인일 때만 주어지는 것이므로 직계비속(고인의 자녀)이 있으면 직계존속(고인의 부모)과 고인의 형제자매는 유류분을 요구할 수 없게 됩니다.

## 누가 유류분을 주장할 수 있나?

- 누가 유류분권리자가 될 수 있는지 조금 더 알아보죠. 일단 위에 적힌 직계비속 등이 유류분권리자가 될 수 있습니다(상속 순위가 돌아와야 가능). 뱃속의 태아도 민법에서는 상속인으로 다루고 있죠.

물론 살아서 태어내야 합니다. 아무튼 상속인이 될 수 있으면 유류분권리자가 될 수 있으므로 태아도 됩니다. 대습상속인도 상속인이므로 가능합니다. 반면 상속권을 잃은 사람들이 있죠. 상속결격사유자, 상속포기자가 그렇습니다. 이들은 유류분을 주장할 수 없습니다.

## 유류분 작동 방식

- 유류분이 어떤 식으로 작동하는지 간단히 예를 들어보죠. 자식이 둘인데 아버지가 '큰 녀석이 9를 갖고, 작은 녀석이 1을 갖거라.' 하고 유언을 남겼습니다(배우자는 없다고 가정). 내가 작은 녀석이라면 그 1/10이 과연 유류분만큼이나 되는지 궁금하겠죠? 따져 봅시다. 일단 법정상속분은 1/2입니다. 유류분은 여기에서 1/2입니다. 계산하면 전체 유산의 1/4, 즉 25%가 작은 녀석의 유류분이 되죠. 그런데 유언은 1/10만 가지랍니다. 모자란 게 있죠? 그 모자란 만큼 큰 녀석이 재산을 떼어서 작은 녀석에게 주어야 하죠. 큰 녀석이 안 준다? 그러면 유류분반환청구의 소를 제기하여 법의 힘을 빌립니다. 큰 녀석의 재산에 가처분을 신청하는 등 재산이 보존되도록 해놓고 압박을 가해 합의를 보거나 혹은 법원의 최종 판결을 기다려 강제집행을 할 수도 있습니다. 이렇게 유류분권리자는 자기 몫을 확보하게 됩니다.

- 실상 여기까지도 어려울 게 없어 보입니다. 법으로 다 정해 놓았는데 뭐가 문제입니까? 그런데 이런 상황이 생깁니다. 아버지가 돌아가시기 반 년 전에 재산의 절반을 뚝 떼어 옆집 아무개에게 증여를 했습니다(왜 주었는지 여기서는 중요하지 않습니다.). 원래대로라면 100억 재산이 두 자식에게 상속되어야 하는데 하루아침에 유산의 규모가 50억으로 절반이 줄었습니다. 더욱 기가 막힌 것은 큰 녀석은 9를 주고, 작은 녀석은 1을 주겠다고 유언을 남겼다는 사실입니다. 큰 녀석은 덜 억울할지 모릅니다. 작은 녀석은 미치겠죠. 자신이 받을 수 있는 유류분이 얼마인지 따져봅니다. 50억의 1/4이므로 12.5억입니다. 유언대로라면 5억밖에 안 됩니다(50×1/10). 큰 녀석은 모자란 7.5억을 채워주어야 하죠. 그런데 만일 유류분을 따진 전체 재산이 50억이 아니라 100억이라면 어떻게 될까요? 작은 녀석이 받을 재산은 12.5억이 아니라 25억이 됩니다. 뭔가 상황이 달라집니다. 작은 녀석이 생각합니다. '옆집 아무개에게 증여한 돈도 유류분 계산을 위한 재산에 넣어야 하는 거 아니야?'

## 유류분 계산을 위한 기초재산 산입 문제

- '유류분 계산을 위한 기초재산 산입', 이제 핵심까지 다 왔습니다. 법정상속분, 유류분은 이해하기 어려운 게 아닙니다. 그런데 이를 계산하기 위한 '재산의 규모'를 어디까지로 할 것인가 하는 게 어렵

죠. 재산 규모가 크면 클수록 유류분권리자가 받을 수 있는 재산도 함께 커집니다. 이게 유산 다툼에서 가장 큰 쟁점입니다. 위의 사례처럼 사망하기 전 1년 내에 누군가에게 증여한 돈이 있으면 실제로는 유류분 계산을 위한 기초재산에 넣어야 합니다. 이건 법으로 정하고 있죠. 설령 1년이 훨씬 지난 증여라도 유류분권리자(여기서는 작은 녀석)에게 손해를 입힐 것을 알고 그랬다면 역시 유산에 합산해야 합니다(물론 이런 경우는 '나에게 손해를 입히려고 했다는 것을 입증해야 합니다.).

▶ [**제1114조(산입될 증여)** 증여는 상속개시 전의 1년간에 행한 것에 한하여 제1113조의 규정에 의하여 그 가액을 산정한다. 당사자 쌍방이 유류분권리자에 손해를 가할 것을 알고 증여를 한 때에는 1년 전에 한 것도 같다.]

### '손해를 가할 것을 알고'

- 제1114조 두 번째 문장을 잠시 살펴볼까요? '나에게 손해를 입히려고 했다'는 것은 어떻게 입증될까요? 아래 판례는 그 기준을 보여줍니다. 첫째, 재산의 절반이 넘는 액수를 증여했을 때입니다. 유류분이란 법정상속분의 1/2입니다. 즉 모든 상속인이 유류분으로 재산을 받는다고 하면 유산의 최대 1/2까지만 받을 수 있죠. 따라서 증여가 전 재산의 1/2을 넘어가면 그때는 침해가 있음을 알고 있다고 판단합니다. 둘째, 아직 경제 활동을 하고 있는 나이

라면 괜찮을 수 있지만 고령인데다 경제 활동을 통해 돈을 벌 구석이 없을 때입니다. 재산의 절반 넘게 제3자에게 증여했더라도 계속 돈을 벌고 있다면 상관이 없을 수도 있습니다. 더 벌어서 유류분을 해치지 않을 정도로 재산을 늘릴 수 있다고 보여지면 말이죠. 하지만 그렇지 않으면 '손해를 끼칠 것을 알고 있는 것'으로 판단될 가능성이 높아집니다. 그리고 마지막 셋째, 위의 두 전제 아래 증여 당시 두 사람이 '침해 여부'에 대해서 어떻게 생각했는지, 즉 알고 그랬는지 정황을 살펴서 최종 판단하게 됩니다.

▶ **(대법원 2012. 5. 24. 선고 2010다50809 판결 [상속재산반환등]** ……공동상속인이 아닌 제3자에 대한 증여는 원칙적으로 상속개시 전의 1년간에 행한 것에 한하여 유류분반환청구를 할 수 있고, 다만 당사자 쌍방이 증여 당시에 유류분권리자에 손해를 가할 것을 알고 증여를 한 때에는 상속개시 1년 전에 한 것에 대하여도 유류분반환청구가 허용된다. 증여 당시 법정상속분의 2분의 1을 유류분으로 갖는 직계비속들이 공동상속인으로서 유류분권리자가 되리라고 예상할 수 있는 경우에, 제3자에 대한 증여가 유류분권리자에게 손해를 가할 것을 알고 행해진 것이라고 보기 위해서는, 당사자 쌍방이 증여 당시 증여재산의 가액이 증여하고 남은 재산의 가액을 초과한다는 점을 알았던 사정뿐만 아니라, 장래 상속개시일에 이르기까지 피상속인의 재산이 증가하지 않으리라는 점까지 예견하고 증여를 행한 사정이 인정되어야 하고, 이러한 당사자 쌍방의 가해의 인식은 증여 당시를 기준으로 판단하여야 한다.)

## 상속재산을 아는 데서 출발

- 아무튼, 진짜 중요한 게 유언 자체보다 어쩌면 고인이 남긴 재산 전체가 얼마인지 알아보는 것이 될 것 같습니다. '이 집은 막내가 갖고, 저 땅은 셋째 딸이 갖고' 이런 유언이 있더라도 내가 받은 그 집이 유류분에 못 미친다면 얼마나 억울하겠습니까? 따라서 상속인이 되면 최소한 고인이 남긴 재산이 얼마인지 전체 규모를 파악하고 있어야 합니다.

## 금융감독원 서비스

- 상속재산을 확인할 수 있는 두 가지 방법이 있습니다. 첫째는 금융감독원에서 제공하는 '상속인금융거래조회서비스'입니다. 방법은 다음과 같습니다.
  - 가까운 은행이나 농·수협, 우체국 등을 방문한다.
  - '상속인금융거래조회서비스'를 신청한다.
  - (접수 후 약 7~20일 뒤에 확인할 수 있다.)
  - 금융감독원 홈페이지(www.fss.or.kr)에 접속한다.
  - 금융채권(예금, 보험, 예탁증권, 공제 등) 및 채무, 각종 주식, 일정액 이상의 조세·과태료 등 체납여부, 상조회사 가입여부 등을 확인한다.

## 정부 3.0 안심상속 원스톱 서비스

- 상속재산을 확인할 수 있는 또 다른 서비스가 있습니다. '정부 3.0 안심상속 원스톱 서비스'입니다.
    - 가까운 시·구 읍·면·동사무소 방문(신분증 지참)
    - 제1순위 상속인(자녀, 배우자) 신청(1순위자가 없으면 차순위자. 대습상속인도 가능)
    - 접수증 수령, 안내문 확인
    - 7~20일 이내 확인 가능(토지/자동차/지방세 : 방문, 문자, 우편 중 택1, 금융 : www.fss.or.kr 확인, 국민연금 : www.nps.or.kr 확인)
    (문의전화 : 금융거래 1332(2번), 국세 126, 국민연금 1355, 토지/자동차/지방세는 가까운 구청 부서)
    - 신청 기간 : 사망일이 있는 달의 말일로부터 6개월 이내

## 어디까지가 유류분 계산을 위한 재산이 되는가?

- 신청 결과가 나왔습니까? 고인이 남긴 재산이 얼마인지, 혹 채무가 얼마인지 확인이 되었나요? 그럼, 이제 유류분 산정을 위한 기초 재산을 어떻게 정하는지 살펴보겠습니다. 먼저 가장 큰 원칙입니다.
- ▶ [제1113조(유류분의 산정)] ① 유류분은 피상속인의 상속개시시에 있어서 가진 재산의 가액에 증여재산의 가액을 가산하고 채무의 전액을 공제하여 이

를 산정한다. ② 조건부의 권리 또는 존속기간이 불확정한 권리는 가정법원이 선임한 감정인의 평가에 의하여 그 가격을 정한다.]

- 뭐라고 되어 있는가 하면 고인이 남긴 적극재산에서 증여한 건 더하고 소극재산은 빼서 남은 재산을 유류분 산정을 위한 재산으로 한다고 되어 있습니다. 고인 소유의 재산이 아니더라도 증여한 게 있으면 일단 더합니다. 반면 갚아야 할 빚, 내야 할 세금이 있으면 다 뺍니다. 그렇게 남은 돈을 기준으로 유류분을 계산하는 게 대원칙입니다. 한편 제2항은 집을 짓던 도중 고인이 사망하는 등 지불하거나 받아야 돈의 가액을 알기 어려울 때는 감정인 평가를 따르라는 말입니다.

## 가치 평가 기준일

- 한편 유류분 계산을 위해 기초재산에 넣을 때 그 집은 얼마라고 적어야 할까요? 또 그 땅은요? 현금이나 주식처럼 가치를 바로 알 수 없는 경우에는 가치 평가일이 있어야 합니다. 언제일까요? 추측하다시피 상속개시일이 기준이 됩니다(상속재산의 가치 평가는 상속 혹은 증여에서 중요한 문제입니다. 뒤에 상속세, 증여세를 다룰 때 다시 언급할 기회가 있을 겁니다.).

## 특별수익은 넣는다

- 적극재산, 소극재산은 이제 알겠는데 '증여재산의 가액'은 조금 헷갈립니다. 어떤 증여를 말하는 걸까요? 아버지가 10년 전에 주신 용돈 10만 원도 증여에 해당될까요? 아버지가 차던 시계를 풀어서 준 것도 증여에 해당될까요? 그런 자질구레한 것까지 다 합해야 할까요? 아닙니다. 아래 판례를 보면 '특별수익'이라는 표현이 등장합니다. 유언을 통해 '너 이거 가져라.' 하고 재산을 물려준 경우, 이를 '특별수익'이라고 부릅니다. 또한 생전이라도 미리 유산을 나눠준 것으로 볼 만한 재산 규모일 때는 이것도 '특별수익'이라고 하죠. 특별수익이란 살아 있을 때 미리 주었건(이 경우 '상속분의 선급'이라고 표현합니다.) 유언을 통해 주었던 그건 관계가 없습니다. 뭐든 상속 개념으로 준 게 있으면 전부 유류분 산정을 위한 기초재산에 다 넣으라는 게 아래 판례입니다. 앞서 1년 안에 증여한 것만 포함시킨다고 했는데 판례를 보면 '특별수익'이 있을 때는 이 조항을 적용하지 않는다고 적혀 있습니다(즉 제1114조는 '특별수익'이 없는 경우에만 적용된다고 보면 됩니다.).

▶ **(대법원 1996. 2. 9. 선고 95다17885 판결 [유류분반환]** ……공동상속인 중에 피상속인으로부터 재산의 생전 증여에 의하여 특별수익을 한 자가 있는 경우에는 민법 제1114조의 규정은 그 적용이 배제되고, 따라서 그 증여는 상속개시 1년 이전의 것인지 여부, 당사자 쌍방이 손해를 가할 것을 알고서 하였는지 여부에 관계없이 유류분 산정을 위한 기초재산에 산입된다. 비고 :

유류분권리자는 피상속인이 상속인들에 대한 평생의 생전증여를 모두 포함하므로 적어도 특별수익이 될 정도이면 모두 대상이 된다.)

### 특별수익이 아닌 일반 증여는 넣지 않는다

- 어떤 증여가 특별수익이 되려면 그 돈을 받은 수증자가 '상속인'의 지위에 있어야 하죠. 그런데 원래는 상속인이 아니었다가 상속인이 되는 경우가 있습니다. 대표적인 경우가 대습상속인입니다. 원래는 상속인이 아닌데 상속인 지위에 있던 사람이 사망하면서 그 사람의 배우자나 자녀가 대신 상속인의 지위를 물려받으면서 상속인이 된 경우입니다. 만일 원래 상속인이 살아 있던 시절에 피상속인이 이들 장래의 대습상속인에게 증여를 했다면 이 증여한 재산은 특별수익이 될까요? 안 됩니다. 상속인 신분이 아니던 시절에 받은 돈이기 때문입니다. 따라서 상속인 지위가 아닐 때 받은 증여는 유류분 산정을 위한 재산에 넣지 않습니다.

▶ (대법원 2014. 5. 29. 선고 2012다31802 판결 [소유권이전등기절차이행] ······ 민법 제1008조는 공동상속인 중에 피상속인으로부터 재산의 증여 또는 유증을 받은 특별수익자가 있는 경우 공동상속인들 사이의 공평을 기하기 위하여 그 수증재산을 상속분의 선급으로 다루어 구체적인 상속분을 산정함에 있어 이를 참작하도록 하려는 데 그 취지가 있는 것인바(대법원 1995. 3. 10. 선고 94다16571 판결 등 참조), 대습상속인이 대습원인(*원래 상속인의

사망)의 발생 이전에 피상속인(*고인)으로부터 증여를 받은 경우 이는 상속인의 지위에서 받은 것이 아니므로 상속분의 선급으로 볼 수 없다. 그렇지 않고 이를 상속분의 선급으로 보게 되면, 피대습인이 사망하기 전에 피상속인이 먼저 사망하여 상속이 이루어진 경우에는 특별수익에 해당하지 아니하던 것이 피대습인이 피상속인보다 먼저 사망하였다는 우연한 사정으로 인하여 특별수익으로 되는 불합리한 결과가 발생한다. 따라서 대습상속인의 위와 같은 수익은 특별수익에 해당하지 않는다고 봄이 상당하다. 이는 유류분제도가 상속인들의 상속분을 일정 부분 보장한다는 명분 아래 피상속인의 자유의사에 기한 자기 재산의 처분을 그의 의사에 반하여 제한하는 것인 만큼 그 인정 범위를 가능한 한 필요최소한으로 그치는 것이 피상속인의 의사를 존중한다는 의미에서 바람직하다는 관점에서 보아도 더욱 그러하다.)

## 기여분은 뺀다

- '기여분'이란 게 있습니다. 고인을 '특별히' 부양하거나 혹은 고인의 재산 증가에 '특별히' 기여한 경우, 그 기여를 인정하여 유산을 더 많이 주는 것입니다. 이건 상속인들끼리 협의를 해서 '동생이 아버지 모시느라 고생했으니 이 집은 동생 주자.' 하고 결정하면 그대로 하면 되고, 만일 본인이 기여한 게 있는데 상속인들이 협의를 해주지 않는다 싶으면 법원에 판단을 맡기면 됩니다. 물론 위에 따옴표를 쳤듯이 '특별히'라는 걸 충족해야 하고, 입증해야 하겠죠. 아무

든 기여분 제도가 있는 것은 재산 분할의 실질적 평등을 구현하기 위해서입니다. 반면 유류분은 재산 분할의 기계적 평등을 추구합니다. 그 자녀가 효자인지 불효자인지 묻지 않고 그의 몫을 일률적으로 보장하기 때문입니다. 그런 점에서 유류분과 기여분은 상반된 성격을 지니고 있습니다. 둘은 서로 다른 가치를 보호하고 있죠. 이 둘이 다르다는 점은 아래 판례에서 잘 드러납니다. 특히 판례는 기여분을 '재산분할'이 아닌 '재산분할 이전 단계'로 보고 있습니다. 유류분은 재산분할의 일환이지만 기여분은 그게 아니라 생전의 공으로 원래 가져야 할 본인의 몫이라고 봅니다. 예를 들어 아버지 앞으로 든 보험이 있는데 이 보험료를 대납한 자녀가 있다면 이 보험은 누구의 것일까요? 실제로 보험료를 지불한 자녀의 소유가 된다고 보는 게 자연스럽죠. 따라서 해당 보험은 상속재산이 되는 게 아니라 그냥 보험료 낸 자녀의 소유가 됩니다. 기여분도 그런 것으로, 유류분 계산을 위한 기초재산에 넣지 않습니다. 다만 아래 판례는 기여분으로 인정받기 위해서는 1) 공동상속인의 협의, 2) 가정법원의 심판 둘 중에 하나가 있어야 한다고 판시하고 있습니다.

▶ (**대법원 2015. 10. 29. 선고 2013다60753 판결 [유류분반환]** ······위와 같은 규정들에 비추어 보면, 기여분은 상속재산분할의 전제 문제로서의 성격을 가지는 것으로서, 상속인들의 상속분을 일정 부분 보장하기 위하여 피상속인의 재산처분의 자유를 제한하는 유류분과는 서로 관계가 없다고 할 것이다. 따라서 공동상속인 중에 상당한 기간 동거·간호 그 밖의 방법으로 피상속인을

특별히 부양하거나 피상속인의 재산의 유지 또는 증가에 특별히 기여한 사람이 있을지라도 공동상속인의 협의 또는 가정법원의 심판으로 기여분이 결정되지 않은 이상 유류분반환청구소송에서 자신의 기여분을 주장할 수 없음은 물론이거니와(대법원 1994. 10. 14. 선고 94다8334 판결 참조), 설령 공동상속인의 협의 또는 가정법원의 심판으로 기여분이 결정되었다고 하더라도 유류분을 산정함에 있어 기여분을 공제할 수 없고, 기여분으로 인하여 유류분에 부족이 생겼다고 하여 기여분에 대하여 반환을 청구할 수도 없다.)

## 생명보험금은 넣는다

- 보험 이야기가 나왔으니 다른 경우도 살펴봅시다. 만일 아버지가 생명보험에 가입하고 보험료를 자기 돈으로 내고, 자신이 사망하면 자녀가 돈을 타는 것으로 계약을 맺었습니다. 그러다 아버지가 사망하고 자녀가 보험금을 타게 되었다면 이 보험금은 유류분에 넣어야 할까요? 고인의 사망을 원인으로 타게 되는 생명보험금은 조금 독특한 성격을 갖게 됩니다. 이 돈의 소유권은 수익자, 즉 자녀가 됩니다. 상속재산이 아니라고 보죠. 따라서 자녀가 상속을 포기해도 이 돈의 소유권은 그대로 자녀 앞으로 남아 있게 됩니다. 반면 상속세나 유류분에서는 조금 다르게 봅니다. 누가 돈을 냈는지 따져서 만일 아버지가 낸 것이라면 상속세의 대상이 되는 동시에 유류분 계산을 위한 기초재산에 산입해야 한다고 봅니다.

아버지가 보험료를 지급하고, 자식이 탄 보험금은 따라서 유류분 계산에 넣습니다.

▶ (서울가정법원 2010.11.9.선고 2009느합285 심판 ······보험수익자가 상속인 또는 상속인 중 특정인으로 지정되어 있는 경우 그 보험금은 각 해당 상속인들의 고유재산이며 상속재산이 아니지만 피상속인이 보험료를 부담하였다면 이는 곧 피상속인이 출연한 보험료 상당액을 각 해당자들이 특별수익한 것으로 봄이 상당하다.)

## 추가로 뺄 것 몇 가지

- 남긴 재산이라도 다 유류분 산정을 위한 기초재산에 넣는 건 아닙니다. 다음과 같은 특수한 경우는 뺍니다.
  - 분묘에 속한 1정보의 금양임야와 600평 이내의 묘토인 농지, 족보와 제구의 소유권(민법제1008조의 3).
  - 상속세, 상속재산의 관리·보존을 위한 소송비용 등 상속재산에 관한 비용은 포함되지 아니한다.

▶ (대법원 2015. 5. 14. 선고 2012다21720 판결 [유류분반환] ······민법 제1113조 제1항은 "유류분은 피상속인의 상속개시시에 있어서 가진 재산의 가액에 증여재산의 가액을 가산하고 채무의 전액을 공제하여 이를 산정한다."라고 규정하고 있다. 이때 공제되어야 할 채무란 상속채무, 즉 피상속인의 채무를 가리키는 것이고, 여기에 상속세, 상속재산의 관리·보존을 위한 소송비용 등

상속재산에 관한 비용은 포함되지 아니한다. 원심은 피고가 납부한 상속세와 증여세, 소외 4가 망인 사망 이후 피고를 상대로 제기한 보관금 반환청구소송의 응소비용, 이태원동 부동산에 관한 소송비용, 주주권확인소송과 소외 3의 권리금 반환청구소송에 든 비용 모두가 공제되어야 할 채무에 해당한다는 피고의 주장에 대하여, 상속세 등은 상속을 원인으로 상속인들에게 개별적으로 부과되는 조세로 피상속인이 사망 당시 부담하고 있는 상속채무와는 그 성질이 다르고, 피고 주장의 다른 채무들도 피상속인이 사망 당시 부담하고 있던 채무가 아니라는 이유로 위 주장을 배척하였다. 원심의 위와 같은 판단은 앞서 본 법리에 따른 것으로서, 거기에 상고이유의 주장과 같이 유류분 산정의 기초재산에 관한 법리를 오해한 잘못이 없다.)

## 부족한 유류분 누가 줄까?

- 혹시 특별수익을 기초재산에 포함시킨다는 말을 잘못 이해하고 있지는 않으시죠? 이 말은 계산을 하기 위해 재산 액수에 포함시킨다는 얘기지, 도해내라는 말이 아닙니다. 불본 계산 결과, 침해된 유류분이 있다면(유류분만큼도 못 받은 경우) 다른 상속자가 부족분을 메워주어야 합니다(1. 유증과 사인증여 받은 사람이 먼저, 그냥 증여는 나중. 2. 공동상속인이 있는 경우, 자신의 상속분 비율만큼). 아래 법조문이 이를 잘 설명하고 있습니다. 유증 또는 증여로 유류분이 부족하게 되면 그 부족한 한도에서 반환 청구가 가능하다는 내용입

니다(유류분권리자는 유류분반환청구권을 갖게 됩니다.).

▶ [제1115조(유류분의 보전) ① 유류분권리자가 피상속인의 제1114조에 규정된 증여 및 유증으로 인하여 그 유류분에 부족이 생긴 때에는 부족한 한도에서 그 재산의 반환을 청구할 수 있다. ② 제1항의 경우에 증여 및 유증을 받은 자가 수인인 때에는 각자가 얻은 유증가액의 비례로 반환하여야 한다.]

## 소멸시효

- 시간이 만료되면 더 이상 권리를 행사할 수 없도록 만든 게 있죠. 제척기간이나 소멸시효 같은 것입니다. 유류분권리자의 반환청구권에도 소멸시효가 있습니다. 기간은 어떻게 될까요? 1) 상속 개시가 있었고, 동시에 증여와 유증으로 나의 유류분이 모자라게 되었다는 사실을 알게 된 날로부터 1년, 2) 상속 개시로부터 10년입니다. 아래 판례는 1번에 대한 해석을 담고 있습니다.

▶ [제1117조(소멸시효) 반환의 청구권은 유류분권리자가 상속의 개시와 반환하여야 할 증여 또는 유증을 한 사실을 안 때로부터 1년 내에 하지 아니하면 시효에 의하여 소멸한다. 상속이 개시한 때로부터 10년을 경과한 때도 같다.]

▶ (대법원 2006. 11. 10. 선고 2006다46346 판결 [소유권이전등기등] ······ 민법 제1117조가 규정하는 유류분반환청구권의 단기소멸시효기간의 기산점이 되는 '유류분권리자가 상속의 개시와 반환하여야 할 증여 또는 유증을 한 사실을 안 때'라 함은 유류분권리자가 상속이 개시되었다는 사실과 증여 또는

유증이 있었다는 사실 및 그것이 반환하여야 할 것임을 안 때를 뜻한다고 할 것이다. 기록에 의하면, 이 사건 자필유언증서는 위 망인이 대장암 수술을 받고 투병중이던 2003. 11. 10. 작성하여 소외 2에게 교부하고 보관하게 한 것인 사실, 위 망인이 2004. 4. 16. 사망하자 소외 2는 같은 해 4. 24.경 이 사건 자필유언증서의 사본을 오랫동안 해외에 거주하다가 망인의 사후에 귀국한 피고 1에게 교부하는 한편, 서울가정법원에 유언의 검인을 청구한 사실, 그 유언의 검인은 같은 해 6. 30. 이루어졌고 피고 1은 그 검인절차에 참여하여 그 자필유언증서의 원본을 확인한 사실, 그런데 피고 1은 그 검인절차 당시부터 위 유언증서가 위 망인의 자필에 의한 것이 아니라는 등의 이유로 그 효력을 부인하였고, 그 후 같은 해 8. 24. 서울서부지방법원에 유언무효확인 청구의 소를 제기하는 한편, 같은 해 9. 7에는 이 사건 부동산 중 1/2 지분에 관하여 상속을 원인으로 한 이전등기를 경료한(*마친) 사실, 이에 원고가 이 사건 소로써 그 등기의 말소를 청구하자 피고 1은 2005. 5. 25. 원고에게 송달되고 같은 해 6. 21. 제1심 변론기일에서 진술된 같은 해 5. 20.자 준비서면을 통하여 피고 1에게 유류분반환청구권이 있다는 취지의 주장을 한 사실, 그 후 위 유언무효확인 청구소송에서는 피고 1의 청구를 기각하는 판결이 확정된 사실 등을 인정할 수 있는바, 위와 같은 사실관계에 비추어 보면, 해외에 거주하다가 망인의 사망사실을 뒤늦게 알게 된 피고 1로서는 유증사실 등을 제대로 알 수 없는 상태에서 단순히 소외 2로부터 일방적으로 교부된 위 망인의 자필유언증서의 사본을 보았다는 사정만으로는 자기의 유류분을 침해하는 유증이 있었음을 알았다고 단정하기 어렵고 2004. 6. 30. 유언의 검인을 받으면서 자필유언증서의 원본을 확인한 시점에서야 비로소 그러한 유증이 있었음을 알았다고 봄이 상당하고, 따라서 그때로부터 1년이 경과되기 전인 2005. 5. 20. 피고 1이 유류분반환청구권을 행사한다는 뜻의 의사표시를 하였으므로 피고 1의 유류분반환청구권은 시효로 소멸되었다고 할 수 없다.)

## 소멸시효는 주장해야 인정받을 수 있다

- 소멸시효와 관련해서 중요한 내용이 있습니다. 소멸시효가 지났고, 그 뒤에 소송을 걸었다고 가정해 봅시다. 소멸시효로 보면 유류분권반환을 청구할 수 없습니다. 그런데 소멸시효는 제척기간과 달리 중요한 요건이 있습니다. 반환의무를 가지고 있는 소송 당사자(아래 판례에서는 피고)가 '판사님, 소멸시효가 지나서 원고에게는 반환 청구권이 없습니다.' 하고 주장해야 합니다. 하지 않으면? 설령 판사가 이 사실을 알고 있더라도 소송에 끼어들어서 판단하지 않습니다. 그대로 원고 승소 판결을 내릴 가능성이 크죠. 반면 제척기간은 당사자가 아무 주장을 하지 않아도 판사가 알아서 '어? 이거 제척기간 지나서 안 됩니다.' 하고 판단을 내려줍니다. 아무것도 아닌 것 같지만 매우 중요한 내용입니다.

▶ (**대법원 1993. 4. 13. 선고 92다3595 판결 [소유권이전등기말소]** ······그러나 민법 제1117조의 규정내용 및 형식에 비추어 볼 때 같은 법조 전단의 1년의 기간은 물론 같은 법조 후단의 10년의 기간도 그 성질을 소멸시효기간이라고 보

아야 할 것이고, 한편 소멸시효기간 만료로 인한 권리소멸에 관한 것은 소멸시효의 이익을 받는 자가 항변을 하지 아니하면 그 의사에 반하여 재판할 수 없는 것인데, 기록에 의하면 피고가 사실심에서 시효소멸의 항변을 한 적이 전혀 없음을 알 수 있는바, 그렇다면 결국 원심은 위 10년 기간의 법적 성질에 관한 법리를 오해한 나머지 당사자가 주장하지도 아니한 사실을 판단함으로써 판결에 영향을 미친 위법이 있다 하지 아니할 수 없으므로 이점을 탓하는 취지의 논지는 이유 있다.)

## 유류분권을 행사하는 방법

- 유류분이 모자란 걸 확인했다면 이제 어떻게 할까요? 달라고 해야겠죠? 어떻게 하면 될까요? 1) 나에게 돈을 주어야 할 사람(수증자)에게 달라고 요청하면 됩니다. 2) 말을 안 들으면 소송을 걸면 됩니다(유류분반환청구의 소). 이때 뭘 주어야 할지 목적물을 지정할 필요는 없고, 대신 어떤 증여, 어떤 유증으로 내가 유류분 침해를 입었는지 언급하면 충분합니다. 참고로, 아래 판례에는 '소멸시효 중단'이라는 말이 나오는데 유류분권에 소멸시효가 있다는 건 앞에서 살펴봤죠. '소멸시효 중단'이란 소멸시효라는 시한폭탄의 시계가 더 이상 움직이지 않는 상태가 되었다, 즉 나의 권리인 유류분권은 아직 살아 있다는 뜻입니다. 특히 1번의 경우처럼 법정이 아니라 개인적으로 만나서 '달'라고 요청하는 의사표시만으로도 소

멸시효는 중단됩니다(그러나 확실히 하기 위해 내용증명 등으로 증거를 남기는 게 좋습니다.). 이게 중요할 때가 있습니다. 만일 소멸시효가 불과 하루밖에 남지 않은 상태에서 상대에게 내용증명을 보내 '내 부족한 유류분 달라'고 요구했는데 상대방이 '싫다'고 해서 최후의 수단으로 소송을 걸었다고 해 보죠. 아마 소송이 잡힌 날짜는 여러 날 뒤이므로 상대는 '소멸시효가 완료되어 돈을 줄 필요가 없다'고 주장할 수 있습니다. 그런데 내용증명을 제출, 소멸시효를 중단시켰다는 점을 입증하면 소송을 계속 진행할 수 있을뿐더러 승소 가능성이 높아집니다.

▶ (대법원 2002. 4. 26. 선고 2000다8878 판결 [유류분청구] ……유류분반환청구권의 행사는 재판상 또는 재판 외에서 상대방에 대한 의사표시의 방법으로 할 수 있고, 이 경우 그 의사표시는 침해를 받은 유증 또는 증여행위를 지정하여 이에 대한 반환청구의 의사를 표시하면 그것으로 족하며, 그로 인하여 생긴 목적물의 이전등기청구권이나 인도청구권 등을 행사하는 것과는 달리 그 목적물을 구체적으로 특정하여야 하는 것은 아니고, 민법 제1117조에 정한 소멸시효의 진행도 그 의사표시로 중단된다.)

## 특정 수증자에게 청구할 때는

- 특정유증 기억하시나요? 포괄유증과 상대되는 개념이었죠. 특정유증을 받은 사람을 특정 수증자(수유자)라고 부르는데 이 사람은

유증의무자에게 '제 유산 주세요.' 하고 청구해야 한다고 설명했습니다. 만일 특정 수증자가 아직 유증을 받은 상태가 아니라면 유류분권리자는 특정 수증자에게 '나의 부족한 유류분을 달라'고 청구할 수 없습니다.

▶ [제1116조(반환의 순서) 증여에 대하여는 유증을 반환받은 후가 아니면 이것을 청구할 수 없다.]

- 부족한 유류분을 돌려받아야 하는데 마침 상속인 혹은 수증자가 그 재산을 다른 사람에게 팔아버렸을 수 있습니다. 돈이 중요하다면 재산의 가액만큼 상속인 혹은 수증자에게 달라고 하면 되죠. 그런데 그 재산 자체가 중요한 경우가 있습니다. 집이라든지 증권인 경우가 그렇죠. 이런 경우, 이 재산을 산 사람(양수인)에게 돌려달라고 할 수는 없을까요? 조건이 있습니다. 양수인이 '유류분권리자의 권리를 침해할 수 있다'는 사실을 알면서도 산 것이라면 그때는 이 양수인에게도 '유류분반환청구권'을 행사하여 소송을 제기할 수 있습니다.

  ▶ (대법원 2002. 4. 26. 선고 2000다8878 판결 [유류분청구] ……유류분반환청구권의 행사에 의하여 반환하여야 할 유증 또는 증여의 목적이 된 재산이 타인에게 양도된 경우 그 양수인이 양도 당시 유류분권리자를 해함을 안 때에는 양수인에 대하여도 그 재산의 반환을 청구할 수 있다고 보아야 할 것이다. 기록에 의하면, 피고는 망인의 사망 직후 소외 3으로부터 그가 소유한 이 사건 주식 중 10,550주를 증여받을 당시 이로 인하여 원고의

유류분을 침해하게 된다는 사정을 알고 있었던 것으로 보이므로, 이에 대하여도 원고의 유류분반환청구권 행사는 허용되어야 할 것이다.)

## 유류분 반환 방법

- 유류분 반환을 청구한 뒤 유류분권리자는 어떻게 재산을 돌려받아야 할까요? 민법에는 반환 방법에 대해서 규정하고 있지 않은데 아래 판례는 '원물반환', 즉 대상이 되는 재산을 그대로 돌려주는 게 원칙이라고 판시하고 있습니다. 물론 유류분권리자가 가액을 원하면 돈으로 환산해서 줄 수도 있습니다.

▶ (대법원 2014. 2. 13. 선고 2013다65963 판결 [유류분반환] ······우리 민법은 유류분제도를 인정하여 제1112조부터 제1118조까지 이에 관하여 규정하면서도 유류분의 반환방법에 관하여 별도의 규정을 두고 있지 않으나, 증여 또는 유증대상 재산 그 자체를 반환하는 것이 통상적인 반환방법이라고 할 것이므로, 유류분 권리자가 원물반환의 방법에 의하여 유류분반환을 청구하고 그와 같은 원물반환이 가능하다면 달리 특별한 사정이 없는 이상 법원은 유류분권리자가 청구하는 방법에 따라 원물반환을 명하여야 한다(대법원 2006. 5. 26. 선고 2005다71949 판결 등 참조). 한편 증여나 유증 후 그 목적물에 관하여 제3자가 저당권이나 지상권 등의 권리를 취득한 경우에는 원물반환이 불가능하거나 현저히 곤란하여 반환의무자가 목적물을 저당권 등의 제한이 없는 상태로 회복하여 이전하여 줄 수 있다는 등의 예외적인 사정

이 없는 한 유류분권리자는 반환의무자를 상대로 원물반환 대신 그 가액 상당의 반환을 구할 수도 있을 것이나, 그렇다고 하여 유류분권리자가 스스로 위험이나 불이익을 감수하면서 원물반환을 구하는 것까지 허용되지 아니한다고 볼 것은 아니므로, 그 경우에도 법원은 유류분권리자가 청구하는 방법에 따라 원물반환을 명하여야 한다. 나아가 유류분반환의 목적물에 부동산과 금원이 혼재되어 있다거나 유류분권리자에게 반환되어야 할 부동산의 지분이 많지 않다는 사정은 원물반환을 명함에 아무런 지장이 되지 아니함이 원칙이다.)

- 유류분반환청구 소송이 진행 중이라는 전제 아래, 만일 유류분권리자가 현물 대신 돈으로 달라고 한다면 이 재산의 가치를 평가해야 하는데 평가 시점이 문제가 됩니다. 어느 시점을 기준으로 가액을 평가해야 할까요? 소송 중일 때는 민사소송 1) 사실심의 2) 변론을 종결할 때를 기준으로 합니다. 사실심이란 1심, 2심을 말합니다. 3심, 즉 최종심은 보통 사실을 다루지 않고 법률 적용 문제를 다루기 때문에 법률심이라고 부릅니다. 변론이 종결된다는 말은, 원고와 피고의 주장과 입증이 끝났다고 보고 이제 판결을 내리겠다는 얘기입니다. 보통 선고기일은 추후에 알려주기도 하고, 언제 선고하겠다고 알려주기도 합니다. 아무튼 이 날을 기준으로 재산의 가액을 평가하게 됩니다.

▶ **(대법원 2005. 6. 23. 선고 2004다 51887판결 [주식반환등]** ······유류분반환범위는 상속개시 당시 피상속인의 순재산(*적극재산에서 소극재산을 뺀 재산)

과 문제된 증여재산을 합한 재산을 평가하여 그 재산액에 유류분청구권자의 유류분비율을 곱하여 얻은 유류분액을 기준으로 하는 것인바, 이와 같이 유류분액을 산정함에 있어 반환의무자가 증여받은 재산의 시가는 상속개시 당시를 기준으로 산정하여야 하고, 당해 반환의무자에 대하여 반환하여야 할 재산의 범위를 확정한 다음 그 원물반환이 불가능하여 가액반환을 명하는 경우에는 그 가액은 사실심 변론종결시를 기준으로 산정하여야 한다.)

- 부족한 유류분을 달라고 청구할 때는 순서가 있습니다. 우선 유증이나 사인증여에 대해서 달라고 요구해야 하고, 그래도 모자라면 증여(상속인이 아닌 사람)에 대해서 반환 청구를 할 수 있습니다(민법 제1116조).

- 유증이나 증여를 받은 사람이 여러 명일 때는 상속분의 비례에 따라 반환하게 됩니다(민법제1115조). 예를 들어 배우자 1.5 자식 1이라면 배우자는 0.5만큼 더 돌려주어야 하죠.

### 월세도 반환 대상

- 반환의 대상은 해당 재산이면 충분할까요? 만일 해당 재산이 부동산이고, 그 사이 이 부동산을 임대하여 월세를 받았거나 혹은 본인들이 거주하며 월세만큼의 이익을 보았다면 그 이익분은 어떻게

해야 할까요? 이에 대해서 판례는 만일 소송에서 유류분권리자가 승소하면(반환의무자가 패소하면) 소송이 개시되는 시점으로 돌아가서 월세 등을 토해내야 한다고 말합니다. 판결이 있는 날이 아니라 소송이 시작되는 날로부터 그때까지 거둔 월세 등의 수입도 함께 돌려주어야 한다는 말입니다. 참고로 아래 '과실'이라는 단어가 나오는데 이는 잘못 혹은 실수를 뜻하는 말이 아니라 열매를 의미합니다. 부동산이라는 재산이 있으면 이 부동산으로 얻을 수 있는 수익 등을 과실이라고 부르죠.

▶ (**대법원 2013. 3. 14 선고 2010다42624, 42631 판결** ······유류분권리자가 반환의무자를 상대로 유류분반환청구권을 행사하는 경우 그의 유류분을 침해하는 증여 또는 유증은 소급적으로 효력을 상실하므로, 반환의무자는 유류분권리자의 유류분을 침해하는 범위 내에서 그와 같이 실효된 증여 또는 유증의 목적물을 사용·수익할 권리를 상실하게 되고, 유류분권리자의 목적물에 대한 사용·수익권은 상속개시의 시점에 소급하여 반환의무자에 의하여 침해당한 것이 된다. 그러나 민법 제201조 제1항은 "선의의 점유자는 점유물의 과실을 취득한다."고 규정하고 있고, 점유자는 민법 제197조에 의하여 선의로 점유한 것으로 추정되므로, 반환의무자가 악의의 점유자라는 사정이 증명되지 않는 한 반환의무자는 목적물에 대하여 과실수취권이 있다고 할 것이어서 유류분권리자에게 목적물의 사용이익 중 유류분권리자에게 귀속되었어야 할 부분을 부당이득으로 반환할 의무가 없다. 다만 민법 제197조 제2항은 "선의의 점유자라도 본권에 관한 소에 패소한 때에는 그 소가 제기된 때로부터 악의의 점유자로 본다."고 규정하고

있고, 민법 제201조 제2항은 "악의의 점유자는 수취한 과실을 반환하여야 하며 소비하였거나 과실로 인하여 훼손 또는 수취하지 못한 경우에는 그 과실의 대가를 보상하여야 한다."고 규정하고 있으므로, 반환의무자가 악의의 점유자라는 점이 증명된 경우에는 악의의 점유자로 인정된 시점부터, 그렇지 않다고 하더라도 본권에 관한 소에서 종국판결에 의하여 패소로 확정된 경우에는 소가 제기된 때로부터 악의의 점유자로 의제되어 각 그때부터 유류분권리자에게 목적물의 사용이익 중 유류분권리자에게 귀속되었어야 할 부분을 부당이득으로 반환할 의무가 있다.)

### **인터넷 검색**

- 인터넷 검색창에 '유류분, 증여, 손해' 따위의 단어를 함께 넣어 검색하면 관련된 판례를 찾을 수 있습니다. 판례를 찾을 때는 가능하면 최근 판례나 유사한 사례를 검색하여 활용합니다.

### **둘째, 특별수익 파헤치기**

- 특별수익 기억나시죠? 고인이 생전에 미리 주는 상속 개념으로 재산을 증여하거나 혹은 '나 죽으면 너 이거 가져.' 하고 사인증여 혹

은 유증 형태로 재산을 이전시키면 이때 받은 상속분을 '특별수익'이라고 부릅니다. 특별수익이 되려면 수증자가 '상속인'의 지위에 있어야 한다는 얘기도 기억하시죠? 특별수익은 유류분 계산을 위한 기초재산에 넣는다는 점도 언급했습니다. 또한 특별수익자는 유류분이 부족한 상속인이 있을 때는 그에게 유류분을 반환할 의무도 갖게 되죠.

- 그런데 자녀 3명과 배우자가 있고, 100억 재산을 가진 사람이 사망하면서 한 명의 자녀에게만 유언을 남겨 '너는 20억 가져라.'라고 했다면 재산 분할은 어떻게 될까요? 이 한 명의 자녀, 즉 특별수익자는 더는 재산을 받을 수 없을까요? 특별수익자와 그가 받는 재산 20억은 빼고, 남은 자녀 2명과 배우자끼리 80억을 분할해야 하는 것일까요? 아래 법조문은 특별수익자에게 재산을 어떻게 분할해야 하는지 규정하고 있습니다.

  ▶ [**민법제1008조(특별수익자의 상속분)** ······공동상속인 중에 피상속인으로부터 재산의 증여 또는 유증을 받은 자가 있는 경우에 그 수증재산이 자기의 상속분에 달하지 못한 때에는 그 부족한 부분의 한도에서 상속분이 있다.]

- 일단 이게 어떤 상황인지 이해가 필요합니다. 고인은 딱 한 명에게만 유산을 지정해 주고 다른 재산에 대해서는 말이 없습니다. 이것은 이런 거죠. 유언 등을 통해 지정분할을 하는데 그 지정한 내용이 전체 100억이 아닌 경우입니다. 100억 가운데 80억이든 50억이

든 10억이든 일부만 어떻게 나눌 것인지 지정해주고 나머지는 그냥 둔 경우입니다. 그러면 지정되지 않은 재산에 대해서는 1) 협의분할을 하거나 2) 법정분할을 해야 할 텐데 만일 협의가 되면 다행이지만 아니면 법정분할로 남은 재산을 나누어야 합니다. 이때 법정분할을 하기 위한 기초재산은 20억을 뺀 80억이 아니라 남긴 재산 전체, 즉 100억이 됩니다. 100억을 기준으로 각자가 받을 법정상속분을 계산한 뒤 만일 모자란 게 있으면 그때 더 받고, 넘치는 경우에는 더 안 받으면 됩니다(넘친다고 토해낼 필요는 전혀 없습니다.).

- 계산을 해볼까요? 배우자의 법정상속분은 1.5, 자녀들은 각각 1씩입니다.

    자녀 1명의 상속분 = 1/(1.5+1+1+1) = 2/9

- 즉 자녀 1명의 상속금액은 100억×2/9＝약 22.22억이 됩니다. 특별수익으로 받은 유산은 20억이므로 2.22억이 모자라죠. 이 모자란 것만 받으면 됩니다. 이게 위 법조문의 의미입니다. 그러나 대개는 특별수익은 법정상속분보다 많이 주되 유류분을 해칠 정도로 많이 주지는 않는 게 일반적이죠.

## 채무가 있을 때 구체적인 상속분 계산법

- 앞에서 다룬 사례는 고인이 남긴 재산과 특별수익만을 따져서 법정상속분에 미달하는지 넘치는지 따진 것이죠. 그런데 여기에 채무가 끼게 되면 계산이 달라집니다. 앞에서 유류분을 다룰 때는 적극재산에 증여를 더하고 소극재산을 빼서 기초재산을 구한다고 얘기했습니다. 그러나 특별수익은 빚은 제외하고 계산하는 게 특징입니다. 그저 위에 설명한 대로 고인이 남긴 적극재산에 특별수익을 더한 값에서 법정상속분을 계산하고, 그렇게 계산된 법정상속분과 특별수익 간의 차이를 따져서 모자랄 때만 부족분만큼 상속을 받으면 됩니다. 왜 이렇게 하는가 하면 1) 고인이 남긴 채무가 있고, 2) 특별수익자가 법정상속분보다 더 많은 재산을 가진 경우 이 채무에 대해서 하나도 부담을 지지 않기 때문입니다. 만일 특별수익이 '상속분의 선급'이라면 고인이 남긴 채무에 대해서 자기 상속비율만큼 책임을 져야 하는데 법정상속분을 따지기 전에 채무를 빼버리면 문제가 발생할 소지가 있습니다. 예를 들어보죠.

상속인 : 형제 2명

고인이 남긴 적극재산 : 50억

1명의 특별수익 : 50억

고인이 남긴 소극재산 : 10억

### 1) 적극재산 + 특별수익 – 소극재산으로 법정상속분 계산하는 경우

계산값은 90억이고 형제 1인당 법정상속분은 1/2이므로 45억씩 돌아간다. 그런데 특별수익자는 50억을 갖게 되었으므로 부족한 게 없으므로 남은 유산은 전부 다른 상속인에게 돌아간다. 그런데 그가 받는 액수는 40억이다. 왜? 이미 채무를 갚은 것으로 계산했으므로.

### 2) 적극재산 + 특별수익으로 법정상속분 계산하는 경우

계산값은 100억이고 형제 1인당 법정상속분은 1/2이므로 50억씩 갖게 된다. 그런데 특별수익자는 50억을 이미 갖고 있으므로 남은 유산은 전부 다른 상속인에게 돌아간다. 그가 받는 액수는 50억이다. 그리고 아직 채무를 부담하지 않았으므로 각각 비율대로 10억의 절반인 5억씩 빚을 갚으면 된다.

- 계산해 보면 불합리한 게 드러납니다. 그래서 판례는 특별수익을 계산할 때 적극재산에 특별수익만 더해서 이 값에서 법정상속분을 계산한 뒤 구체적인 상속분을 정하라고 말합니다.

▶ **(대법원 1995. 3. 10. 선고 94다16571 판결 [소유권이전등기])** ……민법 제1008조에서 "공동상속인 중에 피상속인으로부터 재산의 증여 또는 유증을 받은 자가 있는 경우에 그 수증재산이 자기의 상속분에 달하지 못한 때에는 그 부족한 부분의 한도에서 상속분이 있다."고 규정하고 있는 바, 이는 공동상속인 중에 피상속인으로부터 재산의 증여 또는 유증을 받은 특별수익자가 있는 경

우에 공동상속인들 사이의 공평을 기하기 위하여 그 수증재산을 상속분의 선급으로 다루어 구체적인 상속분을 산정함에 있어 이를 참작하도록 하려는 데 그 취지가 있다. 위 규정의 적용에 따라 공동상속인 중에 특별수익자가 있는 경우의 구체적인 상속분의 산정을 위하여는, 피상속인이 상속개시 당시에 가지고 있던 재산의 가액에 생전 증여의 가액을 가산한 후, 이 가액에 각 공동상속인별로 법정상속분율을 곱하여 산출된 상속분의 가액으로부터 특별수익자의 수증재산인 증여 또는 유증의 가액을 공제하는 계산방법에 의하여 할 것이고, 여기서 이러한 계산의 기초가 되는 "피상속인이 상속개시 당시에 가지고 있던 재산의 가액"은 상속재산 가운데 적극재산의 전액을 가리키는 것으로 보아야 옳다. 그렇지 않고 이를 상속의 대상이 되는 적극재산으로부터 소극재산, 즉 피상속인이 부담하고 있던 상속채무를 공제한 차액에 해당되는 순재산액이라고 파악하게 되면, 자기의 법정상속분을 초과하여 특별이익을 얻은 초과특별수익자는 상속채무를 전혀 부담하지 않게 되어 다른 공동상속인에 대하여 심히 균형을 잃게 되는 부당한 결과에 이르기 때문에 상속인들은 상속의 대상이 되는 적극재산에 증여재산을 합한 가액을 상속분에 따라 상속하고, 소극재산도 그 비율대로 상속한다고 보아야 할 것이다. 따라서 공동상속인 중에 피상속인으로부터 생전증여를 받은 특별수익자가 있는 경우, 피상속인이 상속개시 당시 가지고 있던 상속재산인 적극재산 전액과 증여가액을 합산한 금액에 그 특별수익자인 상속인의 법정상속분율을 곱하여 산출된 상속분의 가액이 위 증여가액에 미달할 때에 한하여만, 당해 상속인은 더 이상 상속재산에 관하여 상속분을 주장할 수 없게 되는 것이다. 그럼에도 불구하고, 원심은 이와 반대의 견해에 서서, 위 방○영이 사망 당시 가지고 있던 적극재산 중에서 일체의 상속채무에 해당되는 소극재산을 공제한 차액 해당의 순재산액만을 원고의 수증재산가액에 합산하여 이를 상속재산가액으로 상정하고, 여기에 원고의 법정상속분율을 곱하여 산출된 금액 상당의 상속분이 그의 수증재산가액에 미달한다고 보아, 원고는 이 사건 부동산에 관하여 더 이상 상속할 권리가 없다고 단정하고 말았으니, 거기에는 위에서 본 바와 같은 특별수익자의 상속분에 관한 법리를 오해한 위법이 있다 할 것이다.)

## 어디까지가 특별수익일까?

- 유언을 통해 증여하거나 혹은 사인증여 형식으로 증여한 재산은 '특별수익'으로 보면 무리가 없습니다. 그러나 문제는 생전증여입니다. 살아 있는 동안 미리 재산을 주는 방식으로 돈을 주는 경우란, 생각해 보면 복잡한 문제가 될 수 있습니다. 생전에 증여한 걸 상속분의 선급으로 볼 수도 있고, 아닐 수도 있기 때문입니다. 예를 들어 결혼지참금은 어떨까요? 혼수비용은요? 유학비용은 재산을 미리 준 것일까요? 어렵죠. 원칙적으로는, 일반적인 범위, 의례적인 범위를 넘지 않는 돈은 특별수익이 아니라고 말합니다. 따라서 액수만 수긍된다면 결혼지참금, 혼수비용, 교육비, 부양료는 특별수익이 아닙니다. 반면 공평하지 못하게 대준 교육비(두 자녀 가운데 한 자녀만 지원해준 경우), 집 장만을 위해 보태준 돈 등은 특별수익이 될 가능성이 높죠. 아래 판례에서는 몇몇 사례를 들어 이는 특별

수익으로 볼 수 없다는 원심의 판단을 인정하고 있습니다.

▶ **(대법원 2014. 11. 25. 자 2012스156,157 결정 [상속재산분할·기여분]** ······가. 민법 제1008조는 "공동상속인 중에 피상속인으로부터 재산의 증여 또는 유증을 받은 자가 있는 경우에 그 수증재산이 자기의 상속분에 달하지 못한 때에는 그 부족한 부분의 한도에서 상속분이 있다."고 규정하고 있는바, 이는 공동상속인 중에 피상속인으로부터 재산의 증여 또는 유증을 받은 특별수익자가 있는 경우에 공동상속인들 간의 공평을 기하기 위하여 그 수증재산을 상속분의 선급으로 다루어 구체적인 상속분 산정 시 참작하도록 하려는 데 그 취지가 있다. 여기에서 어떠한 생전 증여가 특별수익에 해당하는지는 피상속인의 생전의 자산, 수입, 생활수준, 가정상황 등을 참작하고 공동상속인들 간의 형평을 고려하여 당해 생전 증여가 장차 상속인으로 될 사람에게 돌아갈 상속재산 중의 그의 몫의 일부를 미리 준 것으로 볼 수 있는지에 의하여 결정하여야 한다(대법원 1998. 12. 8. 선고 97므513, 520, 97스12 판결 등 참조). 나. 원심은 피상속인 명의의 신한은행계좌에서 인출된 3,794,893원, 상대방의 혼수비용, 상대방의 자녀에게 송금한 유학비용과 국내 체류비용 등은 특별수익으로 볼 수 없거나 피상속인이 증여하였다고 볼 증거가 부족하다는 이유로 이 부분 상대방의 특별수익에 관한 청구인의 주장을 배척하였는바, 위 법리에 비추어 기록을 살펴보면 원심의 위와 같은 사실인정과 판단은 정당한 것으로 수긍할 수 있고, 거기에 논리와 경험의 법칙에 반하여 자유심증주의의 한계를 벗어나거나 민법 제1008조의 특별수익에 관한 법리를 오해한 잘못이 없다.)

- 생전증여가 특별수익인지 아닌지 가릴 때 가장 중요한 내용 가운데 하나가 '상속분의 선급인가 아닌가' 하는 점입니다. 나중에 줄 거 미리 준 것인지 아닌지 살핀다는 얘기죠.

▶ (서울가정법원 2006. 5. 12. 자 2005느합77 심판 : 항고 [기여분및상속재산분할] ……(나) 이에 대하여 청구인은, 상대방이 1998. 10.경부터 역삼동 건물 중 2층 점포를 무상사용한 데 따른 이익과 피상속인이 상대방의 남편 조○호에게 대여한 40,000,000원도 상대방의 특별수익으로 고려되어야 한다고 주장하고, 한편 상대방은, 역삼동 건물 중 청구인 명의의 1/2 지분과 청구인이 역삼동 건물 4층에 무상으로 거주한 데 따른 이익도 청구인의 특별수익으로 고려되어야 한다고 주장한다. 살피건대, 민법 제1008조가 특별수익으로 인해 법정상속분이 조정되도록 규정한 것은 수증재산을 상속분의 선급으로 취급하고 법정상속분에서 이를 공제한 부분만(*공제하고 남은 부분만. 즉 법정상속분 - 수증재산 = 최종적 상속분)을 특별수익자의 최종적인 상속분으로 인정함으로써 공동상속인 간의 실질적 형평을 확보하려는 데 그 취지가 있으므로, 어떠한 생전 증여가 특별수익에 해당하는지는 피상속인의 생전의 자산, 수입, 생활수준, 가정상황 등을 참작하고 공동상속인들 사이의 형평을 고려하여 당해 생전 증여가 장차 상속인으로 될 자에게 돌아갈 상속재산 중의 그의 몫의 일부를 미리 주는 것이라고 볼 수 있는지에 의하여 결정된다고 할 것이다. 이에 비추어 보면, 청구인과 상대방이 각 역삼동 건물 중 일부를 무상으로 사용하여 얻게 된 이익은 우선 쌍방의 사용이익이 엇비슷할 것으로 보이는 데다가 피상속인의 자산이나 수입 등을 참작할 때 상속재산 중 청구인과 상대방의 몫의 일부를 미리 준 것으로 보기는 어렵고, 또한 위 조○

호에 대한 대여금은 그와 같은 대여사실을 인정할 수 있다 하더라도 그로 인하여 상속재산인 대여금채권이 발생하였다고 인정될 뿐 그것이 특별수익이 되는 것은 아니며, 청구인이 취득한 역삼동 건물 중 1/2 지분은 앞서 본 바와 같이 청구인이 역삼동 건물 신축에 기여한 대가로 취득한 청구인의 고유재산으로 봄이 상당하므로, 청구인과 상대방의 위 각 주장은 모두 이유 없다.)

## 상속결격자가 받은 돈은 특별수익 아니다

- 상속인이 아닌 경우에는 유류분을 주장할 수 없다고 했습니다. 마찬가지로 상속인이 아닌 자가 받은 증여 역시 특별수익이 아닙니다. 상속인이 아닌 경우란 제3자이거나 혹은 상속결격사유자 등입니다.

▶ (대법원 2015. 7. 17. 자 2014스206,207 결정 [상속재산분할청구·기여분] ……
상속인에게 민법 제1004조의 상속결격사유가 발생한 경우, 그 사람은 그때부터 피상속인을 상속하는 자격을 당연히 상실하고, 그 사람의 직계비속 또는 배우자가 결격된 자에 갈음하여 대습상속인이 된다. 민법 제1008조는 공동상속인 중에 피상속인으로부터 재산의 증여 또는 유증을 받은 특별수익자가 있는 경우 공동상속인들 사이의 공평을 기하기 위하여 그 수증재산을 상속분의 선급으로 다루어 구체적인 상속분을 산정함에 있어 이를 참작하도록 하려는 데 그 취지가 있는 것이므로(대법원 1995. 3. 10. 선고 94다16571 판결 등 참조), 상속결격사유가 발생한 이후에 결격된 자가 피상속인으로부터 직접 증여를 받은 경우, 그 수익은 상속인의 지위에서 받은 것이 아니어서 원칙적으로 상속분의 선급으로 볼 수 없다. 따라서 결격된 자의 위와 같은 수익은 특별한 사정이 없는 한 특별수익에 해당하지 않는다고 봄이 상당하다.)

## 상속인이 아닌데 특별수익?

- 피상속인이, 상속인이 아니라 상속인의 자녀나 상속인의 배우자 혹은 상속인의 부모 등에게 증여 혹은 유증을 한 경우가 있을 수 있습니다. 이들은 법률적으로 상속인은 아닙니다만, 상속인과 밀접한 관련이 있는 사람들이죠. 이들에게 준 돈은 원칙적으로는 특별수익이 아닌데 몇몇 경우에 법률은 이를 특별수익으로 보기도 합니다. 예를 들어 피상속인이 상속인의 어린 자녀에게 집을 한 채 증여하는 경우(할아버지가 손자에게 집을 사주는 경우), 실질을 따져 상속인이 받은 것과 다를 바 없다고 판단되면 특별수익으로 볼 수 있습니다. 그러므로 상속인과 밀접한 관련이 있는 사람에게 증여를 한 경우에는 조금 더 세심하게 살펴야 합니다.
- ▶ (대법원 2007. 8. 28. 자 2006스3,4 결정 [상속재산분할·기여분] ……나. 민법 제1008조는 '공동상속인 중에 피상속인으로부터 재산의 증여 또는 유증을 받은 자가 있는 경우에 그 수증재산이 자기의 상속분에 달하지 못한 때에는 그 부족한 부분의 한도에서 상속분이 있다.'고 규정하고 있는바, 이와 같

이 상속분의 산정에서 증여 또는 유증을 참작하게 되는 것은 원칙적으로 상속인이 유증 또는 증여를 받은 경우에만 발생하고, 그 상속인의 직계비속, 배우자, 직계존속이 유증 또는 증여를 받은 경우에는 그 상속인이 반환의무를 지지 않는다고 할 것이나, 증여 또는 유증의 경위, 증여나 유증된 물건의 가치, 성질, 수증자와 관계된 상속인이 실제 받은 이익 등을 고려하여 실질적으로 피상속인으로부터 상속인에게 직접 증여된 것과 다르지 않다고 인정되는 경우에는 상속인의 직계비속, 배우자, 직계존속 등에게 이루어진 증여나 유증도 특별수익으로서 이를 고려할 수 있다고 함이 상당하다. 상대방 4의 특별수익 여부에 대하여, 원심결정 이유를 위와 같은 법리와 기록에 비추어 살펴보면, 원심이 그 판시 채용증거에 의하여 그 판시와 같은 사실을 인정한 다음, 그 판시와 같은 이유로 상대방 4의 사위 소외 8과 아들 소외 6이 망인으로부터 증여받은 서울 종로구 가회동 (지번 1 생략) 대지 및 주택과 삼청동 (지번 2 생략) 대지 및 주택을 상대방 4의 특별수익으로 평가한 것은 정당한 것으로 수긍할 수 있다. 원심결정에는 상대방 4의 재항고이유의 주장과 같이 특별수익 인정에 관하여 채증법칙 위배 및 법리오해의 위법이 없다. 따라서 상대방 4의 이 부분 재항고이유는 이유 없다. 다. 원심은, 청구인 상대방 3과 상대방 5의 특별수익에 대하여, 그 판시와 같은 이유로, 청구인 상대방 3에 대한 자금 규모가 다른 자녀에 비하여 과도한 것이었다고 볼 만한 자료도 없고, 망인의 생전의 자산, 수입, 생활수준 등에 비추어 청구인 상대방 3에 대한 증여가 생전의 분재라기보다는 자연적인 애정을 바탕으로 자녀를 배려한 것이어서, 청구인 상대방 3에 대한 자금지원을 특별수익으로 보지 아니하였고, 망인이 상대방 5에게 용인시 모현면 오산리 (지번 3 생략) 전 641㎡ 및 같은 리 (지번 4

생략) 임야 846m²를 증여하였거나 위 각 토지의 매수대금이 망인으로부터 나온 사실을 인정할 증거가 없다는 이유로, 위 각 토지에 대한 상대방 5의 특별수익을 인정하지 아니하였다. 원심결정 이유를 기록에 비추어 살펴보면, 원심의 위와 같은 사실인정 및 판단은 정당한 것으로 수긍할 수 있다.)

## 특별수익을 가릴 때 판사가 보는 것

- 생전에 준 재산이 특별수익인지 아닌지 다툼이 있는 경우, 판사가 보는 게 있습니다. 먼저 판례의 밑줄 친 부분을 보시죠.

▶ **(대법원 1998. 12. 8. 선고 97므513,520,97스12 판결 [소유권이전등기·부당이득금·기여분]** ……민법 제1008조는 공동상속인 중에 피상속인으로부터 재산의 증여 또는 유증을 받은 자가 있는 경우에 그 수증재산이 자기의 상속분에 달하지 못한 때에는 그 부족한 부분의 한도에서 상속분이 있다고 규정하고 있는바, 이는 공동상속인 중에 피상속인으로부터 재산의 증여 또는 유증을 받은 특별 수익자가 있는 경우에 공동상속인들 사이의 공평을 기하기 위하여 그 수증재산을 상속분의 선급으로 다루어 구체적인 상속분을 산정함에 있어 이를 참작하도록 하려는 데 그 취지가 있는 것이다(대법원 1995. 3. 10. 선고 94다16571 판결, 1996. 2. 9. 선고 95다17885 판결 등 참조). 따라서 어떠한 생전 증여가 특별수익에 해당하는지는 피상속인의 생전의 자산, 수입, 생활수준, 가정상황 등을 참작하고 공동상속인들 사이의 형평을 고려하여 당해 생전 증여가 장차 상속인으로 될 자에게 돌아갈 상속재산 중의

<u>그의 몫의 일부를 미리 주는 것이라고 볼 수 있는지의 여부에 의하여 결정하여야 할 것이다.)</u>

- 뭐라고 되어 있습니까? 1) 피상속인의 자산 규모, 2) 수입, 3) 생활수준, 4) 가정상황 등을 참작하라고 되어 있죠? 또한 5) 공동상속인들 사이의 형평을 고려하여 6) 생전 증여가 장차 상속인이 될 사람에게 돌아갈 상속재산 가운데 그의 몫의 일부를 미리 주는 것이라고 볼 수 있는지 따져서 결정한다고 되어 있습니다. 굉장히 따지는 게 많습니다. 달리 말해 특별수익으로 인정받기가 쉽지 않다는 얘기입니다. 그만큼 많은 증거가 필요할 수 있습니다. 만일 이런 사건으로 소송을 하게 된다면 나에게 다소라도 유리하게 판단해 줄 판사를 만나는 운도 따라줘야 하고, 좋은 변호사를 만날 필요도 있으며, 입증을 위한 준비에도 나름 철저해야겠죠. 무엇보다 승소 가능성을 보고, 소송의 결과로 얻게 되는 유익이 무엇인지 따진 뒤에 접근하는 게 좋을 것 같습니다.

### 특별수익가액을 정할 때 세금은 뺄까?

- 생전에 특별수익을 받은 사람이 있습니다. 특별수익이란 결국 증여이므로 증여세 등 세금을 내야 하죠. 그렇다면 나중에 유류분 혹은 법정상속분 계산을 위해 특별수익을 기초재산에 넣어야 하는

데 이때 납부한 세금은 빼고 넣어야 할까요? 어떻게 해야 할까요? 판례는 일단 넣어서 계산해야 한다고 말합니다. 다만 나중에 그가 납부할 상속세에서 이를 공제하게 됩니다.

▶ (서울고등법원 1991. 1. 18. 선고 89르2400 제1특별부판결 : 상고기각 [상속재산분할청구사건] ……상속세법 제18조 제1항에 의하면 상속재산 중 상속인 각자가 받았거나 받을 재산의 점유비율에 따라 상속세를 연대하여 부담할 의무가 있다고 규정하고 있고, 이와 같은 상속세 및 방위세는 상속인들이 재산을 상속함을 전제로 부과되는 것이므로 그 전제되는 상속재산의 분할에 있어서는 상속세 및 방위세를 고려하여 이를 상속재산가액에서 공제할 성질이 아니고, 또 공동상속인들 중 특별수익자가 특별수익재산에 대하여 증여세 및 방위세를 부담하였다 하더라도 같은 조 제3항에 의하면 그와 같은 증여세 등은 그가 납부할 상속세액에서 이를 공제하도록 규정되어 있으므로 이 역시 특별수익재산가액에서 공제할 성질이 아니다.)

• 배우자도 상속인이 됩니다. 피상속인이 생전에 배우자에게 증여를 한 경우, 이 재산도 특별수익이 될까요? 아래 판례를 보면 요건이 있습니다. 이를 충족하면 특별수익이 아니라 기여나 노력에 대한 보상이지 특별수익이 아니라는 내용입니다.

▶ (대법원 2011. 12. 8. 선고 2010다66644 판결 [유류분반환] ……1. 민법 제1008조는 "공동상속인 중에 피상속인으로부터 재산의 증여 또는 유증을 받은 자가 있는 경우에 그 수증재산이 자기의 상속분에 달하지 못한 때에는 그 부족한 부분의 한도에서 상속분이 있다."라고 규정하고 있는데, 이는 공

동상속인 중에 피상속인으로부터 재산의 증여 또는 유증을 받은 특별수익자가 있는 경우에 공동상속인들 사이의 공평을 기하기 위하여 그 수증재산을 상속분의 선급으로 다루어 구체적인 상속분을 산정할 때 이를 참작하도록 하려는 데 그 취지가 있다(대법원 1995. 3. 10. 선고 94다16571 판결 참조). 여기서 어떠한 생전 증여가 특별수익에 해당하는지는 피상속인의 생전의 자산, 수입, 생활수준, 가정상황 등을 참작하고 공동상속인들 사이의 형평을 고려하여 당해 생전 증여가 장차 상속인으로 될 자에게 돌아갈 상속재산 중 그의 몫의 일부를 미리 주는 것이라고 볼 수 있는지에 의하여 결정하여야 하는데(대법원 1998. 12. 8. 선고 97므513, 520, 97스12 판결 참조), 생전 증여를 받은 상속인이 배우자로서 일생 동안 피상속인의 반려가 되어 그와 함께 가정공동체를 형성하고 이를 토대로 서로 헌신하며 가족의 경제적 기반인 재산을 획득·유지하고 자녀들에 대한 양육과 지원을 계속해 온 경우, 그 생전 증여에는 위와 같은 배우자의 기여나 노력에 대한 보상 내지 평가, 실질적 공동재산의 청산, 배우자의 여생에 대한 부양의무의 이행 등의 의미도 함께 담겨 있다고 봄이 상당하므로 그러한 한도 내에서는 위 생전 증여를 특별수익에서 제외하더라도 자녀인 공동상속인들과의 관계에서 공평을 해친다고 말할 수 없다. 2. 원심은 증여재산인 이 사건 부동산 외에는 아무런 재산이 없던 피상속인이 이를 모두 피고에게 증여한 것은 통상의 부양을 위한 것이라고는 볼 수 없고 상속재산을 미리 준 것이라고 보아야 한다고 하여 특별수익에 해당한다고 판단하였다. 그러나 위와 같은 원심의 판단은 다음과 같은 이유로 수긍하기 어렵다. 원심판결 및 원심이 적법하게 채용한 증거들에 의하면, 피고는 피상속인과 사이에 딸인 원고들과 아들인 소외인을 두고 피상속인의 사망

시까지 43년 4개월 남짓의 혼인생활을 유지해 온 사실, 원고들이 주장하는 피상속인의 피고에 대한 이 사건 각 부동산의 증여는 피상속인의 사망 7년 전에 이루어진 사실 등을 알 수 있는데, 이러한 사정을 앞서 본 법리에 비추어 보면, 피상속인이 이 사건 각 부동산을 피고에게 생전 증여한 데에는 피고가 피상속인의 처로서 평생을 함께 하면서 재산의 형성·유지과정에서 기울인 노력과 기여에 대한 보상 내지 평가, 청산, 부양의무의 이행 등의 취지가 포함되어 있다고 볼 여지가 충분하고, 이를 반드시 공동상속인 중 1인에 지나지 않는 피고에 대한 상속분의 선급이라고 볼 것만은 아니다. 따라서 원심으로서는 피고와 피상속인 사이의 혼인생활의 내용, 피상속인의 재산 형성·유지에 피고가 기여한 정도, 피고의 생활유지에 필요한 물적 기반 등의 제반 요소를 심리한 후, 이러한 요소가 이 사건 생전 증여에 포함된 정도나 비율을 평가함으로써 증여재산의 전부 또는 일부가 특별수익에서 제외되는지 여부를 판단하였어야 함에도, 단순히 이 사건 각 부동산 외에는 아무런 재산이 없던 피상속인이 이를 모두 피고에게 증여하였다는 사정만으로 증여재산 전부를 특별수익에 해당한다고 판단하였으니, 이러한 원심판결에는 배우자의 특별수익에 관한 법리를 오해하여 판결에 영향을 미친 잘못이 있다.)

## 새어머니와 딸 사이의 재산 다툼

- 배우자도 상속인입니다. 그런데 새 장가를 가서 새어머니가 생긴 경우가 있습니다. 이때 고인의 자녀로서는 새어머니가 생전에 받

은 증여 재산이 마음에 걸릴 수 있습니다. 아래 판례 사건의 개요가 이렇습니다. "아버지가 어머니 사후 새 장가를 갔다. 아버지는 어머니와의 사이에 딸을 두었고, 딸은 돌싱이었고, 친가에 다시 호적을 올렸다. 아버지가 새로 결혼한 새어머니와 살다가 후에 기존 집을 처분하고 새 집을 사는 과정에서 부부 공동명의로 했다. 그러다 아버지가 사망한다. 딸은 공동명의로 된 재산의 반환을 청구하며 사태는 유산 싸움으로 번진다." 결론은 어떻게 되었을까요? 아래 판례는 예전 아내, 나중 아내를 가리지 않는 것으로 결론을 내립니다. 자세한 내용은 밑줄 친 부분에 나와 있습니다.

▶ **(서울가정법원 1985. 8. 19. 자 83드6029 제5부심판 : 확정 [상속재산의분할청구사건]** ……청구인들과 피청구인은 이 사건 상속재산 분할청구에 앞서서 위 망인이 남긴 재산의 범위 자체를 둘러싸고 다투므로 먼저 이 사건 상속재산의 범위에 관하여 보기로 한다. 앞서든 갑 제2호증, 성립에 다툼이 없는 갑 제3호증(등기부등본), 갑 제4호증의 1 내지 5(각 예금증명), 갑 제6호증(등기부등본), 증인 김○암의 증언에 의하여 진정성립이 인정되는 을 제1호증(계산서)의 각 기재와 증인 조○숙, 같은 신○자, 같은 김○암, 같은 백○자, 같은 신○균, 같은 박○열의 각 증인(다만 증인 신문사의 증언 중 뒤에서 믿지 아니하는 부분 제외)에 심리의 전 취지를 종합하면, 위 망인 명의로 된 재산은 위 망인과 피청구인 공동명의로 된 별지 1의 가 1), 2) 기재 정기예금의 각 1/2 비율에 의한 반환청구채권과 별지 1의 나 기재 대여금 채권 및 별지 1의 다 기재 부동산 중 대지의 7.25/571지분, 아파트의 1/2지분(이하 합하여 이 사건 아파트라고만 부른다)이 있는 사실, 한편 위 망인은 일찍이 망 심판외 2(1960.12.3. 사

망)와 혼인하여 그 사이에 청구인들을 낳았는데 그들이 출가하고(청구인 1은 뒤에 보는 바와 같이 출가 후 이혼하여 친가에 복적되었다), 위 망 심판외 2도 사망하자 1961.6.5. 피청구인과 혼인한 사실, 위 망인은 피청구인과 사이에 자식을 두지 아니하고 두 사람만이 40여년 동안 서로 의지하며 단란하게 살아오다가 자신의 임종이 가까워진 1982.10월 무렵 그들이 살고 있던 서울 동작구 노량진동 (지번 생략) 소재 주택을 처분하여 그의 재산을 정리하면서, 그 대금의 일부는 별지 1의 가 1), 2) 기재와 같이 자신과 피청구인 공동명의로 정기예금을 하고, 나머지 대금으로는 별지 1의 다 기재 부동산[노량진아파트 (호수 생략) 회]을 구입하여 이 역시 그들 공동명의로 소유권이전등기를 마친 다음, 그곳으로 거처를 옮겨두었다가 그곳에서 사망하게 된 사실을 인정할 수 있다. 청구인들은 피청구인과 공동명의로 된 위 부동산과 정기예금도 모두 위 망인의 재산인데 편의상 일부 피청구인 앞으로 명의신탁한 것이므로, 위 망인의 재산은 피청구인 명의의 재산도 포함하여 별지 1 기재와 같다고 주장하나, 이에 부합하는 취지의 증인 신문자의 일부 증언은 앞서 든 증거에 비추어 믿을 수 없고 그밖에 이를 인정할 만한 자료도 없으니, 청구인들의 위 주장은 이유 없다 할 것이다. 따라서 피청구인 명의의 재산은 위 망인이 스스로 피청구인에게 증여한 것이라고 인정함이 상당하고, <u>그 증여의 경위에 비추어 보면 이는 위 망인이 피청구인을 부양할 의무가 있는 부(夫)로서, 피청구인의 부양과 협조를 받아 재산을 유지, 형성하며 별 탈 없는 안정된 생활을 하여온데 대하여 보답할 의사로 피청구인에게 그 상속분과는 관계없이 자연적인 애정을 바탕으로 배려한 것이라고 할 것이니, 민법 제1008조가 정한 이른바 상속분에서 공제되는 특별수익 재산에도 해당되지 아니한다 할 것이다.)</u>

## 특별수익 가치평가 시기

- 유증 혹은 사인증여로 집 한 채를 자녀 1명에게 주었다고 가정하면 이 집 한 채는 특별수익에 해당하고, 이 특별수익의 가치는 상속개시 당시를 기준으로 평가하면 됩니다. 그런데 생전에 준 특별수익은 어떻게 될까요? 이 특별수익 역시 상속개시 당시의 시가로 환산하여 평가합니다. 따라서 언제 주었는지는 관계가 없는 것이지요. 한편 수년 전 현금으로 특별수익을 준 경우에는 물가상승을 고려하여 현재 값어치로 환산한 값으로 평가합니다. 이를 계산하려면 한국은행경제통계시스템(http://ecos.bok.or.kr)에 접속, '고객지원〉화폐가치계산' 서비스를 활용하면 됩니다.

▶ (대법원 1997. 3. 21. 자 96스62 결정 [상속재산분할] ……공동상속인 중에 피상속인으로부터 재산의 증여 또는 유증 등의 특별수익을 받은 자가 있는 경우에는 이러한 특별수익을 고려하여 상속인별로 고유의 법정상속분을 수정하여 구체적인 상속분을 산정하게 되는데, 이러한 구체적 상속분을 산정함에 있어서는 상속개시시를 기준으로 상속재산과 특별수익재산을 평가하여 이를 기초로 하여야 할 것이고, 다만 법원이 실제로 상속재산분할을 함에 있어 분할의 대상이 된 상속재산 중 특정의 재산을 1인 및 수인의 상속인의 소유로 하고 그의 상속분과 그 특정의 재산의 가액과의 차액을 현금으로 정산할 것을 명하는 방법(소위 대상분할의 방법)을 취하는 경우에는, 분할의 대상이 되는 재산을 그 분할시를 기준으로 하여 재평가하여 그 평가액에 의하여 정산을 하여야 할 것이다.)

- 위 판례에는 한 가지 내용이 더 나옵니다. 부동산과 같이 공동상속인 사이에 분할이 필요한 경우가 있습니다. 그러나 분할 대신 차액만큼 현금으로 정산해야 할 때 이때 해당 부동산의 가치를 먼저 평가해야 하는데 그 평가 시기는 상속개시 당시가 아니라 분할 시점이 됩니다.

### 셋째, 기여분 살펴보기

- 조금 독특한 성격의 상속분 한 가지가 있습니다. 기여분입니다. 앞서 잠시 언급했습니다만, 기여분은 유류분 산정을 위한 기초재산에 포함시키지 않습니다. 특별수익자가 있는 경우에도 마찬가지입니다. 특별수익자가 받은 생전증여나 유증이 혹시 법정상속분에 모자랄 때는 모자란 만큼 더 받을 수 있도록 되어 있는데 이때 법정상속분을 계산할 때에도 기여분이 있다면 빼고 기초재산을 산정하죠. 그만큼 기여분은 독특한 성격을 갖고 있고, 따라서 유산 다툼에서 중요하게 다루어집니다. 일단 법조문을 볼까요?

▶ [제1008조의2(기여분)] ① 공동상속인 중에 상당한 기간 동거·간호 그 밖의 방법으로 피상속인을 특별히 부양하거나 피상속인의 재산의 유지 또는 증가에 특별히 기여한 자가 있을 때에는 상속개시 당시의 피상속인의 재산가액에서 공동상속인의 협의로 정한 그 자의 기여분을 공제한 것을 상속재산으로 보고 제1009조 및 제1010조에 의하여 산정한 상속분에 기여분을 가산한 액

으로써 그 자의 상속분으로 한다. [개정 2005.3.31] ② 제1항의 협의가 되지 아니하거나 협의할 수 없는 때에는 가정법원은 제1항에 규정된 기여자의 청구에 의하여 기여의 시기·방법 및 정도와 상속재산의 액 기타의 사정을 참작하여 기여분을 정한다. ③ 기여분은 상속이 개시된 때의 피상속인의 재산가액에서 유증의 가액을 공제한 액을 넘지 못한다. ④ 제2항의 규정에 의한 청구는 제1013조제2항의 규정에 의한 청구가 있을 경우 또는 제1014조에 규정하는 경우에 할 수 있다.]

- 제1항부터 보죠. 1) 먼저 기여분은 어떤 경우에 주는지 적혀 있죠. 특별히 부양하거나 재산의 유지 또는 증가에 특별히 기여한 자가 있을 때 기여분을 줍니다. 2) 기여분은 공동상속인의 협의로 정한다고 합니다. 3) 기여분을 빼고 남은 것을 상속재산으로 한다는 내용입니다. 4) 기여분은 상속분이 아니므로 법정상속분은 따로 받습니다. 아마 2)번 내용이 낯설지 모르겠습니다만, 법률은 가족 간 우애 등의 가치를 중시합니다. 모든 걸 법적으로 따지려고 하지 않죠. 그래서 여기서도 공동상속인의 협의로 정한다는 원칙을 마련해 두었습니다. 이런 걸 길 기억한다면 법률이 어떤 관점에서 기여분을 판단하는지 간접적으로 접근할 수 있습니다.

- 제2항은 공동상속인의 협의로 안 되면 가정법원의 판단을 받아야 한다는 내용입니다. 왜 이게 제2항에 있는지 앞 내용을 보면 추론이 됩니다. 법은 가족 간에 우선적으로 협의하고, 그게 안 되면 법

원을 찾으라고 요청하고 있는 것이죠. 달리 말해, 법이 기여분을 판단할 때 마찬가지로 가족 간의 우애와 같은 미풍양속에 준해서 판단하겠다는 얘기입니다.

- 제3항은 기여분의 범위를 보여줍니다. 상속 당시 고인이 남긴 재산에서 유증을 빼고 남은 것을 넘을 수 없습니다. 유언을 통해서 받은 증여까지 토해내서 기여분을 주는 건 아니라는 얘기입니다.

- 다시, 제1항으로 돌아가서 '상당한 기간 동거·간호 그 밖의 방법으로 피상속인을 특별히 부양한 자'라는 표현을 잠시 보죠. 이 부분이 사실 여러 가지로 문제가 되었는데 '상당한 기간, 특별히 부양'과 같은 표현이 모호하지 않느냐는 의문이 있었습니다. 실제로 제1항과 관련, 헌법소원이 제기되었으나 모두 기각된 적이 있습니다. 아래 헌법재판소의 결정을 보면 기여분에 대한 이해도가 높아질 것으로 생각되어 붙입니다.

▶ (민법 제1008조의2 제1항 위헌소원 (2011. 11. 24. 2010헌바2) ……1. 이 사건 법률조항이 기여분의 성립요건을 특별한 부양의 유무에 두고 있기는 하지만(*특별한 부양이라는 표현이 다소 모호해 보이지만), 해석을 통해서 그 의미내용을 확인할 수 있고(*판례를 통해 구체적인 의미를 알 수 있고), 그러한 보충적 해석이 해석자에 따라 좌우될 정도는 아니며(*판례가 손바닥 뒤집듯 자꾸 바뀌는 게 아니며), 입법기술적으로도 개선 가능성이 있다는 특별한 사정도 보이지 아니하므로(*어떻게 고칠 건지 불명확하므로) 헌법상 명확성

의 원칙에 반하지 아니한다. 2. 이 사건 법률조항은 공동상속인 사이의 실질적 형평을 도모하는 동시에(*같은 형제라도 똑같이 재산을 분배하는 게 도리어 형평에 맞지 않고) 가족관계의 건전한 가치관을 정립하고자(*부모에 효도하는 게 자녀로서 도리가 아닌가? 내 대신 효도를 다한 형제가 있다면 힘을 실어주는 게 도리가 아닌가?) 도입된 것으로 그 입법목적의 정당성이 인정되고. 고유의 법정상속분 이외에 그 기여분만큼의 가액을 추가로 받도록 하는 것은 이를 달성하기 위한 적정한 수단이 된다고 할 것이며, 피상속인을 통상적인 수준으로 부양한 공동상속인은(*특별한 부양까지는 아니고 일반적인 부양을 한 자녀는) 민법 및 가사소송법상의 부양 법리 또는 구상 법리에 의하여 다른 공동상속인과의 사이에서 이해관계의 조정이 얼마든지 가능하다고 할 것이므로(*법으로 규정하지 않아도 형제들끼리 협의해서 조금 더 유산을 받을 가능성을 열어놓았으므로) 기본권 제한의 입법한계를 일탈하여 재산권을 침해하지 아니한다. 3. 특별수익자의 상속분제도와 이 사건 법률조항이 규정하는 기여분제도는 그 입법취지뿐 아니라 요건 및 효과도 상이한 별개의 제도이므로 특별수익자의 상속분제도의 적용을 받는 공동상속인과 이 사건 법률조항의 적용을 받는 공동상속인 사이에 본질적인 동일성이 존재한다고 보기는 어렵고, 또한 민법 및 가사소송법 등 관련법규에 의해서 민법상 부양의무를 이행한 공동상속인과 그렇지 아니한 공동상속인 간의 이해관계 조정이 가능하므로 특별한 수준의 부양을 행한 공동상속인에게만 기여분을 인정하는 것이 현저히 합리성을 결여하였다고 보기도 어렵다. 따라서 이 사건 법률조항은 평등원칙에 위배되지 아니한다.)

## 기여분을 받을 수 있는 사람

- 앞선 기술에서 혹시 기여분은 상속과 무관한 것으로 읽었을지도 모릅니다. 그러나 엄밀히 말하면 기여분도 상속권의 일부이기는 하죠(다만 법정상속분, 유류분 등을 계산하기 위한 상속재산에서 뺄 뿐입니다.). 이게 무슨 소리인가 하면, 상속인이 아닌 사람은 기여분을 받을 권리가 없다는 얘기입니다. 제3자는 말할 것도 없고, 상속결격사유자와 상속 포기자도 청구할 수 없죠. 그럼, 혹시 포괄적 수증자(수유자)는 어떨까요? 포괄적 수증자는 상속인과 동일한 권리와 의무를 승계한다고 했는데 이 사람도 기여분을 청구할 수 있을까요? 안 됩니다. 나아가 설령 사실혼 관계에 있는 배우자라고 해도 기여분을 청구할 수 없습니다. 대습상속인은 상속인 지위이므로 기여분을 청구할 수 있을 뿐 아니라 피대습자(대습상속인의 사망한 배우자 혹은 부모)의 기여분도 청구할 수 있습니다.

**기여분 청구 가능한 사람** : 공동상속인, 대습상속인(본인의 기여분 및 피대습자의 기여분까지 모두 청구 가능)

**기여분 청구 불가능한 사람** : 상속인이 아닌 자, 상속결격사유자, 상속 포기자, 사실혼 관계의 배우자, 포괄적 수증자

- 법률 참 복잡합니다. 어떤 경우에는 기여분을 상속과 연관이 없다고 말하고, 어떤 경우에는 상속과 연관이 있다고 합니다. 이렇게

기억하세요. "기여분을 받을 자격이 있는지 따질 때는 상속인 여부가 중요하고, 유류분이나 법정상속분 등 돈 계산 문제와는 하등 관련이 없다."

### 기여의 내용

- 기여분 청구를 위한 조건은 총 3가지입니다. 부양, 재산의 유지, 재산의 증가가 그것이죠(물론 여기에는 '특별히'라는 수식어가 붙어야 하죠.). 이 3가지는 모두 달성해야 하는 것이 아니라 이 중 하나만 달성해도 기여분을 인정받을 조건이 됩니다.

### '특별히'의 문제

- '특별히'가 문제가 됩니다. 사실 매우 모호한 단어라서 기준을 잡기가 어렵습니다. 그럼에도 이 법조문이 위헌이 아니라고 하니 판례를 통해 조금씩 접근해야 합니다. 아래 판례에서는 '특별히'를 이렇게 풀이합니다. '공동상속인 간의 공평을 위하여 상속분을 조정하여야 할 필요가 있을 만큼'. 무슨 말이죠? 자식들에게 똑같이 100씩 나눠주기로 했는데 그 자녀에게 100을 주는 건 도리어 형평에 맞지 않는 것처럼 보일 때입니다. 삼형제 가운데 두 형제는 결혼과 동

시에 분가하여 살았고, 막내가 부모님을 모시고 살았는데 마침 아버지가 병환으로 고생하시고, 어머니마저 몸이 불편하여 막내가 수발을 들었다면 두 형제로서는 '막내가 참 고생했다'고 여길 법합니다. 그런 정도의 느낌을 주어야 '특별히'라고 볼 수 있다는 것이죠.

▶ (대법원 2014. 11. 25. 자 2012스156,157 결정 [상속재산분할·기여분] ······가. 민법 제1008조의2가 정한 기여분제도는 공동상속인 중에 피상속인을 특별히 부양하였거나 피상속인의 재산 유지 또는 증가에 특별히 기여하였을 경우 이를 상속분 산정에 고려함으로써 공동상속인 간의 실질적 공평을 도모하려는 것인바, 기여분을 인정하기 위해서는 공동상속인 간의 공평을 위하여 상속분을 조정하여야 할 필요가 있을 만큼 피상속인을 특별히 부양하였다거나 피상속인의 상속재산 유지 또는 증가에 특별히 기여하였다는 사실이 인정되어야 한다. 나. 원심은, 청구인이 피상속인의 자식으로서 기본적 부양의무를 넘어서는 정도로 피상속인을 부양하였다거나 피상속인의 상속재산 유지 또는 증가에 특별히 기여하였다고 볼 만한 증거가 부족하다는 이유로 청구인의 기여분에 관한 주장을 모두 배척하였는바, 위 법리에 비추어 기록을 살펴보면 원심의 위와 같은 사실인정과 판단은 정당한 것으로 수긍할 수 있고, 거기에 논리와 경험의 법칙에 반하여 자유심증주의의 한계를 벗어나거나 기여분에 관한 법리를 오해한 잘못이 없다.)

## '특별히'에 대한 구체적인 사례

- 다음에 소개할 판례를 보면 '특별히'라는 단어와 대립해서 '의무'라는 단어를 씁니다. 원래 주어진 의무라면 그건 '특별히'가 아닌 것이죠. 판례에서는 '친족 간의 부양의무'라는 말로 이를 설명하는데 이 말은 '사람이라면 이건 당연히 해야 할 것이지 특별한 것으로 볼 수 없다'는 뜻입니다. 이 '부양의무'는 민법 제826조 제1항, 제913조, 제974조, 제975조 등에 잘 적혀 있습니다. 요약하면 이렇죠. '부부 간에는 부양의무가 있다. 부모는 자녀 양육의무가 있다.' 그리고 마지막이 부모에 대한 자녀의 부양의무입니다. 그런데 이때 부모에 대한 부양의무에는 조건이 있습니다. 부모가 '자력 또는 근로에 의하여 생활을 유지할 수 없는 경우'여야 합니다. 몸이 불편하여 생활이 힘들거나 혹은 경제활동을 하지 못하는 경우라고 할 수 있습니다. 이런 경우에는 부모님을 모시는 건 의무지 '특별히'가 아니라는 얘기입니다.

- 앞서 '자력 또는 근로' 등의 조건을 언급했죠. 그런데 판례는 이 조건을 매우 좁게 해석하고 있는 것 같습니다. 만일 이 조건을 너무 넓게 해석하면 의무가 늘고, 기여를 인정하기 힘들어지기 때문이겠죠. 민법은 자녀가 조금 더 부모 봉양에 힘을 쏟기를 바라고 있고, 그 기여를 인정해주겠다는 취지를 갖고 있습니다.

- 아무튼 그렇다면 우리는 자녀가 부모를 부양할 때 두 가지 조건을 모두 벗어나 있다면 '특별히'가 된다고 볼 수 있습니다. 아직 몸이 불편하지 않을 때, 경제력이 있을 때의 부양은 '의무'가 아니라 '특별히'라고 볼 수 있다는 말이죠. 그리고 판례는 기여분을 만든 취지, 호주상속에서 5할 가산 폐지 등의 취지를 고려하여 자녀 가운데 누구라도 '특별히'의 조건을 만족시키면 기여분을 받을 수 있다고 말합니다. 그리고 매우 중요한 표현이 등장합니다. "스스로 장기간 그 부모와 동거하면서 생계유지의 수준을 넘는 부양자 자신과 같은 생활수준을 유지하는 부양을 한 경우에는……" 이 말에 '특별히'를 엿볼 수 있는 두 가지 내용이 담겨 있습니다. '장기간 부모와 동거'는 연로하신 부모님의 말년을 함께하며 수발을 든 정도가 아니라 그 전부터 쭉 같이 살았다는 얘기입니다. '생계유지의 수준을 넘어 부양자와 같은 생활수준'은 단지 먹고사는 문제 해결만 한 게 아니라 그보다 더 나은 생활(부양자와 같은 생활수준)을 제공했다는 말입니다. 이 경우를 '특별히'라고 볼 수 있다는 얘기입니다.

- 하나만 더 보죠. 저 문구에 이어 '판단 기준인 부양의 시기·방법 및 정도의 면에서'라는 표현이 등장합니다. 부양이라는 걸 세 가지 측면에서 살핀다는 말입니다. 1) 시기, 2) 방법, 3) 정도입니다. 이렇게 구분은 했으나 내용은 위에서 다 말했죠. 1) 시기(장기간), 2) 방법(동거), 3) 정도(부양자 자신과 같은 생활수준)입니다. 이런 관점에서 아래 판례를 읽어보시면, 특히 구체적인 사건 내용을 보시면

무엇을 '특별히'라고 하는지 감을 잡아갈 수 있습니다.

▶ (대법원 1998. 12. 8. 선고 97므513,520,97스12 판결 [소유권이전등기·부당이득금·기여분]) ……가. 원심은, 원고는 소외 1의 4녀 중 둘째 딸로서 1965. 3.경 소외 2과 혼인한 이후 소외 1의 사망시(1994. 1. 26.)까지 계속 모시고 함께 살면서 부양한 사실을 인정한 다음, 이는 친족 간의 부양의무 이행의 일환일 뿐 소외 1의 이 사건 상속재산의 취득 유지에 특별히 기여한 것으로 볼 수 없으며, 더욱이 소외 1이 억척스럽게 재산을 관리 증식하여 왔음에도 예금만 약간 늘어났을 뿐 그 명의로 부동산을 새로이 취득한 바 없음에 반하여 원고 부부는 무일푼으로 결혼생활을 시작하였음에도 소외 1과 함께 사는 동안 그의 판시와 같은 많은 부동산을 취득한 점에 비추어 보면, 이 사건 상속재산의 취득과 유지에 있어 원고가 딸로서 통상 기대되는 정도를 넘어 특별히 기여한 경우에 해당한다고는 볼 수 없다 하여 원고의 기여분 결정 청구를 받아들이지 아니하였다. 나. 법률관계의 당사자 간의 공평한 규율을 기본이념으로 삼고 있는 민법은 그에 따라 기여분에 관하여 '공동상속인 중에서 피상속인의 재산의 유지 또는 증가에 관하여 특별히 기여한 자(피상속인을 특별히 부양한 자를 포함한다)'가 있을 때 '가정법원은 기여자의 청구에 의하여 기여의 시기·방법 및 정도와 상속재산의 액 기타의 사정을 참작하여 기여분을 정한다.'고 규정하고(제1008조의2), 한편 친족 사이의 부양에 관하여 부부 사이에는 "부부는 동거하며 서로 부양하고 협조하여야 한다."고 규정하고(제826조 제1항), 부모의 미성년인 자(子)에 대한 부양에 관하여는 "친권자는 자(子)를 보호하고 교양할 권리의무가 있다."고 규정하면서(제913조), 자녀의 부모부양 등과 같은 그 외의 직계혈족 등 친족 사이의 부양에 관하여는 부양

을 받을 자가 자기의 자력 또는 근로에 의하여 생활을 유지할 수 없는 경우에 한하여 부양의무를 부담하는 것으로 규정하고 있다(제974조, 제975조). 이와 같이 민법이 친족 사이의 부양에 관하여 그 당사자의 신분관계에 따라 달리 규정하고, 피상속인을 특별히 부양한 자를 기여분을 인정받을 수 있는 자에 포함시키는 제1008조의2 규정을 신설함과 아울러 재산상속인이 동시에 호주상속을 할 경우에 그 고유의 상속분의 5할을 가산하도록 한 규정(1990. 1. 13. 법률 제4199호로 개정되기 전의 제1009조 제1항 단서)을 삭제한 취지에 비추어 볼 때, 성년인 자(子)가 부양의무의 존부나 그 순위에 구애됨이 없이 스스로 장기간 그 부모와 동거하면서 생계유지의 수준을 넘는 부양자 자신과 같은 생활수준을 유지하는 부양을 한 경우에는 앞서 본 판단기준인 부양의 시기·방법 및 정도의 면에서 각기 특별한 부양이 된다고 보아 각 공동상속인 간의 공평을 도모한다는 측면에서 그 부모의 상속재산에 대하여 기여분을 인정함이 상당하다고 할 것이다. 원심이 확정한 사실과 기록에 의하니, 원고는 결혼 전은 물론 이후에도 계속 부모를 모시고 지냈으며 원고의 아버지 조○선이 1967. 8. 20. 사망한 후에는 홀로된 어머니, 미혼인 피고 조○열, 조○희와 함께 생활하였는데 특히 원고의 부(夫) 소외 2가 독자적으로 아모레 화장품 특약점을 경영하기에 이른 1974. 1.경부터는 소외 1의 나이가 61세를 넘어 육체적으로 노약해졌으므로 원고 소유의 주택에서 모시고 생활하면서 소외 1의 유일한 수입원인 임대주택의 수리 등 관리를 계속하였고 1977. 7.경 막내딸인 피고 3을 끝으로 딸들이 모두 혼인 분가한 이후에도 소외 1을 계속 부양하여 그의 가사를 도맡아 하면서 아버지 조○선의 제사를 계속 모셔왔고, 소외 1이 81세 되는 1993. 8.경부터 병환으로 입원 치료를 받거나 집에서 요양하는 동안 치료비를 체당(*남이 할 일을 대신함.)·선납하고 간호를 계속하는 등으로 전체 부양기간을 통하여 노무의 제공 또는 재산상의 급여를 해 온 사실을 알 수 있다. 이와 같은 원고의 소외 1에 대한 부양은 장기간의 부양, 동거부양, 동등한 생활수준의 부양 등 그 부양의 기간, 방법, 정도상의 특징을 가짐으로써 부양능력을 갖춘 여러 명의 출가한 딸과 친모 사이의 통상 예상되는 부양의무 이행의 범위를 넘는 특별한 부양이 되어 이 사건 상속재산의 유지 증가에 특별히 기여한 것이라고 보아야 할 것이다. 그리고 원심은 원고 부부가 소외 1과 함께 생활하는 동안 많은 부동산을 취득한 점을 원고의 특별한 기여를 인정하지 않는 사정의 하나로 들고 있으나, 기록상 원고 부부가 부동산을 취득함에 있어 소외 1로부터 경제적 원조를 받았다는 사실을 인정할 만한 자료도 없을 뿐만 아니라 그러한 사정이 인정되면 특별수익으로 공제함은 별론으로 하고 그 점을 원고의 기여분을 인정하지 않는 사정으로 고려할 것은 아니라고 할 것이다. 그럼에도, 원심이 원고의 소외 1에 대한 부양에 관하여 원고가 딸로서 통상 기대되는 정도를 넘어 이 사건 상속재산의 취득과 유지에 있어 특별히 기여한 경우에 해당하지 아니한다고 단정하였으니, 원심판결에는 성년인 자(子)의 부모에 대한 특별한 부양과 기여분에 관한 법리를 오해하였거나 심리를 다하지 아니하여 판결 결과에 영향을 미친 위법이 있다고 할 것이어서, 이 점을 지적하는 상고이유의 주장은 정당하기에 받아들인다.)

## 배우자의 부양의무

- 부모에 대한 자녀의 부양의무는 좁게 해석하려는 경향이 있는 반면, 배우자에 대한 배우자의 부양의무 등은 넓게 보려는 경향이 있습니다. 즉 부부 간에 더 엄격한 의무를 요구하는 것이죠. 그런데 배우자도 배우자의 사망으로 상속인이 되기 때문에 종종 문제가 됩니다. 아래 판례는 그런 사례를 다루고 있습니다.

▶ **(대법원 1996. 7. 10. 자 95스30,31 결정 [기여분을원인으로한소유권이전등기·상속재산분할청구]** ……원심결정과 원심이 인용한 제1심결정 이유에 의하면 원심은, 그 판시 사실을 인정한 다음, 이에 터잡아 소외 망인(1992. 12. 13. 사망)은 공무원으로 종사하면서 적으나마 월급을 받아 왔고, 1987. 6. 17. 교통사고를 당하여 치료를 받으면서 처인 청구인으로부터 간병을 받았다고 하더라도 이는 부부간의 부양의무 이행의 일환일 뿐, 망인의 상속재산 취득에 특별히 기여한 것으로 볼 수 없으며, 또한 청구인이 위 망인과는 별도로 쌀소매업, 잡화상, 여관업 등의 사업을 하여 소득을 얻었다고 하더라도 이는 그 판시와 같이 위 망인의 도움이 있었거나 망인과 공동으로 이를 경영한 것이고, 더욱이 청구인은 위 망인과의 혼인생활 중인 1976.경부터 1988.경까지 사이에 상속재산인 이 사건 부동산들보다 더 많은 부동산들을 취득하여 청구인 앞으로 소유권이전등기를 마친 점 등에 비추어 보면, 이 사건 부동산의 취득과 유지에 있어 <u>청구인이 위 망인의 처로서 통상 기대되는 정도를 넘어 특별히 기여한 경우에 해당한다고는 볼 수 없다고 판단하였는바, 이를 기록과 대조하여 살펴보면, 원심의 그 사실인정과 판단은 옳다고 여겨지고)</u>

## 기여분 청구를 위한 조건

- 기여분 청구를 위한 두 가지 방법이 있었죠. 1) 공동상속인 간의 협의, 2) 가정법원에 청구하는 것입니다. 그런데 1)번이 안 되어 2)번을 택한다는 말은, 협의가 깨져서 법원에 분할을 신청했다는 얘기가 되겠죠? 이처럼 법정분할로 가는 경우에 한해서만, 보다 정확히 말하면 재산분할청구나 조정신청이 시작되어 아직 끝나지 않은 상태에서만 가정법원에 기여분을 청구할 수 있습니다. 다만 예외가 있습니다. 상속재산분할이 끝났지만 뒤늦게 '나도 상속인입니다.' 하고 나타날 수 있습니다. 어떤 경우죠? 혼외자, 즉 정식 배우자가 아닌 다른 사람과의 사이에서 난 자녀가 인지청구 등으로 친자 판정이 나면 이때부터 그를 '피인지자'라고 부르는데 이 사람도 상속인이 됩니다. 이 피인지자가 '제 몫의 상속분을 달라'고 법원에 청구한 경우에는 기여분 청구가 가능합니다(피인지자 외에도 재산분할 후 뒤늦게 재판이 확정되어 공동상속인이 된 사람이 있고, 그가 자기 상속분 달라고 청구한 경우라면 다 됩니다.). 그러나 이런 조건 없이 단지 유류분반환청구의 소가 제기되었을 때는 기여분을 청구할 수 없습니다. 앞서도 얘기했듯이 유류분과 기여분은 관련이 없기 때문이죠.

▶ **(대법원 1999. 8. 24. 자 99스28 결정 [기여분]** ······기여분은 상속재산분할의 전제문제로서의 성격을 갖는 것이므로 상속재산분할의 청구나 조정신청이 있는 경우에 한하여 기여분결정청구를 할 수 있고, 다만 예외적으로 상속재산

분할 후에라도 피인지자나 재판의 확정에 의하여 공동상속인이 된 자의 상속분에 상당한 가액의 지급청구가 있는 경우에는 기여분의 결정청구를 할 수 있다고 해석되며, 상속재산분할의 심판청구가 없음에도 단지 유류분반환청구가 있다는 사유만으로는 기여분결정청구가 허용된다고 볼 것은 아니다.)

## 기여분 청구가 불가능한 또 다른 경우

- 기여분 청구를 하려면 재산분할청구가 먼저 이루어져야 합니다(아직 완료되면 안 됩니다.).

그래서 대개는 재산분할청구와 기여분청구를 동시에 합니다. 그런데 나눌 재산이 없는 경우가 있을 수 있습니다. 예컨대 사망 전에 고인이 자신의 전 재산을 동거인이자 상속인인 사람에게 증여한 경우입니다. 이 경우 동거하지 않고 살던 또 다른 상속인인 유류분권자는 자기 재산을 지키기 위해 유류분반환청구를 할 것이고, 법원은 동거인에게 증여한 재산을 유류분 계산을 위한 기초재산에 산입하라고 명령을 내리겠죠. 동거인의 관점으로 시선을 옮기면, 그로서는 어쩌면 억울할지도 모릅니다. 고인과 오랫동안 살면서 부양도 하고, 그 부양의 대가로 증여를 받은 것인데 이걸 유류분 때문에 일부 빼앗길 수 있기 때문입니다. 그래서 동거인이 이를 막기 위해 자신의 기여분을 주장할 수 있겠죠. 그런데 기여분만 청구하면 안 되니까 재산분할청구도 함께합니다. 그런데 이 경우 분할할 재산이 있나요? 없습니다. 이미 동거인에게 다 증여했으니까. 그런 경우, 법원은 분할할 수 있는 재산이 없으므로 재산분할청구를 받아들이지 않게 되고, 나아가 재산분할청구가 각하되었으니 기여분 청구도 자동으로 각하됩니다. 억울하지만 동거인으로서는 유류분을 토해내야 하는 상황입니다. 아래 판례는 위에서 살펴본 내용도 함께 다루고 있으므로 복습차원에서 천천히 읽어보시면 도움이 될 것입니다.

▶ **(대법원 2015. 10. 29. 선고 2013다60753 판결 [유류분반환]** ······가. 민법 제1008조의2 제1항은 "공동상속인 중에 상당한 기간 동거·간호 그 밖의 방법으로 피상속인을 특별히 부양하거나 피상속인의 재산의 유지 또는 증가에 특별히 기여한 자가 있을 때에는 상속개시 당시의 피상속인의 재산가액에서 공동상속인의 협의로 정한 그 자의 기여분을 공제한 것을 상속재산으로 보고 제1009조 및 제1010조에 의하여 산정한 상속분에 기여분을 가산한 액으로써 그 자의 상속분으로 한다."라고 규정하고, 제2항은 "제1항의 협의가 되지 아니하거나 협의할 수 없는 때에는 가정법원은 제1항에 규정된 기여자의 청구에 의하여 기여의 시기·방법 및 정도와 상속재산의 액 기타의 사정을 참작하여 기여분을 정한다."라고 규정하며, 제3항은 "기여분은 상속이 개시된 때의 피상속인의 재산가액에서 유증의 가액을 공제한 액을 넘지 못한다."라고 규정하고, 제4항은 제2항의 규정에 의한 청구는 상속재산분할청구가 있거나 피인지자 등의 상속분상당가액지급청구가 있는 경우에 할 수 있다고 규정하고 있다. 한편 유류분과 관련하여, 민법 제1112조는 상속인의 유류분은 피상속인의 직계비속이나 배우자의 경우는 그 법정상속분의 2분의 1, 피

상속인의 직계존속이나 형제자매의 경우는 그 법정상속분의 3분의 1이라고 규정하고 있고, 민법 제1113조 제1항은 "유류분은 피상속인의 상속개시시에 있어서 가진 재산의 가액에 증여재산의 가액을 가산하고 채무의 전액을 공제하여 이를 산정한다."라고 규정하고 있으며, 민법 제1118조는 "제1001조(대습상속), 제1008조(특별수익자의 상속분), 제1010조(대습상속분)의 규정은 유류분에 이를 준용한다."라고 규정하여 기여분에 관한 민법 제1008조의2를 유류분에 준용하고 있지 아니하다. 위와 같은 규정들에 비추어 보면, 기여분은 상속재산분할의 전제 문제로서의 성격을 가지는 것으로서, 상속인들의 상속분을 일정 부분 보장하기 위하여 피상속인의 재산처분의 자유를 제한하는 유류분과는 서로 관계가 없다고 할 것이다. 따라서 공동상속인 중에 상당한 기간 동거·간호 그 밖의 방법으로 피상속인을 특별히 부양하거나 피상속인의 재산의 유지 또는 증가에 특별히 기여한 사람이 있을지라도 공동상속인의 협의 또는 가정법원의 심판으로 기여분이 결정되지 않은 이상 유류분반환청구소송에서 자신의 기여분을 주장할 수 없음은 물론이거니와(대법원 1994. 10. 14. 선고 94다8334 판결 참조), 설령 공동상속인의 협의 또는 가정법원의 심판으로 기여분이 결정되었다고 하더라도 유류분을 산정함에 있어 기여분을 공제할 수 없고, 기여분으로 인하여 유류분에 부족이 생겼다고 하여 기여분에 대하여 반환을 청구할 수도 없다. 나. 원심판결 이유 및 원심이 적법하게 채택한 증거들에 의하면, 망인은 생전에 피고와 함께 생활하면서 피고에게 총 1억 6,000만 원을 증여하였고, 그 결과 망인이 사망할 당시 망인 명의의 재산은 남아 있지 않았던 사실, 피고가 인천지방법원 2012느합60호로 상속재산분할 및 기여분 심판을 청구하였으나, 분할대상 상속재산이 없어 상속재산분할청구는 부적법하고, 상속재산분할청구를 전제로 한 기여분 청구 역시 부적법하다고 하여 청구가 모두 각하된 사실(이후 피고가 위 각하 결정에 대하여 항고, 재항고를 하였으나 모두 기각되었다) 등을 알 수 있다. 다. 위 사실을 앞에서 본 법리에 비추어 보면, 상속재산분할 및 기여분 심판 사건에서 피고의 기여분이 결정되지 않은 이상 피고가 이 사건에서 자신의 기여분을 주장할 수 없을 뿐 아니라, 설령 기여분 결정이 있었다고 하더라도 유류분 산정의 기초재산에서 기여분을 공제할 수는 없으므로 피고의 기여분 공제 항변은 인용될 수 없음이 명백하다. 따라서 원심이 위 1억 6,000만 원 전부를 유류분 산정을 위한 기초재산에 산입하는 한편, 피고의 기여분 공제 항변을 배척한 것은 정당하고, 거기에 상고이유의 주장과 같이 유류분 산정과 기여분 결정 등에 관한 법리를 오해하여 판결에 영향을 미친 위법이 없다.)

# 상속재산분할 명세표

(* 이 표는 서울가정법원 홈페이지 https://slfamily.scourt.go.kr/main/new/Main.work의 민원부분 '자주 묻는 질문'란에서 찾을 수 있습니다.)

재판부 : 제    가사부
사건번호 :
피상속인 : 망 ○○○(    -    )        상속개시일(사망일) :

※ 주의사항
1. 아래 표에 기재하지 않은 재산은 원칙적으로 상속재산분할 대상으로 고려하지 아니할 예정이므로, 자신 및 상대방 모두에 대하여 그 재산으로 주장하는 것은 빠짐없이 기재할 것.
2. 해당 재산에 관하여 특이사항이 있으면 비고란에 기재할 것.
3. 상속재산과 특별수익의 상속개시 당시 가액을 밝힐 것. 당사자 사이에 시가에 관한 다툼이 있을 경우 아래 사항을 참조하여 해당 자료를 제출할 것.
   - 아파트: 국민은행 부동산 시세 자료(http://www.kbstar.com/)와 국토해양부 실거래가 자료(http://rt.molit.go.kr/, 최근 1년 이내의 것)를 모두 제출할 것.
   - 기타 부동산: 감정 절차를 거치되, 상속재산의 상속개시 당시 가액과 현재 시점의 가액에 관한 다툼이 있을 경우 두 가액 모두를 감정할 것(특별수익의 경우 상속개시 당시 가액을 감정할 것).
   - 차량: 해당 차량 가액이 기재된 보험계약서를 제출하고, 이를 제출하지 못할 경우 인터넷 중고차거래 사이트 자료, 보험개발원 차량기준가액 자료(http://www.kidi.or.kr)를 제출할 것.
   - 골프회원권이나 콘도회원권: 회원권 거래소 시세 자료를 제출할 것.
4. 서울가정법원 홈페이지 '자주 묻는 질문게시판'에 아래 표의 한글파일이 게시되어 있으니, 해당 파일을 다운로드 받아 작성하여도 됨(이 경우 작성된 문서를 준비서면에 파일로 첨부하기 바람).

## 1. 상속인 목록

| 내역 | 성명 | 법정상속분, 분수(A') | 법정상속분, 소수(A') | 비고 (피상속인과의 관계) |
|---|---|---|---|---|
| 상속인1(청구인) | | | | |
| 상속인2(상대방1) | | | | |
| 상속인3(상대방2) | | | | |
| 상속인4(상대방3) | | | | |
| 상속인5 | | | | |
| 상속인6 | | | | |
| 상속인7 | | | | |
| 상속인8 | | | | |
| 상속분 합계 | | 1 | 1 | |

* 피상속인과 상속인들의 가족관계를 알 수 있는 가계도(피상속인 기준)를 작성하여 첨부할 것.
* 대습상속인이 있는 경우, 피상속인 및 피대습상속인의 각 사망일자와 피대습상속인 배우자의 재혼여부, 재혼일자를 아울러 기재할 것.

## 2. 상속재산 목록

– 피상속인 명의의 재산을 원칙으로 함

| | 순번 | 재산내역 | 가액<br>(상속개시 당시)<br>(B) | 가액*<br>(현재시점)<br>(C) | 증거 | 비고 |
|---|---|---|---|---|---|---|
| 부동산 | 1 | | | | | |
| | 2 | | | | | |
| | 3 | | | | | |
| | 4 | | | | | |
| | 5 | | | | | |
| | | 소계 | | | | |
| 채권 등 | 1 | | | | | |
| | 2 | | | | | |
| | 3 | | | | | |
| | 4 | | | | | |
| | 5 | | | | | |
| | 6 | | | | | |
| | 7 | | | | | |
| | 8 | | | | | |
| | 9 | | | | | |
| | 10 | | | | | |
| | | 소계 | | | | |
| 총합계(B or C) | | | | | | |

\* 부동산의 경우 상속개시 당시와 현재 시점의 가액 자료가 필요함(상속개시 당시와 현재 시점의 가액 차이가 크지 않다고 판단하는 경우, 두 시점의 가액이 일치하는 것으로 정리할 수 있음)
\* 상속인에게 유증된 재산은 상속재산 목록에 기재하지 않고 특별수익 목록에만 기재함.
\* 채무는 원칙적으로 상속재산 분할의 대상이 아니나, 비고란에 기재할 수 있음.

## 3. 특별수익 목록(D)

- 피상속인으로부터 상속인(그 가족들도 포함될 수 있음)이 생전 증여받거나 유증받은 재산

| 수익자 | 순번 | 수익일시 | 수익내용 | 수익액 (수익당시) | 시가* (상속개시당시) (D) | 증거 | 비고 |
|---|---|---|---|---|---|---|---|
| 청구인 | 1 | | | | | | |
| | 2 | | | | | | |
| | 3 | | | | | | |
| | 4 | | | | | | |
| | | 소계 | | | | | |
| 상대방 1 | 1 | | | | | | |
| | 2 | | | | | | |
| | 3 | | | | | | |
| | 4 | | | | | | |
| | | 소계 | | | | | |
| 상대방 2 | 1 | | | | | | |
| | 2 | | | | | | |
| | 3 | | | | | | |
| | 4 | | | | | | |
| | | 소계 | | | | | |
| | | 총합계(D) | | | | | |

* 현금 특별수익의 경우 수익 당시의 수익액을 상속개시 당시의 현가로 계산하여 기입(GDP 디플레이터 사용. 단, 현가 계산 생략하고 수익 당시 금액을 상속개시 당시의 현가와 같다고 할 수 있음)
* 부동산 특별수익의 경우 상속개시 당시의 시가 자료가 필요하고, 이를 '시가'란에 기재

## 4. 기여분(G)

- 민법 제1008조의 2 제3항. 상속재산 중 적극재산을 표준으로 계산함.
  (주장비율은 %를 정수로 기재하고, 가액으로 주장하는 경우 기여분액에 해당 가액 기재)

| 기여상속인 | 주장비율(F, %) | 기여분액(G) (B × F) | 비고 |
|---|---|---|---|
| 청구인 | | | |
| 상대방 1 | | | |
| 합계(G) | | | |

## 5. 간주상속재산(H)

– 상속개시 당시 재산가액(B)(합계) + 특별수익(D)(합계) – 기여분(G)(합계)

| 항목 | 금액 | 비고 |
|---|---|---|
| 상속재산(B) | | |
| 특별수익 합계(D) | | |
| 소계(Q) | | |
| 기여분 합계(G) | | |
| 간주상속재산(H) 금액(=Q-G) | | |

## 6. 구체적 상속분 계산

### 가. 기여분 포함

① 법정상속분액(I) = 간주상속재산(H) × 각 법정상속지분(A)
② 구체적 상속분액(K) = 법정상속분액(I) – 각 특별수익(D) + 각 기여분(G)
③ 구체적 상속분율(L) = 상속인별 구체적 상속분 / 상속인들 전체의 구체적 상속분 합계
④ 최종 상속분액(M) = 상속재산의 현재시점 가액(C) × 구체적 상속분율(L)

| 내역 | 법정 상속분액(I) | 상속인별 특별수익(D) | 상속인별 기여분(G) | 구체적 상속분액(K) | 구체적 상속 분율(L) | 최종 상속분액(M) |
|---|---|---|---|---|---|---|
| 상속인1 | | | | | | |
| 상속인2 | | | | | | |
| 상속인3 | | | | | | |
| 상속인4 | | | | | | |
| 상속인5 | | | | | | |
| 상속인6 | | | | | | |
| 상속인7 | | | | | | |
| 상속인8 | | | | | | |
| 합계 | | | | | 1 | |

## 나. 기여분 불포함(기여분이 인정되지 않을 경우)

(※ 기여분을 주장하는 경우라도 반드시 작성할 것)

① 법정상속분액(I′) = 위 제5항의 Q × 각 법정상속지분(A)
② 구체적 상속분액(K′) = 법정상속분액(I′) - 각 특별수익(D)
③ 구체적 상속분율(L′) = 상속인별 구체적 상속분 / 상속인들 전체의 구체적 상속분 합계
④ 최종 상속분(M′) = 상속재산의 현재시점 가액(C) × 구체적 상속분율(L′)

| 내역 | 법정<br>상속분액(I′) | 상속인별<br>특별수익(D) | 구체적<br>상속분액(K′) | 구체적<br>상속분율(L′) | 최종<br>상속분액(M′) |
|---|---|---|---|---|---|
| 상속인1 | | | | | |
| 상속인2 | | | | | |
| 상속인3 | | | | | |
| 상속인4 | | | | | |
| 상속인5 | | | | | |
| 상속인6 | | | | | |
| 상속인7 | | | | | |
| 상속인8 | | | | | |
| 합계 | | | | 1 | |

# 3장

# 세금 줄이기

— 상속세부터 증여세, 양도소득세까지 —

# 재산 이전의 3가지 방식

- 3장은 1장과 연결된 내용입니다. 그런데 왜 2장 뒤에 넣었는가 하면 상속법에 대해서 알고 볼 때 훨씬 이해가 쉽기 때문입니다. 아무튼 그렇게 빙 돌다 보니 혹시 1장에서 무얼 다루었는지 잊으셨나요? 1장에서 우리는 재산을 물려주는 방법에 대해서 다루었습니다. 현금으로 주거나, 주식을 사서 증여하거나, 보험을 들어주거나 혹은 중간부터 자녀에게 보험료를 내게 하거나, 집을 직접 주거나 혹은 자녀에게 싸게 팔거나, 신탁에 맡기거나 혹은 상속하는 등의 방법입니다. 기억이 나시나요? 그럼 시작합니다.

- 1장에서 다룬 재산 이전 방법들은 세금 차원에서 보면 3가지로 압

축됩니다. 상속, 증여, 양도입니다. 이 세 가지에는 세금이 붙습니다. 각각 상속세, 증여세, 양도소득세죠. 이 세금에 대한 이해를 높이는 게 한 푼이라도 더 아끼는 현명한 재산 물려주기가 됩니다.

### 3가지 방법에 대한 기초 이해

- 재산을 아무 대가 없이 물려준다는 점에서 상속세나 증여세는 같습니다. 이 둘에 적용되는 법은 '상속세및증여세법'입니다. 반면 양도소득세는 공짜로 주는 게 아니라 파는 것이므로 세금이 다릅니다. 여기에는 '소득세법'이 적용되죠(이하 특별한 설명이 없는 경우, '법'이라고 표현하면 '상속세 및 증여세법'을 의미합니다. 한편 이 책에서는 법인이 아닌 개인 위주로 설명하고 있습니다. 법인은 법인세법에서 다룹니다.).

- 한편 상속세는 피상속인의 사망 이후에 세금을 내지만 증여세와 양도소득세는 증여와 양도가 이루어진 시점에서 세금을 내게 됩니다. 세금 내는 시기가 다르지요.

- 이밖에도 아래 표처럼 이 세 가지는 닮은 점도 있고, 다른 점도 있습니다.

## [뭐가 같고 뭐가 다를까?]

| 구분 | 상속세 | 증여세 | 양도소득세 (소득세법) |
|---|---|---|---|
| ❶ 세금 대상 | 사후 남긴 재산에 1) 상속인의 경우 10년 내, 2) 기타 5년 내 증여를 포함하여 합산과세 | 해당 증여일 전 10년 이내 동일인에게서 증여받은 재산을 합산하여 과세 (증여자가 직계존속인 경우 그 존속의 배우자가 준 것도 합산) | 팔고 얻은 양도차익(판 가격 빼기 산 가격) (* 부동산, 부동산에 관한 권리, 기타자산, 주식 또는 출자지분, 파생상품 등의 거래 또는 행위로 발생하는 소득. 소득세법제94조) |
| ❷ 국내 거주 여부에 따라 달라지는 세금 대상 | 거주자인 경우 : 국내외 소재 재산<br>비거주자인 경우 : 국내 소재 재산<br>(* 자세한 내용은 아래 설명 참조) | | |
| ❸ 세금 매기는 방법 | (유산세방식) 피상속인의 상속재산을 기준으로 과세표준 및 상속세액 계산 | (유산취득세방식) 수증자별로 증여재산을 기준으로 과세표준 및 증여세액 산출 | 양도자별로 1년간의 양도소득을 합하여 과세표준 및 양도세액 계산 |
| ❹ 납세의무자 | 상속인(영리법인 제외) | 수증자(영리법인 제외) | 팔아서 돈 번 양도인 |
| ❺ 주요 공제 | 일괄공제 : 5억 원<br>배우자공제 : 5~30억 원<br>금융재산상속공제 : 최대 2억 원<br>동거주택상속공제 : 최대 6억 원 | 배우자 : 6억 원<br>직계존·비속 : 5,000만 원(미성년자 : 2,000만 원)<br>기타친족 : 1천만 원<br>증여세는 10년 단위로 공제(직계존비속 아니면 5년) | 장기보유특별공제(보유기간 3년 이상)<br>기본공제 250만 원(1년에 1번) |
| ❻ 세율 (법제26조) | 과세표준 | 세율(%) | 기본세율(6~45% 누진세율)과 중과세세율(최대 +20%) |
| | 1억 원 이하 | 10% | |
| | 1억 원 초과 5억 원 이하 | 1,000만 원 + 1억 원 초과 금액의 20% | |
| | 5억 원 초과 10억 원 이하 | 9,000만 원 + 5억 원 초과 금액의 30% | |
| | 10억 원 초과 30억 원 이하 | 2억 4,000만 원 + 10억 원 초과 금액의 40% | |
| | 30억 원 초과 | 10억 4,000만 원 + 30억 원 초과 금액의 50% | |
| ❼ 신고세액공제 | 3% | | 없음 |

- 하나씩 살펴봅시다. ❶번은 과세 대상입니다. 어떤 돈에 세금을 매길까요? 상속의 경우, 계산을 위한 기초재산을 따지는 게 여러 가지죠. 유류분 따질 때는 특별수익을 기간 따지지 않고 다 넣고 계산합니다. 그런데 여기서는 다릅니다. 상속세의 경우는 상속개시일 기준으로 10년 안에 증여한 것만 포함합니다(10년은 상속인에게 주었을 때의 기한이고, 상속인이 아닌 경우에는 5년 안에 준 것만 포함). 즉 사망 당시 피상속인의 소유인 재산에 10년 전 증여분까지 합산하여 계산합니다(물론 증여할 때 증여세를 냈다면 상속세에서 뺍니다. 다만 여기서는 과세 표준, 즉 상속세 계산을 위한 기초재산을 구하기 위해서 넣습니다.). 증여는 앞에서 다룬 적이 있습니다. 증여 당시를 기준으로 하여 10년 안에 증여받은 것을 합산하여 과세하죠. 이때 증여한 사람, 즉 증여자가 직계존속인 경우 그 존속의 배우자가 준 것도 포함한다고 했죠(배우자는 동일인, 즉 한 몸). 양도소득세는 잘 알 것입니다. 판 가격에서 산 가격을 빼고 남은 게 있으면 그 양도차익에 세금을 물립니다.

- ❷번은 국내 거주 여부에 따라 세금 대상이 달라진다는 내용입니다. 우선, 어떤 사람을 거주자라고 할까요? 세법에서 말하는 거주자의 요건은 다음과 같습니다.

　– 국내에 주소를 두거나 183일 이상 거소를 둔 개인

- '거소'란 주소지는 아닌데 183일 이상 머무는 장소라는 뜻입니다. 왜 183일가 하면 반 년 이상 살았다는 얘기입니다. 거주자를 따질 때 국적은 무관합니다. 외국인도 위 요건을 충족하면 거주자가 되는 것이죠.

- 증여세의 경우 재산을 증여받는 사람이 거주자인지 비거주자인지에 따라 몇 가지 차이가 발생합니다. 예를 들어 부모님은 한국에 있고, 자녀가 해외에 나가 있는 경우가 있습니다. 이때 자녀가 거주자 요건을 충족하지 못하면 비거주자가 됩니다. 자녀가 비거주자인 상태에서 부모가 해외에 있는 재산을 자녀에게 준다면 이때는 국내 증여세 대상이 아닙니다. 반면 비거주자인 자녀에게 국내 재산을 준다면 이때는 증여세를 내야 하죠. 그런데 거주자인 자녀에게 줄 때와 다음과 같은 차이가 있습니다.

    – 증여세는 수증자(자녀)가 내야 하지만 비거주자인 경우에는 증여자인 부모가 내 줄 수 있다.
    – 거주자에게는 증여 공제가 적용되지만 비거주자에게는 증여 공제가 없다.

- 증여 공제 기억하시나요? 자녀에게는 10년 합산 5천만 원(미성년인 경우 2천만 원)까지 세금을 물리지 않습니다. 그 공제가 비거주자에게는 적용되지 않는다는 얘기입니다. 배우자에게도 6억까지 증여 공제가 되는데 만일 배우자가 비거주자라면 이 공제 혜택도 못 받

는다는 얘기입니다.

- 상속세의 경우는 피상속인의 거주자/비거주자 여부를 따집니다. 간혹 이런 경우가 있죠. 해외에 살던 노부부가 한국에서 노후를 마감하고 싶다는 생각에 부인이 먼저 귀국하고, 남편이 해외에 남아 있다가 사망하는 경우입니다. 이때 다툼의 소지는 있습니다만, 남편이 해외 국적을 포기하지 않은 상태라면 일단 비거주자로 봅니다. 비거주자가 사망하면 물론 상속세를 내야 합니다만, 증여세의 경우처럼 상속세 공제가 적용되지 않습니다.

- 양도소득세의 경우는 당연히 양도차익을 거둔 사람의 거주자/비거주자 여부를 따집니다. 비거주자라면 증여나 상속과 마찬가지로 국내에 소재한 자산을 팔아서 이익을 남긴 경우에만 세금을 물게 됩니다(해외 자산의 양도는 국내에서 세금을 물리지 않는다는 얘기). 또한 1세대 1주택자에게 주는 혜택도 없고, 8년 자경 농지 감면 혜택도 없습니다. 다만 장기보유특별공제는 있으나 1세대 1주택자는 따지지 않고 일괄적으로 3년 이상 2~30% 공제가 적용되죠. 양도소득세 기본 공제액인 250만 원은 그대로 적용됩니다.

- ❸번은 말은 어려워 보이지만 별로 어려운 내용이 없습니다. 상속세는 상속재산 전체에 대해 세금을 물린다는 얘기고, 증여세는 재산을 받은 사람별로 세금을 물린다는 얘기죠. 양도소득세는 이익

을 내고 판 사람에게 물리죠. ❹번도 어려울 게 없습니다. 상속받은 사람이 세금 내고, 증여받은 사람이 세금 내고, 팔아서 수익 거둔 사람이 세금 냅니다.

- ❺번은 매우 중요한 내용입니다. 절세에서 가장 중요한 건 공제죠. 얼마까지 공제가 되는지 알아야 재산의 얼마만큼을 '상속' 방식으로 이전하고, 또 얼마만큼은 '증여'로 이전하고…… 하는 재산 물려주기 재테크를 구현할 수 있기 때문이죠.

- 상속세의 경우, 예를 들어 배우자가 없고, 자녀만 있는 경우 재산이 5억 미만이라면 단 한 푼의 상속세도 내지 않습니다. 일괄공제 5억이라는 말이 그 뜻입니다. 배우자가 있는 상태에서 사망하는 경우, 설령 배우자가 상속을 포기하고 피상속인의 재산을 자식들이 모두 갖게 되더라도 10억까지는 상속세를 한 푼도 내지 않습니다. 그게 배우자 공제 5억의 의미입니다(일괄공제 5억 포함). 그런데 배우자 공제는 최대치가 있습니다. 30억이죠. 만일 배우자가 상속을 포기하지 않고 법정상속분대로 받거나 혹은 유언을 통해 재산을 물려받았다면 이때 30억과 법정상속분 가운데 작은 것으로 공제액이 결정됩니다. 예를 들어 배우자, 자녀 1이 있고 유산이 100억인 경우 배우자의 법정상속분은 1.5/2.5 = 3/5이 됩니다. 계산하면 60억이 배우자의 상속분입니다. 이 경우, 30억과 60억 가운데 작은 것, 즉 30억이 공제액이 됩니다. 30억에 대해서는 세금을 물리

지 않는다는 애기입니다. 한편 일괄공제까지 더하면 총 35억은 세금 없이 재산 이전이 가능합니다(그러나 생각해 보면 배우자 역시 언젠가는 자녀에게 재산을 물려주어야 하므로 배우자 공제를 넘어선 액수를 배우자에게 물려주면 이중으로 상속세를 낼 수 있다는 점을 기억해야 합니다. 물론 단기 재상속 공제라는 게 있어서 만일 배우자가 1년 내 사망하면 이미 낸 상속세의 100%를 공제하고, 2년이면 90%, 3년이면 80% 하는 식으로 공제가 되기는 합니다. 그러나 분명 생각해 볼 수 있는 문제죠.).

- 상속세에는 또 다른 공제들이 있죠. 주식이나 예적금, 보험 등의 금융재산에는 2억까지 공제가 가능하고, 동거하던 주택을 상속할 때도 최대 6억 원까지 공제가 됩니다.

- 증여세의 경우에도 배우자 공제가 있죠. 배우자에게 증여할 때는 6억 원까지, 자녀나 부모 등의 직계존·비속에게는 5천만 원까지(단, 미성년자일 때는 2천만 원), 기타 친족의 경우는 1천만 원까지 공제됩니다. 그러나 증여에는 한 가지 조건이 있었죠. 합산 조건이죠. 상속인의 경우 10년간 증여한 액수를 다 더해서 위의 한도를 초과하면 그때부터는 증여세가 붙습니다. 상속인이 아닌 경우에는 합산 기한이 5년으로 줄어듭니다.

- 부동산 양도소득세의 대표적인 공제 항목인 장기보유특별공제(이하 '장특공제')는 점차 까다로워지고 있죠. 어제까지 공제 요건을 충

족했던 사람도 내일부터 받을 수 없는 경우들이 생기기 때문이죠. 일단 소득세법에서 말하는 장특공제는 이렇습니다.

▶ [장기보유특별공제(소득세법제 95조) 보유기간이 3년 이상인 것과 조합원입주권(조합원으로부터 취득한 것은 제외)에 대하여 그 자산 양도차익을 보유기간별로 공제율을 곱하여 계산한 금액을 공제한다.]

- 보유기간이 3년 이상이고, 부동산 외에도 조합원입주권이 포함됩니다. 이게 장특공제의 기본이 되는 법조문인데 세부로 들어가면 굉장히 복잡해지죠. 그러나 핵심은 다음과 같고 실제 적용할 때는 당시 법령을 살펴보아야 합니다.

  - 기간 요건 : 3년 이상 보유 또는 거주해야 한다.
  - 주택수 요건 : 1주택자인가 다주택인가에 따라 장특공제금액 차이가 엄청나다.
  - 거주 요건 : 1주택자라도 조정대상지역이라면 2년 이상 거주해야 1주택자 혜택을 받을 수 있다.

- 만일 1주택자 요건(조정대상지역의 경우 거주 2년 충족)을 채우고 10년 이상 보유하고 있다면 최대 80%까지 공제받을 수 있습니다. 5억짜리 집이 10억이 되었다면 양도차익은 5억이고, 5억의 80%인 4억에는 세금을 물리지 않는다는 말입니다. 보유기간이 10년 미만인 경우에는 3년 24%로 시작, 4년 32%, 5년 40%처럼 1년에 8%씩

올라 최대 80%까지 공제됩니다. 반면 다주택자라면 3년 6%부터 4년 8%, 5년 10% 하는 식으로 매년 2%씩 오르고 최대 30%까지만 공제가 가능하죠. 증여든 상속이든 새로 얻은 부동산을 처분하는 과정에서는 양도소득세를 꼭 알아야 합니다.

| 보유기간 | 1주택자(%) | 1주택 외(%) |
|---|---|---|
| 3년 이상 4년 미만 | 24 | 6 |
| 4년 이상 5년 미만 | 32 | 8 |
| 5년 이상 6년 미만 | 40 | 10 |
| 6년 이상 7년 미만 | 48 | 12 |
| 7년 이상 8년 미만 | 56 | 14 |
| 8년 이상 9년 미만 | 64 | 16 |
| 9년 이상 10년 미만 | 72 | 18 |
| 10년 이상 11년 미만 | 80 | 20 |
| 11년 이상 12년 미만 | 80 | 22 |
| 12년 이상 13년 미만 | 80 | 24 |
| 13년 이상 14년 미만 | 80 | 26 |
| 14년 이상 15년 미만 | 80 | 28 |
| 15년 이상 | 80 | 30 |

- 참고로 장특공제에 해당되지 않는 게 있습니다. 1) 토지나 건물이 아닌 자산은 애초에 장특공제 대상이 안 됩니다. 부동산이라도 2) 3년 미만이거나 혹은 3) 미등기이거나 혹은 3) 비사업용 토지인 경우에는 장특공제 대상이 아닙니다.

- 장특공은 보유기간이 핵심입니다. 그런데 상속받은 부동산은 언제부터 보유기간으로 인정해 줄까요? 상속개시일입니다. 상속개시

일부터 부동산을 판 날(양도일)까지 날짜를 계산하여 3년이 넘으면 장특공제가 적용됩니다. 참고로 양도소득세를 적용할 때 보유기간의 시작일은 상속개시일이 아닙니다. 이때는 피상속인(고인)이 이 부동산을 산 날짜(취득일)가 기준일이 됩니다. 앞에서도 얘기했지만 장특공제와 양도소득세에 적용되는 기준이 다릅니다. 둘을 헷갈리기 시작하면 책을 처음부터 다시 읽어야 할 수도 있으니 꼭 구분하세요.

- 한편 양도소득세에는 필요경비라는 게 있죠. 부동산 관련 지출된 비용을 말합니다. 앞에서는 그냥 판 가격 빼기 산 가격에 매기는 세금이 양도소득세라고 했는데 정확히는 이 액수에서 필요경비까지 빼야 양도차익이 됩니다.

- 필요경비는 과세표준을 구하기 위해 빼야 하는 항목입니다. 공제와 함께 세금을 절약할 수 있는 요소가 된다는 말입니다. 그런데 공제에 비해 계산이 복잡합니다. 액수가 큰 경우에는 대개 세무 전문가가 붙어서 처리해야 할 만큼 까다롭죠. 일단 필요경비를 계산하는 방식은 두 가지로 나뉩니다. 취득가액이 실거래가인 경우와 실거래가 아닌 경우죠. 일정 기간 안에 실제로 거래 내역이 있거나 혹은 아파트처럼 유사한 형태의 부동산이 존재하여 실거래가를 쉽게 유추할 수 있을 때는 취득가액을 실거래가로 신고하게 됩니다. 이때 필요경비는 '자본적 지출액 + 양도비용'로 계산됩니다. 이 경우

가 세무 전문가가 필요한 때입니다. 반면 취득가액을 알 수 없는 경우(세무서에 관련 자료가 없는 경우)에는 필요경비개산공제액에 따라 토지는 개별공시지가의 3%, 건물은 취득 당시 고시가격의 3%만 공제할 수 있습니다[필요경비개산공제액 ① 토지 : 취득 당시 개별공시지가 × 3%(미등기자산 0.3%), ② 건물 : 취득 당시 고시가격 × 3%(미등기자산 0.3%), ③ 부동산에 관한 권리 : 취득 당시 기준시가 × 7%(미등기자산 1%)]. 이때는 별로 복잡할 게 없습니다.

- 자, 그래도 기본은 알고 세무사를 찾아야겠죠? 취득가액이 실거래가인 경우에 필요경비는 '자본적 지출액 + 양도비용'이라고 했습니다. 먼저 양도비용이란 자산을 팔기 위해 직접 지출한 비용을 뜻합니다. 양도소득세 신고할 때 세무사에게 의뢰했다면 비용이 들겠죠? 공증을 했다면 또 돈이 듭니다. 인지 붙이면 또 돈이고, 집을 비워주는 과정에서 발생한 비용도 모두 돈입니다. 이런 비용을 '양도비용'이라고 해서 모두 빼는 겁니다. 무엇이 양도비용에 속하는지 알려면 아래 소득세법 가나다라마바를 봅니다.

▶ [소득세법시행령제163조제5항) 가. 「증권거래세법」에 따라 납부한 증권거래세 / 나. 양도소득세과세표준 신고서 작성비용 및 계약서 작성비용 / 다. 공증비용, 인지대 및 소개비 / 라. 매매계약에 따른 인도의무를 이행하기 위하여 양도자가 지출하는 명도비용 / 마. 가목부터 라목까지의 비용과 유사한 비용으로서 기획재정부령으로 정하는 비용 / 바. 국민주택채권 및 토지개발채권을 만기 전에 양도함으로써 발생하는 매각차손]

- 그런데 실무적으로 이런 돈도 양도비용으로 인정되죠.
  - 보통의 경우보다 조금 더 지급된 중개수수료라도 이상하다고 볼 만한 사정이 없는 한 실제로 지급한 중개수수료도 양도비용이다.
  - 부동산 소유자가 좋은 값에 부동산을 팔기 위해 컨설팅을 받으며 지불한 돈도 양도비용이다.

- 반대로 인정되지 않는 경우도 있습니다.
  - 법률적으로 지급 의무가 없는데도 준 돈은 양도비용이 아니다.
  - 임차인에게 준 보상금이나 이사비용은 양도비용이 아니다.

- 이밖에도 필요경비로 인정되는 게 있습니다.
  - 이축권(정부가 토지를 수용하며 집을 이전해야 할 때 새로 마련해준 땅에서 집을 지을 수 있는 권리) 취득 비용, 대항력이 있는 전세보증금을 부담한 경우, 유치권피담보채권 상당액, 취득시 납부한 취득세, 농어촌특별세, 지방교육세, 인지세, 매수자가 부담한 매도인의 양도소득세, 토지초과이득세, 부가가치세법에 의하여 공제받지 못한 매입세액, 양수인이 부담한 양도인의 연체료

- 반대로 필요경비로 인정해주지 않는 것도 있죠.
  - (법적 지급 의무 없는) 유치권 합의금, 경매취득부동산 명도비용, 약정에 의한 거래가액지급 지연으로 인한 추가 발생 이자 상당액, 매매계약의 해약으로 인한 위약금, 지정된 기일을 넘긴 납부지연 이자 상당액

- 한편 이자는 어떨까요? 임대사업용 집을 사기 위해 은행에서 돈을 빌렸습니다. 이자가 나오겠죠. 양도하던 달까지 꼬박꼬박 이자를 지불했습니다. 이 돈도 필요경비가 될까요? 아래 판례를 보면 이 이자를 어떻게 바라보는지 잘 보여줍니다. 일단 부동산 취득 전에 지불한 이자와 취득 후에 지불한 이자를 구분하고 있습니다. 취득 전에 지불한 이자는 '자본적 지출'이라고 보아 원가에 산입한다고 되어 있습니다. 취득가액이라는 말이죠. 반면 취득 후에 지불한 이자는 필요경비로 인정하고 있습니다. 같은 이자라도 취득일 전에 지불한 것이냐 후에 지불한 것이냐에 따라 달리 보고 있습니다. 다만 개인적으로 집을 살 때는 아래 판례가 적용되기 어렵습니다.

▶ (대법원 2013. 8. 22.선고 2011두17769선고 판결 [종합소득세부과처분취소]
……부동산 임대사업용 고정자산의 매입 등에 소요된 차입금에 대한 지급이자 중에서 그 취득일까지 지출된 금액은 당해 연도의 부동산 임대소득을 계산함에 있어서는 필요경비로 불산입하는 대신 이를 자본적 지출로 보아 원가에 산입하여 나중에 그 사업용 자산을 양도할 때 비용으로 인정하지만, 취득일 후에 남은 차입금에 대한 지급이자는 각 연도의 필요경비로 산입하도록 하고 있다[구 소득세법(2006. 12. 30. 법률 제8144호로 개정되기 전의 것) 제33조 제1항 제10호, 구 소득세법 시행령(2008. 2. 29. 대통령령 제20720호로 개정되기 전의 것) 제75조 제1·2·5항]. 한편 소득세법상의 소득금액은 사업소득별로 통산하여 산정하는 것이므로, 부동산 임대사업자가 복수의 부동산을 각각 별도로 사업자등록을 한 임대사업에 제공한 경우에도 그 사업자의 연도별 부동산임대소득 및 필요경비는 각 사업장의 수입금

액과 필요경비를 통산하여 산정하여야 한다. 따라서 그 복수의 부동산 임대사업장 중 수입은 없고 필요경비만 발생한 사업장이 있는 경우에도 그 사업장의 필요경비를 당해 연도의 총 부동산임대소득의 계산에서 제외할 것은 아니다. 위와 같은 법령 규정의 내용과 법리에 비추어 보면, 부동산 임대사업자가 자금을 차입하여 임대사업용 부동산을 취득한 경우 그 차입금에 대한 부동산 취득일 다음날부터의 지급이자는 비록 그 부동산으로부터 당해 연도에 임대수입을 얻지 못하였다고 하더라도, 이를 개인적 용도로 전환하여 사용하였다는 등 특별한 사정이 없는 한, 당해 연도의 필요경비에는 산입하여 부동산 임대소득을 계산하여야 한다.)

- 위에도 나옵니다만, '자본적 지출도 필요경비에 해당합니다. 자본적 지출은 부동산 가치 증진에 들어간 비용을 의미합니다. 아래 소득세법에 해당 내용이 아주 쉽게 잘 나옵니다.

▶ **[(소득세법시행령제67조제2항)** "자본적 지출"이라 함은 사업자가 소유하는 감가상각자산의 내용연수를 연장시키거나 당해 자산의 가치를 현실적으로 증가시키기 위하여 지출한 수선비를 말하며, 다음 각호의 1에 규정하는 것에 대한 지출을 포함하는 것으로 한다. 1. 본래의 용도를 변경하기 위한 개조 / 2. 엘리베이터 또는 냉난방장치의 설치 / 3. 빌딩 등의 피난시설 등의 설치 / 4. 재해 등으로 인하여 건물·기계·설비 등이 멸실 또는 훼손되어 당해 자산의 본래 용도로의 이용가치가 없는 것의 복구 / 5. 기타 개량·확장·증설 등 제1호 내지 제4호와 유사한 성질의 것]

- 또 다른 소득세법시행령이 있습니다. "취득에 관한 쟁송이 있는 자산에 대하여 그 소유권 등을 확보하기 위하여 직접 소요된 소송비용·화해비용 등의 금액으로서 그 지출한 연도의 각 소득금액의 계산에 있어서 필요경비에 산입된 것을 제외한 금액(소득세법시행령제163조제3항제2호)" 이 내용을 보면, 부동산 취득 관련 소송이 있었고, 그 부동산의 소유권을 손에 넣기 위해 지불한 소송비나 화해비용이 있었다고 나옵니다. 그 돈도 '자본적 지출로 본다는 얘기입니다.

- 이밖에도 다음과 같은 비용 항목이 모두 자본적 지출에 해당됩니다.
    - 취득 중개수수료 등 직접 지출 비용
    - 양도자산의 용도 변경, 개량 또는 이용편의를 위하여 지출한 비용
    - 개발부담금
    - 재건축부담금
    - 수익자부담금 등의 사업비용
    - 도로시설비용
    - 국가 등에 무상공여한 도로의 취득가액 및 도로공사 비용
    - 타인 토지 위 진입도로 개설 비용
    - 사방사업비용

- 조금 더 구체적인 사례로 보면 다음도 모두 자본적 지출에 해당하죠.

- 베란다 섀시 교체비용

- 거실 확장 공사비

- 건물 구입 후 건물 전체의 용도를 변경하거나 대수선공사를 하며 지불한 비용

- 묘지 이장 비용

- 무허가 건물 매수 및 철거 비용

- 반면 아래와 같은 항목은 자본적 지출로 인정받지 못합니다.

    - 벽지나 장판 교체

    - 싱크대 및 주방기구 교체

    - 옥상방수공사

    - 타일 및 변기공사 비용

    - 오피스텔 내 TV, 에어컨, 냉장고, 가스렌지, 식탁 등 구입비

    - 임대용 건물의 식당 내장 공사비

    - 주유소 토지 기름오염 검사비 및 토지 복원 공사비

    - 소유권 확보 이외의 소송비용

- ❺번 공제와 함께 가장 중요한 게 ❻번 세율입니다. 우리 법률은 상속세와 증여세를 함께 다룹니다. 그래서 법률의 공식 명칭도 '상속세및증여세법'이죠. 둘을 묶은 이유는 그게 재산 이전이라는 형태에서 같다고 보기 때문입니다. 이 때문에 세율을 계산하는 방법도 똑같습니다. 앞에서 증여세를 기준으로 몇 번 다루었기 때문에

익숙해졌을 것 같습니다. 누진세율을 적용하는 방법을 다시 한 번 설명하자면 이렇습니다. 먼저 공제 다 빼고 과세표준부터 구합니다.

- 과세표준(공제 등 다 빼고 남은 유산)이 100억이다.
- 100억을 과세 구간에 맞게 나눈다. : 1억 + 4억 + 5억 + 20억 + 70억
- 각 구간별 세율을 적용한다. : 1억(10%) + 4억(20%) + 5억(30%) + 20억(40%) + 70억(50%)
- 값을 구한다. : 1천만 원 + 8천만 원 + 1.5억 + 8억 + 35억 = 45.4억

- 엄청납니다. 45.4%를 떼어가네요. 이게 우리가 절세 방안을 찾는 이유입니다. 방법도 자연스럽게 보이죠? 고세율 구간을 피하는 게 핵심이 됩니다. 그러므로 고세율이 적용될 것으로 예상되는 재산을 앞에서 설명한 증여, 민사신탁, 양도 등의 방법으로 사전에 이전시키는 게 중요합니다. 사전에 재산을 이전하는 경우에도 고세율 구간을 피하도록 액수를 조정하면서 절세 효과를 높이는 게 핵심입니다.

- 양도소득세의 세율 구간도 잠깐 살펴볼까요? 참고로 양도소득세를 알기 위해 우리가 구해야 하는 게 과세표준인데 과세표준을 구할 때 이미 장특공제를 반영합니다. 장특공제가 없으면 공제가 없는 것이고, 있으면 이미 공제가 된 것이죠. 따라서 양도소득세 과세표준은 양도차익이 아니라 장특공제 등의 공제가 반영된 값이 됩니

다. 그러므로 아래 내용을 따라가기 전에 장특공제는 머리에서 지웁니다. 10년 보유, 2년 거주 그런 건 다 잊으세요. 그럼, 보시죠.

| | |
|---|---|
| 1구간 | 1,200만 원 이하 |
| 2구간 | 1,200만 원~4,600만 원 |
| 3구간 | 4,600만 원~8,800만 원 |
| 4구간 | 8,800만 원~1.5억 |
| 5구간 | 1.5억~3억 |
| 6구간 | 3억~5억 |
| 7구간 | 5억~10억 |
| 8구간 | 10억 초과 |

- 세율 구간은 표처럼 총 8구간으로 구분됩니다. 양도소득세 역시 누진세가 적용됩니다. 각 구간별로 적용되는 세율이 다르죠. 무슨 말인가 하면 예를 들어 4천만 원의 과세표준인 경우, 4천만 원 전체가 2구간 세율이 아니라 1,200만 원까지는 1구간 세율이 적용되고, 나머지 액수가 2구간 세율이 적용된다는 얘기입니다. 아래 표를 보시면 우측에 각 구간에 해당하는 액수를 적어두었습니다.

| 1구간 | 1,200만 원 이하 | 1,200만 원 |
|---|---|---|
| 2구간 | 1,200만 원~4,600만 원 | 3,400만 원 |
| 3구간 | 4,600만 원~8,800만 원 | 4,200만 원 |
| 4구간 | 8,800만 원~1.5억 | 6,200만 원 |
| 5구간 | 1.5억~3억 | 1.5억 |
| 6구간 | 3억~5억 | 2억 |
| 7구간 | 5억~10억 | 5억 |
| 8구간 | 10억 초과 | |

- 예를 들어 과세표준이 1억인 경우, 1억은 아래 구간별 액수에 따라 다음처럼 나눕니다.

1억 = 1,200만 + 3,400만 + 4,200만 + 1,200만

　　(1구간)　(2구간)　(3구간)　(4구간)

- 이렇게 나눈 뒤 각 구간별 세율을 곱하여 값을 얻고, 마지막으로 이를 모두 더하여 총 세금을 구합니다. 그럼, 세율을 알아야 합니다. 1주택자의 경우 세율은 다음과 같습니다.

| 1구간 | 1,200만 원 이하 | 1,200만 원 | 6% |
|---|---|---|---|
| 2구간 | 1,200만 원~4,600만 원 | 3,400만 원 | 15% |
| 3구간 | 4,600만 원~8,800만 원 | 4,200만 원 | 24% |
| 4구간 | 8,800만 원~1.5억 | 6,200만 원 | 35% |
| 5구간 | 1.5억~3억 | 1.5억 | 38% |
| 6구간 | 3억~5억 | 2억 | 40% |
| 7구간 | 5억~10억 | 5억 | 42% |
| 8구간 | 10억 초과 | | 45% |

- 이 세율을 적용하여 양도차익 1억에 대한 세금을 계산하면 다음과 같습니다.

    (1구간) 1,200만 원 × 6% = 72만 원

    (2구간) 3,400만 원 × 15% = 510만 원

    (3구간) 4,200만 원 × 24% = 1,008만 원

    (4구간) 1,200만 원 × 35% = 420만 원

    총 합 = 2,010만 원

    (* 과세표준의 20% 수준)

- 이런 구조라는 것만 기억하시고, 실제로 계산할 때는 아래 표를 보고 누진공제액을 빼는 방식으로 계산하는 게 훨씬 빠릅니다. 즉 1억을 구간별로 나눌 필요 없이 1억 전체를 4구간 세율로 먼저 계산한 뒤(1억 × 35% = 3,500만 원) 다음 아래 있는 누진공제액(1,490만 원)을 빼도 값은 똑같죠.

| | | | | |
|---|---|---|---|---|
| 1구간 | 1,200만 원 이하 | 1,200만 원 | 6% | - |
| 2구간 | 1,200만 원~4,600만 원 | 3,400만 원 | 15% | **108만 원** |
| 3구간 | 4,600만 원~8,800만 원 | 4,200만 원 | 24% | **522만 원** |
| 4구간 | 8,800만 원~1.5억 | 6,200만 원 | 35% | **1,490만 원** |
| 5구간 | 1.5억~3억 | 1.5억 | 38% | **1,940만 원** |
| 6구간 | 3억~5억 | 2억 | 40% | **2,540만 원** |
| 7구간 | 5억~10억 | 5억 | 42% | **3,540만 원** |
| 8구간 | 10억 초과 | | 45% | **6,540만 원** |

- 여기까지 간략하게 양도소득세의 기초 구조를 살펴보았습니다. 그러나 양도소득세에는 변수가 엄청 많습니다. 위의 경우도 만일 1세대 1주택비과세가 적용되고, 실거래가가 9억 미만이면 과세표준과 무관하게 양도소득세 비과세 혜택이 주어집니다(세금이 0원). 위에서 계산한 2천만 원의 세금도 전혀 낼 필요가 없다는 말이죠. 또한 조정지역이라면 2년 보유 + 2년 거주 요건을 충족해야 비과세가 됩니다. 만일 2년 보유가 아닌 경우, 즉 1년 미만이라면 양도세는 50%, 1년 이상 2년 미만의 경우도 40%를 세금으로 내야 합니다. 특히 이때의 40%, 50%는 누진세가 아닙니다. 팔고 난 이익이 1억이면 4천, 5천만 원을 그대로 세금으로 내야 한다는 말입니다.

- 다음은 1주택자를 기준으로 한 양도소득세의 실제 계산 구조입니다. 위에서 짚어본 주요한 흐름을 기억하시면서 한 차례 훑어보시면 될 것 같습니다. 구체적인 세금이 얼마인지 확인할 때는 세무사 등 전문가에게 의뢰하는 게 득입니다. 왜냐하면 세법 자체가 어렵고 특히 주택의 경우 정부의 정책에 따라 언제든지 과세 대상, 비과세 조건, 세율 등이 변하기 때문에 실제 적용할 때 맞는 법을 찾기 어려운 게 있고, 전문가가 아니면 놓치기 쉬운 절세법도 있죠. 공부해서 그걸 아느니 비용을 지불하고, 차라리 남는 시간을 자신의 전문 영역에 투자하는 게 좋은 인생 재테크죠. 지금 설명하고 있는 이 내용도 이미 법이 변경되어 맞지 않을지도 모릅니다.

| 구 분 | 내 용 | | 비 고 |
|---|---|---|---|
| 양도일 | 2020. 08. 12 | | |
| + 양도가액 | 000,000,000원 | | 양도 당시 실거래가액<br>- 불가시 매매사례가액, 감정가액 |
| 취득일 | 2015. 08. 11 | | 양도일, 취득일은 장기보유특별공제 해당 여부 등 판단에 필요 |
| 신고일 | 2020. 09. 00 | | 이유 없이 신고기간을 넘기면 부동산 등기특별조치법에 따른 과태료 등 부과가 있을 수 있음. |
| - 취득가액 | 거래가액 | | 취득 당시 실거래가액<br>- 불가시 매매사례가액, 감정가액, 환산가액<br>- 취득세, 등록세, 법무사비용, 중개수수료<br>- 쟁송비용(변호사비용), 매수자부담 양도소득세 등 포함 |
| | 취득세 등 | | |
| | 기타 필요경비 | | |
| - 기납부토지초과이득세 | | | |
| - 필요 경비 | | | 취득가액이 실거래가인 경우 : 자본적 지출액 + 양도비<br>실거래가가 아닌 경우 : 필요경비개산공제액(* 위 표 5번 항목 설명에 공제액 세율 있음) |
| - 비과세 양도차익 | | | |
| = 과세 대상 양도차익 | | | |
| - 장기보유특별공제 | 3년 이상 보유한 토지, 건물 : 양도차익×공제율 | | |
| | 기(년)간 | 3 4 5 6 7 8 9 10 11 12 13 14 15 | |
| | 일반(%) | 6 8 10 12 14 16 18 20 22 24 26 28 30 | |
| | 1세대1주택(%) | 24 32 40 48 56 64 72 80 | |
| = 양도소득금액 | | | |
| - 세액감면대상 | | | |
| - 소득감면대상소득 금액 | | | 조세특례제한법제43조등에서 규정한 양도소득금액에서 차감한 감면대상양도소득금액 |
| - 양도소득기본공제 | 250만 원 | | 미등기 양도자산은 제외 |
| = 양도소득과세표준 | | | |

| | 기본세율(2018.1.1.이후) | | | |
|---|---|---|---|---|
| × 세율 | 과표 | 세율 | 누진공제 | |
| | 1,200만 원 이하 | 6% | | |
| | 4,600만 원 이하 | 15% | 108만 원 | |
| | 8,800만 원 이하 | 24% | 522만 원 | |
| | 1.5억 원 이하 | 35% | 1,490만 원 | |
| | 3억 원 이하 | 38% | 1,940만 원 | |
| | 5억 원 이하 | 40% | 2,540만 원 | |
| | 5억 원 초과* | 42% | 3,540만 원 | |
| = 산출세액 | | | | |
| − 세액공제 | | | | |
| − 감면세액 | | | | |
| + 가산세 | 신고불성실가산세 | | | [가산세율] 부당 : 40%, 무신고 : 20%, 과소 : 10% |
| | 납부불성실가산세 | | | 가산세율 : 무납부일수×0.025% |
| | 환산가액적용가산세 (신축건물5년이내양도분) | | | 환산가액(건물분)×5% |
| − 기신고·결정·경정 세액 조정공제 | | | | |
| = 납부할 세액 | | | | |
| − 분납세액 | | | | 1천 만 원 초과 2개월 내 분납 |
| = 납부세액 | | | | |

\* 2021년 1월 1일부터 5억 원 초과 구간은 5억~10억 구간과, 10억 초과 구간으로 나눠져, 전자는 세율이 42%로, 후자는 45%로 변경됨.

- 아래 내용도 참고용으로 첨부합니다. 이 역시 양도소득세율의 실제 모습으로 〈2019 양도소득세 실무〉(김신영·윤희원·박창현·이지민, 더존테크윌, p.318)를 바탕으로 부동산(그리고 권리부분까지)의 양도소득세 세율표를 편집한 것입니다. 가급적 참고만 하시고 실무를 처리하실 때는 전문가의 도움을 받으시길 권장합니다.

| 구 분 | | | 2018.1.1까지 | 2018.1.1~2018.3.31 | 2018.4.1 이후 |
|---|---|---|---|---|---|
| 부동산 및 부동산에 관한 권리 | 2년 이상 | | 누진세율* (6~42%) | 6~42% | 6~42% |
| | 1년 이상 2년 미만 | 일반 | 40% | 40% | 40% |
| | | 주택 및 조합원 입주권 | 6~42% | 6~42% | 6~42% |
| | 1년 미만 | 일반 | 50% | 50% | 50% |
| | | 주택 및 조합원 입주권 | 40% | 40% | 40% |
| | 비사업용토지 | 기타지역 | (6~42%)+10% | (6~42%)+10% | (6~42%)+10% |
| | | 투기지역** | (6~42%)+20% | (6~42%)+20% | (6~42%)+20% |
| | 미등기 | | 70% | 70% | 70% |
| | 1세대2주택 | 기타지역 | 6~42% | 6~42% | 6~42% |
| | | 조정대상지역*** | | | (6~42%)+10% |
| | 1세대3주택 | 기타지역 | 6~42% | 6~42% | 6~42% |
| | | 투기지역 | | (6~42%)+10% | (삭제) |
| | | 조정대상지역 | | | (6~42%)+20% |
| | 주택의 입주자로 선정된 지위(조합원 입주권제외) | 기타지역 | 6~42% | 6~42% | 6~42% |
| | | 조정대상지역 | 50%****(보유기간에 상관없이 적용) | 50%(보유기간에 상관없이 적용) | 50%(보유기간에 상관없이 적용) |

\* 표에 6~42%로 표시된 것은 누진세 적용
\*\* 투기지역이란 소득세법 제104조의2 제1항에 의해 부동산 가격이 급등하거나 급등할 우려가 있을 경우 기획재정부장관이 부동산가격안정심의위원회 심의를 거쳐 지정하는 지역
\*\*\* 조정대상지역이란 주택법제63조의 2에 의해 국토교통부장관이 부동산시장과열을 막기 위해 주거정책심의위원회의 심의를 거쳐 지정하는 지역
\*\*\*\* 1) 분양권 양도시 무주택 세대(30세 이상 또는 배우자 있을 것)가 다른 분양권이 없는 경우 중과세율(50%) 적용 배제, 2) 조정대상지역공고 이전에 매매계약 체결하고 계약금 지급한 경우 중과 배제 (2018.08.28이후 양도분부터 적용)

- 마지막으로 ❼번이 있습니다. 신고세액공제라는 건데 원활한 세금 납부를 위해 상속세와 증여세의 경우는 제때 신고하면 3%의 공제가 있습니다. 반면 양도소득세에는 없습니다.

# 상속세는 어떻게 구할까?

### 상속세 구조 파악하기

- 앞에서 유류분, 특별수익분, 기여분을 살펴보면서 기초재산을 구하기 위해 이건 빼고, 저건 넣고 했던 것 기억하십니까? 상속이 복잡한 이유 가운데 하나는 상속분을 나누기 위한 법률(상속법)과 세금을 내야 하는 법률(상속세및증여세법)이 따로 있기 때문입니다. 여기서 다루는 것은 세금을 내기 위한 법률입니다. 따라서 상속을 나누는 방법은 잠시 접어두고 저를 따라서 상속세를 어떻게 구하는지 알아보도록 합니다.

- 법률에서는 상속세의 대상이 되는 재산을 '상속세 과세가액'이라고 부릅니다. 어떤 재산을 상속세 과세가액이라고 할까요? 직접 조문을 보시죠.

**법제13조(상속세 과세가액)**

① 상속세 과세가액은 상속재산의 가액에서 제14조에 따른 것을 뺀 후 다음 각 호의 재산가액을 가산한 금액으로 한다. 이 경우 제14조에 따른 금액이 상속재산의 가액을 초과하는 경우 그 초과액은 없는 것으로 본다.

1. 상속개시일 전 10년 이내에 피상속인이 상속인에게 증여한 재산가액

2. 상속개시일 전 5년 이내에 피상속인이 상속인이 아닌 자에게 증여한 재산가액

② 제1항제1호 및 제2호를 적용할 때 비거주자의 사망으로 인하여 상속이 개시되는 경우에는 국내에 있는 재산을 증여한 경우에만 제1항 각 호의 재산가액을 가산한다.

③ 제46조, 제48조제1항, 제52조 및 제52조의2제1항에 따른 재산의 가액과 제47조제1항에 따른 합산배제증여재산의 가액은 제1항에 따라 상속세 과세가액에 가산하는 증여재산가액에 포함하지 아니한다.

## 사망 당시 고인이 소유한 재산에서 출발

- 1번 항목에 보면 과세가액의 출발점이 명시되어 있습니다. '상속재

산의 가액'이죠. 고인이 사망 당시 소유하고 있던 모든 재산입니다. 이 재산에서 모든 게 시작됩니다. 주인이 사망하면서 공중으로 붕뜬 그 재산이죠.

### 공과금·장례비용·빚은 빼기

- 이 기본이 되는 재산에서 이제 빼고 더하기가 시작됩니다. 1번 항목에 '제14조에 따른 것을 뺀 후'라고 되어 있는데 제14조는 과세가액에서 뭘 빼는지 밝히는 조문입니다.

법 제14조(상속재산의 가액에서 빼는 공과금 등)
① 거주자의 사망으로 인하여 상속이 개시되는 경우에는 상속개시일 현재 피상속인이나 상속재산에 관련된 다음 각 호의 가액 또는 비용은 상속재산의 가액에서 뺀다.
1. 공과금
2. 장례비용
3. 채무(상속개시일 전 10년 이내에 피상속인이 상속인에게 진 증여채무와 상속개시일 전 5년 이내에 피상속인이 상속인이 아닌 자에게 진 증여채무는 제외한다. 이하 이 조에서 같다)
② 비거주자의 사망으로 인하여 상속이 개시되는 경우에는 다음 각 호의 가액 또는 비용은 상속재산의 가액에서 뺀다.

1. 해당 상속재산에 관한 공과금

2. 해당 상속재산을 목적으로 하는 유치권(유치권), 질권, 전세권, 임차권(사실상 임대차계약이 체결된 경우를 포함한다), 양도담보권·저당권 또는 「동산·채권 등의 담보에 관한 법률」에 따른 담보권으로 담보된 채무

3. 피상속인의 사망 당시 국내에 사업장이 있는 경우로서 그 사업장에 갖춰 두고 기록한 장부에 의하여 확인되는 사업상의 공과금 및 채무

③ 제1항과 제2항에 따라 상속재산의 가액에서 빼는 공과금 및 장례비용의 범위는 대통령령으로 정한다.

④ 제1항과 제2항에 따라 상속재산의 가액에서 빼는 채무의 금액은 대통령령으로 정하는 방법에 따라 증명된 것이어야 한다.

- 제①항의 제1~3호가 빼는 내용입니다. 공과금, 장례비용, 채무라고 되어 있네요. 1) 공과금은 상속인이 아니라 피상속인이 내야 하는 것입니다. 구체적인 내용은 집에서 더 잘 알 테니 통과하고, 2) 장례비용은 증빙이 없어도 무조건 500만 원 공제가 있고, 증빙이 된다면 최대 1천만 원까지 공제가 됩니다. 봉안시설에 고인을 모시면 추가로 최대 500만 원까지 공제를 받을 수 있습니다. 따라서 일반장례 + 봉안의 경우 최대 1,500만 원까지 공제가 가능합니다(500만 원 이상 공제를 위해서는 증빙자료를 구비해야 함.). 3) 채무의 경우, 고인이 진 빚이어야 하고, 동시에 상속인(배우자, 자녀)이 갚고 있다면 그 빚은 상속세 과세가액에서 뺍니다(단, '증여채무'라는 게 있는데 증여하기로 했으나 아직 안 준 채무를 의미합니다. 주로 피상속인이

상속인에게 증여를 약속했으나 아직 실현되지 않은 채무를 의미하는데 이건 여기서 말하는 '과세가액에서 빼는 채무'가 아닙니다. 물론 요건이 있는데 상속인의 경우 10년 내, 상속인이 아닌 경우 5년 내 생긴 증여채무를 뜻합니다. 이게 제3호 괄호 안에 적힌 내용입니다.).

- 참고로 고인이 사망 전 병원에서 치료를 받았고, 치료비를 내야 하는데 이때 누구의 돈으로 비용을 치르는 게 상속세에서 유리할까요? 생각해 보면 답이 나옵니다. 피상속인의 돈으로 내는 게 조금이라도 유리합니다. 고인의 재산에서 병원비를 지불하면 상속재산이 줄어들죠. 만일 사망할 때까지 병원비를 내지 못하면 피상속인의 채무가 되기 때문에 채무 공제가 가능해집니다(부모님의 병원비를 내드리는 게 자녀로서 도리이나 상속세 측면에서 보자면 좋은 선택은 아닐 수 있습니다.).

- 채무는 어떻게 증명해야 할까요? 아래와 같이 두 가지가 있습니다.

    - 국가·지방자치단체 및 금융회사 등에 대한 채무 : 해당 기관에 대한 채무임을 확인할 수 있는 서류로 증명
    - 기타 채무 : 채무부담계약서, 채권자확인서, 담보설정 및 이자지급에 관한 증빙을 통해 증명

- 제②항은 비거주자가 사망한 경우, 어떤 재산을 뺄지 규정해 놓은

것이죠. 비거주자가 사망하면 국내 소재 재산에 대해서만 상속세가 부과된다고 앞서 설명했습니다. 이 경우, 이 재산과 관련된 공과금, 이 재산에 붙어 있는 유치권, 질권, 전세권, 임차권, 양도담보권·저당권 등이나 국내 사업장의 장부에 기록된 공과금이나 채무 따위를 뺀다고 되어 있습니다.

## 10년 내 증여 더하기

- 그런 뒤 두 개의 항목에 해당하는 재산을 모두 더하라고 되어 있습니다. 제1호의 내용은 사망일(상속개시일) 전 10년 안에 상속인(대개 자녀와 배우자)에게 증여한 재산입니다. 제2호는 제1호와 동일한 내용인데 대상이 다르죠. 상속인이 아닌 사람에게 증여한 재산도 더하라고 되어 있습니다. 단, 5년 안에 준 것만 더합니다.

- 지금까지 내용을 정리하면 이렇게 됩니다.

**상속세 과세가액**

= 사망 당시 고인이 소유하고 있던 재산 − 공과금 − 채무 − 장례비용 + 10년 내에 상속인에게 준 재산 + 5년 내에 상속인이 아닌 사람에게 준 재산

- 이게 기본입니다. 이 내용은 물론 과세가액을 구하기 위한 공식이지만 거꾸로 보면 상속세 재테크의 기본이 되는 내용이 함의되어 있죠. 10년 이전에 증여한 것은 상속세 과세가액에 포함시키지 않는다는 애기를 들으면 자연스럽게 어떤 재산 이전일 때 득일지 떠올릴 수 있습니다. 예를 들어 내가 85세까지 살 것으로 기대되고, 지금 현재 나이 60세라면 최소 75세가 되기 전에 증여를 통해서 재산을 이전시키면 상속세 과세가액의 총액을 줄일 수 있고, 그러면 고세율 구간을 피해 적은 세금만 내도 된다는 뜻이죠.

- 그럼, 10년 내에 증여하는 건 의미가 없을까요? 위의 법조문대로 10년 내 증여는 상속세 과세가액에 더합니다. 과세가액을 줄이는 효과는 없죠. 그런데 10년 내 증여를 할 때 증여세를 냈다면 상속세에서는 그만큼을 제외하고 내게 됩니다. 상속세 과세가액의 총액을 줄이는 것은 아니지만 그래도 절세의 효과가 있습니다. 예를 들어 10년 내 집을 증여했고, 그 사이 집값이 올랐다면 오른 가격만큼은 세 부담 없이 이전한 셈이 되죠. 상속세의 기본 구조를 알면 10년 전이든, 10년 내든 증여는 빠를수록 좋다는 결론에 도달하게 되죠(다만 이런 효과를 누리기 위해서는 공제한도라는 것도 알아야 합니다. 상속의 장점은 공제가 있다는 것인데 자칫 10년 내 사전증여로 공제 혜택을 받지 못할 수도 있습니다. 따라서 공제 혜택에 대해 충분히 이해하고 계산해 본 뒤에 증여를 설계하는 게 순서입니다. 공제한도에 대해서는 뒤에서 다시 설명합니다.).

- 다시 돌아가서 제2항을 보면 거주자 요건이 있습니다. 앞에서 보았습니다. 고인이 비거주자인 경우, 국내에 소재한 재산에 대해서만 상속세 과세가액에 포함시킵니다.

## 추가로 빼는 항목들

- 제3항은 상속세 계산할 때 더하지 않는 게 있다는 말입니다. 공익법인들이 출연받은 재산, 공익신탁재산, 장애인이 증여받은 재산도 가산하지 않습니다. 그리고 마지막으로 '합산배제증여재산'도 더하지 않습니다. 이름을 보면 대충 짐작이 됩니다. 증여세를 내기 위해 10년 합산을 할 텐데 이 재산은 아예 합산을 하지 말라고 법으로 정해둔 것이죠(법 제47조 제1항). 여기서 말하는 합산배제증여재산은 증여한 재산을 통해 거둔 이익을 의미합니다. 예를 들어 자녀에게 주식을 증여했는데 나중에 가격이 올라서 거둔 수익은 증여세 과세가액에 합산하지 않는다는 얘기죠. 너무 당연한 얘기입니다. 이미 재산의 주인이 바뀌었고, 재산의 가치변동으로 거둔 수익이므로 이 수익은 재산을 받은 사람의 것이 되는 게 당연합니다. 원래 합산배제증여재산은 증여세 과세가액을 구할 때 적용하는 것인데 상속세와 증여세는 똑같이 적용되므로 상속세 과세가액에서도 똑같이 뺀다고 보면 됩니다. 한 가지 기억해야 할 것은 합산배제증여재산에서 정의하는 이익들은 그 자체로 증여세의 대

상이 됩니다만, 상속세 등에 더하지 않기 때문에 과세표준을 낮출 때 유리합니다. 이 규정 역시 빨리 증여하라고 간접적으로 알려주고 있습니다. 다음은, 합산배제증여재산의 종류입니다.

- 재산취득 후 재산 가치가 증가하여 얻은 이익
- 전환사채를 주식으로 바꾼 뒤 가격이 올라서 얻은 이익
- 전환사채 등을 특수관계인에게 고가로 양도함으로써 얻은 이익
- 주식 또는 출자지분 상장으로 얻은 이익
- 합병에 따른 상장 등 이익
- 재산취득 후 재산가치 증가에 따른 이익
- 특수관계법인과의 거래를 통한 이익의 증여의제
- 특수관계법인으로부터 제공받은 사업기회로 발생한 이익의 증여의제

(* 참고로, 보통 전환사채나 비상장주식을 많이들 증여한다. 다만 실제로 증여할 때는 전문가의 조언을 받도록 한다. 복잡하다.)

- '법 제13조(상속세 과세가액)'의 내용은 우리에게 상속으로 재산을 이전하지 말고 증여 등을 통해서 이전하는 게 이익이라고 간접적으로 알려주고 있습니다. 물론 상속을 통해 재산을 이전하지 말라는 말은 아닙니다. 상속으로 이전했을 때 받을 수 있는 혜택도 있으니까요. 바로 상속 공제죠. 따라서 공제가 적용되는 그 한도 액수 내에서 상속과 증여의 균형을 찾는 것이 재산 이전 재테크의 핵심입니다.

## 추정상속재산은 더하기

- 아직 빼고 넣기가 끝나지 않았습니다. 사실은 이제부터라고 보면 틀림이 없습니다. 괜히 세무사를 찾아가는 게 아니죠. 고인이 사망 당시 소유하고 있던 건 아니지만 상속세 과세가액에 넣어야 할 게 있습니다. '추정상속재산'이라는 겁니다. '추정'이라는 단어가 암시하듯 일단 상속재산으로 넣되, 만일 상속재산이 아니라고 입증이 되면 상속재산에서 빠지는 재산을 의미합니다. 왜 이런 규정이 있는가 하면 사망 전에 통장에서 돈을 찾거나 혹은 집을 팔고 돈을 받거나 혹은 빚을 갚았다고 하고 실제로는 그 돈을 개인 금고에 보관했다가 자식에게 몰래 증여할 수 있기 때문입니다. 탈세의 의혹이 있는 것이죠.

**법제15조(상속개시일 전 처분재산 등의 상속 추정 등)**
① 피상속인이 재산을 처분하였거나 채무를 부담한 경우로서 다음 각 호의 어느 하나에 해당하는 경우에는 이를 상속받은 것으로 추정하여 제13조에 따른 상속세 과세가액에 산입한다.

- 법조문을 보면 고인이 재산을 팔아치웠거나 빚을 갚은 경우, 그 해당 액수만큼 상속재산으로 추정하겠다는 얘기입니다. 물론 이 조건과 다음 조건이 만날 때 상속재산으로 '추정'되는 것이죠(누가 이 재산을 상속재산에 포함시킬까요? 주체는 국세청입니다. 상속세 신고가 들

어오면 세무당국은 피상속인과 상속인의 지난 10년간 통장거래내역을 조사합니다.). 어떤 조건일까요?

1. 피상속인이 재산을 처분하여 받은 금액이나 피상속인의 재산에서 인출한 금액이 상속개시일 전 1년 이내에 재산 종류별로 계산하여 2억 원 이상인 경우와 상속개시일 전 2년 이내에 재산 종류별로 계산하여 5억 원 이상인 경우로서 대통령령으로 정하는 바에 따라 용도가 객관적으로 명백하지 아니한 경우

2. 피상속인이 부담한 채무를 합친 금액이 상속개시일 전 1년 이내에 2억 원 이상인 경우와 상속개시일 전 2년 이내에 5억 원 이상인 경우로서 대통령령으로 정하는 바에 따라 용도가 객관적으로 명백하지 아니한 경우

- 첫 번째 조건은 사망 1년 내에 이런 일이 벌어져야 하며, 통장에서 줄어든 액수(재산을 처분한 가액)가 2억 이상이어야 합니다. 두 번째 조건은 사망 2년 내에 이런 일이 벌어져야 하며, 통장에서 줄어든 액수(재산을 처분한 가액)가 5억 이상이어야 합니다. 마지막 세 번째 조건이 있습니다. 어디에 썼는지 용도가 불분명해야 합니다. 이 조건을 모두 만족시킬 때 해당 가액은 상속세 과세가액에 포함됩니다. 물론 마지막 세 번째 조건, 용도 불명이 해소된다면, 즉 이 돈을 어디에 썼는지 입증이 되면 상속재산에 더하지 않게 되죠(입증은 증거를 통해 증명해야 한다는 얘기인데 입증의 책임은 상속인에게 있습니다.).

- 법시행령 제11조 제2항에는 무엇을 용도 불명이라고 하는지 나와 있습니다.

**법시행령 제11조(상속세 과세가액에 산입되는 재산 또는 채무의 범위)**

② 법 제15조제1항제1호 및 제2호에서 "대통령령으로 정하는 바에 따라 용도가 객관적으로 명백하지 아니한 경우"란 다음 각 호의 어느 하나에 해당하는 경우를 말한다. 〈개정 2010.2.18, 2012.2.2〉

1. 피상속인이 재산을 처분하여 받은 금액이나 피상속인의 재산에서 인출한 금전 등 또는 채무를 부담하고 받은 금액을 지출한 거래상대방(이하 이 조에서 "거래상대방"이라 한다)이 거래증빙의 불비 등으로 확인되지 아니하는 경우
2. 거래상대방이 금전 등의 수수 사실을 부인하거나 거래상대방의 재산상태 등으로 보아 금전 등의 수수사실이 인정되지 아니하는 경우
3. 거래상대방이 피상속인의 특수관계인으로서 사회통념상 지출사실이 인정되지 아니하는 경우
4. 피상속인이 재산을 처분하거나 채무를 부담하고 받은 금전 등으로 취득한 다른 재산이 확인되지 아니하는 경우
5. 피상속인의 연령·직업·경력·소득 및 재산상태 등으로 보아 지출사실이 인정되지 아니하는 경우

- 제1호는 돈을 어디에 썼는지 거래증빙이 없을 때라고 합니다. 제2호는 돈을 어딘가 썼다면 그 돈을 받은 사람이 있을 텐데 그 사람

이 '받은 적 없다'고 하거나 재산을 조회해 보니 돈을 실제로 받은 것인지 의심스러울 때입니다. 제3호에는 특수관계인이라는 표현이 나오는데 친족이거나 경제적 관계를 맺고 있는 사람을 말하는데 법 제2조제10호에 구체적인 범위가 정해 있습니다. 고인이 이들에게 돈을 준 경우, 그 주었다는 게 통상적인 '지출'의 모습과 다를 때입니다. 제4호는 나간 돈은 있으나 들어온 돈은 없을 때입니다. 제5호는 피상속인의 여러 여건을 따져 지출 사실을 인정하지 못할 때입니다. 살피는 조건은 제5호에 적힌 연령, 직업 등 5가지입니다.

- 한 가지 주의할 게 있습니다. '2억 이상, 5억 이상'은 재산 종류별로 '2억 이상, 5억 이상'이라는 말입니다. 통장에서 1.5억 찾고, 땅 팔아 1.5억 받은 경우, 물론 둘 다 합치면 총 3억으로 2억 이상에 해당하지만 재산 종류별로 따지면 둘 다 2억 미만이므로 추정상속재산에 해당하지 않죠(재산 종류 : 1. 현금·예금 및 유가증권 2. 부동산 및 부동산에 관한 권리 3. 기타 재산). 이와 관련된 내용은 법시행령제11조에 잘 나타나 있습니다.

**법시행령 제11조(상속세 과세가액에 산입되는 재산 또는 채무의 범위)**

① 법 제15조제1항제1호의 규정을 적용함에 있어서 재산의 처분금액 및 인출금액은 재산종류별로 다음 각호의 구분에 따라 계산한 금액을 합한 금액으로 한다.

1. 피상속인이 재산을 처분한 경우에는 그 처분가액 중 상속개시일전 1년 또는 2년 이내에 실제 수입한 금액
2. 피상속인이 금전등의 재산(이하 이 조에서 "금전등"이라 한다)을 인출한 경우에는 상속재산 중 상속개시일 전 1년 또는 2년 이내에 실제 인출한 금전등. 이 경우 당해 금전등이 기획재정부령이 정하는 통장 또는 위탁자계좌등을 통하여 예입된 경우에는 상속개시일 전 1년 또는 2년 이내에 인출한 금전등의 합계액에서 당해 기간 중 예입된 금전등의 합계액을 차감한 금전등으로 하되, 그 예입된 금전등이 당해 통장 또는 위탁자계좌등에서 인출한 금전등이 아닌 것을 제외한다.

제1항에 '재산종류별로'라는 말이 등장합니다. 재산 종류는 앞에서 설명한 대로 3가지입니다. 제1항 제1호에는 재산을 처분한 경우, 실제로 수중에 들어온 금액을 추정상속재산으로 한다고 규정하고 있습니다. 제2항은 말이 복잡한데 이런 겁니다. 고인의 통장에서 돈이 인출되었는데 이게 용도 불명이므로 추정상속재산으로 한다는 것인데 해당 통장에서 인출된 모든 돈이 다 추정상속재산이 되는 게 아니라 다른 은행으로 이체한 돈은 추정상속재산에서 뺀다는 얘기죠. 이걸 빼고 남은 돈에 대해서 용도가 어디인지 입증을 요구하게 됩니다.

- 입증해야 하는 액수는 추정상속재산의 80%까지입니다. 다만 최대 2억 원까지 입증을 요구하지 않는다는 것입니다(법시행령 제11조제3

항). 예를 들어 10억의 재산이 사망 1년 안에 인출되었고 일단 용도 불명인 경우, 상속인이 10억 가운데 8억까지만 용도를 입증하면 전체가 다 입증된 것으로 보고 상속재산에 넣지 않게 됩니다.

- 반대로 80% 입증에 실패하면 어떻게 될까요? 예를 들어 10억 가운데 7억까지는 어디에 썼는지 증빙서류가 있어서 용도를 증명했습니다. 3억은 상속인도 모르겠답니다. 이때 이 3억 전부를 추정상속재산으로 하는 건 아닙니다. 80% 규정은 20%에 대해서는 묻지 않겠다는 내용이죠. 따라서 10억의 20%에 해당하는 2억은 뺍니다. 그럼, 3억에서 2억을 뺀 1억만 추정상속재산이 되어 상속세 과세가액에 포함시키게 되죠. 단 그 20%는 2억 원이 한도입니다. 20% 계산값이 2억을 넘어도 무조건 2억만 차감합니다. 무조건 20%를 차감해주면 재산 많은 사람들이 이 80% 규정을 활용해서 세금을 안 내려고 할 테죠. 그걸 막기 위한 겁니다[참고로 이 내용을 공식처럼 쓰면 '1억 원 = 미소명 금액 3억 원 − Min(10억 원×20%, 2억 원)'으로 표현하는데 이때 'Min'은 미니멈을 뜻합니다. 괄호 안에 있는 '10억 원×20%'와 '2억 원' 가운데 작은 것을 미소명 금액 3억에서 뺀다는 뜻입니다.].

- 아무튼 추정상속재산으로 과세가액이 커지는 것을 막기 위해서는 어디에 썼는지, 언제 썼는지 증거서류를 미리 정리해서 보관해야 합니다.

## 간주상속재산은 더하기

- 또 넣어야 할 게 있습니다. 이번에는 '추정'이 아니라 '간주상속재산'입니다. 추정은 입증되면 상속재산에서 제외합니다. 반면 간주는 본래 상속재산은 아니지만 상속세 계산을 위해 상속재산에 넣는다는 얘기입니다. 사망보험금, 퇴직금, 신탁재산이 이 경우 간주상속재산이 되는데 반드시 사망을 원인으로 해야 합니다. 앞에서도 잠시 언급했지만 부모의 사망으로 자녀에게 지급되는 보험금은 소유자가 자녀가 됩니다. 민법으로 보면 자녀 고유의 재산이죠. 그래서 설령 자녀가 상속포기를 결정해도 보험금은 자녀에게 지급됩니다. 그런데 세법에서는 이런 보험금 역시 상속재산으로 '간주'하여 세금을 물리는 것이죠(보험금이 상속재산으로 간주되려면 고인이 보험료를 냈고, 고인의 사망이 원인이 되어 지급되는 보험이어야 하고, 보험수익자가 고인이 아니어야 함.). 고인이 살아 있다면 퇴직과 함께 수령하게 될 퇴직금, 퇴직수당, 공로금 등이 고인의 사망으로 상속인에게 지급될 때도 사망보험금처럼 똑같이 소유권은 상속인에게 있으나(상속인의 고유재산) 간주상속재산으로 보아 세금을 물립니다. 신탁재산도 동일하게 처리됩니다.

## 공익을 위해 유증한 재산은 빼기

- 이번에는 빼는 걸 좀 알아보죠.

**법 제12조(비과세되는 상속재산)**

다음 각 호에 규정된 재산에 대해서는 상속세를 부과하지 아니한다.

1. 국가, 지방자치단체 또는 대통령령으로 정하는 공공단체(이하 "공공단체"라 한다)에 유증(사망으로 인하여 효력이 발생하는 증여를 포함하며, 이하 "유증 등"이라 한다)한 재산

2. 「문화재보호법」에 따른 국가지정문화재 및 시·도지정문화재와 같은 법에 따른 보호구역에 있는 토지로서 대통령령으로 정하는 토지

3. 「민법」 제1008조의3에 규정된 재산 중 대통령령으로 정하는 범위의 재산

4. 「정당법」에 따른 정당에 유증등을 한 재산

5. 「근로복지기본법」에 따른 사내근로복지기금이나 그 밖에 이와 유사한 것으로서 대통령령으로 정하는 단체에 유증등을 한 재산

6. 사회통념상 인정되는 이재구호금품, 치료비 및 그 밖에 이와 유사한 것으로서 대통령령으로 정하는 재산

7. 상속재산 중 상속인이 제67조에 따른 신고기한 이내에 국가, 지방자치단체 또는 공공단체에 증여한 재산

- 제1호는 이런 것이죠. '나 죽거든 그 공공단체에 이 정도의 재산을 증여한다'는 겁니다. 그 경우 상속세 과세가액에서 뺍니다. 이때 공

공단체는 시행령 제8조(비과세되는 상속재산)에 규정되어 있습니다.

① 법 제12조제1호에서 "대통령령으로 정하는 공공단체"란 다음 각 호의 공공단체를 말한다.
1. 지방자치단체조합
3. 공공도서관·공공박물관 또는 이와 유사한 것으로서 기획재정부령이 정하는 것

- 제2호는 문화재가 있는 토지를 말합니다. 이건 어떻게 쓸 곳이 없으므로 상속받아도 상속세 열외입니다. 제3호에 나오는 민법제1008조의3은 '분묘 등의 승계'에 대한 내용을 담고 있습니다. 무덤이죠. 법조문은 이렇습니다. "분묘에 속한 1정보 이내의 금양임야와 600평 이내의 묘토인 농지, 족보와 제구의 소유권은 제사를 주재하는 자가 이를 승계한다." 이 조문 가운데 주목할 것은 3가지, 즉 1) 분묘가 속한 금양임야와 2) 묘토와 3) 족보/제구입니다.

  1) 분묘가 속한 금양임야 : 피상속인이 제사를 주재하고 있던 선조의 분묘에 속한 9,900제곱미터 이내의 땅
  2) 묘토 : 분묘에 속한 1,980제곱미터 이내의 농지
  3) 족보와 제구 : 족보는 그 족보 맞습니다. 제구는 제사 도구들이죠.

- 이때 1번과 2번을 합하여 한도가 있습니다. 2억까지만 상속세 과

세가액에서 뺍니다. 그 이상은 넣어야 하죠. 3번의 경우도 1천만 원까지만 빼주겠답니다.

- 아래 제4호는 여당, 야당 할 때 그 정당에 유증한 재산은 뺀다고 되어 있습니다. 제5호는 우리사주조합, 공동근로복지기금, 근로복지진흥기금에 유증을 통해 기부한 경우입니다. 제6호는 불우 이웃을 돕기 위해 유증한 경우입니다.

## 상속 공제

- 다음은 상속 공제입니다. 상속 공제란 상속세 과세과액에서 빼는 대표적인 항목으로 상속을 통해서 얼마만큼의 재산을 물려주는 게 세테크 측면에서 유리한지 알려주는 지표가 됩니다. 상속 공제는 앞에서 한 차례 다루었습니다. 그래도 중요한 내용이므로 핵심을 다시 살핍니다.

## 인적공제

- 우선 인적공제가 있습니다. 유가족을 생각해서 일정 액수를 공제해 주는 것이죠.

- 기초공제 : 2억

[법제18조(기초공제) ① 거주자나 비거주자의 사망으로 상속이 개시되는 경우에는 상속세 과세가액에서 2억 원을 공제(이하 "기초공제"라 한다)한다.]

- 상속이 일어나면 2억은 무조건 공제해준다는 내용입니다. 그러나 실무에서는 2억이라는 표현을 보기 힘들죠. 실제로 일괄공제라고 해서 인적공제는 대개 5억까지 이루어집니다.

- 일괄공제 : 5억

[제21조(일괄공제) ① 거주자의 사망으로 상속이 개시되는 경우에 상속인이나 수유자는 제18조제1항과 제20조제1항에 따른 공제액을 합친 금액과 5억 원 중 큰 금액으로 공제받을 수 있다. 다만, 제67조에 따른 신고가 없는 경우에는 5억 원을 공제한다.]

- 위 조문을 읽어보면 3가지 금액을 비교하여 가장 큰 금액을 공제한다고 되어 있습니다. 첫째 기초공제 2억, 둘째 그 밖의 인적공제(자녀 1명당 5천만 원, 배우자를 제외한 상속인 및 동거가족 중 미성년자에 대해서는 1천만 원에 19세가 될 때까지의 연수를 곱하여 계산한 금액, 배우자를 제외한 상속인 및 동거가족 중 65세 이상인 사람에 대해서는 5천만 원, 상속인 및 동거가족 중 장애인에 대해서는 1천만 원에 상속개시일 현재 「통계법」제18조에 따라 통계청장이 승인하여 고시하는 통계표에 따른 성별·연령별 기대여명의 연수를 곱하여 계산한 금액), 셋째 일괄공제 5억

입니다. 이 가운데 가장 큰 액수를 공제하는 게 원칙인데 기초공제
보다는 일괄공제가 크고, 그 밖의 인적공제도 해당 조건이 안 되는
경우에는 대개 일괄공제보다 작죠. 그래서 대부분은 5억 일괄공제
라고 이해하면 틀림이 없습니다.

- 그런데 기초공제가 등장하는 때가 있습니다. 배우자 단독 상속인 경우인데 이때는 배우자 공제 5억과 기초공제 2억을 합하여 최소 7억까지 공제가 가능해집니다(정리하면, 배우자 없이 상속은 최소 5억, 배우자 있고 자녀도 있는 상속은 최소 10억, 상속인이 없거나 상속포기로 배우자 단독 상속은 최소 7억).

- 참고로, 일괄공제를 정의한 법조문을 보면 신고를 하지 않아도 5억 공제라고 되어 있습니다.

## 배우자 공제

- 다음은, 가장 액수가 큰 공제인 배우자 공제입니다. 배우자는 최소 5억에서 최대 30억까지 공제가 가능합니다(배우자 단독 상속인 경우, 최소액이 5억에서 7억으로 2억 증가). 설령 배우자가 상속을 포기하거나 혹은 5억 미만으로 상속을 받더라도 무조건 5억을 공제해줍니다. 그런데 배우자가 받게 되는 상속분이 5억 이상인 경우에는 최

대 30억 원까지 공제받을 수 있습니다.

- 배우자 공제액을 구하는 공식이 있습니다. 이 공식에 따라 공제액을 구하되 30억과 비교하여 작은 금액을 공제하는 게 원칙입니다. 아래와 같은 방식으로 계산하여 공제액을 구하라고 정하고 있습니다.

  한도금액=(A-B+C)×D-E

  A : 대통령령으로 정하는 상속재산의 가액

  B : 상속재산 중 상속인이 아닌 수유자가 유증등을 받은 재산의 가액

  C : 제13조제1항제1호에 따른 재산 가액

  D : 「민법」 제1009조에 따른 배우자의 법정상속분(공동상속인중 상속을 포기한 사람이 있는 경우에는 그 사람이 포기하지 아니한 경우의 배우자 법정상속분을 말한다.)

  E : 제13조에 따라 상속재산에 가산한 증여재산 중 배우자가 사전증여받은 재산에 대한 제55조제1항에 따른 증여세 과세 표준

- A는 상속재산가액입니다. 이는 본래의 상속재산(사망, 유증, 사인증여로 얻은 재산) + 추정상속재산 + 간주상속재산에서 채무, 공과금, 비과세 재산과 불산입 재산(공공 기부, 금양임야 등)을 뺀 가액을 말합니다. A가 출발점이죠. 여기에서 상속인 아닌 사람이 유언을 통해 받은 재산의 가액(B)을 뺍니다. C는 10년 이내(비상속인의 경우 5년 이내) 증여한 재산 가액입니다. 이건 더합니다. D는 배우자의

법정상속분으로 'A-B+C'의 값에 곱합니다. 배우자 법정상속분은 상속인의 상속분에 50%를 추가해서 구합니다(자녀 한 명과 배우자의 경우 자녀는 1/2.5=2/5, 배우자는 1.5/2.5=3/5가 법정상속분. 배우자 단독 상속일 때는 1을 곱함.). 마지막으로 C에서 증여재산 가액을 더했는데 배우자가 받은 증여재산이 있을 수 있습니다. 이 증여재산을 대상으로 증여세를 냈을 텐데 그렇다면 증여세의 과세표준도 있다는 얘기입니다. 그 과세표준에 해당하는 금액을 뺍니다. 그렇게 해서 구한 게 한도금액이 됩니다. 이 금액과 30억을 비교하여 작은 금액만큼 공제하면 됩니다.

- 주의할 게 있습니다. 5억 원을 초과하여 배우자 공제를 받기 위해서는 조건이 두 가지 있습니다. 1) 일정 기간 안에 2) 무언가를 해야 공제가 가능하다는 사실입니다. 1) 상속세과세표준 신고기한이라는 게 있습니다. 상속세를 신고해야 하는 마감 날짜죠. 상속개시일로부터 6개월까지를 말합니다(단, 피상속인이나 상속인이 외국에 주소를 둔 경우에는 9개월로 연장). 이 기간이 아니고, 이 기간이 만료된 날을 기준으로 6개월이 지나기 전의 기간, 즉 '배우자상속재산분할기한'을 지켜야 합니다. 2) 이 기간 안에 배우자는 상속재산 분할을 완료해야 합니다(등기, 등록, 명의개서 등이 필요한 경우에는 그 등기·등록·명의개서 등이 된 것에 한정한다.). 만일 '부득이한 사유'로 이 기간 안에 배우자의 상속재산을 분할할 수 없으면 어떻게 될까요? 이때 '부득이한 사유'는 1) 상속인이 상속회복청구 소송을 제기하거나

상속재산 분할의 심판을 청구한 경우(소송 중이므로 당연히 분할 불가능), 2) 아직 상속인이 확정되지 않은 경우(나눌 사람이 정해지지 않았으므로 당연히 분할 불가능)로 이 사실을 관할세무서장이 알 수 있도록 배우자 상속재산분할기한 내에 관할 세무서장에게 상속재산 미분할신고서를 반드시 제출해야 합니다. 이런 경우 외에 단순히 상속인끼리 다투느라 등기가 지연되면 이건 인정을 해주지 않죠.

## 물적공제

- 인적공제와 대비되는 개념으로 물적공제라는 게 있습니다. 여기에는 총 4종류의 공제가 있는데 첫 번째로 소개할 것은 금융재산 공제입니다.

## 금융재산 공제

- 대상이 되는 것은 은행 등의 금융회사가 취급하는 금융재산입니다. 예금을 비롯해 적금, 부금, 계금, 출자금, 신탁재산(금전신탁만), 보험금, 공제금, 주식, 채권, 수익증권, 출자지분, 어음, 유가증권 혹은 기획재정부령으로 정하는 금융재산이 모두 금융재산 공제의 대상이 됩니다. 고인이 보유하고 있는 모든 금융재산을 더한 뒤, 여기

에서 금융회사에 돌려주어야 할 채무가 있다면 뺍니다. 그러면 '순금융재산의 가액'이 나오죠. 이렇게 가액 A를 구하면 아래처럼 조건에 따라 공제액이 결정됩니다.

- 만일 금액 A가 2천만 원 이하인 경우 : 순금융재산의 가액만큼 공제한다.
- 만일 금액 A가 2천만 원을 초과하는 경우 : 순금융재산의 가액의 20%와 2천만 원 중 큰 금액을 공제한다. 단, 2억이 한도다.

(* 이상/이하는 해당 숫자를 포함하고 미만/초과는 해당 숫자를 포함하지 않음.)

- 참고로 위의 금융재산 공제를 적용하지 않는 경우가 두 가지 있습니다. 하나는, 최대주주 또는 최대출자자가 보유하고 있는 주식의 경우입니다. 이건 따로 처리합니다. 둘은, 타인 명의의 금융재산으로 상속세과세표준 신고기한(상속개시일로부터 6개월, 혹은 9개월)까지 신고하지 않은 경우입니다.

## 동거주택 상속공제

- 피상속인과 상속인이 한 집에서 같이 살다가 피상속인이 사망하면서 이 주택이 동거자인 상속인에게 상속되는 경우가 있습니다. 이때 몇 가지 요건이 맞으면 이 주택의 100% 수준으로 공제가 가능합니다(한도 6억 원. 2019년 12월 31일부로 5억에서 6억으로 상향 조정). 어떤 조건일까요?

첫째 조건, 피상속인과 상속인(직계비속만 가능)이 고인 사망일(상속개시일) 전부터 10년 이상 같이 살았을 것

- '계속 동거'의 요건입니다. 그런데 상속인이 군대에 가거나 혹은 멀리 고등학교, 대학교 등의 학교에 다니느라 다른 집에 기거하거나 혹은 직장 때문에 전근을 가거나 혹은 1년 이상 병원에서 치료를 받은 경우에는 '계속 동거'의 요건이 깨진 것일까요? 이 사유일 때는 계속 동거로 보되, 다만 그 기간을 동거 기간에서 빼고 계산합니다.

둘째 조건, 상속개시일 전 10년 이상 1세대를 구성하면서 1세대 1주택일 것.

- 1세대 1주택 요건이라면, 집이 없는 경우는 어떻게 될까요? 무주택 기간은 1세대 1주택 기간으로 간주하니까 별 문제 없습니다. 일시적 2주택은 어떻게 될까요? 이것도 문제없습니다. 일시적 2주택은 1주택과 동일하게 취급합니다.

셋째 조건, 이 주택을 상속한 사람은 그냥 상속인이 아니라 피상속인과 동거했던 상속인이어야 하며, 이 상속인은 상속개시일 현재 무주택자이거나 피상속인과 공동으로 1세대 1주택을 보유한 자일 것.

## 가업상속공제

- 법률에서 정의하는 '가업'이란 게 있습니다. 중소기업이나 중견기업을 뜻하는데 지난 3년 평균 매출액이 3천억 미만인 기업입니다. 이런 기업을 10년 이상 계속 경영을 하면 이를 '가업'이라고 말하죠. 상속인이 가업을 승계할 때는 경영 기간에 따라 공제액이 결정됩니다.

  가. 피상속인이 10년 이상 20년 미만 계속하여 동일업종을 경영한 경우 : 200억 원

  나. 피상속인이 20년 이상 30년 미만 계속하여 동일업종을 경영한 경우 : 300억 원

  다. 피상속인이 30년 이상 계속하여 동일업종을 경영한 경우 : 500억 원

- 가업 공제는 상속인이 사업을 계속 꾸려갈 것을 전제로 해주는 것이기 때문에 상속인에게 추가 요건이 따라 붙습니다. 상속개시일로부터 7년 이내에 정당한 사유 없이 상속받은 자산의 일부를 처분하면 안 된다는 요건이죠. 만일 1) 정당한 사유 없이 2) 처분하면 3) 공제받은 금액에서 처분한 자산이 차지하는 비율을 구한 뒤 처분일까지의 날짜를 계산하여 상속 개시 당시의 상속세 과세가액에 포함시킨 후 상속세를 부과합니다(이때 해당 금액의 이자까지 물리는데 현재는 2.1% 수준입니다.).

## 영농 상속공제

- 농사를 짓거나 가축을 기르거나 물고기를 기르는 분들이 있습니다. 이들이 이 설비와 땅 등을 후손에게 물려줄 때 최대 15억 원을 한도로 공제가 가능합니다(다른 재산은 적용되지 않습니다.). 이때도 위의 '가업 공제'와 같은 요건이 있습니다. 상속인이 물려받은 관련 재산을 10년 내 처분하거나 혹은 농사 등을 포기하면 상속세를 내야 하고, 이자도 물어야 합니다.

## 공제 한도

- 지금까지 우리가 구한 건 상속세 과세가액입니다. 뭔가를 더하고 빼서 구한 값이었죠. 상속 당시에 고인이 소유하고 있던 재산만이 아니라 자녀에게 미리 준 것(증여)도 다 포함시켰습니다. 그런데 상속 공제는 미리 준 것에 대해서는 적용시키지 않겠다는 게 '상속 공제 적용의 한도'라는 것입니다. 예를 들어 10억을 유증으로 재산 이전한 경우에는 배우자 공제 5억, 일괄공제 5억이 적용되어 상속세를 한 푼도 안 내도 됩니다. 그런데 이 10억 가운데 4억을 사전증여를 통해 미리 재산 이전을 시켰다면 이 4억에 대해서는 공제를 적용하지 않고, 상속을 통해 이전시키는 6억을 공제의 한도로 하겠다는 얘기입니다. 본래 10억 공제가 되어야 할 게 사전증여 4억

때문에 공제 한도가 6억으로 줄어들게 됩니다.

- 공제 한도를 적용하는 경우는 다음처럼 3가지 경우입니다.

**법 제24조(공제 적용의 한도)**

제18조부터 제23조까지 및 제23조의2에 따라 공제할 금액은 제13조에 따른 상속세 과세가액에서 다음 각 호의 어느 하나에 해당하는 가액을 뺀 금액을 한도로 한다. 다만, 제3호는 상속세 과세가액이 5억원을 초과하는 경우에만 적용한다.

1. 선순위인 상속인이 아닌 자에게 유증등을 한 재산의 가액
2. 선순위인 상속인의 상속 포기로 그 다음 순위의 상속인이 상속받은 재산의 가액
3. 제13조에 따라 상속세 과세가액에 가산한 증여재산가액(제53조 또는 제54조에 따라 공제받은 금액이 있으면 그 증여재산가액에서 그 공제받은 금액을 뺀 가액을 말한다)

(* 3번은 증여재산공제를 뺀 후의 금액이다.)

- 1번은 1순위 상속인이 아닌 사람에게 유증을 한 경우라고 되어 있습니다. 여기에는 2순위 상속인을 포함하여 상속인이 아닌 사람까지 포함됩니다. 예컨대 자녀가 아니라 손자 등에게 유증(유언을 통한 증여)을 한 경우, 이 재산의 가액에 상속 공제를 적용하지 않는다는 말입니다. 2번은 1순위 상속인이 상속을 포기하여 다음 순

위자가 상속을 받을 경우 그 재산에 대해서는 공제를 적용하지 않는다는 얘기입니다. 마지막 3번이 위에서 설명한 내용입니다. 자녀에게 10년 내 사전 증여한 재산과, 상속인이 아닌 사람에게 5년 내 증여한 재산에 대해서도 상속공제를 적용하지 않는다는 얘기죠. 단, 3번의 경우 상속세 과세가액이 5억 원이 넘을 때만 적용됩니다.

- 앞에서 우리는 상속보다 증여가 좋다고 얘기하면서 단서를 달았던 적이 있죠. 공제 한도가 바로 그 경우입니다. 이 때문에 우리는 그 사이에서 균형을 찾아야 합니다. 상속 공제를 최대한 활용할 수 있는 금액은 상속을 통해 이전하고, 그 외에는 증여를 통해 이전하는 게 좋다는 얘기입니다. 각 집마다 조금씩 다른 공제 최대액을 따져 보고 그에 맞게 계획을 세우는 게 핵심입니다.

### 세대생략상속은 할증과세

- 2번과 관련하여 추가로 할 얘기가 있습니다. 2번은 흔히 말하는 세대생략상속과 유사한 효과를 만들어내죠. 세대생략상속이란 할아버지가 자식이 아닌 손자에게 재산을 이전시키는 것, 즉 세대를 건너뛴 상속을 말합니다. 왜 이런 걸 하는가 하면 상속재산의 규모를 줄여서 고세율 구간을 피하는 효과가 있기 때문이죠. 또한 '아버지 → 자녀'의 증여와 '할아버지 → 손자'의 증여는 동일인이

아니므로 10년 합산이 적용되지 않으므로 증여세에서도 유리한 측면이 있죠. 그런데 세법이 그냥 세법이 아니죠. 이런 편법을 막기 위해 세대생략상속에는 할증과세를 물립니다. 세금이 1천만 원이라면 이 금액의 30%를 추가하는 게 기본이고(1천만 원 + 3백만 원 = 1,300만 원), 만일 세대생략상속을 통해 받은 재산의 가액이 20억을 초과하고 동시에 세대생략상속을 받은 사람이 미성년자일 때는 할증률이 40%로 올라갑니다.

▶ [법제27조(세대를 건너뛴 상속에 대한 할증과세) 상속인이나 수유자가 피상속인의 자녀를 제외한 직계비속인 경우에는 제26조에 따른 상속세산출세액에 상속재산(제13조에 따라 상속재산에 가산한 증여재산 중 상속인이나 수유자가 받은 증여재산을 포함한다. 이하 이 조에서 같다) 중 그 상속인 또는 수유자가 받았거나 받을 재산이 차지하는 비율을 곱하여 계산한 금액의 100분의 30(피상속인의 자녀를 제외한 직계비속이면서 미성년자에 해당하는 상속인 또는 수유자가 받았거나 받을 상속재산의 가액이 20억원을 초과하는 경우에는 100분의 40)에 상당하는 금액을 가산한다. 다만, 「민법」 제1001조에 따른 대습상속의 경우에는 그러하지 아니하다.]

### 감정평가 수수료는 빼기

- 빼야 할 게 또 있습니다. 감정평가 수수료입니다. 부동산 같은 재산은 가액이 얼마나 되는지 가격을 감정해야 하죠. 이를 위해 감정평

가를 하는 사람에게 일을 의뢰하는데 그때 들어간 돈은 뺀다는 얘기입니다. 단, 한도가 있습니다.

- 감정평가업자의 평가에 따른 수수료나 유형재산 평가에 대한 감정수수료는 최대 500만 원
- 국세청과 지방국세청의 각 평가심의위원회가 의뢰한 신용평가기관의 평가수수료는 평가대상 법인의 수 및 평가를 의뢰한 신용평가전문기관의 수별로 각각 1천만 원을 한도로 한다.

## 단기 재상속 공제

- 아버지가 사망하면서 재산이 배우자와 자식들에게 상속되었는데 얼마 지나지 않아 어머니마저 사망하면서 어머니 앞으로 상속되었던 재산이 다시 자식들에게 재상속되는 경우가 있습니다. 이처럼 재상속이 이루어지는 기간이 '짧은' 경우, 상속세를 중복으로 내야 하는 문제가 생기죠. 이런 불합리를 최소화하기 위해 단기 재상속에는 공제가 있습니다. 아래 조문을 보면 기간별 공제율이 규정되어 있습니다.

**제30조(단기 재상속에 대한 세액공제)**
① 상속개시 후 10년 이내에 상속인이나 수유자의 사망으로 다시 상속이 개

시되는 경우에는 전의 상속세가 부과된 상속재산 중 재상속분에 대한 전의 상속세 상당액을 상속세산출세액에서 공제한다.

② 제1항에 따라 공제되는 세액은 제1호에 따라 계산한 금액에 제2호의 공제율을 곱하여 계산한 금액으로 한다. 다만, 제1호의 계산식에서 전의 상속재산가액 중 다시 상속된 것이 전의 상속세 과세가액 상당액을 초과하는 경우 그 초과액은 없는 것으로 본다.

1.
$$\text{전의 상속세 산출세액} \times \frac{\text{재상속분의 재산가액} \times \frac{\text{전의 상속세가세가액}}{\text{전의 상속재산가액}}}{\text{전의 상속세 가세 가액}}$$

2. 공제율

| 재상속 기간 | 공제율 |
|---|---|
| 1년 이내 | 100분의 100 |
| 2년 이내 | 100분의 90 |
| 3년 이내 | 100분의 80 |
| 4년 이내 | 100분의 70 |
| 5년 이내 | 100분의 60 |
| 6년 이내 | 100분의 50 |
| 7년 이내 | 100분의 40 |
| 8년 이내 | 100분의 30 |
| 9년 이내 | 100분의 20 |
| 10년 이내 | 100분의 10 |

③ 제2항제1호의 계산식 중 재상속분의 재산가액은 전의 상속재산가액에서 전의 상속세 상당액을 뺀 것을 말한다.

## 신고세액공제

- 기한에 맞게 신고한 사람에게는 신고세액공제라는 걸 또 빼줍니다. 신고세액공제는 해마다 줄어드는데 현재는 상속세 산출세액의 3%입니다.
- ▶ [법제69조(신고세액 공제)] ① 제67조에 따라 상속세 과세표준을 신고한 경우에는 상속세산출세액(제27조에 따라 산출세액에 가산하는 금액을 포함한다)에서 다음 각 호의 금액을 공제한 금액의 100분의 3에 상당하는 금액을 공제한다. 1. 제74조에 따라 징수를 유예받은 금액 2. 이 법 또는 다른 법률에 따라 산출세액에서 공제되거나 감면되는 금액]

## 신고불성실가산세, 납부불성실가산세

- 반면 과세표준신고를 제대로 하지 않은 경우도 있을 수 있죠. 이때는 페널티가 부과됩니다. 1) 부정행위의 경우 납부세액의 40%(국제거래에서는 60%), 2) 그냥 무신고는 20%, 3) 과소신고의 경우는 통상 납부세액의 10%을 더 내야 합니다. 단, 소송이 벌어지고 있

어서 아직 상속재산, 증여재산이 확정되지 않거나 공제를 잘못 적용하여 실제 상속세보다 적게 신고한 경우에는 과소신고 가산세를 적용하지 않습니다. 납부불성실가산세는 하루에 10만분의 25를 가산합니다.

▶ [국세기본법제47조의2(무신고가산세)] ① 납세의무자가 법정신고기한까지 세법에 따른 국세의 과세표준 신고(예정신고 및 중간신고를 포함하며, 「교육세법」 제9조에 따른 신고 중 금융·보험업자가 아닌 자의 신고와 「농어촌특별세법」 및 「종합부동산세법」에 따른 신고는 제외한다)를 하지 아니한 경우에는 그 신고로 납부하여야 할 세액(이 법 및 세법에 따른 가산세와 세법에 따라 가산하여 납부하여야 할 이자 상당 가산액이 있는 경우 그 금액은 제외하며, 이하 "무신고납부세액"이라 한다)에 다음 각 호의 구분에 따른 비율을 곱한 금액을 가산세로 한다.

1. 부정행위로 법정신고기한까지 세법에 따른 국세의 과세표준 신고를 하지 아니한 경우: 100분의 40(국제거래에서 발생한 부정행위인 경우에는 100분의 60)

2. 제1호 외의 경우: 100분의 20]

▶ [국세기본법제47조의3(과소신고·초과환급신고가산세)] ① 납세의무자가 법정신고기한까지 세법에 따른 국세의 과세표준 신고(예정신고 및 중간신고를 포함하며, 「교육세법」 제9조에 따른 신고 중 금융·보험업자가 아닌 자의 신고와 「농어촌특별세법」에 따른 신고는 제외한다)를 한 경우로서 납부할 세액을 신고하여야 할 세액보다 적게 신고(이하 이 조 및 제48조에서 "과소신고"라 한다)하거나 환급받을 세액을 신고하여야 할 금액보다 많이 신고(이하 이

조 및 제48조에서 "초과신고"라 한다)한 경우에는 과소신고한 납부세액과 초과신고한 환급세액을 합한 금액(이 법 및 세법에 따른 가산세와 세법에 따라 가산하여 납부하여야 할 이자 상당 가산액이 있는 경우 그 금액은 제외하며, 이하 "과소신고납부세액등"이라 한다)에 다음 각 호의 구분에 따른 산출방법을 적용한 금액을 가산세로 한다.

1. 부정행위로 과소신고하거나 초과신고한 경우: 다음 각 목의 금액을 합한 금액

    가. 부정행위로 인한 과소신고납부세액등의 100분의 40(국제거래에서 발생한 부정행위로 인한 경우에는 100분의 60)에 상당하는 금액

    나. 과소신고납부세액등에서 부정행위로 인한 과소신고납부세액등을 뺀 금액의 100분의 10에 상당하는 금액

2. 제1호 외의 경우: 과소신고납부세액등의 100분의 10에 상당하는 금액

④ 제1항 또는 제2항을 적용할 때 다음 각 호의 어느 하나에 해당하는 경우에는 이와 관련하여 과소신고하거나 초과신고한 부분에 대해서는 제1항 또는 제2항의 가산세를 적용하지 아니한다.

1. 다음 각 목의 어느 하나에 해당하는 사유로 상속세·증여세 과세표준을 과소신고한 경우

    가. 신고 당시 소유권에 대한 소송 등의 사유로 상속재산 또는 증여재산으로 확정되지 아니하였던 경우

    나. 「상속세 및 증여세법」 제18조부터 제23조까지, 제23조의2, 제24조, 제53조 및 제54조에 따른 공제의 적용에 착오가 있었던 경우

    다. 「상속세 및 증여세법」 제60조제2항·제3항 및 제66조에 따라 평가한 가액으로

과세표준을 결정한 경우]

▶ [국세기본법제47조의4(납부지연가산세) ① 납세의무자(연대납세의무자, 납세자를 갈음하여 납부할 의무가 생긴 제2차 납세의무자 및 보증인을 포함한다)가 이 법 및 세법에 따른 납부기한(이하 "법정납부기한"이라 한다)까지 국세(인지세는 제외한다)의 납부(중간예납·예정신고납부·중간신고납부를 포함한다)를 하지 아니하거나 납부하여야 할 세액보다 적게 납부(이하 "과소납부"라 한다)하거나 환급받아야 할 세액보다 많이 환급(이하 "초과환급"이라 한다)받은 경우에는 다음 각 호의 금액을 합한 금액을 가산세로 한다.

1. 납부하지 아니한 세액 또는 과소납부분 세액(세법에 따라 가산하여 납부하여야 할 이자 상당 가산액이 있는 경우에는 그 금액을 더한다) × 법정납부기한의 다음 날부터 납부일까지의 기간(납세고지일부터 납세고지서에 따른 납부기한까지의 기간은 제외한다) × 금융회사 등이 연체대출금에 대하여 적용하는 이자율 등을 고려하여 대통령령으로 정하는 이자율]

▶ [국세기본법시행령제27조의4(납부지연가산세 및 원천징수납부 등 불성실가산세의 이자율) 법 제47조의4제1항제1호·제2호 및 제47조의5제1항제2호에서 "대통령령으로 정하는 이자율"이란 1일 10만분의 25의 율을 말한다.]

- 유산 다툼이 벌어지고 있는 곳에서는 과소신고 등이 흔한 일입니다. A는, 이건 내가 받을 재산이라고 말하고, B는 이건 자신의 것이라고 말하면서 다투면 얼마든지 상속세 신고액이 달라질 수 있죠. 그런데 과소신고라도 아래 판례처럼 여러 사정을 따진 결과, 아직 상속세 신고액이 나오지 않은 상황임이 확인되면 '과소신고

에 따른 가산세 부과는 잘못'이라고 합니다.

▶ [대법원 2005. 11. 25. 선고 2004두930 판결 [상속세부과처분취소] ······세법상 가산세는 과세권의 행사 및 조세채권의 실현을 용이하게 하기 위하여 납세자가 정당한 이유 없이 법에 규정된 신고, 납세 등 각종 의무를 위반한 경우에 법이 정하는 바에 따라 부과하는 행정상의 제재로서 <u>그 의무의 이행을 납세의무자에게 기대하는 것이 무리인 사정이 있을 때</u> 등 그 의무해태를 탓할 수 없는 정당한 사유가 있는 경우에는 이를 부과할 수 없다고 할 것이다(대법원 1997. 5. 16. 선고 95누14602 판결, 2000. 8. 22. 선고 98두17685 판결 등 참조). 위와 같은 법리와 원심이 적법하게 확정한 사실 및 기록에 의하면, 망인이 앞서 본 바와 같은 구수증서에 의한 유언을 하고 1992. 10. 29. 사망하자, 위 유언에 의하여 유언집행자로 지정된 소외 4와 소외 5가 1993. 4. 26. 망인의 유언취지에 따라 장학기금으로 출연할 위 2,405,643,900원을 상속세과세가액에서 공제하여 원고 10명의로 이 사건 상속세 신고를 하였고, 위 상속세 신고 당시 망인의 유언은 서울가정법원으로부터 검인심판을 받았으나 원고들이 그 유언의 효력을 다투며 유언검인심판에 대하여 항고를 제기한 상태였으며, 한편, 원고들은 위 유언검인심판에 대한 항고 및 재항고가 모두 기각되자 유언집행자인 소외 4와 소외 5를 상대로 유언무효확인소송을 제기하여 앞서 본 바와 같은 유언무효확인 판결을 받았고 위 판결이 1999. 9. 3.에야 비로소 확정되었음을 알 수 있는바, 이와 같이 이 사건 상속세 신고는 원고들에 의한 것이 아니라 유언집행자인 소외 4, 소외 5에 의하여 행해진 것인 점, 유언집행을 위하여 필요한 범위 내에서는 유언집행자의 상속재산에 대한 관리처분권이 상속인의 그것보다 우선할 뿐

만 아니라, 이 사건 상속세 신고 당시에는 앞서 본 바와 같이 장학기금으로 2,405,643,900원을 출연하라는 망인의 위 유언의 효력이 미확정인 상태에 있었던 점 등 제반 사정을 종합하면, 위 상속세 신고 당시 원고들에게 유언집행자의 상속재산에 대한 관리처분권을 배제시키고 망인의 위와 같은 유언취지에 반하여 위 2,405,643,900원도 자신들이 상속받는 것을 전제로 하여 이를 상속세과세가액에 포함시켜 상속세 신고기한인 1993. 4. 29.까지 상속세를 신고·납부할 것을 기대하는 것은 무리가 있다 하지 않을 수 없고, 따라서 원고들에게는 이 사건 상속세 과소신고·납부를 탓할 수 없는 정당한 사유가 있다고 할 것이다.)

## 세금, 어떻게 납부할까?

- 상속세 혹은 증여세를 신고했다면 신고기한 내에 세금을 납부하게 됩니다. 증여세는 증여한 달의 마지막 날로부터 3개월 이내(증여 3개월), 상속세는 증여한 달의 마지막 날로부터 6개월 이내입니다(상속 6개월).

- 그런데 이 기한 내에 내지 않아도 되는 돈이 있습니다.

### 법제70조(자진납부)

① 제67조나 제68조에 따라 상속세 또는 증여세를 신고하는 자는 각 신고기

한까지 각 산출세액에서 다음 각 호의 어느 하나에 규정된 금액을 뺀 금액을 대통령령으로 정하는 바에 따라 납세지 관할 세무서, 한국은행 또는 우체국에 납부하여야 한다.

1. 제69조제1항제1호 및 제2호에 규정된 금액
2. 상속세의 경우에는 제69조제1항 각 호 외의 부분에 따라 공제하는 금액
3. 증여세의 경우에는 제69조제2항에 따라 공제하는 금액
4. 제71조에 따라 연부연납을 신청한 금액
5. 제73조에 따라 물납을 신청한 금액

- 제1~5호가 그 내용입니다. 제1~3호는 상속받은 재산이 문화재가 있는 토지이거나 혹은 박물관에 전시된 문화재 등인 경우에 해당하는 것으로, 이때 상속세를 유예하게 됩니다. 제4호에는 '연부연납'이라는 단어가 나옵니다. 장기간에 걸쳐 나누어 내는 것을 말하죠. 제5호에도 '물납'이라는 낯선 단어가 나오네요. '부동산 등 물건으로 납부한다'는 뜻입니다. 이 경우에도 신고기한 내에 낼 필요가 없습니다.

- 기한을 2개월 연장할 수 있는 경우도 있습니다. 납부 금액이 1천만 원을 넘는 경우입니다. 물론 한 푼도 안 내고 있다가 연장 기한 내에 다 내는 게 아니고, 나누어서 납부하게 됩니다. 그러나 연부연납과 중복되지 않기 때문에 만일 연부연납을 신청했다면 2개월 연장 분할납부는 선택할 수 없습니다.

**제70조(자진납부)**

② 제1항에 따라 납부할 금액이 1천만원을 초과하는 경우에는 대통령령으로 정하는 바에 따라 그 납부할 금액의 일부를 납부기한이 지난 후 2개월 이내에 분할납부할 수 있다. 다만, 제71조에 따라 연부연납을 허가받은 경우에는 그러하지 아니하다.

- 이 제2항에 따라 나누어 납부할 수 있는 금액 역시 규정되어 있습니다. 1~2천만 원일 때와 2천만 원을 초과할 때로 나뉘는데 1~2천만 원일 때는 일단 1천만 원은 신고기한까지 납부하고, 1천만 원을 넘는 금액만 2개월 연장하여 분납합니다. 반면 2천만 원을 초과하는 경우에는 50% 미만만 2개월 연장 분납이 가능합니다. 즉 1천만을 넘는 경우에는 무조건 6개월 내에 최소 1천만 원을 납부하고 나머지는 2개월 안에 내야 합니다.

**시행령제66조(자진납부)**

② 법 제70조제2항의 규정에 의하여 분납할 수 있는 세액은 다음 각호에 의한다.

1. 납부할 세액이 2천만원 이하인 때에는 1천만원을 초과하는 금액
2. 납부할 세액이 2천만원을 초과하는 때에는 그 세액의 100분의 50 이하의 금액

## 5년간 나누어 납부하기(연부연납)

- 연부연납은 2개월 연장 납부와 다른 성격의 납부 방식입니다. 연부연납의 조건은 세금이 2천만 원 이상이어야 하고, 담보를 제공해야 합니다. 담보를 제공하고 연부연납을 신청하여 허가가 떨어지면 신청일에 연부연납이 허가된 것으로 봅니다.

**법제71조(연부연납)**

① 납세지 관할세무서장은 상속세 납부세액이나 증여세 납부세액이 2천만 원을 초과하는 경우에는 대통령령으로 정하는 방법에 따라 납세의무자의 신청을 받아 연부연납을 허가할 수 있다. 이 경우 납세의무자는 담보를 제공하여야 하며, 「국세기본법」 제29조제1호부터 제5호까지의 규정에 따른 납세담보를 제공하여 연부연납 허가를 신청하는 경우에는 그 신청일에 연부연납을 허가받은 것으로 본다.

- 어떤 걸 담보로 맡길 수 있을까요?

**국세기본법제29조(담보의 종류)**

세법에 따라 제공하는 담보(이하 "납세담보"라 한다)는 다음 각 호의 어느 하나에 해당하는 것이어야 한다.

1. 금전
2. 「자본시장과 금융투자업에 관한 법률」 제4조제3항에 따른 국채증권 등 대

통령령으로 정하는 유가증권(이하 이 절에서 "유가증권"이라 한다)

3. 삭제

4. 납세보증보험증권

5. 「은행법」에 따른 은행 등 대통령령으로 정하는 자의 납세보증서

6. 토지

7. 보험에 든 등기등록된 건물, 공장재단, 광업재단, 선박, 항공기 또는 건설기계

- 연부연납의 기한은 어떻게 될까요? 아래 제1호처럼 가업상속재산인 경우에는 10년, 20년의 두 가지 경우가 있습니다. 또한 아래 제2호처럼 제1호가 아닌 경우에는 5년까지 연장됩니다. 연부연납이 허가되면 1년에 한 번 납부하게 되는데 최소 납부 금액이 있습니다. 1천만 원을 넘겨야 합니다.

**법제71조(연부연납)**

② 제1항에 따른 연부연납의 기간은 다음 각 호의 구분에 따른 기간의 범위에서 해당 납세의무자가 신청한 기간으로 한다. 다만, 각 회분의 분할납부세액이 1천만원을 초과하도록 연부연납기간을 정하여야 한다.

1. 제18조제2항제1호에 따라 가업상속 공제를 받았거나 대통령령으로 정하는 요건에 따라 가업을 상속받은 경우 대통령령으로 정하는 가업상속재산(「유아교육법」 제7조제3호에 따른 사립유치원에 직접 사용하는 재산 등 대통령령으로 정하는 재산을 포함한다. 이하 이 조에서 같다): 연부연납 허가일부터 10년 또는 연부연납 허가 후 3년이 되는 날부터 7년. 다만, 상속재산(상속인이 아

닌 자에게 유증한 재산은 제외한다) 중 가업상속재산이 차지하는 비율이 100분의 50 이상인 경우에는 연부연납 허가일부터 20년 또는 연부연납 허가 후 5년이 되는 날부터 15년으로 한다.

2. 제1호 외의 경우: 연부연납 허가일부터 5년

- 연부연납이 취소되는 경우가 있습니다. 아래와 같은 이유로 취소되면 세금을 전부 혹은 일부 징수당할 수 있으므로 주의해야 합니다.

**법 제71조(연부연납)**

④ 납세지 관할세무서장은 제1항에 따라 연부연납을 허가받은 납세의무자가 다음 각 호의 어느 하나에 해당하게 된 경우에는 대통령령으로 정하는 바에 따라 그 연부연납 허가를 취소하거나 변경하고, 그에 따라 연부연납에 관계되는 세액의 전액 또는 일부를 징수할 수 있다.

1. 연부연납 세액을 지정된 납부기한(제1항 후단에 따라 허가받은 것으로 보는 경우에는 연부연납 세액의 납부 예정일을 말한다)까지 납부하지 아니한 경우

2. 담보의 변경 또는 그 밖에 담보 보전에 필요한 관할세무서장의 명령에 따르지 아니한 경우

3. 「국세징수법」 제14조제1항 각 호의 어느 하나에 해당되어 그 연부연납기한까지 그 연부연납에 관계되는 세액의 전액을 징수할 수 없다고 인정되는 경우

4. 상속받은 가업을 폐업하거나 해당 상속인이 가업에 종사하지 아니하게 된 경우 등 대통령령으로 정하는 사유에 해당하는 경우

5. 「유아교육법」 제7조제3호에 따른 사립유치원에 직접 사용하는 재산 등 대

통령령으로 정하는 재산을 해당 사업에 직접 사용하지 아니하는 경우 등 대통령령으로 정하는 경우

⑤ 납세지 관할세무서장은 제1항에 따라 연부연납을 허가(제1항 후단에 따라 허가받은 것으로 보는 경우는 제외한다)하거나 제4항에 따라 연부연납의 허가를 취소한 경우에는 납세의무자에게 그 사실을 알려야 한다.

- 한편 연부연납에는 다음처럼 가산금이 있습니다. 매년 1회 납부할 때 더해서 내야 하죠. 더할 금액은 1년 납부금의 18/1,000입니다. 3~4%에 달하는 은행 이자와 비교하면 부담 없는 조건입니다. 연부연납은 대개 5년 기한인데 5년의 처음과 끝에 내기 때문에 실제로는 6회에 걸쳐서 내게 되죠. 따라서 1년에 은행 이자의 1/6만 있으면 납부가 가능하기 때문에 세액이 크다면 활용하는 게 좋습니다.

**제72조(연부연납 가산금)**

제71조에 따라 연부연납의 허가를 받은 자는 다음 각 호의 어느 하나에 규정한 금액을 각 회분의 분할납부 세액에 가산하여 납부하여야 한다.

1. 처음의 분할납부 세액에 대해서는 연부연납을 허가한 총세액에 대하여 제67조와 제68조에 따른 신고기한 또는 납세고지서에 의한 납부기한의 다음 날부터 그 분할납부 세액의 납부기한까지의 일수에 대통령령으로 정하는 비율을 곱하여 계산한 금액

2. 제1호 외의 경우에는 연부연납을 허가한 총세액에서 직전 회까지 납부한 분할납부 세액의 합산금액을 뺀 잔액에 대하여 직전 회의 분할납부 세액

납부기한의 다음 날부터 해당 분할납부기한까지의 일수에 대통령령으로 정하는 비율을 곱하여 계산한 금액

- 참고로 연부연납 신청은 상속세(혹은 증여세) 과세표준신고를 할 때 '연부연납신청서'를 작성하여 함께 제출합니다.

## 물건으로 납부하기(물납)

- 물납은 돈 대신 물건으로 세금을 내는 것을 말합니다. 단, 아무 때나 가능한 것은 아니고, 다음과 같은 조건을 만족시켜야 하죠.

**법 제73조(물납)**

① 납세지 관할 세무서장은 다음 각 호의 요건을 모두 갖춘 경우에는 대통령령으로 정하는 바에 따라 납세의무자의 신청을 받아 물납을 허가할 수 있다. 다만, 물납을 신청한 재산의 관리·처분이 적당하지 아니하다고 인정되는 경우에는 물납허가를 하지 아니할 수 있다.

1. 상속재산(제13조에 따라 상속재산에 가산하는 증여재산 중 상속인 및 수유자가 받은 증여재산을 포함한다) 중 부동산과 유가증권(국내에 소재하는 부동산 등 대통령령으로 정하는 물납에 충당할 수 있는 재산으로 한정한다)의 가액이 해당 상속재산가액의 2분의 1을 초과할 것
2. 상속세 납부세액이 2천만원을 초과할 것

3. 상속세 납부세액이 상속재산가액 중 대통령령으로 정하는 금융재산의 가액을 초과할 것

② 물납에 충당할 수 있는 재산의 범위, 관리·처분이 적당하지 아니하다고 인정되는 경우, 그 밖에 물납절차 및 물납신청에 필요한 사항은 대통령령으로 정한다.

## 누가 낼까?

- 상속세는 상속인과 유증을 받은 자가 아래처럼 각자 받은 상속 비율에 따라 내도록 되어 있습니다.

**법제3조의2(상속세 납부의무)**

① 상속인(특별연고자 중 영리법인은 제외한다) 또는 수유자(영리법인은 제외한다)는 상속재산(제13조에 따라 상속재산에 가산하는 증여재산 중 상속인이나 수유자가 받은 증여재산을 포함한다) 중 각자가 받았거나 받을 재산을 기준으로 대통령령으로 정하는 비율에 따라 계산한 금액을 상속세로 납부할 의무가 있다.

② 특별연고자 또는 수유자가 영리법인인 경우로서 그 영리법인의 주주 또는 출자자(이하 "주주등"이라 한다) 중 상속인과 그 직계비속이 있는 경우에는 대통령령으로 정하는 바에 따라 계산한 지분상당액을 그 상속인 및 직계비속이 납부할 의무가 있다.

③ 제1항에 따른 상속세는 상속인 또는 수유자 각자가 받았거나 받을 재산을

한도로 연대하여 납부할 의무를 진다.

**시행령 제3조(상속세 납부의무)**

① 법제3조의2제1항에서 "대통령령으로 정하는 비율"이란 제1호에 따라 계산한 상속인 또는 수유자별(이하 이 조에서 "상속인별"이라 한다) 상속세 과세표준 상당액을 제2호의 금액으로 나누어 계산한 비율을 말한다.

1. 법 제13조제1항의 규정에 의하여 상속재산에 가산한 상속인별 증여재산의 과세표준에 다목의 금액이 나목의 금액에서 차지하는 비율을 가목의 금액에 곱하여 계산한 금액을 가산한 금액

가. 법 제25조제1항의 규정에 의한 상속세과세표준에서 법 제13조제1항 각호의 규정에 의하여 가산한 증여재산의 과세표준을 차감한 금액

나. 법 제13조의 규정에 의한 상속세과세가액에서 동조제1항 각호의 금액을 차감한 금액

다. 상속인별 상속세과세가액 상당액에서 법 제13조제1항 각호의 규정에 의하여 상속재산에 가산하는 상속인별 증여재산을 제외한 금액

2. 법 제25조제1항의 규정에 의한 상속세과세표준에서 법 제13조제1항제2호의 규정에 의하여 가산한 증여재산가액중 수유자가 아닌 자에게 증여한 재산에 대한 과세표준을 차감한 가액

② 법제3조의2제2항에서 "대통령령으로 정하는 바에 따라 계산한 지분상당액"이란 다음 계산식에 따라 계산한 금액을 말한다.

[영리법인이 받았거나 받을 상속재산에 대한 상속세 상당액-(영리법인이 받았거나 받을 상속재산×10÷100)]×상속인과 그 직계비속의 주식 또는 출

자지분의 비율

③ 법 제3조의2제3항에서 "각자가 받았거나 받을 재산"이란 상속으로 인하여 얻은 자산총액에서 부채총액과 그 상속으로 인하여 부과되거나 납부할 상속세를 공제한 가액을 말한다.

## 상속세 신고와 납부, 한 장으로 보기

- 위의 내용을 한 페이지로 요약하면 아래 표와 같습니다.

| 구분 | | 내용 |
|---|---|---|
| 납부기한 | 피상속인이 거주자 | 상속개시일이 속하는 달의 말일부터 6개월 이내 |
| | 피상속인이 비거주자 또는 상속인 전원 비거주자 | 상속개시일이 속하는 달의 말일부터 9개월 이내 |
| 납세의무자 | 상속인 | 각자 받았거나 받을 총재산(사전증여재산 포함)에서 승계한 채무를 공제한 순상속재산의 비율에 따라 납세 |
| | 연대납세의무자 | 순상속재산을 한도로 다른 상속인의 납세의무 연대채무 |
| 신고 혜택/불이익 | 자진신고기한 내 신고 | 상속세액의 3% 공제 |
| | 무신고/과소신고 | 무신고가산세(20%, 부정 40%)<br>과소신고가산세(10%, 부정 40%) |
| 납세이연 | 분납 | 납부세액 1,000만 원 초과시 납부금액 50% 미만을 2개월 내로 분할납부 |
| | 연부연납 | 납부세액 2,000만 원 초과시 5년에 걸쳐 납부(납세담보 필요. 단, 제3자가 담보제공 가능. 가산금 연 1.8%) |
| 납세재원 | 연대납세 | 연대납세 의무자로서 연대납부의무 범위 내에서 다른 상속인 부담 상속세 대신 납부 |
| | 물납 | 납부세액 2천만 원 초과하고 상속재산 중 부동산과 유가증권의 가액이 1/2을 초과하며, 상속받은 금융재산이 상속세액에 미달한 경우 |

## 상속세 계산 구조

- 지금까지 살펴본 내용이 아래 표에 들어가 있습니다. 실제로 계산되는 방식입니다. 그러나 실제 계산은 일반인이 하기에는 어려움이 따르므로 세무사 등 전문가에게 의뢰하는 게 좋습니다. 다만, 개념을 알고 접근하는 게 좋으므로 한 차례 보면서 대강의 윤곽을 잡도록 합니다.

| 번호 | 구분 | 내용 | 비고 |
|---|---|---|---|
| 1 | 상속재산 | 본래상속재산 | 상속, 사인증여, 유증 등으로 상속인 또는 수유자가 취득하는 재산 |
| 2 | | 간주상속재산 | 상속, 사인증여, 유증 등과 같은 동일한 경제적 이익 발생으로 상속재산으로 간주되는 재산 : 퇴직금, 보험금, 신탁자산 |
| 3 | | 추정상속재산 | 사망 전 처분 또는 인출하였거나 채무를 부담한 금액이 재산종류별로 용도불분명한 금액 :<br>상속개시 1년 이내 : 2억 원<br>상속개시 2년 이내 : 5억원<br>다만 -MIN[처분 또는 인출재산액×20%, 2억 원]<br>과세가액불산입 |
| 4 | +가산상속재산 | 생전증여재산가액 | 피상속인이 생전 증여한 재산 :<br>상속인 : 10년 내<br>비상속인 : 5년 내 |
| 5 | -차감상속재산 | 비과세 상속재산 | 금양임야, 묘토인 농지 등 |
| 6 | | 채무 | |
| 7 | | 공과금 | |
| 8 | | 장례비용 | |
| 9 | | 기타 불산입액<br>(공익법인출연 등) | |
| 10 | =상속세과세가액 | | |

| | | | | | |
|---|---|---|---|---|---|
| 11 | −인적공제 | 기초공제 및 기타 인적공제, or 일괄공제 | \multicolumn{3}{l|}{Max[(기초공제 2억 원 + 그 밖의 인적공제), 일괄공제 5억 원] 비거주자는 기초공제만 2억 원 그 밖의 인적공제} |
| | | | 자녀공제 | 1인당 5,000만 원 | |
| | | | 미성년자공제 | 1,000만 원×19세 될 때까지 연수 | 중복가능 |
| | | | 연로자공제 (65세 이상) | 1인당 5,000만 원 | |
| | | | 장애인공제 | 1천만 원×기대여명연수 | 중복가능 |
| 12 | | 배우자상속공제 | \multicolumn{3}{l|}{Max[Min(배우자실제상속분, 한도금액, 30억 원), 5억 원] −한도금액 : 배우자법정상속분−가산한 증여재산 중 배우자증여재산과세표준 −최소 5억 원, 최대 30억 원} |
| 13 | −물적공제 | 가업상속공제 | \multicolumn{3}{l|}{Min[가업상속재산가액, 200억 원] 피상속인 15년 이상 가업 계속 영위시 : 300억 원 / 20년 이상 가업 계속 영위시 : 500억 원} |
| 14 | | 영농상속공제 | \multicolumn{3}{l|}{Min[영농속재산가액, 15억 원], 사후관리 5년} |
| 15 | | 금융재산상속공제 | \multicolumn{3}{l|}{순금융재산가액≤2,000만 원 : 전액 순금융재산가액>2,000만 원 : Min[Max(순금융재산가액 ×20%, 2,000만 원), 2억 원]} |
| | | 재해손실공제 | \multicolumn{3}{l|}{재해손실가액−보험금·구상권 등으로 보전가능한 금액} |
| 16 | | 동거주택상속공제 | \multicolumn{3}{l|}{Min[(주택 및 부수토지가액−해당주택 및 부수토지에 담보된 채무액)×100%, 6억 원]} |
| 17 | | 감정평가수수료 등 | \multicolumn{3}{l|}{감정수수료 : 500만 원, 신용평가기관수수료 : 건당 1,000만 원} |
| 18 | 공제 적용의 한도 | | \multicolumn{3}{l|}{상속공제 종합한도 : 인적공제와 물적공제액은 아래의 금액을 한도로 적용 다만 가산한 사전 증여재산가액은 상속세과세가액이 5억 원을 초과하는 경우에만 적용 * 상속공제종합한도 = 상속세 과세 가액 − 상속인이 아닌 자에게 유증 등을 한 재산의 가액 − 상속인의 상속포기로 그 다음 순위의 상속인이 상속받은 재산의 가액 − 가산한 증여세 재산가액(증여공제를 받은 경우에는 이를 차감한 가액)} |
| | =상속세과세표준 | | | | |
| 19 | ×세율 | | 과세표준 | 세율 | |
| | | | 1억 이하 | 10% | |

| | | | |
|---|---|---|---|
| | | 1억 초과 5억 이하 | 20%-1,000만원 |
| | | 5억 초과 10억 이하 | 30%-6,000만원 |
| | | 10억 초과 30억 이하 | 40%-1억 6,000만원 |
| | | 30억 초과 | 50% |
| 20 | =산출세액 | | |
| 21 | +세대생략가산액 | | 세대를 건너뛴 상속<br>할증세율 30%, 40%(미성년자, 20억 원 초과) |
| 22 | +이자상당액 | 가업·영농상속 요건 위반 추징 | 연 1.8% |
| 23 | -문화재등징수유 예세액 | | |
| 24 | -세액공제 | 증여세액공제 | 이미 지급한 증여세액공제(10년 또는 5년 이내) |
| 25 | | 외국납부세액공제 | 상속재산에서 외국에서 납부한 세액공제 |
| 26 | | 단기재상속공제 | 10년 이내 다시 재산상속 1년 이내 100%에서 10년 이내 10%까지 점차적으로 감소 |
| 27 | | 신고세액공제 | 3% |
| 28 | 신고불성실 가산세 | | 가산세율 : 부당 40%, 무신고 20%, 과소 10% |
| 29 | 납부 불성실 가산세 | | 가산세율 : 무납부일수×0.025% |
| 30 | 납부할 세액 | | |
| 31 | 납부방법 | 분납 | 1천만 원 초과 2개월 내 |
| | | 연부연납 | 5년, 매년 1.8%, 납부담보 필요 |
| | | 물납 | |
| | | 연대납세의무 | 공동상속인, 각 상속받은 재산 한도 내 |

## 어떻게 준비할까?

- 〈회계·세무아카데미〉(김재현, 제5권, 대한변호사협회, 2017, p.102)에 보면 상속세 신고를 준비하는 과정을 D-day로 구분해서 잘 보여주고 있습니다. 우선 신고일까지 준비 기간을 100일로 잡고 있는데

실제로는 6개월 여유가 있으므로 120일이든 150일든 상황에 따라 설정하면 됩니다. 순서에 따라 살펴보면 1) 피상속인 인적 정보 수집 → 2) 상속재산 파악 → 3) 금융자료 수집 → 4) 금융자료 분석 → 5) 상속재산 평가 → 6) 상속세 신고 전략 수립 → 7) 신고 및 납부 방법 결정 → 8) 신고라는 과정을 밟도록 되어 있습니다. 물론 핵심은 상속재산을 파악하고, 평가하고, 전략을 짜서 신고 방법을 찾는 데 있죠.

| 시간 | 내용 | 방법 |
|---|---|---|
| D-100 | 피상속인 인적상황 확인 | 가족관계증명서, 주민등록등본, 지적등본, 사망진단서 등 |
| | 상속재산 현황 파악 | 상속 및 양도재산 파악(최근 10년간) |
| D-90 | 금융자료 수집 | 상속개시일 현재 잔액 증명서, 최근 10년간 입출금 내역서(해지계좌 포함) |
| | | 안심상속원스톱서비스 |
| D-60 | 금융자료의 전산 입력 및 분석 | 사전인출금 소명, 가족 간 증여 해당 여부 등 |
| D-30 | 상속재산의 평가 | - '매매사례' 자료는 신고기한까지 수집<br>- 감정평가 업무 수행 |
| D-15 | 상황별 상속세의 계산 및 전략 수집 | 상황별 세액효과 및 리스크 분석 |
| D-5 | 최적의 신고 방안 결정 | 상속인에게 상황별 상속세 및 전략 상의 혹은 동의 |
| D-day | 상속세 신고 | 관할세무서에 접수 |

## 과세관청의 상속세 조사

- 상속세를 신고했다고 끝이 아니죠. 과세관청은 상속세 신고가 접수되면 아래 표와 같이 꼼꼼히 들여다봅니다.

| 구분 | | 설명 |
|---|---|---|
| 조사 시기 | | 상속세신고기간으로부터 6개월 이내 |
| 조사 관할 | | 통상 : 피상속인의 주소지관할 세무서<br>(단, 상속재산가액이 50억 원 초과인 경우 지방국세청) |
| 조사 내용 | | 1. 신고 및 납부한 상속세<br>2. 피상속인 및 상속인의 소득세, 양도소득세, 증여세 등에 대해 동시 조사 가능<br>3. 피상속인과 관련법인의 법인세 등 누락 혐의가 있는 경우 조사 가능 |
| 부과제척 기간 | | - 보통 : 10년<br>- 무신고 등 세액 포탈의 경우 : 15년<br>- 사기 기타 부정한 행위 : 15년<br>- 특례제척기간 : 아래의 경우 과세관청이 안 날로부터 1년 이내에 상속세나 증여세 부과(아래 : 차명재산, 국외재산 및 등기등록 또는 명의개서가 필요하지 않은 유가증권, 서화골동품 등 50억 원 이상의 재산) |
| 조사 순서 | 금융거래조회 및 분석 | 피상속인 및 상속인의 과거 10년간의 은행, 증권, 보험회사 등 모든 금융기간에 요청 및 수집된 금융거래내역을 분석 검토(증여로 추정) |
| | 상속재산확인 | 각종 과세 자료 수집을 통한 누락된 상속재산의 존재 여부 확인, 상속재산 평가의 적정성 검토 |
| | 사전증여 및 자금출처 확인 | 상속인보유재산에 대한 사전증여여부 및 자금출처 확인 (상속개시일 전 2년 내 ① 상속재산의 인출, 처분, ② 채무부담 내용 중 각 용도불분명금액(1년 내 2억 원 이상, 2년 내 5억 원 이상)은 상속추정, 상속추정금액이 10억 원 이하면 80% 이상, 10억 원 초과의 경우 2억 원을 제외한 나머지 금액에 사용처 증명요) |
| | 각종세금신고검토 | 피상속인의 소득세 등 세무신고의 적정성 검토 |
| | 상속인에게 소명 요구 및 검토<br>(각 혐의 내용에 대한 조사 종결정 소명 요구) | |
| | 세무조사종결과 결과통지<br>(고액상속재산사후관리 : 상속재산 30억 원 이상이며 상속 확정 후에도 상속일 후 5년 이내 상속인들이 보유한 부동산이나 주식, 차입금 등 주요 재산의 증감에 대하여 세무 조사 / 자금출처, 재산변동 내역에 대한 소명 가능한 증빙 평소 준비요) | |

[별지 제9호서식] <개정 2020. 3. 13.>

# 상속세과세표준신고 및 자진납부계산서

관리번호         -

[ ]기한 내 신고, [ ]수정신고, [ ]기한 후 신고

※ 뒤쪽의 작성방법을 읽고 작성하시기 바랍니다.                                    (앞쪽)

| 신고인 | ① 성 명 | | ② 주민등록번호 | | ③ 전자우편 주소 | |
|---|---|---|---|---|---|---|
| | ④ 주 소 | | | | ⑤ 피상속인과의 관계 | |
| | ⑥ 전화번호 (자 택) | | (휴대전화) | | 사후관리위반신고 | |
| 피상속인 | ⑦ 성 명 | | ⑧ 주민등록번호 | | ⑨ 거 주 구 분 | [ ] 거주자 [ ] 비거주자 |
| | ⑩ 주 소 | | | | | |
| | ⑪ 상속원인 [ ] 사망 [ ] 실종 [ ] 인정사망 [ ] 기타 | | | | ⑫ 상속개시일 | |
| 세무대리인 | ⑬ 성 명 | | ⑭ 사업자등록번호 | | ⑮ 관리번호 | |
| | ⑯ 전화번호 (자 택) | | (휴대전화) | | | |

| 구 분 | 금 액 | 구 분 | | 금 액 |
|---|---|---|---|---|
| ⑰ 상 속 세 과 세 가 액 | | 영리법인면제 | 유증 등 재산가액 | |
| ⑱ 상 속 공 제 액 | | | 면 제 세 액 (「상속세 및 증여세법」 제3조의2) | |
| ⑲ 감 정 평 가 수 수 료 | | | ㉟ 면제분 납부세액(합계액) | |
| ⑳ 과세표준 (⑰ - ⑱ - ⑲) | | ㊱ 신 고 불 성 실 가 산 세 | | |
| ㉑ 세 율 | | ㊲ 납 부 지 연 가 산 세 | | |
| ㉒ 산 출 세 액 | | ㊳ 납 부 할 세 액 (합계액) (㉔+㉕-㉖-㉗+㉟+㊱+㊲) | | |
| ㉓ 세대생략가산액 (「상속세 및 증여세법」 제27조) | | 납부방법 | 납부·신청 일자 | |
| ㉔ 산 출 세 액 (㉒ + ㉓) | | ㊴ 연 부 연 납 | | |
| ㉕ 이 자 상 당 액 | | ㊵ 물 납 | | |
| ㉖ 문화재등 징수유예세액 | | 현금 | ㊶ 분 납 | |
| ㉗ 계 (㉘ + ㉛ + ㉜ + ㉝ + ㉞) | | | ㊷ 신고납부 | |
| 증여세액공제 | ㉘ 소 계 (㉙ + ㉚) | | | |
| | ㉙ 「상속세 및 증여세법」 제28조 | | | |
| | ㉚ 「조세특례제한법」 제30조의5 및 제30조의6 | | | |
| ㉛ 외국납부세액공제 「상속세 및 증여세법」 제29조 | | | | |
| ㉜ 단 기 세 액 공 제 「상속세 및 증여세법」 제30조 | | | | |
| ㉝ 신 고 세 액 공 제 「상속세 및 증여세법」 제69조 | | | | |
| ㉞ 그 밖의 공제 | | | | |

「상속세 및 증여세법」 제67조 및 같은 법 시행령 제64조제1항에 따라 상속세의 과세가액 및 과세표준을 신고하며, 위 내용을 충분히 검토하였고 신고인이 알고 있는 사실을 그대로 적었음을 확인합니다.

년   월   일

신고인                    (서명 또는 인)

세무대리인은 조세전문자격자로서 위 신고서를 성실하고 공정하게 작성하였음을 확인합니다.

세무대리인               (서명 또는 인)

세무서장 귀하

| 신청(신고)인 제출서류 | 1. 상속세과세가액계산명세서(부표 1) 1부<br>2. 상속인별 상속재산 및 평가명세서(부표 2) 1부<br>3. 채무·공과금·장례비용 및 상속공제명세서(부표 3) 1부<br>4. 상속개시 전 1(2)년 이내 재산처분·채무부담 내역 및 사용처소명명세서(부표 4) 1부<br>5. 영리법인 상속세 면제 및 납부 명세서(부표 5) 1부 | 수수료 없음 |
|---|---|---|
| 담당공무원 확인사항 | 1. 주민등록표등본<br>2. 피상속인 및 상속인의 관계를 알 수 있는 가족관계등록부 | |

**행정정보 공동이용 동의서**

본인은 이 건 업무처리와 관련하여 담당 공무원이 「전자정부법」 제36조제1항에 따른 행정정보의 공동이용을 통하여 위의 담당 공무원 확인 사항을 확인하는 것에 동의합니다. ※ 동의하지 않는 경우에는 신청인이 직접 관련 서류를 제출하여야 합니다.

신청인                                    (서명 또는 인)

210mm×297mm[백상지 80g/㎡]

(뒤쪽)

## 작성방법

1. "② 주민등록번호" 및 "⑧ 주민등록번호"란: 외국인은 외국인등록번호(외국인등록번호가 없는 경우 여권번호)를 적습니다.
2. "⑨ 거주구분"란: 거주자와 비거주자 중 ✔ 표시합니다.
   * "거주자" 및 "비거주자": 「상속세 및 증여세법」 제2조제8호의 구분에 따릅니다.
3. "⑤ 피상속인과의 관계"란 : 상속인을 기준으로 작성합니다. 예를 들면, 아버지가 사망하여 아들이 상속받는 경우에는 '자'로 적습니다.
4. "⑪ 상속원인"란 : 사망, 실종, 인정사망, 기타 중 ✔ 표시합니다.
5. "⑫ 상속개시일"란 : "⑪ 상속원인"이 실종인 경우에는 실종선고일, 그 외의 경우에는 사망일을 적습니다.
6. "⑬ 성명"부터 "⑯ 전화번호"는: 세무대리인이 기장한 경우 작성합니다.
7. "⑰ 상속세과세가액"란 : 상속세과세가액계산명세서(별지 제9호서식 부표 1)의 "⑳ 상속세과세가액"란의 금액을 옮겨 적습니다.
8. "⑱ 상속공제액"란 : 채무·공과금·장례비용 및 상속공제명세서(별지 제9호서식 부표 3)의 "㉛ 상속공제금액합계"란의 금액을 옮겨 적습니다.
9. "㉑ 세율", "㉒ 산출세액"란 : 상속세 세율표에 따라 세율을 적고 과세표준에 세율을 곱한 금액에서 누진공제액을 빼서 산출세액을 계산합니다. * 산출세액 = (과세표준 × 세율) - 누진공제액

<상속세 세율표>

| 과 세 표 준 | 세율 | 누진공제액 |
|---|---|---|
| 1 억 원 이 하 | 10% | 0 |
| 1억원 초과 5억원 이하 | 20% | 1,000만원 |
| 5억원 초과 10억원 이하 | 30% | 6,000만원 |
| 10억원 초과 30억원 이하 | 40% | 16,000만원 |
| 3 0 억 원 초 과 | 50% | 46,000만원 |

10. "㉓ 세대생략가산액"란: 「상속세 및 증여세법」 제27조에 따라 계산한 금액을 적습니다.
11. "㉕ 이자상당액"란: 「상속세 및 증여세법」 제18조제10항에 따라 계산한 금액을 적습니다.
12. "㉘ 증여세액공제"란: 「상속세 및 증여세법」 제28조, 「조세특례제한법」 제30조의5 및 제30조의6에 따른 증여세 공제액을 구분하여 각각 적습니다.
13. "㉟ 면제분 납부세액"란 : 상속세 납부의무를 면제받은 영리법인의 상속인 및 직계비속이 납부할 상속세액을 적습니다.
    ▶ "유증 등 재산가액"란 : 영리법인이 유증받은 재산의 가액을 적습니다.
    ▶ "면제세액"란 : 「상속세 및 증여세법」 제3조의2에 따라 그 영리법인이 유증받은 가액에 대하여 면제받은 상속세액을 적습니다.
14. "㊱ 신고불성실가산세"란 및 "㊲ 납부지연가산세"란: 「국세기본법」 제47조, 제47조의2부터 제47조의5까지 및 제48조에 따라 부담할 가산세를 각각 적습니다.
15. "㊴ 연부연납"란: 「상속세 및 증여세법」 제71조에 따라 납부세액이 2천만원을 초과하는 경우에 한해 연부연납을 신청할 수 있으며 연부연납 신청세액과 신청일자를 적습니다. 이 때, 상속세(증여세) 연부연납 허가신청서(별지 제11호서식)를 제출하여야 합니다.
16. "㊵ 물납"란: 「상속세 및 증여세법」 제73조에 따라 물납을 신청하는 경우 물납 신청세액과 신청일자를 적습니다. 이 때, 상속세 물납(변경)신청서(별지 제13호서식)를 제출하여야 합니다.
17. "㊶ 분납"란: 「상속세 및 증여세법」 제70조제2항에 따라 납부할 금액이 1천만원을 초과하는 경우 다음 구분에 따른 금액과 납부(예정)일자를 적습니다. 다만, 「상속세 및 증여세법」 제71조에 따라 연부연납을 허가받은 경우에는 분납을 신청할 수 없습니다.
    가. 납부할 세액이 2천만원 이하일 때 : 1천만원을 초과하는 금액
    나. 납부할 세액이 2천만원을 초과하는 때 : 그 세액의 100분의 50 이하의 금액
18. "㊷ 신고납부"란: 「상속세 및 증여세법」 제67조에 따라 상속세과세표준신고를 할 때 납부할 세액을 적습니다.

210mm×297mm[백상지 80g/㎡]

# 증여세는 어떻게 구할까?

**증여세는 어떤 돈에 물리는 세금일까?**

- 정답은 당연히 증여한 재산입니다. 그런데 증여한 사람이 '이건 분명 증여야.'라고 생각하고 신고한 재산에만 증여세를 물리는 게 아닙니다. 증여한 사람의 생각과 상관없이 과세당국이 보기에 '이건 분명 증여야.'라는 생각이 들면 실상 '증여 방식'으로 재산이 이전된 게 아니더라도 증여세 대상이 됩니다. 어떤 게 있을까요? 여러 법조문에 흩어져 있는 '이건 증여야.' 하는 것을 보면 다음과 같습니다.

- 신탁이익(법제33조)

- 보험금(법제34조)

- 저가고가 양도(법제35조)

- 채무 면제(법제36조)

- 부동산 무상사용(법제37조)

- 합병, 증자, 감자, 현물출자(법제38조 내지 제39조의2)

- 전환사채 등의 주식 전환(법제40조)

- 초과배당(법제41조의2)

- 주식 또는 출자지분 상장(법제41조의3)

- 금전 무단대출(법제41조의4)

- 합병에 따른 상장 등(법제41조의5)

- 재산 사용 및 용역 제공(법제42조)

- 법인조직 변경(법제42조의2)

- 재산취득 후 재산가치 증가(법제42조의 3)


- 분명 증여의 형식은 아닙니다만, 얼마든지 증여로 볼 만한 내용들입니다. 보험을 들어준 것도 그렇고, 신탁을 한 것도 마찬가집니다. 싸게 팔아주거나 비싸게 사주는 것도 모두 증여로 보죠. 땅이나 가게를 공짜로 쓰게 해주는 것도 금액 요건만 맞으면 증여가 됩니다. 아무 관련이 없는 타인에게라면 절대로 이런 배려를 해주지 않을 것 같은 거의 모든 경우의 재산 이전을 증여로 본다고 보면 틀림이 없습니다. 법률은 위 사례들을 크게 두 가지로 나누어서 규정합니

다. 하나는 '추정증여재산'이고 하나는 '의제증여재산'입니다.

## 추정증여재산 : 가족 간 거래

- 제3자 간에는 양도양수, 즉 물건을 사고파는 게 자연스런 거래가 됩니다. 그러나 가족 간에는 얘기가 달라지죠. 아내에게 부동산을 팔았다? 누가 봐도 이상합니다. 그래서 법은 이런 가족 간의 거래를 거래가 아니라 일단 증여로 '추정'합니다(나중에 증거를 통해 진짜 사고팔았다는 게 입증되면 '증여'는 취소되고 '양도'로 인정받게 되어 증여세 대상에서 제외됩니다.).

**법제44조(배우자 등에게 양도한 재산의 증여 추정)**

① 배우자 또는 직계존비속(이하 이 조에서 "배우자등"이라 한다)에게 양도한 재산은 양도자가 그 재산을 양도한 때에 그 재산의 가액을 배우자등이 증여받은 것으로 추정하여 이를 배우자등의 증여재산가액으로 한다.

② 특수관계인에게 양도한 재산을 그 특수관계인(이하 이 항 및 제4항에서 "양수자"라 한다)이 양수일부터 3년 이내에 당초 양도자의 배우자등에게 다시 양도한 경우에는 양수자가 그 재산을 양도한 당시의 재산가액을 그 배우자등이 증여받은 것으로 추정하여 이를 배우자등의 증여재산가액으로 한다. 다만, 당초 양도자 및 양수자가 부담한 「소득세법」에 따른 결정세액을 합친 금액이 양수자가 그 재산을 양도한 당시의 재산가액을 당초 그 배우

자등이 증여받은 것으로 추정할 경우의 증여세액보다 큰 경우에는 그러하지 아니하다.

③ 해당 재산이 다음 각 호의 어느 하나에 해당하는 경우에는 제1항과 제2항을 적용하지 아니한다.

　1. 법원의 결정으로 경매절차에 따라 처분된 경우

　2. 파산선고로 인하여 처분된 경우

　3. 「국세징수법」에 따라 공매된 경우

　4. 「자본시장과 금융투자업에 관한 법률」 제8조의2제4항제1호에 따른 증권시장을 통하여 유가증권이 처분된 경우. 다만, 불특정 다수인 간의 거래에 의하여 처분된 것으로 볼 수 없는 경우로서 대통령령으로 정하는 경우는 제외한다.

　5. 배우자등에게 대가를 받고 양도한 사실이 명백히 인정되는 경우로서 대통령령으로 정하는 경우

④ 제2항 본문에 따라 해당 배우자등에게 증여세가 부과된 경우에는 「소득세법」의 규정에도 불구하고 당초 양도자 및 양수자에게 그 재산 양도에 따른 소득세를 부과하지 아니한다.

- 제1항이 가족 간의 거래는 일단 증여로 추정한다는 내용입니다. 제2항의 내용은, 아내에게 직접 팔면 증여세를 물을 수 있으니까 한 다리(특수관계인) 거쳐 파는 경우입니다. 그걸 막겠다는 얘기입니다. 단 2가지 요건을 만족해야 증여로 추정합니다. 1) 남편이 특수관계인에게 부동산을 판 날로부터 3년이 지나지 않아서 특수관

계인이 아내에게 되팔았을 때, 2) 남편이 특수관계인에게 팔면서 양도소득세를 냈을 텐데 그 금액이 아내에게 직접 증여했다고 가정하고 물리는 증여세보다 작은 경우(양도소득세<증여세)입니다. 만일 특수관계인에게 팔면서 예상되는 증여세보다 더 많이 양도소득세를 냈다면 그건 진짜 팔았다는 걸로 볼 수 있는 정황이 되죠. 남편으로서는 직접 아내에게 증여하는 게 도리어 세금 측면에서 나으니까요.

- 그런데 설령 남편이 아내에게 양도한 재산이 증여로 추정되는 경우에도 만일 해당 재산이 경매, 공매 등으로 처분되었다면 이를 적용하지 않는다는 게 제3항의 내용입니다. 제3항의제5호는 아내가 진짜로 산 게 확실하면 마찬가지로 증여가 아니라는 얘기입니다. 이를 증명하려면 자료를 잘 모아 두어야 합니다. 제4항은 만일 추정증여재산으로 증여세를 물었다면 양도소득세는 내지 않아도 된다는 얘기입니다.

### 추정증여재산 : 정황을 따져서

- 앞의 조문은 '가족(배우자 및 직계존비속)'이라는 조건만 맞으면 양도를 증여로 추정한다는 규정입니다. 그런데 아래 규정은 가족이 아니더라도 정황이 그렇다면 증여로 추정한다는 내용을 담고 있습니다.

**제45조(재산 취득자금 등의 증여 추정)**

① 재산 취득자의 직업, 연령, 소득 및 재산 상태 등으로 볼 때 재산을 자력으로 취득하였다고 인정하기 어려운 경우로서 대통령령으로 정하는 경우에는 그 재산을 취득한 때에 그 재산의 취득자금을 그 재산 취득자가 증여받은 것으로 추정하여 이를 그 재산 취득자의 증여재산가액으로 한다.

② 채무자의 직업, 연령, 소득, 재산 상태 등으로 볼 때 채무를 자력으로 상환(일부 상환을 포함한다. 이하 이 항에서 같다)하였다고 인정하기 어려운 경우로서 대통령령으로 정하는 경우에는 그 채무를 상환한 때에 그 상환자금을 그 채무자가 증여받은 것으로 추정하여 이를 그 채무자의 증여재산가액으로 한다.

③ 취득자금 또는 상환자금이 직업, 연령, 소득, 재산 상태 등을 고려하여 대통령령으로 정하는 금액 이하인 경우와 취득자금 또는 상환자금의 출처에 관한 충분한 소명이 있는 경우에는 제1항과 제2항을 적용하지 아니한다.

④ 「금융실명거래 및 비밀보장에 관한 법률」 제3조에 따라 실명이 확인된 계좌 또는 외국의 관계 법령에 따라 이와 유사한 방법으로 실명이 확인된 계좌에 보유하고 있는 재산은 명의자가 그 재산을 취득한 것으로 추정하여 제1항을 적용한다.

- 제1항에 그 정황에 대한 이야기가 있습니다. 재산을 취득한 사람이 있는데 그의 1) 직업, 2) 연령, 3) 소득, 4) 재산 상태 등을 아무리 따져 봐도 도저히 2층짜리 집을 살 만한 사람이 아닌 것 같은 경우에 이 취득 재산을 '증여'로 추정한다는 내용입니다. 제2항은

재산 취득자가 아니라 채무자, 즉 빚을 진 사람입니다. 몇 억의 빚이 있었는데 어느 날 누가 빚을 갚아줍니다. 역시나 이 채무자의 1) 직업, 2) 연령, 3) 소득, 4) 재산 상태 등을 살펴봐도 그만한 돈이 나올 사람이 아닙니다. 그런 경우에도 빚을 갚은 그 금액만큼을 증여받은 것으로 추정한다는 얘기입니다.

- 그런데 위의 추정을 적용하지 않는 요건이 두 가지 있습니다. 하나는 자금출처가 소명된 경우입니다. '나 이 돈 여기서 난 거예요.' 하고 입증할 수 있다면 증여 추정은 무효가 되죠. 이때 자금의 100% 모두를 입증할 필요는 없고 80%까지만 입증하면 전부 입증된 것으로 보죠. 만일 80% 미만을 입증했다면, 즉 1억 가운데 6천만 원만 입증이 되었다면 4천만 원을 입증 못한 셈인데 이 경우에도 4천만 원 전부에 대해서 증여세가 나오는 게 아니라 1억의 20%에 해당하는 금액은 제하고 남은 2천만 원에 대해서만 증여세를 물립니다.

**시행령 제34조(재산 취득자금 등의 증여추정)**

① 법 제45조제1항 및 제2항에서 "대통령령으로 정하는 경우"란 다음 각 호에 따라 입증된 금액의 합계액이 취득재산의 가액 또는 채무의 상환금액에 미달하는 경우를 말한다. 다만, 입증되지 아니하는 금액이 취득재산의 가액 또는 채무의 상환금액의 100분의 20에 상당하는 금액과 2억 원 중 적은 금액에 미달하는 경우를 제외한다.

1. 신고하였거나 과세(비과세 또는 감면받은 경우를 포함한다. 이하 이 조에서 같다) 받은 소득금액
   2. 신고하였거나 과세받은 상속 또는 수증재산의 가액
   3. 재산을 처분한 대가로 받은 금전이나 부채를 부담하고 받은 금전으로 당해 재산의 취득 또는 당해 채무의 상환에 직접 사용한 금액

- 참고로 '이건 내가 산 거야.'라고 입증할 때 다음처럼 세 가지 방법을 참고할 수 있습니다.

   1. 권리의 이전이나 행사에 등기 또는 등록을 요하는 재산을 서로 교환한 경우
   2. 당해 재산의 취득을 위하여 이미 과세(비과세 또는 감면받은 경우를 포함한다) 받았거나 신고한 소득금액 또는 상속 및 수증재산의 가액으로 그 대가를 지급한 사실이 입증되는 경우
   3. 당해 재산의 취득을 위하여 소유재산을 처분한 금액으로 그 대가를 지급한 사실이 입증되는 경우

- 두 번째 요건은 금액 한도입니다. 아래 시행령 조문에 그 내용이 담겨 있습니다. 조문에서 우리가 봐야 할 핵심 키워드는 '국세청장이 정하는 금액'입니다. 그 금액에 못 미치면 증여 추정을 하지 않게 되죠.

**시행령 제34조(재산 취득자금 등의 증여추정)**

② 법 제45조제3항에서 "대통령령으로 정하는 금액"이란 재산취득일 또는 채무상환일 전 10년 이내에 해당 재산 취득자금 또는 해당 채무 상환자금의 합계액이 5천만 원 이상으로서 연령·세대주·직업·재산상태·사회 경제적 지위 등을 고려하여 국세청장이 정하는 금액을 말한다.

- '국세청장이 정하는 금액'은 상속세 및 증여세 사무처리규정(국세청 훈령 제2382호)에 아래에 같이 잘 나와 있습니다.

**제38조(재산취득자금 등의 증여추정 배제기준)**

① 재산취득일 전 또는 채무상환일 전 10년 이내에 주택과 기타재산의 취득가액 및 채무상환금액이 각각 아래 기준에 미달하고, 주택취득자금, 기타재산 취득자금 및 채무상환자금의 합계액이 총액한도 기준에 미달하는 경우에는 법 제45조제1항과 제2항을 적용하지 않는다.

**증여추정배제기준**

| 구 분 | 취득재산 | | 채무상환 | 총액한도 |
|---|---|---|---|---|
| | 주택 | 기타재산 | | |
| 30세 미만 | 5천만 원 | 5천만 원 | 5천만 원 | 1억 원 |
| 30세 이상 | 1.5억 원 | 5천만 원 | | 2억 원 |
| 40세 이상 | 3억 원 | 1억 원 | | 4억 원 |

(* 이 액수를 넘을 때만 자금출처를 조사한다.)

② 제1항과 관계없이 취득가액 또는 채무상환금액이 타인으로부터 증여받은 사실이 확인될 경우에는 증여세 과세대상이 된다.

- 과거에는 세대주 여부에 따라 구별이 있었으나 이제는 30세 미만이냐, 30~40세 사이냐, 40세 이상이냐에 따라 취득재산과 채무상환의 한도 금액이 정해집니다. 만일 10년 이내 이 액수에 못 미치는 금액을 취득 혹은 상환한 것이라면 증여 추정을 하지 않겠다는 얘기입니다(주의! 10년 합산 규정이 있습니다.).

## 갈수록 입증해야 할 금액이 커진다

- 위의 증여추정배제기준은 2020년 7월 20일부로 바뀐 내용입니다. 그 전까지는 아래와 같았습니다. 금액을 보면 갈수록 더 많은 금액을 입증해야 하게 되었죠. 상속 증여와 관련, 정부의 정책이 어떻게 바뀔지 주시할 필요가 있습니다.

2020년 7월 20일 이전 증여추정배제기준

| 구 분 | | 취득재산 | | 채무상환 | 총액한도 |
|---|---|---|---|---|---|
| | | 주택 | 기타재산 | | |
| 1. 세대주인 경우 | 가. 30세 이상인 자 | 1억 5천만 원 | 5천만 원 | 5천만 원 | 2억 원 |
| | 나. 40세 이상인 자 | 3억 원 | 1억 원 | 5천만 원 | 4억 원 |
| 2. 세대주가 아닌 경우 | 가. 30세 이상인 자 | 7천만 원 | 5천만 원 | 5천만 원 | 1억 2천만 원 |
| | 나. 40세 이상인 자 | 1억 5천만 원 | 1억 원 | 5천만 원 | 2억 5천만 원 |
| 3. 30세 미만인 자 | | 5천만 원 | 5천만 원 | 5천만 원 | 1억 원 |

## 의제증여재산

- '같은 사건을 놓고 법에 따라 달리 적용하는 것들이 있습니다. 민법의 시각으로 보면 분명 증여가 아니지만 세법상으로 보면 증여인 경우죠. 이를 '의제증여'라고 합니다(혹은 증여의제). 보험이 대표적인 경우죠. 아버지가 돌아가시고 사망보험금이 자녀 앞으로 나옵니다. 자녀가 상속을 포기합니다. 아버지가 소유하던 재산은 다 포기하지만 사망보험금은 자녀 소유이므로 상속포기와 무관하게 자녀가 타게 됩니다(민법상 사망보험금은 증여가 아님). 그러나 세법에서는 사망보험금을 증여로 보고 증여세를 물립니다. 이런 게 의제증여재산이죠.

- '가장 대표적인 의제증여재산은 타인 이름 앞으로 맡겨둔 주식입니다(부동산은 아래 법조문에서 보듯이 의제증여재산에서 빠집니다.). 의제증여재산이 되려면 소유자가 달라야 하는 등 요건이 있어야 합니다. 일명 '명의신탁' 요건입니다.

    - 등기, 등록, 명의개서(주주명부에 이름을 올리는 것)를 하는 자산일 것
    - 실제 소유자와 명의자가 다를 것
    - 명의자 앞으로 등기, 등록, 명의개서가 되어 있을 것
    - 실제 소유자와 명의자가 합의해서 벌인 일일 것
    - 조세를 회피할 목적일 것

- 이런 경우, 과세당국은 이 재산을 의제증여재산으로 보고 실제 소유자에게 증여세를 내도록 하고 있습니다(원래 증여의 경우는 수증자, 즉 받은 사람이 증여세를 냅니다만, 이 경우는 명의자가 실제로 소유한 게 아니므로 실소유자에게 증여세를 부과합니다.). 아래 법조문은 규정과 예외 등의 내용이 복잡하게 나와 있으나 기본 개념은 위의 내용과 같습니다.

**법제45조의2(명의신탁재산의 증여 의제)**
① 권리의 이전이나 그 행사에 등기등이 필요한 재산(토지와 건물은 제외한다. 이하 이 조에서 같다)의 실제소유자와 명의자가 다른 경우에는 「국세기본법」 제14조에도 불구하고 그 명의자로 등기등을 한 날(그 재산이 명의개서를 하여야 하는 재산인 경우에는 소유권취득일이 속하는 해의 다음 해 말일의 다음 날을 말한다)에 그 재산의 가액(그 재산이 명의개서를 하여야 하는 재산인 경우에는 소유권취득일을 기준으로 평가한 가액을 말한다)을 실제 소유자가 명의자에게 증여한 것으로 본다. 다만, 다음 각 호의 어느 하나에 해당하는 경우에는 그러하지 아니하다.

1. 조세 회피의 목적 없이 타인의 명의로 재산의 등기등을 하거나 소유권을 취득한 실제소유자 명의로 명의개서를 하지 아니한 경우
2. 삭제
3. 「자본시장과 금융투자업에 관한 법률」에 따른 신탁재산인 사실의 등기등을 한 경우
4. 비거주자가 법정대리인 또는 재산관리인의 명의로 등기등을 한 경우

② 삭제

③ 타인의 명의로 재산의 등기등을 한 경우 및 실제소유자 명의로 명의개서를 하지 아니한 경우에는 조세 회피 목적이 있는 것으로 추정한다. 다만, 실제소유자 명의로 명의개서를 하지 아니한 경우로서 다음 각 호의 어느 하나에 해당하는 경우에는 조세 회피 목적이 있는 것으로 추정하지 아니한다.

1. 매매로 소유권을 취득한 경우로서 종전 소유자가 「소득세법」 제105조 및 제110조에 따른 양도소득 과세표준신고 또는 「증권거래세법」 제10조에 따른 신고와 함께 소유권 변경 내용을 신고하는 경우

2. 상속으로 소유권을 취득한 경우로서 상속인이 다음 각 목의 어느 하나에 해당하는 신고와 함께 해당 재산을 상속세 과세가액에 포함하여 신고한 경우. 다만, 상속세 과세표준과 세액을 결정 또는 경정할 것을 미리 알고 수정신고하거나 기한 후 신고를 하는 경우는 제외한다.

　가. 제67조에 따른 상속세 과세표준신고

　나. 「국세기본법」 제45조에 따른 수정신고

　다. 「국세기본법」 제45조의3에 따른 기한 후 신고

④ 제1항을 적용할 때 주주명부 또는 사원명부가 작성되지 아니한 경우에는 「법인세법」 제109조제1항 및 제119조에 따라 납세지 관할세무서장에게 제출한 주주등에 관한 서류 및 주식등변동상황명세서에 의하여 명의개서 여부를 판정한다.

⑤ 삭제

⑥ 제1항제1호 및 제3항에서 "조세"란 「국세기본법」 제2조제1호 및 제7호에

규정된 국세 및 지방세와 「관세법」에 규정된 관세를 말한다.

⑦ 삭제


- '이밖에도 특수한 관계가 있는 회사 간에 일감을 몰아주거나 떼어주는 등의 행위도 의제증여재산이 됩니다.

  **관련법**
  - 제45조의3(특수관계법인과의 거래를 통한 이익의 증여 의제) : 일감 몰아주기
  - 제45조의4(특수관계법인으로부터 제공받은 사업기회로 발생한 이익의 증여 의제) : 일감 떼어주기
  - 제45조의5(특정법인과의 거래를 통한 이익의 증여 의제)

- '한편 실제 소유자와 명의자가 다른 은행계좌는 '의제증여재산'이 아니라 '추정증여재산'으로 봅니다(관련법 「금융실명거래 및 비밀보장에 관한 법률」 제3조).

## 재산을 증여한 경우, 얼마를 준 것으로 계산할까?

- '앞에서 다뤘지만 증여한 재산의 가치평가는 '시가(the current price)'가 원칙입니다. 지금 거래되고 있는 가격이죠. 시가가 없을 때는 보충적 평가방법을 따라 구하도록 되어 있습니다. 이밖에도 아

래 조문은 증여재산의 가액이 얼마나 되는지 원칙을 제시합니다.

**법제31조(증여재산가액 계산의 일반원칙)**

① 증여재산의 가액(이하 "증여재산가액"이라 한다)은 다음 각 호의 방법으로 계산한다.

1. 재산 또는 이익을 무상으로 이전받은 경우 : 증여재산의 시가(제4장에 따라 평가한 가액을 말한다. 이하 이 조, 제35조 및 제42조에서 같다) 상당액
2. 재산 또는 이익을 현저히 낮은 대가를 주고 이전받거나 현저히 높은 대가를 받고 이전한 경우 : 시가와 대가의 차액. 다만, 시가와 대가의 차액이 3억원 이상이거나 시가의 100분의 30 이상인 경우로 한정한다.
3. 재산 취득 후 해당 재산의 가치가 증가하는 경우 : 증가사유가 발생하기 전과 후의 재산의 시가의 차액으로서 대통령령으로 정하는 방법에 따라 계산한 재산가치상승금액. 다만, 그 재산가치상승금액이 3억원 이상이거나 해당 재산의 취득가액 등을 고려하여 대통령령으로 정하는 금액의 100분의 30 이상인 경우로 한정한다.

② 제1항에도 불구하고 제4조제1항제4호부터 제6호까지 및 같은 조 제2항에 해당하는 경우에는 해당 규정에 따라 증여재산가액을 계산한다.

- 제1항 제1호는 무상 이전일 때 '시가' 평가를 한다는 내용입니다. 제1항 제2호는 싸게 팔거나 비싸게 살 때입니다. 자녀의 집을 비싸게 사주면 그 차액만큼 증여한 셈이 되죠. 부모의 집을 싸게 팔면 시가와의 차액만큼 증여한 셈이 됩니다. 이 차액에 증여세를 부과

합니다. 다만, 그 차액이 3억 원 이상이거나 혹은 시가의 30%를 넘을 때만 이 규정이 적용됩니다(그 이하는 증여세 대상이 아니라는 얘기입니다. 그럼, 어느 가격에 싸게 팔거나 비싸게 사야 증여세를 피할 수 있는지 답이 나옵니다.). 제1항 제3호는 상장 전 주식을 증여하고, 얼마 뒤 상장으로 가격이 오르는 경우를 생각해 볼 수 있습니다. 이때도 재산 가치가 증가한 게 3억 이상이거나 '해당 재산의 취득가액 등을 고려하여 대통령령으로 정하는 금액'의 30% 이상일 때만 적용합니다.

- 이처럼 증여 형태가 아닌 경우도 증여라고 보고 증여세를 매기게 되죠. 그럼 이제부터는 빼기를 할 차례입니다. 뭘 뺄까요? 아래 내용은 증여 형태이지만 가족 간의 증여가 아닌 경우, 그리고 가족 간의 증여라도 부양자가 부양하기 위해 돈을 쓴 경우입니다. 이런 증여에는 증여세를 물리지 않는다는 게 아래 법조문의 내용입니다.

**법제46조**(비과세되는 증여재산)

다음 각 호의 어느 하나에 해당하는 금액에 대해서는 증여세를 부과하지 아니한다.

1. 국가나 지방자치단체로부터 증여받은 재산의 가액
2. 내국법인의 종업원으로서 대통령령으로 정하는 요건을 갖춘 종업원단체(이하 "우리사주조합"이라 한다)에 가입한 자가 해당 법인의 주식을 우리사주조합을 통하여 취득한 경우로서 그 조합원이 대통령령으로 정하는 소액주

주의 기준에 해당하는 경우 그 주식의 취득가액과 시가의 차액으로 인하여 받은 이익에 상당하는 가액

3. 「정당법」에 따른 정당이 증여받은 재산의 가액
4. 「근로복지기본법」에 따른 사내근로복지기금이나 그 밖에 이와 유사한 것으로서 대통령령으로 정하는 단체가 증여받은 재산의 가액
5. 사회통념상 인정되는 이재구호금품, 치료비, 피부양자의 생활비, 교육비, 그 밖에 이와 유사한 것으로서 대통령령으로 정하는 것
6. 「신용보증기금법」에 따라 설립된 신용보증기금이나 그 밖에 이와 유사한 것으로서 대통령령으로 정하는 단체가 증여받은 재산의 가액
7. 국가, 지방자치단체 또는 공공단체가 증여받은 재산의 가액
8. 장애인을 보험금 수령인으로 하는 보험으로서 대통령령으로 정하는 보험의 보험금
9. 「국가유공자 등 예우 및 지원에 관한 법률」에 따른 국가유공자의 유족이나 「의사상자 등 예우 및 지원에 관한 법률」에 따른 의사자의 유족이 증여받은 성금 및 물품 등 재산의 가액
10. 비영리법인의 설립근거가 되는 법령의 변경으로 비영리법인이 해산되거나 업무가 변경됨에 따라 해당 비영리법인의 재산과 권리·의무를 다른 비영리법인이 승계받은 경우 승계받은 해당 재산의 가액

- 위 법조문을 보강하는 내용이 아래 시행령에 있습니다. 참고로 시행령 제일 마지막에 장애인 보험료의 한도가 규정되어 있습니다(연간 4천만 원 이내).

**시행령제35조(비과세되는 증여재산의 범위등)**

① 법 제46조제2호에서 "우리사주조합"이란 「근로복지기본법」 또는 「자본시장과 금융투자업에 관한 법률」에 따른 우리사주조합을 말한다.

② 법 제46조제2호에서 "대통령령으로 정하는 소액주주"란 제29조제5항에 따른 주주등을 말한다.

③ 법 제46조제4호에서 "대통령령으로 정하는 단체"란 「근로복지기본법」에 따른 우리사주조합, 공동근로복지기금 및 근로복지진흥기금을 말한다.

④ 법 제46조제5호에서 "대통령령으로 정하는 것"이란 다음 각 호의 어느 하나에 해당하는 것으로서 해당 용도에 직접 지출한 것을 말한다.

1. 삭제

2. 학자금 또는 장학금 기타 이와 유사한 금품

3. 기념품·축하금·부의금 기타 이와 유사한 금품으로서 통상 필요하다고 인정되는 금품

4. 혼수용품으로서 통상 필요하다고 인정되는 금품

5. 타인으로부터 기증을 받아 외국에서 국내에 반입된 물품으로서 당해 물품의 관세의 과세가격이 100만원미만인 물품

6. 무주택근로자가 건물의 총연면적이 85제곱미터이하인 주택(주택에 부수되는 토지로서 건물연면적의 5배이내의 토지를 포함한다)을 취득 또는 임차하기 위하여 법 제46조제4호의 규정에 의한 사내근로복지기금 및 공동근로복지기금으로부터 증여받은 주택취득보조금중 그 주택취득가액의 100분의 50이하의 것과 주택임차보조금중 전세가액의 100분의 10이하의 것

7. 불우한 자를 돕기 위하여 언론기관을 통하여 증여한 금품

⑤ 법 제46조제6호에서 "대통령령으로 정하는 단체"란 다음 각 호의 어느 하나에 해당하는 단체를 말한다.

1. 「기술보증기금법」에 따른 기술보증기금
2. 「지역신용보증재단법」에 따른 신용보증재단 및 동법 제35조에 따른 신용보증재단중앙회
3. 「예금자보호법」 제24조제1항에 따른 예금보험기금 및 동법 제26조의3제1항에 따른 예금보험기금채권상환기금
4. 「한국주택금융공사법」 제55조에 따른 주택금융신용보증기금(동법 제59조의2에 따라 설치된 주택담보노후연금보증계정을 포함한다)

⑥ 법 제46조제8호에서 "대통령령으로 정하는 보험의 보험금"이란 「소득세법 시행령」 제107조제1항 각 호의 어느 하나에 해당하는 자를 수익자로 한 보험의 보험금을 말한다. 이 경우 비과세되는 보험금은 연간 4천만원을 한도로 한다.

## 세금을 물리지 않는 또 다른 경우 : 과세가액 불산입

- 세금을 물리지 않는 대표적인 예가 장애인이 증여받은 재산입니다. 이 경우 요건이 있는데 신탁한 재산이어야 하고, 신탁 이익을 장애인이 전부 받아야 하며, 신탁 기간이 장애인 사망 때까지로 되어 있어야 하죠. 중간에 신탁이 해지되거나 이익을 받는 사람이 장애인 말고 또 있거나 이익 받는 사람이 달라지는 경우에는 증여세를

내야 합니다[제52조의2(장애인이 증여받은 재산의 과세가액 불산입), 시행령제45조의2(장애인이 증여받은 재산의 과세가액불산입) 참조].

- 이밖에 아래 두 법조문의 경우도 세금을 물리지 않습니다. 참고로 공익법인 등은 탈세의 도구로 쓰일 때가 있어서 엄격히 규정하느라 조문이 깁니다.
  - 법제48조(공익법인등이 출연받은 재산에 대한 과세가액 불산입등)
  - 법제52조(공익신탁재산에 대한 증여세 과세가액 불산입)

### 임대보증금 낀 부동산을 증여한 경우에 채무액은?

- 10억 부동산에 임대보증금이 5억 끼어 있습니다. 이때 10억 부동산을 증여하면 실제 증여한 액수는 얼마가 될까요? 원칙은 임대보증금(나중에 줘야 하는 것이므로 채무죠.)까지 같이 증여한 것으로 보고 10억에서 5억을 뺀 5억만 증여한 것으로 봅니다(이런 걸 부담부증여라고 하죠.). 그러나 배우자 간에, 혹은 직계존비속 간에 채무 낀 증여를 한 경우에는 일단 채무를 제외하고 10억 전부를 증여한 것으로 추정합니다. 이 규정의 원칙을 이용하여 부모가 자식에게 10억 부동산을 증여하고, 부모 본인이 5억 빚을 갚는 경우를 방지하기 위해서입니다. 그러나 추정이므로 실제로 자녀가 채무(임대보증금)까지 증여받은 것으로 입증되면 5억만 증여한 것으로 봅니다.

**제47조(증여세 과세가액)**

① 증여세 과세가액은 증여일 현재 이 법에 따른 증여재산가액을 합친 금액[제31조제1항제3호, 제40조제1항제2호·제3호, 제41조의3, 제41조의5, 제42조의3 및 제45조의2부터 제45조의4까지의 규정에 따른 증여재산(이하 "합산배제증여재산"이라 한다)의 가액은 제외한다]에서 그 증여재산에 담보된 채무(그 증여재산에 관련된 채무 등 대통령령으로 정하는 채무를 포함한다)로서 수증자가 인수한 금액을 뺀 금액으로 한다.

③ 제1항을 적용할 때 배우자 간 또는 직계존비속 간의 부담부증여(부담부증여, 제44조에 따라 증여로 추정되는 경우를 포함한다)에 대해서는 수증자가 증여자의 채무를 인수한 경우에도 그 채무액은 수증자에게 인수되지 아니한 것으로 추정한다. 다만, 그 채무액이 국가 및 지방자치단체에 대한 채무 등 대통령령으로 정하는 바에 따라 객관적으로 인정되는 것인 경우에는 그러하지 아니하다.

- 물론 아무 채무나 여기서 말하는 채무가 되는 건 아닙니다. 해당 재산에 연관된 빚이어야 합니다. 그래서 임대보증금과 관련된 채무여야 합니다.

**시행령 제36조(증여세 과세가액에서 공제되는 채무)**

① 법 제47조제1항에서 "그 증여재산에 관련된 채무 등 대통령령으로 정하는 채무"란 증여자가 해당 재산을 타인에게 임대한 경우의 해당 임대보증금을 말한다.

② 법 제47조제3항 단서에서 "국가 및 지방자치단체에 대한 채무 등 대통령령으로 정하는 바에 따라 객관적으로 인정되는 것인 경우"란 제10조제1항 각 호의 어느 하나에 따라 증명되는 경우를 말한다.

- 1항에 '합산배제증여재산'이 나옵니다. 상속세 다룰 때 한 차례 언급했었죠. 이미 취득한 자산으로 얻은 수익들, 예를 들어 주식을 증여받았는데 주가가 올라서 얻은 수익 혹은 증여받은 부동산을 임대하여 얻은 수익은 합산하지 않는다는 얘기였죠. 그 얘기입니다(합산하지 않고 개별 과세한다는 얘기입니다. 비과세가 아닙니다.). 한편 위에서 말하는 채무가 되려면 아래 내용과 같은 서류로 채무 사실을 확인할 수 있어야 합니다.

**시행령 제10조(채무의 입증방법등)**

① 법 제14조제4항에서 "대통령령으로 정하는 방법에 따라 증명된 것"이란 상속개시 당시 피상속인의 채무로서 상속인이 실제로 부담하는 사실이 다음 각 호의 어느 하나에 따라 증명되는 것을 말한다.
1. 국가·지방자치단체 및 금융회사 등에 대한 채무는 해당 기관에 대한 채무임을 확인할 수 있는 서류
2. 제1호외의 자에 대한 채무는 채무부담계약서, 채권자확인서, 담보설정 및 이자지급에 관한 증빙 등에 의하여 그 사실을 확인할 수 있는 서류

- 증여세 10년 합산 원칙을 규정한 조문은 같은 법제47조 2항에 있

습니다. 이 조문에는 하한선이 나와 있습니다. 10년 이내에 증여한 게 1천만 원 이상일 때만 더한다는 얘기입니다.

**제47조(증여세 과세가액)**

② 해당 증여일 전 10년 이내에 동일인(증여자가 직계존속인 경우에는 그 직계존속의 배우자를 포함한다)으로부터 받은 증여재산가액을 합친 금액이 1천만 원 이상인 경우에는 그 가액을 증여세 과세가액에 가산한다. 다만, 합산배제증여재산의 경우에는 그러하지 아니하다.

## 증여 공제

- 앞에서 다룬 적이 있습니다만, 법조문과 함께 다시 살펴보죠.

**법제53조(증여재산 공제)**

거주자가 다음 각 호의 어느 하나에 해당하는 사람으로부터 증여를 받은 경우에는 다음 각 호의 구분에 따른 금액을 증여세 과세가액에서 공제한다. 이 경우 수증자를 기준으로 그 증여를 받기 전 10년 이내에 공제받은 금액과 해당 증여가액에서 공제받을 금액을 합친 금액이 다음 각 호의 구분에 따른 금액을 초과하는 경우에는 그 초과하는 부분은 공제하지 아니한다.

1. 배우자로부터 증여를 받은 경우: 6억원
2. 직계존속[수증자의 직계존속과 혼인(사실혼은 제외한다. 이하 이 조에서 같다) 중

인 배우자를 포함한다]으로부터 증여를 받은 경우: 5천만원. 다만, 미성년자가 직계존속으로부터 증여를 받은 경우에는 2천만원으로 한다.

3. 직계비속(수증자와 혼인 중인 배우자의 직계비속을 포함한다)으로부터 증여를 받은 경우: 5천만원

4. 제2호 및 제3호의 경우 외에 6촌 이내의 혈족, 4촌 이내의 인척으로부터 증여를 받은 경우: 1천만원

- 10년 합산에 대한 이야기가 나오고, 그 뒤로 1호부터 관계인과 공제액이 나옵니다. 배우자 증여는 6억까지 공제되고, 직계존비속은 5천만 원(그러나 미성년인 경우 2천만 원까지), 기타 친족은 1천만 원입니다. 여러 차례 되풀이해서 얘기했으니 이제 내용이 익숙해졌을 것 같습니다. '부부는 한 몸' 기준도 기억하세요. 10년 동안 어머니가 3천만 원, 아버지가 3천만 원 증여했다면 동일인 원칙에 따라 총 6천을 준 게 되고, 그러면 1천만 원에 대해서는 증여세를 내게 된다는 것이죠. 한편 비거주자의 증여에는 공제 혜택이 없습니다.

## 10년 합산이 얼마나 중요한지 간단히 살펴보기

- 10년 합산 증여를 피하는 게 상속세 절세에 얼마나 큰 효과가 있는지 간략히 살펴봅니다. 피상속인이 30억 재산을 소유하고 있고, 배우자 없이 자녀만 한 명 있다고 가정하고 계산합니다(장례비용,

신고세액 공제 등 자세한 내역은 계산하지 않음).

〈사망 10년 전에 자녀에게 총 5억 증여〉

– 상속세 과세표준 : 20억 원(=상속재산 25억 – 일괄공제 5억)

– 상속세 산출세액 : 6억 4,000만 원

〈사망 5년 전에 자녀에게 총 5억 증여〉

– 상속세 과세표준 : 25억 원(=상속재산 25억 + 증여 5억 – 일괄공제 5억)

– 상속세 산출세액 : 8억 4,000만 원

- 어떤가요? 2억 차이가 납니다. 사망 10년 전 증여가 아니라면 증여 효과를 거의 누릴 수 없게 됩니다. 그래서 세금 전문가를 찾아가면 '빨리 증여하는 게 좋다'는 얘기가 나오는 거죠.

## 과세표준 구하기

- 증여가액에서 뺄 거 다 빼고 마지막으로 증여재산의 가액을 알기 위해 감정평가 수수료로 지불한 돈까지 빼고 나면 최종적으로 우리가 알고 싶었던 '증여세 과세표준'이 나옵니다.

**법제55조(증여세의 과세표준 및 과세최저한)**

① 증여세의 과세표준은 다음 각 호의 어느 하나에 해당하는 금액에서 대통령령으로 정하는 증여재산의 감정평가 수수료를 뺀 금액으로 한다.

1. 제45조의2에 따른 명의신탁재산의 증여 의제: 그 명의신탁재산의 금액

2. 제45조의3 또는 제45조의4에 따른 이익의 증여 의제: 증여의제이익

3. 제1호 및 제2호를 제외한 합산배제증여재산: 그 증여재산가액에서 3천만원을 공제한 금액

4. 제1호부터 제3호까지 외의 경우: 제47조제1항에 따른 증여세 과세가액에서 제53조와 제54조에 따른 금액을 뺀 금액

② 과세표준이 50만원 미만이면 증여세를 부과하지 아니한다.


**시행령 제46조의2(감정평가 수수료 공제)**

법 제55조제1항 각 호 외의 부분에서 "대통령령으로 정하는 증여재산의 감정평가 수수료"란 제20조의3에 따른 수수료를 말한다. 이 경우 제20조의3 중 "상속재산"은 "증여재산"으로, "상속세"는 "증여세"로, "상속세과세표준신고"는 "증여세과세표준신고"로 본다.


## 증여세 세율 = 상속세 세율

- 증여세 세율은 상속세와 동일합니다. 법제26조에 다음처럼 상속세 세율이 나옵니다.

| 과세표준 | 세율 |
| --- | --- |
| 1억 원 이하 | 과세표준의 100분의 10 |
| 1억 원 초과 5억 원 이하 | 1천만 원 + (1억 원을 초과하는 금액의 100분의 20) |
| 5억 원 초과 10억 원 이하 | 9천만 원 + (5억 원을 초과하는 금액의 100분의 30) |
| 10억 원 초과 30억 원 이하 | 2억 4천만 원 + (10억 원을 초과하는 금액의 100분의 40) |
| 30억 원 초과 | 10억 4천만 원 + (30억 원을 초과하는 금액의 100분의 50) |

- 각 구간별로 세율이 다릅니다. 1억 밑으로는 10%, 1억 초과~5억 이하는 20% 등 구간이 높아질수록 세율도 같이 증가합니다. 30억을 넘는 구간부터는 50% 고세율이 부과됩니다. 한편 요즘은 인터넷이나 휴대폰 앱으로도 상속세, 증여세 계산하는 게 많이 나와 있으니 참고용으로 계산해도 괜찮습니다. 다만 보다 자세한 계산은 전문가에게 의뢰합니다.

## 세대생략할증과세

- 증여를 받은 사람이 증여자의 자녀가 아닌 직계비속인 경우, 즉 손주 혹은 증손주인 경우에는 증여세산출세액에 30%를 더 내야 합니다(만일 증여받은 사람이 증여자의 자녀가 아닌 직계비속이면서 동시에 미성년자이며, 동시에 증여한 금액이 20억 원을 넘는 경우에는 40%를 더 내야 함.). 단, 대습상속일 때는 이를 적용하지 않습니다.

**제57조(직계비속에 대한 증여의 할증과세)**

① 수증자가 증여자의 자녀가 아닌 직계비속인 경우에는 증여세산출세액에 100분의 30(수증자가 증여자의 자녀가 아닌 직계비속이면서 미성년자인 경우로서 증여재산가액이 20억원을 초과하는 경우에는 100분의 40)에 상당하는 금액을 가산한다. 다만, 증여자의 최근친(最近親)인 직계비속이 사망하여 그 사망자의 최근친인 직계비속이 증여받은 경우에는 그러하지 아니하다.

② 할증과세액의 계산방법 등 필요한 사항은 대통령령으로 정한다.

## 창업자금 증여

- 창업자금을 증여받은 경우는 몇 가지 조건을 만족시킬 때 5억 공제가 있으며 과세도 누진세 방식이 아니라 전체 10%만 내도록 혜택을 주고 있습니다(30억 한도. 그러나 10인 이상 고용시 한도가 50억으로 는다.). 이는 가업 승계를 조건으로 증여를 받은 경우에도 동일하게 적용됩니다(주로 주식 등을 증여받는 것으로, 5년 내 대표이사 취임 등의 조건이 있습니다.).

**조세특례제한법제30조의5(창업자금에 대한 증여세 과세특례)**

① 18세 이상인 거주자가 제6조제3항 각 호에 따른 업종을 영위하는 중소기업을 창업할 목적으로 60세 이상의 부모(증여 당시 아버지나 어머니가 사망한 경우에는 그 사망한 아버지나 어머니의 부모를 포함한다. 이하 이 조에서 같다)

로부터 토지·건물 등 대통령령으로 정하는 재산을 제외한 재산을 증여받는 경우에는 「상속세 및 증여세법」 제53조 및 제56조에도 불구하고 해당 증여받은 재산의 가액 중 대통령령으로 정하는 창업자금[증여세 과세가액 30억원(창업을 통하여 10명 이상을 신규 고용한 경우에는 50억원)을 한도로 하며, 이하 이 조에서 "창업자금"이라 한다]에 대해서는 증여세 과세가액에서 5억원을 공제하고 세율을 100분의 10으로 하여 증여세를 부과한다. 이 경우 창업자금을 2회 이상 증여받거나 부모로부터 각각 증여받는 경우에는 각각의 증여세 과세가액을 합산하여 적용한다.

- 이 경우 '창업자금'으로 인정을 받으려면 증여일로부터 1년 내에 창업을 해야 하고, 3년 내에 창업자금을 목적에 맞게 써야 특례가 유지됩니다. 만일 이런 조건을 달성하지 못하면 이자까지 포함해서 증여세를 다시 물어야 합니다(가업 승계도 조건을 깨뜨리면 마찬가지로 이자 포함해서 증여세를 물어야 한다.). 한편 아래 4가지 경우는 '창업'으로 보지 않아 공제+세금 혜택이 주어지지 않습니다.

1. 합병·분할·현물출자 또는 사업의 양수를 통하여 종전의 사업을 승계하거나 종전의 사업에 사용되던 자산을 인수 또는 매입하여 같은 종류의 사업을 하는 경우
2. 거주자가 하던 사업을 법인으로 전환하여 새로운 법인을 설립하는 경우
3. 폐업 후 사업을 다시 개시하여 폐업 전의 사업과 같은 종류의 사업을 하는 경우

4. 다른 업종을 추가하는 등 새로운 사업을 최초로 개시하는 것으로 보기 곤란한 경우, 그 밖에 이와 유사한 것으로서 대통령령으로 정하는 경우

## 증여세 납부 관련

- 증여세와 상속세는 동일하게 다루지만 한 가지 크게 다른 점이 있습니다. 이 둘은 모두 분납도 가능하고, 연부연납도 가능합니다. 그러나 증여세에는 물납이 없습니다.

- 거주자와 비거주자를 다르게 취급하는 건 상속세와 똑같습니다. 거주자인 경우에는 해당 재산의 소재지 여부를 가리지 않고 모두 증여세의 대상이 됩니다. 반면 비거주자인 경우에는 해당 재산이 국내에 소재하는 경우에만 증여세를 과세합니다.

- 명의신탁재산도 증여로 본다고 앞에서 설명했습니다. 그런데 명의신탁재산은 이름만 빌린 것이기 때문에 납세 의무는 실소유자가 짊어지게 됩니다. 명의자는 증여세를 내지 않습니다.

## 납세의무

- 한편 몇 가지 조건을 충족하는 수증자가 납부 능력이 안 될 때 1) 전부 혹은 일부 면제, 2) 증여자가 연대납부를 하게 됩니다. 위 내용을 비롯하여 기타 납부와 관련된 의무 사항은 아래 법조문을 참고합니다.

**제4조의2(증여세 납부의무)**

① 수증자는 다음 각 호의 구분에 따른 증여재산에 대하여 증여세를 납부할 의무가 있다.

1. 수증자가 거주자(본점이나 주된 사무소의 소재지가 국내에 있는 비영리법인을 포함한다. 이하 이 항에서 같다)인 경우: 제4조에 따라 증여세 과세대상이 되는 모든 증여재산

2. 수증자가 비거주자(본점이나 주된 사무소의 소재지가 외국에 있는 비영리법인을 포함한다. 이하 제6항과 제6조제2항 및 제3항에서 같다)인 경우: 제4조에 따라 증여세 과세대상이 되는 국내에 있는 모든 증여재산

② 제1항에도 불구하고 제45조의2에 따라 재산을 증여한 것으로 보는 경우(명의자가 영리법인인 경우를 포함한다)에는 실제소유자가 해당 재산에 대하여 증여세를 납부할 의무가 있다.

③ 제1항의 증여재산에 대하여 수증자에게「소득세법」에 따른 소득세 또는「법인세법」에 따른 법인세가 부과되는 경우에는 증여세를 부과하지 아니한다. 소득세 또는 법인세가「소득세법」,「법인세법」또는 다른 법률에 따

라 비과세되거나 감면되는 경우에도 또한 같다.

④ 영리법인이 증여받은 재산 또는 이익에 대하여 「법인세법」에 따른 법인세가 부과되는 경우(법인세가 「법인세법」 또는 다른 법률에 따라 비과세되거나 감면되는 경우를 포함한다) 해당 법인의 주주등에 대해서는 제45조의3부터 제45조의5까지의 규정에 따른 경우를 제외하고는 증여세를 부과하지 아니한다.

⑤ 제1항에도 불구하고 제35조부터 제37조까지 또는 제41조의4에 해당하는 경우로서 수증자가 증여세를 납부할 능력이 없다고 인정되는 경우에는 그에 상당하는 증여세의 전부 또는 일부를 면제한다.

⑥ 증여자는 다음 각 호의 어느 하나에 해당하는 경우에는 수증자가 납부할 증여세를 연대하여 납부할 의무가 있다. 다만, 제4조제1항제2호 및 제3호, 제35조부터 제39조까지, 제39조의2, 제39조의3, 제40조, 제41조의2부터 제41조의5까지, 제42조, 제42조의2, 제42조의3, 제45조의3부터 제45조의5까지 및 제48조(출연자가 해당 공익법인의 운영에 책임이 없는 경우로서 대통령령으로 정하는 경우만 해당한다)에 해당하는 경우는 경우는 제외한다.

1. 수증자의 주소나 거소가 분명하지 아니한 경우로서 증여세에 대한 조세채권(租稅債權)을 확보하기 곤란한 경우
2. 수증자가 증여세를 납부할 능력이 없다고 인정되는 경우로서 체납처분을 하여도 증여세에 대한 조세채권을 확보하기 곤란한 경우
3. 수증자가 비거주자인 경우
4. 삭제

⑦ 세무서장은 제6항에 따라 증여자에게 증여세를 납부하게 할 때에는 그

사유를 알려야 한다.

⑧ 법인격이 없는 사단·재단 또는 그 밖의 단체는 다음 각 호의 어느 하나에 해당하는 자로 보아 이 법을 적용한다.

1. 「국세기본법」 제13조제4항에 따른 법인으로 보는 단체에 해당하는 경우: 비영리법인

2. 제1호 외의 경우: 거주자 또는 비거주자

⑨ 실제소유자가 제45조의2에 따른 증여세·가산금 또는 체납처분비를 체납한 경우에 그 실제소유자의 다른 재산에 대하여 체납처분을 집행하여도 징수할 금액에 미치지 못하는 경우에는 「국세징수법」에서 정하는 바에 따라 제45조의2에 따라 명의자에게 증여한 것으로 보는 재산으로써 납세의무자인 실제소유자의 증여세·가산금 또는 체납처분비를 징수할 수 있다.

## 증여세 계산 구조

- 아래는 실제로 증여세를 계산하는 과정을 보여주고 있습니다. 지금까지 살펴본 증여세 관련 내용을 바탕으로 살펴보면 도움이 되리라 생각합니다.

| 구분 | 내용 | | 비고 |
|---|---|---|---|
| +증여재산가액 | 본래 증여재산가액 | | 증여 예시 : ① 신탁이익 ② 보험금 ③ 저가고가 양도 ④ 채무 면제 ⑤ 부동산 무상 사용 ⑥ 합병, 증자, 감자, 현물출자 ⑦ 전환사채 등의 주식전환 ⑧ 초과배당 ⑨ 주식 또는 출자지분 상장 ⑩ 금전무단 대출 ⑪ 합병에 따른 상장 등 ⑫ 재산 사용 및 용역 제공 ⑬ 법인조직 변경 ⑭ 재산 취득 후 재산가치 증가 |
| | 추정 증여재산가액 | | ① 배우자등에게 양도한 재산의 증여추정 ② 재산취득자금 등의 증여추정법제44조에서제45조의1 (수증자에게 추정번복 입증책임 있음.) |
| | 의제 증여재산가액 | | ① 명의신탁재산의 증여의제 ② 특수관계인 간의 거래(일감 몰아주기) ③ 특수관계법인으로부터 제공받은 사업기회로 발생한 이익(일감 떼어주기) ④ 특정법인과의 거래를 통한 이익 법제45조의2에서 제45조의5 요건 입증되면 증여로 간주, 수증자 요건불성취 입증책임 |
| -비과세 재산가액 | | | ① 국가나 지방자체단체로부터 증여받은 재산 ② 내국법인 우리사주조합원의 소액주주 주식취득가액과 시가의 차액 발생 이익 ③ 정당이 증여받은 재산 ④ 사내 근로복지기금이나 유사한 단체가 증여받은 재산 ⑤ 사회통념상 인정되는 이재구호금, 치료비, 생활비, 교육비 그밖에 이와 유사한 것(축의금, 부의금) ⑥ 신용보증기금이나 유사한 단체가 증여받은 재산 ⑦ 국가 또는 지방자치단체가 증여받은 재산 ⑧ 장애인을 보험금수령인으로 하는 보험의 보험금 ⑨ 국가유공자의 유족이나 의사자의 유족이 증여받은 성금 및 물품 등 재산(치료비, 축의금, 부의금, 장애인보험금 등) |
| -과세불산입 | 공익법인출연재산가액 | | |
| | 공익신탁재산가액 | | |
| | 장애인신탁재산가액 | | |
| -채무액 | | | 부담부증여시 인수채무액 |
| +증여재산가산액 | | | 10년 이내 동일인에게서(단, 직계존속일 경우 배우자 포함), (1000만 원 이상의 경우에만) |
| =증여세과세가액 | | | |
| -증여재산공제 | 공제내역 | | 수증자가 거주자인 경우에 한함(10년 누적). |
| | 배우자 간 | 6억 원 | |
| | 직계존속이 직계비속에게 | 5,000만 원 (미성년자 2,000만 원) | |
| | 직계비속이 직계존속에게 | 5,000만 원 | |
| | 기타친족(사위, 며느리 등) | 1,000만 원 | |
| -재해손실공제 | | | |
| -감정평가수수료 | | | |
| =증여세과세표준 | | | |

| 구분 | | 내용 | 비고 |
|---|---|---|---|
| ×세율 | 과세표준 | 세율 | |
| | 1억 원 이하 | 10% | |
| | 1억 원 초과 5억 원 이하 | 20%–1,000만 원 | |
| | 5억 원 초과 10억 원 이하 | 30%–6,000만 원 | |
| | 10억 원 초과 30억 원 이하 | 40%–1억 6,000만 원 | |
| | 30억 원 초과 | 50% | |
| =산출세액 | | | |
| +세대생략할증 가산액 | | 세대를 건너뛴 증여 30%(미성년자 + 20억 이상 40%) | |
| +이자상당액 | | | |
| −박물관자료 등 징수유예세액 | | | |
| −세액공제 | 기납부세액공제 | | |
| | 외국납부세액공제 | | |
| | 신고세액공제 | 3% | |
| | 그 밖의 공제·감면세액 | | |
| +신고불성실가산세 | | | |
| +납부불성실가산세 | | | |
| +공익법인 등 관련 가산세 | | | |
| =납부할세액 | | | 증여일이 속한 달의 말일부터 3개월 이내 |
| 합산배제 증여재산가액 (* 다른 증여액과 합산하지 않고 별도로 납부) | | | ① 타인의 기여에 의하여 재산가치가 증가하는 경우 ② 전환사채등에 의하여 주식으로의 전환·교환 또는 주식을 인수하거나 전환사채 등을 양도함으로써 얻은 이익 ③ 주식 또는 출자지분의 상장 등에 따른 이익의 증여 ④ 합병에 따른 상장 등 이익의 증여 ⑤ 미성년자 등의 재산 증가 ⑥ 특수관계법인과의 거래를 통한 이익의 증여의제 ⑦ 특수관계법인으로부터 제공받은 사업기회로 발생한 이익의 증여의제 |
| 납부방법 | 연부연납 | | 5년, 1.8%, 납세담보 필요 |
| | 분납 | | |
| | 연대납세의무 | | 수증자가 납부할 증여세를 대신 납부 ① 수증자의 주소나 거소가 분명하지 아니하여 조세채권 확보가 곤란한 경우 ② 수증자가 증여세를 납부할 능력이 없다고 인정되는 경우 ③ 수증자가 비거주자인 경우 ④ 명의신탁재산의 증여의제(법제45조의2)에 따라 증여받는 것으로 보는 경우 * 증여자가 연대납세의무자로서 납부하는 증여세액은 수증자에 대한 증여로 보지 아니함. 연대납세의무 조건 불성립이면 당초증여재산가액에 가산 |

## 상속세와 증여세의 재산평가 방법

- 마지막으로 재산평가 방법을 표로 정리해 보았습니다. 앞에서도 다룬 내용이므로 참고하면서 보면 될 것 같습니다.

| 구분 | | 내용 | 근거 | 비교 |
|---|---|---|---|---|
| 기본원칙 | | 재산은 평가기준일(상속개시일 또는 증여일)현재의 시가에 의해 평가 | | |
| 시가 | 의미 | 불특정 다수인 사이에 자유로이 거래가 이루어지는 경우 통상 성립된다고 인정되는 가액, 실제매매가액, 감정, 수용, 공매 또는 경매가격 | | |
| | 평가기준일 | 매매 | 계약일 | |
| | | 감정가액 | 감정가액 평가서 작성일 | |
| | | 수용 등 | 보상가액이 결정된 날 | |
| | 평가시기 | 시기 | 평가기준일 전후 6개월(증여재산의 경우 평가기준일 전 6개월부터 평가기준일 후 3개월까지) 이내 기간 중 매매·감정·수용·경매 또는 공매가 있는 경우 등 | 시가로 보는 가액이 2개 이상 있는 경우에는 평가기준일로부터 가장 가까운 날에 해당하는 가액 |
| | 평가방법 | ① 당해재산에 매매 사실이 있는 경우 : 그 거래가액 | | |
| | | ② 당해재산(주식, 출자지분제외)에 대해 2개 이상 감정평가법인이 평가한 경우 : 그 감정가격의 평균액 | | – 다른 감정기관 평가감정가액의 100분의 80 미달시 시가 불인정<br>– Min(보충평가액, 유사매매사례액 90%) 미달시 재감정 |
| | | ③ 수용·경매 또는 공매가 있는 경우 : 그 보상, 경매, 공매가액 | | 특수관계인의 공매 등은 불인정 |
| | | ④ 유사매매사례가액 : 해당재산과 면적, 위치, 용도 및 종목이 동일하거나 유사한 다른 재산에 대한 시가로 인정되는 가액이 있는 경우 : 해당가액 | | 상속세는 평가기준일 전 6개월 전부터 신고일까지<br>증여세는 평가기준일 3개월 전부터 신고일까지 |

| | | | | |
|---|---|---|---|---|
| 보충적 평가방법: 시가를 산정하기 어려운 경우 해당재산의 종류, 규모, 거래상황 등을 고려하여 보충적 평가방법으로 평가한 가액을 시가로 본다. | 시행령제49조제1항단서 | 평가기준일 전 2년이내 기간 중 매매 등이 있거나 평가기간이 경과한 후부터 과세표준신고기한까지의 기간 중에 매매등이 있는 경우 가격변동 등의 특별한 사정이 없다고 인정되는 때 평가심의위원회의 자문을 거쳐 해당매매 등의 가액을 포함 가능 | | 평가심의위원회구성 |
| | 토지 | 1. 원칙 : 개별공시지가 (2지정지역안의토지 : 개별공시지가×배율) | | 개별공시지가 인터넷(www.realtyprice.kr)개별공시지가) |
| | 오피스텔 및 상업용 건물(부수토지 포함) | 국세청장 고시가액 →평가가액=(전용면적+공용면적)×1㎡당 고시가액 | | 상업용 건물/오피스텔 기준시가 다만 고시된 기준시가가 없는 경우 일반건물평가방법으로 산정 * 국세청홈텍스(www.hometax.go.kr)조회/발급)기준시가조회)상업용 건물/오피스텔 |
| | 주택(부수토지 포함) | 공동주택 | 공시한 공동주택가격 | | www.realtyprice.kr)공동주택공시가격 |
| | | 단독주택 | 공시한 개별주택가격 | | www.realtyprice.kr)개별단독주택공시가격 |
| | 일반건물 | 국세청고시가액 | 건물의 신축가격, 구조, 위치, 신축연도 등을 참작하여 매년 1회 이상 고시 | 국세청장이 고시하는 건물기준 시가산정방법에 따라 평가 * 국세청홈텍스 [www.hometax.go.kr)조회/발급)기준시가조회)건물기준시가(양도), 건물기준시가(상속, 증여)] |
| | 시설물 및 구축물 | 재취득가액에서 설치일부터 평가기준일까지의 감가상각비 상당액을 차감한 가액 | | 산정하기 어려운 경우 지방세법상 시가표준액 |
| | 임대차계약이 체결된 평가특례(법제61조제5항) | 평가액=Max(①,②) ① 보충적 평가방법에 의한 금액 ② 1년간 임대료÷기획재정부령으로 정하는 율(12%)+임대보증금 | | 임대차계약체결 혹은 임차권 등기된 재산 |
| | 저당권설정자산특례(법제60조) | 평가액=Max(①,②) ① 평가기준일 당시의 시가(불분명한 경우 보충적 평가방법에 의한 금액) ② 당해재산이 담보하는 채권액 | | |

| | | |
|---|---|---|
| | 상장주식 평가 | 원칙 : 평가기준일 이전, 이후 2개월 동안 한국거래소 최종시세가액의 평균액<br>* 최대주주 할증평가 : 최대주주 및 특수관계주주 주식에 대해 평가액에 20%(중소기업 10%) 가산. 단 지분 50% 초과 보유 최대주주는 30%(중소기업은 15%, 적용유예) 할증함. | |
| | 비상장주식 평가 | 원칙 : 시가[평가기준일 전후 6월(증여재산은 3월) 이내 불특정다수인 사이의 객관적 교환가치]<br>* 보충적평가방법 : 1주당 평가액=((1주당 순손익가치)×3)+(1주당순자산가치)×2)÷5 | |

[별지 제10호서식] <개정 2020. 3. 13.>

## 증여세과세표준신고 및 자진납부계산서
### (기본세율 적용 증여재산 신고용)

관리번호 -

[ ]기한 내 신고  [ ]수정신고  [ ]기한 후 신고

(앞쪽)

※ 뒤쪽의 작성방법을 읽고 작성하시기 바랍니다.

| 수증자 | ① 성 명 | | ② 주민등록번호 | | ③ 거 주 구 분 [ ] 거주자 [ ] 비거주자 | |
|---|---|---|---|---|---|---|
| | ④ 주 소 | | | | ⑤ 전자우편주소 | |
| | ⑥ 전화번호 | (자 택) | | (휴대전화) | ⑦ 증여자와의 관계 | |
| 증여자 | ⑧ 성 명 | | ⑨ 주민등록번호 | | ⑩ 증 여 일 자 | |
| | ⑪ 주 소 | | | | ⑫ 전 화 번 호 | (자 택)<br>(휴대전화) |
| 세무대리인 | ⑬ 성 명 | | ⑭ 사업자등록번호 | | ⑮ 관 리 번 호 | |
| | ⑯ 전화번호 | (사무실) | | (휴대전화) | | |

| 구 분 | 금 액 | 구 분 | 금 액 |
|---|---|---|---|
| ⑰ 증 여 재 산 가 액 | | ㊱ 세 액 공 제 합 계<br>( ㊳ + ㊴ + ㊵ + ㊶ ) | |
| ⑱ 비 과 세 재 산 가 액 | | ㊳ 기 납 부 세 액<br>(「상속세 및 증여세법」 제58조) | |
| 과세가액<br>불산입 | ⑲ 공익법인 출연재산가액<br>(「상속세 및 증여세법」 제48조) | | 세액<br>공제 | ㊴ 외 국 납 부 세 액 공 제<br>(「상속세 및 증여세법」 제59조) | |
| | ⑳ 공 익 신 탁 재 산 가 액<br>(「상속세 및 증여세법」 제52조) | | ㊵ 신 고 세 액 공 제<br>(「상속세 및 증여세법」 제69조) | |
| | ㉑ 장애인 신탁 재산 가 액<br>(「상속세 및 증여세법」 제52조의2) | | ㊶ 그 밖의 공제 · 감면세액 | |
| ㉒ 채 무 액 | | ㊷ 신 고 불 성 실 가 산 세 | |
| ㉓ 증 여 재 산 가 산 액<br>(「상속세 및 증여세법」 제47조제2항) | | ㊸ 납 부 지 연 가 산 세 | |
| ㉔ 증 여 세 과 세 가 액<br>(⑰-⑱-⑲-⑳-㉑-㉒+㉓) | | ㊹ 공익법인 등 관련 가산세<br>(「상속세 및 증여세법」 제78조) | |
| 증여재산공제 | ㉕ 배 우 자 | | ㊺ 자진납부할 세액 (합계액)<br>(㉞-㉟-㊱-㊲+㊷+㊸+㊹) | |
| | ㉖ 직 계 존 비 속 | | 납부방법 | 납부 및 신청일 |
| | ㉗ 그 밖의 친 족 | | ㊻ 연 부 연 납 | |
| ㉘ 재 해 손 실 공 제<br>(「상속세 및 증여세법」 제54조) | | 현금 | ㊼ 분 납 | |
| ㉙ 감 정 평 가 수 수 료 | | | ㊽ 신고납부 | |
| ㉚ 과세표준(㉔-㉕-㉖-㉗-㉘-㉙) | | 「상속세 및 증여세법」 제68조 및 같은 법 시행령 제65조제1항에 따라 증여세의 과세가액 및 과세표준을 신고하며, 위 내용을 충분히 검토하였고 신고인이 알고 있는 사실을 그대로 적었음을 확인합니다.<br>년 월 일<br>신고인 (서명 또는 인)<br>세무대리인은 조세전문자격자로서 위 신고서를 성실하고 공정하게 작성하였음을 확인합니다.<br>세무대리인 (서명 또는 인)<br>**세무서장** 귀하 | |
| ㉛ 세 율 | | | |
| ㉜ 산 출 세 액 | | | |
| ㉝ 세 대 생 략 가 산 액<br>(「상속세 및 증여세법」 제57조) | | | |
| ㉞ 산 출 세 액 계(㉜+㉝) | | | |
| ㉟ 이 자 상 당 액 | | | |
| ㊱ 박물관자료 등 징수유예세액 | | | |

| 신청(신고)인<br>제출서류 | 1. 증여재산 및 평가명세서(부표) 1부<br>2. 채무사실 등 그 밖의 입증서류 1부 | 수수료<br>없음 |
|---|---|---|
| 담당공무원<br>확인사항 | 1. 주민등록표등본<br>2. 증여자와 수증자의 관계를 알 수 있는 가족관계등록부 | |

### 행정정보 공동이용 동의서

본인은 이 건 업무처리와 관련하여 담당 공무원이 「전자정부법」 제36조제1항에 따른 행정정보의 공동이용을 통하여 위의 담당 공무원 확인 사항을 확인하는 것에 동의합니다. * 동의하지 않는 경우에는 신청인이 직접 관련 서류를 제출하여야 합니다.

신청인 (서명 또는 인)

210mm×297mm[백상지 80g/㎡]

(뒤쪽)

## 작성방법

※ 이 서식은 아래 증여세 세율표 다목의 세율이 적용되는 증여재산에 대하여 증여세신고를 하는 경우에 사용하며, 증여일자별로 각각 신고서를 작성하여야 합니다.

1. "② 주민등록번호" 및 "⑨ 주민등록번호"란: 외국인은 외국인등록번호(외국인등록번호가 없는 경우 여권번호)를 적습니다.
2. "③ 거주구분"란: 거주자와 비거주자 중 ✔ 표시합니다.
   * "거주자" 및 "비거주자" : 「상속세 및 증여세법」 제2조제8호에 해당하는 자를 말합니다.
3. "⑦ 증여자와의 관계코드"란: 수증자 기준으로 적습니다. (예시 : 부모(증여자)가 자녀(수증자)에게 증여하는 경우 : 자)
4. "⑬ 성명"부터 "⑯ 전화번호"란 : 세무대리인이 기장한 경우 작성합니다.
5. "⑰ 증여재산가액"란 : 증여재산 및 평가명세서(상속세 및 증여세법 시행규칙 서식10 부표)의 "⑩ 증여재산가액"과 다음 각 목의 구분의 가액을 합한 금액을 적습니다.
   가. 「조세특례제한법」 제30조의5에 따른 창업자금에 대한 증여세 과세가액[창업자금 증여재산평가 및 과세가액 계산명세서(별지 제10호의2서식 부표 1) "⑬ 계"의 금액]이 30억원을 초과하는 경우 : 별지 제10호의2서식 부표 1의 "⑱ 증여재산가액"
   나. 「조세특례제한법」 제30조의6에 따른 가업승계 주식 등에 대한 증여세과세가액[가업승계 주식 등 증여재산평가 및 과세가액 계산명세서(별지 제10호의2서식 부표 2) "⑧ 합계액]이 100억원을 초과하는 경우 : 별지 제10호의2서식 부표 2의 "⑬ 증여재산가액"
6. "㉒ 채무액"란 : 해당 증여재산에 담보된 채무액 중 수증자가 인수한 채무액 이하가 「조세특례제한법」 제30조의5에 따른 창업자금에 대한 증여세 과세가액[창업자금 증여재산평가 및 과세가액 계산명세서(별지 제10호의2서식 부표 1) "⑬ 계"의 금액이 30억원을 초과하는 경우 : 별지 제10호의2서식 부표 1의 "⑲ 채무액"을 합한 금액을 적습니다.
7. "㉕ 배우자"란부터 "㉗ 그 밖의 친족"란 : 증여자와의 관계에 따라 다음 각 목의 구분에 따라 적습니다.

   가. 배 우 자 : 10년간 6억원                                                        (2008.1.1. 이후 증여분부터)
   나. 직 계 존 비 속 : 직계존속이 직계비속에게 증여한 경우 10년간 5천만원 / 직계비속이 미성년자인 경우 2천만원   (2014.1.1. 이후 증여분부터)
   다. 그 밖의 친족 : 10년간 1천만원                                                  (2016.1.1. 이후 증여분부터)

   * 배우자와 직계존비속을 제외한 6촌 이내의 혈족, 4촌 이내의 인척

8. "㉛ 세율", "㉜ 산출세액"란 : 증여세 세율표에 따라 세율을 적고 과세표준에 세율을 곱한 금액에서 누진공제액을 빼서 산출세액을 계산합니다.
   * 산출세액 = (과세표준 × 세율) - 누진공제액

<증여세 세율표>

| 증여재산 구분 | 과세표준 | 세율 | 누진공제액 |
|---|---|---|---|
| 가. 창업자금(「조세특례제한법」 제30조의5) | 25억원 이하* | 10% | - |
| 나. 가업승계 주식 등(「조세특례제한법」 제30조의6) | 30억원 이하 | 10% | - |
|  | 30억원 초과 95억원 이하 | 20% | 30,000만원 |
| 다. 가목 및 나목 외의 자산 | 1억원 이하 | 10% |  |
|  | 1억원 초과 5억원 이하 | 20% | 1,000만원 |
|  | 5억원 초과 10억원 이하 | 30% | 6,000만원 |
|  | 10억원 초과 30억원 이하 | 40% | 16,000만원 |
|  | 30억원 초과 | 50% | 46,000만원 |

* 창업을 통하여 10명 이상을 신규 고용한 경우 : 45억원 이하

9. "㉟ 이자상당액"란 : 「조세특례제한법」 제30조의5제6항 및 같은 법 제30조의6제3항에 따라 계산한 금액을 적습니다.
10. "㊷ 신고불성실가산세"란부터 "㊹ 공익법인 등 관련 가산세"란 : 「국세기본법」 제47조, 제47조의2부터 제47조의5까지 및 제48조에 따라 부담할 가산세를 적고, 「상속세 및 증여세법」 제78조에 따른 가산세를 각각 적습니다.
11. "㊻ 연부연납"란 : 「상속세 및 증여세법」 제71조에 따라 납부세액이 2천만원을 초과하는 경우에 한해 연부연납을 신청할 수 있으며 연부연납 신청세액과 신청일자를 적습니다. 이 때, 상속세(증여세) 연부연납 허가신청서(별지 제11호서식)를 제출하여야 합니다.
12. "㊼ 분납"란 : 「상속세 및 증여세법」 제70조제2항에 따라 납부할 금액이 1천만원을 초과하는 경우 다음 구분에 따른 금액과 납부(예정)일자를 적습니다. 다만, 「상속세 및 증여세법」 제71조에 따라 연부연납을 허가받은 경우에는 분납을 신청할 수 없습니다.
    가. 납부할 세액이 2천만원 이하인 경우에는 1천만원을 초과하는 금액
    나. 납부할 세액이 2천만원을 초과하는 경우에는 그 세액의 100분의 50 이하의 금액
13. "㊽ 신고납부"란 : 「상속세 및 증여세법」 제68조에 따라 증여세과세표준 신고할 때 납부할 세액을 적습니다.

210mm×297mm[백상지 80g/㎡]

**참고문헌**

- 고경희, 「아는 만큼 돈 버는 상속·증여세 핵심절세 노하우」, 더존테크윌, 2016.
- 고나경, "베이비붐 세대와 에코 세대의 재무상태"
- 고득성, 「돈 걱정 없는 노후 30년 가족재산 이야기」, 다산북스, 2012.
- 고세관, 「상속의 세계」, 도서출판 벌하, 2020.
- 고지석·홍정화, "우리나라의 상속세 회피 성향에 관한 연구", 2010년 "금융세제 개선방안" 심포지엄 및 추계학술발표대회.
- 곽규은, "한정승인한 상속재산의 배당시 상속채권의 순위 - 대법원 2016.5.24. 선고 2015다250574 판결을 중심으로", 「동북아연구」 제10권 제3호, 동북아연구소, 2017.
- 곽태순, "한국 및 일본의 상속세법 비교"
- 곽태훈, "국세기본법상 중복세무조사금지 규정에 관한 소고 - 중복세무조사금지규정의 적용 요건을 중심으로", 「세무와 회계」 제5권 제1호.
- 구상수·마상미, 「상속전쟁」, 길벗, 2017.
- 국세청, 「2019 세금절약 가이드Ⅱ」, 2019.
- 국세청, 「2020 세금절약 가이드Ⅰ」, 2020.
- 국세청, 「2020 세금절약 가이드Ⅱ」, 2020.
- 권양희, "상속재산 분할 관련", 「제287기 가사법·상속 특별연수」, 대한변호사협회 변호사연수원, 2019.
- 권재문, "연이은 유증의 수익자연속 신탁의 관계 : 유류분 반환의 법률관계를 중심으로", 「입법과정책」 제7권 제2호, 2015.
- 권태형, "상속재산 분할사건 실무", 「2017년 제4차 변호사의무연수」, 2017.

- 권태형, "상속재산 분할 실무", 「제254기 가사법(대전)특별연수」, 2018.
- 권재문, "상속재산이 변형된 가분채권과 상속재산 분할-대법원 2016.5.4.자 2014스122결정", 「동북아연구」 제11권 제1호, 2017.
- 길용원, "상속세 및 증여세법상 의제·추정규정의 입증책임에 관한 연구", 「가천법학」 제6권 제4호, 2013.
- 김강년, 「상속, 아는 만큼 재산을 지킨다」, 한스미디어, 2009.
- 김귀옥, "상속재산분할 및 기여분청구", 「2015년 제2차 변호사 의무연수」, 서울지방변호사, 2015.
- 김기영, "유류분의 범위와 증여재산의 산입요건", 「원광법학」 제29권 제3호.
- 김길홍, "한정승인, 상속포기와 관련된 몇 가지 쟁점", 「판례연구」 제24집 제2호, 2010.
- 김낙년, "한국의 부의 불평등, 2000-2013 : 상속세 자료에 의한 접근", 「경제사학」 제40권 제3호, 2016.
- 김동근, 「상속분할과 유류분 청구 - 이론·판례·서식·상속세신고·상속등기절차」, 진원사, 2017.
- 김동우, 「투에이스의 부동산 절세의 기술」, 지혜로, 2019.
- 김두형, "유류분청구를 둘러싼 상속세 과세문제에 관한 연구", 「조세법연구」 XVI-2.
- 김문기, 「고객 상담을 위한 상속세와 증여세 실무」, 한국금융연수원 출판미디어 사업부, 2019.
- 김미라·임순완, 「1세대 2주택자 부동산 세금에서 살아남기」, 삼일인포마인, 2019.
- 김미경, "한정승인에 있어 한정승인자의 상속재산 처분과 상속채권자 보호 - 대법원 2010.3.18.선고 2007다77781 전원합의체 판결", 「법학연구」 제27권 제1

호, 2016.

- 김상수, 「VIP컨설팅」, 지식과 감성, 2018.
- 김순미, "세대간 이전 : 자녀의 부모 부양이 부모의 상속결정에 미치는 영향", 「한국가족자원경영학회지」 제21권 제1호, 2019.
- 김순석, "신탁을 활용한 중소기업의 경영권 승계 방안에 관한 연구 - 유언대용 신탁 및 수익자연속신탁의 활용을 중심으로", 「법학논총」 제36권 제4호, 2018.
- 김신영·윤희원·박창헌·이지민, 「2019 양도소득세 실무」, 더존테크윌, 2019.
- 김완일·고경희, 「2019년도 개정세법 반영 상속·증여세 실무편람」, 더존테크윌, 2019.
- 김인유, "사실혼이 일방의 사망으로 해소된 경우 생존 사실혼 배우자의 보호 방안", 「법학논고」 제52집, 2015.
- 김재현, "상속세법 및 증여세법", 「회계·세무 아카데미」, 대한변호사협회, 2017.
- 김종필·홍만영, 「부동산 세금을 절반으로 줄였습니다」, 제이알컴, 2019.
- 김종해·김병일, "상속세 및 증여세법상 유언대용신탁에 대한 과세 방안", 「조세법연구」 ⅩⅨ-1.
- 김주수·김상용, 「친족·상속법-가족법[제8판]」, 법문사, 2006.
- 김준석·김태경·허성호, 「양도·상속·증여세 실무」, 더존테크윌, 2019.
- 김진호·방범권·박보경·김찬솔, 「양도코리아 프로그램을 이용한 양도·상속·증여세 이론 및 계산 실무」, 더존테크윌, 1919.
- 김태관, 「남몰래 준비하는 개인사업자를 위한 절세 전략」, 프로젝트A, 1919.
- 김현진, "치매와 유언능력의 판단", 「외법논집」 제41권 제1호, 2017.
- 김형석·문정균·김종원·박세영, 「상속을 설계하라」, CNO, 2017.
- 나철호, 「상속을 지금 준비하라」, 맑은나루, 2018.
- 나현호, "상속법상의 법률행위와 채권자 취소권", 「비교법연구」 제16권 제2호,

2016.
- Nokes(강신애 역), 「쉽고 빠른 재무의사결정」, PEARSON, 2012.
- 노희구, 「실전 상속솔루션」, (주)영화조세통람, 2018.
- 대한변호사협회, 「제51기 특별연수 가사사건의 제문제」, 2008.
- 류성현, 「국체성이 당신에게 알려주지 않는 세금의 진실」, 리더스북, 2019.
- 박광오, 「알기 쉬운 상속법」, 법률서원, 2009.
- 박동섭, 「유류분 청구의 이론과 실무」, 법률정보센터, 2011.
- 박성만·정범식, "상속세 및 증여세법상 배우자공제 개선방안", 「재정정책논집」 제13집 제4호, 한국재정정책학회, 2011.
- 박민제, 「가족끼리 왜 이래」, 동아시아, 2018.
- 박상호, "기여분을 둘러싼 제문제-기여분과 특별수익과의 관계", 「법정리뷰」 제26집.
- 박정식, 「박정식 변호사의 상속분재 예방하기」, 워드테일, 2008.
- 박종용, "공동상속인의 부양·간병행위로서의 기여분 – 대법원 1998.12.8.선고 97므513·520,97스12판결 : 판례공보(1999.1.15.)", 「가족법연구」 제18권 제1호.
- 박훈, "조세불복사례에 나타난 상속세 및 증여세법 제2조제3항의 의의", 「조세법연구」ⅩⅧ-2.
- 박훈·남석준·서석환, "조세심판원의 상속세·증여세 결정례에 관한 연구 – 관련 조문 및 처리기간을 중심으로", 「세무와 회계저널」 제14권 제5호, 2013.
- 박훈·성중모, "통일시대 상속제도의 방향과 법교육", 「법교육연구」 제10권 제1호, 2015.
- 법원행정처, 「상속등기실무」, 2012.
- 사법연수원, 「상속세 및 증여세법」, 2002.
- 서울가정법원, 「민원상담 매뉴얼」, 2017.

- 서울행정법원 사법발전 재단, 「조세소송실무(개정판)」, 2016.

- 삼성생명, 「삼성생명 VVIP 변액유니버설종신보험 4.0(무배당)보험약관」, 2019.

- 삼성생명, 「삼성생명 연금보험 1.6(무배당)건강하게 여유만만 보험약관」, 2019.

- 삼성생명, 「삼성생명 실속든든 종신보험 2.0(무배당,보증비용부과형)[저해지환급형] 보험약관」, 2019.

- 삼성생명 강남지역사업부, 「상속의 대중화」, 삼성생명.

- 서울지방변호사회, 「2020년 제7차 변호사의 의무연수 신탁을 활용한 자산승계 전략 수립」, 2020.

- 서지원·윤정혜·성영애, 「가계재무관리」, KNOU PRESS, 2012.

- 서형석·장진혁, 「아무도 말해주지 않는 상속세 이야기」, (주)영화조세통람, 2017.

- 손봉진, 「대한민구 PB·FC들이 가장 알고 싶어 하는 상속·증여세의 모든 것」, 미래와경영, 2011.

- 손종성·권오조, 「상속·증여 세무특강」, 길위의책, 2018.

- 송경학, 「2019 현직 세무사가 알려주는 상속·증여세 절세비법」, 2018.

- 송원정명(박상호 역), "기여분제도를 둘러싼 제문제", 「정의법정」 제22집, 2005.

- 송지영·구자삼, 「100세시대의 재무설계와 자산관리」, 삼영사, 2015.

- 신방수, 「(개인편) 합법적으로 세금 안 내는 110가지 방법」, 아라크네, 2018.

- 신방수, 「(부동산편) 합법적으로 세금 안 내는 110가지 방법」, 아라크네, 2018.

- 신방수, 「신방수 세무사의 상속분쟁 예방과 상속증여 절세비법」, 매일경제신문사, 2020.

- 신재열·노희구·김지암, 「2019 상속세 및 증여세 실무해설」, (주)영화조세통람, 2019.

- 신종욱, 「행복시대를 위한 개인자산관리의 이해[제2판]」, 비엔엠북스, 2011.

- 신호영, "상속세 연대납세의무에 대한 연구 – 정당화 근거 및 법적성질을 중심으로",「세무와 회계연구」, 통권제15호.
- 심혜정,「21세기 내 집 마련 10계명」, 에버그린문고, 2009.
- 양익모, "에도막부 다이묘의 가족 상속 기준의 변화 – 기용(器用=기량)에서 혈통(節目)으로",「일어일문학연구」제96집, 2016.
- 양희석, "보험금청구권과 상속 관련 법적 문제",「보험법연구」제11권 제2호, 2017.
- 오지연, "유류분 반환청구권의 상속 여부에 관한 소고",「판례연구」제26집 제2권, 2012.
- 옥도진, "부양적 기여분에 관한 적극적 해석",「가족법연구」제31권 제2호, 2017.
- 원종훈, "상속세와 증여세에 관련한 패러다임 바로잡기",「NICE」제31권 제5호, 2013.
- 유찬영·윤영걸,「전국민 세테크 달인 되기 프로젝트 상속증여의 기술」, 매일경제신문사, 2011.
- 윤창인, "세무실무와 법률상 쟁점",「회계·세무아카데미」, 대한변호사협회, 2017.
- 은희경,「상속」, 문학과지성사, 2012.
- 이남우,「유언대용신탁과 등기실무」, 법률지식, 2018.
- 이동식, "상속세 및 증여세법 최근 판례",「제274기 조세법 특별연수」, 대한변호사협회 변호사연수원, 2019.
- 이병권,「미리 준비할수록 덜 내는 상속·증여 설계」, 새로운제안, 2017.
- 이병권,「2019 최신 개정판 미리 준비할수록 덜 내는 현명한 상속·증여 설계」, 새로운제안, 2019.
- 이병권,「당당하게 세금 안 내는 절세 노하우」, 새로운 제안, 2019.

- 이영우, 「2019 알기 쉬운 지출증명서류」, ㈜영화조세통람, 2019.
- 이재림, "성인 자녀의 상속과정 경험과 가족관계의 변화", 「가족과 문화」 제29집 제1호, 한국가족학회, 2017.
- 이전호, "조세소송실무", 「2019년 제5차 변호사의무연수 공법소송」, 서울지방변호사회, 2019.
- 이종석, 「상속·증여 이렇게 해결하라」, 법문북스, 2016.
- 이중요, "상속세 및 증여세법", 「2019년도 제1차 세무아카데미 I」, 대한변호사협회 세무변호사회, 2019.
- 이태섭, 「제3판 가족법 강의」, 글맥서원, 2007.
- 이충상, "제3자를 상대로 유류분반환청구를 할 수 있는가", 「민사법연구」 제19집, 2011.
- 이현주, "고령화에 따른 배우자 상속분의 개정방안에 관한 연구", 대진대학교 법무행정대학원 석사학위논문, 2014.
- 임상엽·정정운, 「2017 세법개론」, 상경사, 2017.
- 임성환, 「실전 VIP 컨설팅 노하우」, 한국경제신문, 2018.
- 임준확·홍순기, 「장례와 상속의 모든 것」, 꿈결, 2016.
- 임채웅 편, 「상속법 연구」, 서울변호사협회, 2011.
- 임채웅, "상속재산 분할절차 해설", 2011.
- 장경천·정헌용·김현석, 「재무관리의 이해」, 삼영사, 2009.
- 전경근, "특별수익, 유류분 그리고 재혼", 「가족법연구」 제24권 제3호, 2010.
- 전경근·정다영, "유류분 침해로 인한 반환의 순서", 「외법논집」 제41권 제4호, 2017
- 정구태, "2016년 상속법 관련 주요 판례 회고", 「법학논총」 제24권 제1호, 법학연구원, 2017.

- 정구태, "대습상속과 특별수익 그리고 유류분 – 대법원 2014.5.29.선고 2012다31802판결에 대한 비판적 검토"
- 정구태, "북한주민의 상속회복청구권 행사의 제척기간 재론 – 대법원 2016.10.19.선고 2014다46648전원합의체 판결에 대한 비판적 연구", 「통일과 법률」 제29호, 법무부, 2017.
- 정구태, "신탁제도를 통한 재산승계 – 유류분과의 관계를 중심으로", 「인문사회 21」 제9권 제1호, 2018.
- 정구태, "유류분제도 시행 전 증여된 재산에 대한 유류분 반환 – 대법원 2012.12.13.선고 2010다78722판결", 「홍익법학」 제14권 제1호, 2013.
- 정구태, "신탁제도를 통한 재산 승계 – 유류분과의 관계를 중심으로", 「인문사회 21」 제9권 1호, 2018.
- 정다영, "특별수익과 배우자의 상속분 – 헌법재판소 2017.4.27.선고 2015헌바24 결정 및 관련대법원 판례의 태도를 중심으로 한 입법론적 고찰", 「입법과정책」 제10권 제1호, 2018.
- 정소민, "신탁을 통한 재산 승계와 유류분 반환 청구권", 「한양법학」 제28권 제2집, 2017.
- 정순찬, "세무실무와 법률상 쟁점", 「제9권 회계·세무 아카데미」, 대한변호사협회, 2017.
- 주소현, "행동경제학과 심리학 : 개인 재무의 의사결정과 소비자 심리"
- 최세영·윤지영·김현준·김영준, 「아버지는 몰랐던 상속분쟁」, 삼일인포마인, 2016.
- 최원, "상속재산의 협의분할과 조세채권 – 부동산에 대한 상속세와 증여세를 중심으로", 「조세연구」 제11권 제1호.
- 최재천, 「최재천 변호사의 상속설계」, 폴리테이아, 2018.

- 최재령, "중소기업의 가업승계 관련 상속세 부담 및 담세능력 분석 : 상속재산의 포트폴리오 특성을 중심으로", 「중소기업연구」 제38권 제3호, 2016.
- 최태영, "상속재산분할실무", 「제315기 가사법·이혼 특별연수」, 대한변호사협회 변호사연수원, 2020.
- 카주미 야마구치(하지연 역), 「중년 꼭 한 번은 유언장을 써라」, 책미, 2013.
- 콘스탄트 김, 「혼자 공부하기 증여세, 상속세 절세 자습서」, 지식과 감정, 2019.
- 한종희, 「스토리텔링 상속·증여세」, 혜지원, 2015.
- 허 원, "2012년 상속세 및 증여세법 판례 회고", 「조세법연구」 XIX-1.
- 현암사, 「2019년 법전」, 2019.
- 현암사, 「2019년 세법」, 2019.
- 홍진희·김판기, "생명보험금과 유류분 반환청구에 관한 민·상법적 고찰", 「재산법연구」 제20권 제3호, 2012.
- 홍춘희, "상속재산의 강제집행절차에 있어서 상속채권자와 한정승인을 한 상속인의 조세채권자 사이의 우열관계 - 대법원 2016.5.24.선고 2015다250574판결을 중심으로", 「동북아법연구」 제10권 제3호, 동북아법연구소, 2017.
- 국가 법령 정보 센터(www.law.go.kr)
- 대한민국 법원 종합법률 정보(glaw.scourt.go.kr)
- Legal Search(www.byunhosanim.com)
- www.daum.net
- www.naver.com
- www.google.co.kr

## 후기

1. 이 책을 쓰기 시작한 지 3년이 다 되어간다. 모친 명의로 필자가 마련한 아파트가 상속재산이 되었고, 마침 동생의 채권자인 모 카드회사에서 아파트를 사해행위취소 대상으로 삼는 바람에 한동안 피고 노릇을 한 것이 계기가 되었다. 2017년 12월 10일경, "상속·증여 재판의 비밀 – 내가 겪은 상속 재판의 함정"이라는 가제를 달고, 참고문헌 5권으로 글을 쓰기 시작했다. 아래는 그때 처음 쓴 글인데 이를 통해 필자가 마음에 담아 두었던 지도를 알 수 있을 것 같아서 다듬지 않은 상태로 소개한다.

**형제와 국가와의 화해를 위하여**

#1

(큰형이 말하기를) "자, 여기 있는 돈은 일단 네가 찾고, 네가 찾는 것에 똑같이 네 동생에게 주고." 다들 놀랐어요. (중략) 그러면서 설명을 하더라고요. "어차피 네가 모시고 살았고 힘들었을 거다. 그리고 막내는 아직 애도 그렇지만 남편도 일이 없다고 들었는데 우리는 그래도 조금 나으니까 도와주는 게 가족 아니냐." 그걸로 끝. 어우, 저는 이건 뭐 영화대사도 아니고 그런 사람이 제 가족 중에 한 명이 있다는 게 너무 행복하더라

고요. 가슴 찡하고. (아들2, 40대)


#2

누나랑 모든 가족관계를 다 끊었어요. 연락도 안 하고. (중략) 제 조카딸을 낳게 되어도 서로 연락도 안 하고 모든 가족관계가 분리된 거죠. 심지어 딸 결혼했는데도 저희 부르지도 않고 아니 뭐 나도 뭐 장례식 당시에 여러 가지로 저한테 어떤… 그런 걸 좀 뭐랄까요. 기쁘지 않은 행동을 보여 줬기 때문에 아 뭐 나도 뭐 누나한테는 서로 서로 분리하겠다. 그런 감정을 가진 거죠. 완전히 가족 관계가 단절이 된 거고. 어머니도 저한테 좀 섭섭하기 때문에 어머니랑도 관계가 많이 소원해진 상태가 된 거죠. 가족 관계가 다 해체가 된 거고. (아들4, 50대)


#3

상속세 등 부과처분 처분취소청구 사건 진행 내역

   상속개시 : 피상속인 사망일 1993.11.3.

   원고 : 상속인 7명 중 1인

   피고 : 남대구 세무서장

| 구분 | 처분일자 | 상속재산합계 | 원고상속재산 | 처분청 |
|---|---|---|---|---|
| 1. 당초처분 | 1996.08.01 | 3,155,402,211. | 1,365,026,997 | 피고 |
| 2. 감액처분 | 1996.12. | -27,724,094 | | 대구지방국세청<br>(이의신청결과) |
| 3. 증액처분 | 1998.05.04. | 21,489,300 | 9,296,276 | 피고 |
| 4. 감액처분 | 2000.02.23. | 2,323,979,105 | 0 | 피고 |
| 5. 경정처분 | 2002.03.11. | 1,481,134,926 | 1,561,059,866 | 피고 |

| 구분 | 소(상소)제기일 또는 접수일 | 사건 번호 | 선고일 | 결과 |
|---|---|---|---|---|
| 제1심 | 1998.12.07. | 대구지방법원98구8118 | 2002.12.07. | 원고 일부승 |
| 항소심 | 2002.07.02 | 대구고등법원 2002누1657 | 2004.02.13. | 원고 일부승 |
| 상고심 | 2004.03.27. | 대법원2004두3625 | 2006.08.23. | 파기환송 |
| 환송항소심 | 2006.09.05. | 대구고등법원 2006누1747 | 2009.04.10. | 원고 패 |
| 환송상고심 | 2009.05.25. | 대법원2009두7608 | 2009.08.27. | 심리불속행기각 |
| 확정 | | | 2009.09.02. | |

위 에피소드 1~2는 「가족과 문화」 제29권 1호에 실린 이재림 교수의 "성인 자녀의 상속과정 경험과 가족관계의 변화"란 논문에서 인용한 이야기다. 상속과 관련된 Corbin과 Strauss의 근거이론방법(grounded theory methods)을 사용한 질적 논문의 일부이고, 아래 에피소드 3은 상속세와 관련된 소송사건의 진행내력이다.

첫 번째 에피소드는 형제 사이에 해피엔딩으로 끝난 일이고 두 번째 에피소드는 연을 끊은 형제 이야기다. 세 번째 자료는 피상속인의 사망 후 남은 상속인 중 한 명이 국가의 처분에 용납하지 못하겠다며 11년 동안 (피상속인 사망 후 16년) 법정에서 다툰 이야기다.

다 알 만한 이야기고, 누구나 이야기의 주인공이 될 수 있다.

상속재산 5억 원 이상만 되면 상속세가 문제 되는 시대가 되었다. 조금이라도 재산에 관심이 있거나 열심히 모았다면 특히 부동산 가격이 치솟고 있는 이때, 이 3가지 에피소드의 주인공이 되는 것은 어려운 일이 아니다. 사실 우리는 죽은 자를 영원히 기념하기를 원한다. 살아남은 자들이 망자가 남긴 정신적, 물질적 유산을 평화롭게 이어받아서 이 사회에서 널리 번영하며 살기를 바란다. 국가에도 정당한 세금을 내고, 불복하느라 굳이 시간을 허비하지 않기를 바라고 있다. 그런데 때로는 그게 쉽지 않다. 그래서 준비한 책이다.

비록 부족함이 많은 책이지만 이 책을 읽는 분들이 더 나은 삶을 살아가는 데 일조가 되기를 바란다. 다루는 주제의 특성상 전문적인 내용은 피할 길이 없다. 억지로 세세하게 파고들려고 하지 말고, 큰 줄기만 잡는다는 생각으로 기본 개념을 잡으면 좋겠다. 다만, 디테일에 악마 있다고, 실전을 치러야 하거나 세세한 항목이 문제가 될 때는 상속·세무 전문 변호사나 세무사, 공인회계사 등을 찾아 상담을 하여 답을 찾기 바란다.

- 2018. 7. 17. 제헌절에 보르네오 코타키나발루 넥스서리조트 해변에서

2. 김은정의 논문 "노후자산 처분 및 상속을 둘러싼 세대 갈등"(한국가정관리학회, 2013. pp.165-175. 한국보건사회연구원에서 저출산·고령화와 사회 갈등을 파악하기 위한 2011년도에 실시된 국민의식조사 자료 결과, 조사대상은 20세 이상 남녀 3,000명, 분석대상 2,033명)에 의하면, 젊은 세대일수록 상속에 대한 기대도, 상속계획, 상속갈등에 대한 동의 정도가 높은 것으로 나타났다. 상속과 부양의무 간의 관계가 약화되고 있는 상황에서 젊은 세대의 높은 상속기대도는 가족 내 세대 간 상속갈등이 발생할 가능성이 있음을 시사한다. 또 상속을 계획하고 있는 비율이 세

대 간에 차이를 보이는데 50~60대는 젊은 층에 비해서 준비도가 낮은 것으로 조사되었다. 젊은 층의 경우 상속은 먼 미래의 얘기지만 50~60대의 경우 현실적으로 직면한 문제로서 이들 세대는 현실적으로 노후 보장 등의 이유로 상속을 유보하거나 상속을 하지 않을 계획을 가졌을 가능성이 있다. 현재의 가족 안에서 자원이동에 따른 세대 간 갈등은 과도기적인 상황으로 현재의 50~60대 부모세대는 자식에게 자원 이전을 함과 동시에 부모 부양도 해야 하지만 정작 본인들은 자녀에게 노후 보장을 확신할 수 없는 과도기에 있는 대상으로 볼 수 있다. 위와 같은 연구 결과를 고려해 보면 이제 각 세대가 다른 세대의 부양을 보장하기 어려운 점을 상호 인식하여 미리 상속이나 자산 이전 등에 대해 노후 설계, 재무 관리 등을 준비하고 세대 간 소통이 더욱 필요한 때가 되었다.

3. 이 책을 준비하는 동안 아래와 같은 사례를 준비해 보았다. 어떻게 답이 나올까?

1. 열심히 살아온 A라는 사장님이 있었다. 80에 접어드니 몸이 점차 허약해졌다. 그러다 최근 위암 3기 진단을 받았다. 수술도 하고 약간 차도도 있지만 잘못하면 2년 이내 인생을 마감해야 될지도 모른다. 여한은 많지만 그래도 물질적으로 남은 것은 있어 이를 어떻게 정리하고 가는 것이 좋을지 여러 가지 고민이 된다. 요새 상속이니 증여니 재산은닉이니 말이 많은데 아무튼 내가 이 세상에서 사라지면 누군가에게 재산을

이전시킬 수밖에 없는 상황이 눈앞에 다가온 것이다.


2. 먼저 가족관계를 알아보자.

본인 A와 아내 A', 아들 B와 며느리 B', 딸 C와 사위 C'가 있다. 또 아들 B에게 손자 D가 있고, 딸 C에게 손녀 E가 있다. 그리고 A가 경영하는 K회사에 전 여자친구 F와의 사이에서 난 딸 G(성은 F와 같으나 A는 자신의 딸인지 모름)가 있다.


3. A 사장의 재산 내역을 보자.

- 아내 A'와 아들 B 그리고 며느리 B'와 살고 있는 단독주택 집 : 시가 10억 원(기준시가 6억 원)
- 현재 경영하고 있는 K회사 공장과 영업권 : 시가 25억 원(영업권 5억 원 포함)
- 시내에 있는 아파트 1동 : 시가 10억 원
- 분당에 있는 상가 1동 : 시가 10억 원(기준시가 6억 원)
- 은행예금 : 10억 원
- F 명의로 해 놓은 M회사 주식 1,000주(시가 5억 원 상당)
- 7년 전에 딸 C가 시집갈 때 C 명의로 사준 아파트 1동(매매가 5억 원)
- 아들 B는 미국에 유학을 보냈는데 대학원까지 6년간 6억 원 이상
- 11년 전에 손자 D가 자신도 사업을 해보겠다고 창업자금을 달라고 하여 K회사에 가지급금으로 5억 원을 달고 자신이 가지고 있는 돈 5억 원을 합하여 총 10억 원을 주었는데 부도가 났다.

4. 이제라도 A 사장님은 무엇을 고민하고 무엇을 결정하거나 준비할 수 있으며 세금은 어느 정도 감수해야 할까?

첫째, A가 살아 있는 동안 처리해 놓고 갈까. 아니면 사는 데까지 살고 죽은 뒤에는 남은 자식들이 알아서 하도록 할까? → 증여, 유언, 유언대용신탁, 상속 등

둘째, A가 처리해 놓고 간다면 누구에게 어떤 식으로 언제 처리할까? → 증여수증자, 재산이전방법(매매, 증여, 보험, 신탁), 이전시기 등

셋째, 딸 C는 가지 말라는 C'와 결혼하여 겨우 집 한 채 장만해 주었으니 더 주고 싶지 않은데 그래도 되나. 그럴 방법이 있나? → 유언, 상속포기, 유류분, 특별수익

넷째, 아내 A'를 생각하면 모두 줄 수도 있지만 아내도 건강이 좋지 않아 나보자 먼저 갈지도 모르는데 굳이 아내에게 주어야 할까? → 상속(배우자공제, 연대납세의무), 단기재상속, 재산분할

다섯째, 재산이 많으면 국가에서 세금으로 모두 떼어 나간다는데 이를 빼져 나갈 방법은 없나? → 증여, 세무조사, 추정상속재산

여섯째, 공장일은 아들 B가 탐탁치는 않지만 요새 다른 직장도 때려치우고 가끔 오가면서 도와주는 것 같은데 어떡하지? → 가업상속, 창업자금

일곱째, 손자 D가 요새 상황은 좋지 않지만 그래도 아들 B보다 더 믿음직한데 세금상 도와줄 방법이 없나? → 세대생략상속, 증여

여덟째, A가 살고 있는 집을 양도하면 1가구 1주택 혜택을 볼 수 있나?

→ 1가구1주택, 저가양도 등

위 용어가 익숙해지고 또 이 책을 다 읽어갈 즈음, 그 사장님의 고민에 대해 해결의 실마리를 잡고 있을 것이다. 만약 당신이 지금 A의 처지라면 위 질문에 어떻게 대처할까.

4. 이 책을 완성하는 데 많은 분들의 노고가 있었다. 특히 세법에 대한 전문적인 조언을 주신 분들이 있다. 필자와 같이 공부한 원우인 배수진 세무사와 그 배우자인 박현숙 세무사의 전문지식과 꼼꼼함이 돋보였다. 내용을 일일이 보고 잘못된 부분을 지적해 주셨다. 필자와 오랫동안 부동산 공부를 같이 하고 우리의 세무업무를 맡아준 신기탁 세무사의 조언이 있었다. 근래에 개정된 법령의 내용을 반영하도록 도와주었다. 필자의 처조카인 고승석 공인회계사의 혜안이 있었다. 책 전체 내용을 일람하고 젊은 감각으로 성실하게 조언을 해주었다. 보험설계와 관련하여 삼성생명의 주민수 팀장의 자료 제공과 협조가 있었고, 유언대용신탁과 관련하여 신영증권 담당 변호사의 자료 제공과 협조가 있었다.

그리고 편집을 맡아준 권병두 편집자와, 깔끔하고 돋보이는 디자인으로 지금까지 함께한 엔드디자인의 홍석문 디자이너, 인쇄 등 후반 작업을 지원해주는 이혁상 부장에게 감사하지 않을 수 없다.

물론 우리 가족의 모든 것을 챙기느라 바쁜 아내 김현옥 박사의 노고를 잊을 수 없다. 마침 막내 순눈이가 공인회계사가 되어, 이 책 재판이 나올 즈음에는 전문적인 조언을 해주기로 약속했다. 이 모든 게 삼위일체 하나님의 가호와 축복의 결과라고 믿는다. 여러분들께도 모두 신의 가호가 있으시기를.

5. 이 책의 모든 결과는 본인의 책임이다. 혹여 잘못된 부분이 있거나 다른 분의 노고에 부족한 부분이 있으면 즉시 시정할 것이다. 그리고 요새는 상속이든 증여든 법령이 계속 개정되는 추세여서 최종적으로 직접 적용할 때는 그 분야의 전문가의 자문을 받고 시행하기 바란다.

2021년 1월 남부터미널 근방 우거에서<br>
노 인 수

## 저자 약력

| 학력 |

1980 서울대 법대 법학과 졸업(법학 학사)　　1983 서울대 대학원 법학과 수료

1997 전남대 행정대학원 정책학과 수료　　2010 건국대 부동산 대학원 졸업(부동산학 석사)

2020 경기대 서비스경영전문대학원 졸업(경영학 박사)


| 경력 |

1980 제24회 행정고등고시 합격　　1981 제23회 사법시험 합격

1993 조선대학교 법과대학 형사법 겸임교수　　1994 서울지검 검사

1995 서울고검 부장검사　　1996 (주)무등건설 법정관리인

2000 무등일보 파산관재인　　2002 김대중 대통령 비서실(청와대) 사정비서관

2008 종합 자산 관리사　　2014 건국대학교 행정대학원 민사집행법 겸임교수

현재 변호사노인수&법률사무소 대표 변호사


| 저서 및 논문 |

1995 「소년조직폭력의 실태와 대처방안」 논문

1997 「달건 장 밟혔다」

1999 「큰 고기 잡는 그물을 펼쳐라」

2003 「겨울 다음에 봄이」

2006 「탈북자의 남한 적응 실태와 우리」

2009 「유치권경매와 손자병법」

2010 「주택재개발정비사업조합설립추진위원회의개선방안연구」(건국대 부동산대학원 석사학위논문)

2011 「유치권 진짜 가짜 판별법」

2013 「형사재판의 비밀」

2016 「이기는 민사재판의 비밀」

2017 「무죄의 기술」

2017 「유죄받은 자의 변명」(공저)

2019 「검경수사 잘 받는 법」

2020 「유치권 부동산 경매의 개선방안 연구 - 사례와 판례를 중심으로」(경기대 서비스경영전문대학원 박사학위논문)

술술 읽히는
상속 증여
세(稅)테크 법(法)테크

**펴낸날** 초판 1쇄 2021년 2월 8일

**지은이** 노인수
**펴낸곳** 주식회사 순눈
**펴낸이** 노인수
**편집자** 권병두
**디자인** 엔드디자인

**출판신고** 2015년 12월 28일 제2015-00278호
**주소** 서울특별시 서초구 서초중앙로 8길 17, 3층 302호(서초동, 하오르빌딩) (우편번호 : 06640)
**사업자등록번호** 214-88-54893
**계좌** 국민은행 079801-04-114638
**전화** 02-597-2003 **팩스** 02-584-5055
**블로그** blog.naver.com/sunnun2 **메일** sunnun2301@hanmail.net

**ISBN** 979-11-957084-5-1 03320

- 잘못 만든 책은 구입하신 서점에서 바꾸어 드립니다.
- 책값은 표지 뒷면에 있습니다.
- 독자의 의견을 기다립니다.(blog.naver.com/sunnun2, sunnun2301@hanmail.net)

이 도서의 국립중앙도서관 출판시도서목록(CIP)은 e-CIP홈페이지(http://www.nl.go.kr/ecip)와 국가자료공동목록시스템(http://www.nl.go.kr/kolisnet)에서 이용하실 수 있습니다.
(CIP제어번호 : CIP2020051207)